JN115378

砦の上に

南方新社本づくり30年

向原祥隆

南方新社

編集・装丁　大内喜来

はじめに

鹿児島にUターンして、１９９4年に南方新社を立ち上げた。30年が経ち６５０点ほど出版している。

一冊の本を刊行するのは著者にとって大事業だ。何年も何十年も蓄えたものを形にすることになる。一冊の本、普通の２５０ページもので４００字詰めの原稿用紙でざっと４００枚、16万字だから、活字を入力するだけでも一苦労だ。読むのも大変だが、こちらは仕事だから苦にならない。おかげでこれまで食べてこられた。それだけでなく、著者が長年かけて得た知識を丸ごともらえている。ありがたいことだ。

出版の集中する東京では、ある特定の分野だけをものにする出版社が多い。日本古代史、中世・近世史、近代史といった歴史、民俗、後から後から湧いてくる社会問題、自然、図鑑類、医療・福祉、文学……といった、それぞれの専門出版社だ。編集者の興味分野からそうなるのだろうが、著者もそれを分かって原稿を持ち込むことになる。鹿児島ではそんな選り好みはできないから、あらゆる分野の本を扱う。田舎の雑貨屋みたいなものだ。だが、これが性に合う。農業でいえば、キャベツだけピーマンだけを年中作る単作農家ではなく、多品種少量栽培の農家というところか。だから飽きが来ず、面白がって原稿に向かうことができる。

一冊一冊は一つのテーマで作るが、様々な分野のものが６５０冊も積み重なれば、かなりのボリュームになる。それだけ知識を集積できたことになる。一口に知識というが、一冊一冊には人が生きてきた軌跡が詰め込まれている。そこから生き抜く知恵を読み取ることができる。

30年前、会社を作るとき「豊かな地域文化を探訪する」というスローガンを掲げた。英語では、A Pathfinder of Hayato Land（ア・パスファインダー・オブ・ハヤトランド）。今でも、南方新社の図書目録のタイトルとなっている。私たちの先人隼人に敬意を込め、彼らが生きてきたその大地を訪ねる出版社というわけだ。

人類は数百万年の歩みを辿ってきた。10万年前にアフリカを出て、あるグループはヨーロッパに向かい白人となり、東へ向かったグループは黄色人種となった。3万年前にその頃陸地であったタイランド湾を中心とするスンダランドで大いに栄え、北へ、あるいは東の島嶼部へと拡散していった。北へ向かった一群は、ベーリング海峡を渡ってアメリカ大陸に移動した。この人類史の中に日本人があり、鹿児島人もある。さらに、詳細に記述された世界史、日本史の中に、この鹿児島もある。とりわけ、世界的に大変革を巻き起こした産業革命以降、国内的には明治維新以降、暮らしは激変した。

何百万年という人類史の中でほんのわずかに過ぎないこの１００年２００年のうちに、どんどん便利になった。だが便利になることで、本当の幸福を失ってきた。例えば自動車。移動を便利にした代わりに、人々の足腰を弱くし、景色を見る楽しみを奪った。あらゆる技術的な成果が、一方では取り返しのつかない負の側面を備えている。

それればかりか、この産業革命以降の大量生産の品々を普及させるために隅々まで貨幣経済が浸透し、衣、食、住、全ての領域で自給の知恵は失われていった。このままでいいはずはない。

かつて人々は、暮らしに必要なあらゆるものを自然の中から自分の両の手で作り出していた。食べ物はもちろん、家だって自分たちで拵え、着るものも手製だ。今ではお金でそれを得るようになり、より多くのお金を確保しようと躍起になっている。子供の頃から全ての能力はここに動員される。そしていつの間にか、自分では何も作れない存在になった。お金を払い、自分で獲得したつもりになっているが、お金は食券であり、物の交換券だ。千円札であれ一万円札であれ、日本のお札にはちゃんと日本銀行券と書いてある。働いて券をもらい、食べ物と住む処を与えられる。地球上のあらゆる動物は、自分の手で食べ物を獲得する。与えられて生きるのは家畜だけだ。いつの間にか人間は「家畜」になってしまった。

２０１１年3月11日、福島第一原発事故が起きた。東京では電気が止まり、スーパーから食べ物が消えた。こうなると食券は何の意味もなさない。多くの若者が生き方を変える時が来たと気がつき、東京を捨てて各地に散って行った。自分で食べ物を作ろうと農業を始めた者も多い。

今ではこの産業革命の成れの果てというべきか、気候変動が危惧され、有害な農薬、食品添加物、医薬品、様々な高分子化合物があふれ、大規模な破壊を可能にする核兵器、原子力発電まで手にしている。各地で戦争が絶えず、この日本も軍拡に余念がない。人類絶滅も絵空事ではなくなった時代である。

それでもレミングのように破滅への道を歩み続けるのか。

この時代を私たちは鹿児島に生きている。バッタであろうが、カエルであろうが、あるいはどんな植物であろうと必死に生きようとする。そして、子孫に命を繋げようとする。私たち人間も同じだ。南方新社は、一人ひとりが生き抜き、未来の子供たちが幸せに暮らせるための本作りをしたい。

私たちは本作りの職人である。同時に鹿児島に暮らす生活者でもある。田んぼや畑を作り、鶏やミツバチも飼っている。この当たり前の暮らしを邪魔する悪い企みには、やめろと言うほかない。文句を言わなければ、悪事のやりたい放題になるのだから。

海から魚たちを消し去り、日常的に鹿児島市の南方新社にも放射能を撒き散らし、機械の老朽化、作業員の手抜きや大きな地震でもあれば、南九州、ひどい場合には日本という国まで壊滅させかねない川内原発が二つも動いている。何とか追い出したいのだが、悪知恵と金の力には勝てずにいる。

この本は、この30年の間に書いた文章をまとめたものである。第1章は、２００２年に南日本新聞の「南点」欄に書いたものと、２００４年から２００５年にかけて西日本新聞に連載したエッセイを収録した。第2章は、２００５年から２０２３年にかけて、鹿児島で30年続くミニコミ誌『8・6ニュース』に毎月掲載したものである。資料編には、

２０１２年に原発を終わりにしようと無謀にも私自身が立候補した「鹿児島県知事選挙の私的総括」ほか、長めの原稿を掲載した。ちなみに、「鹿児島県知事選挙の私的総括」は、朝日新聞の「論壇時評」で小熊英二氏が今月の３点に選んでくれた。

本作りの裏話のほか、崩れつつある鹿児島、崩れつつある日本の私なりの定点観測にもなっている。21世紀初めの四半世紀の記録として、そして世に抗い新しい流れを作り出していく思想的な武器として、少しでも意味があれば幸いである。

２０２３年12月

南方新社代表　向原祥隆

目次

第2章　南方新社の舞台裏 …… 65

資料編 ………… 275

沿革 331

第1章

南の田舎で本づくり

＊本章は、2002年7月〜2002年12月、南日本新聞「南点」に掲載したものと、2004年12月〜2005年5月に西日本新聞に「南の田舎で本づくり」と題して掲載したものである。

鹿児島市下田町の仕事場にて

2002

ヘンな合併〈2002・7・3〉

国が号令を掛けることに、たいていロクなことはないのだが、今回の市町村合併問題はその最たるものだ。

合併の理由として、地方分権を進めるためという口当たりのいいスローガンはある。本気で分権を進めるのなら、地方が自由に使えるお金がともなわなければならない。でも、それはない。このこと一つとってみても、このスローガンが、見えすいたダマシ文句であることがよく分かる。

もう一つの理由は財政問題。こちらはもう少しシビアだ。国、地方合わせて600兆円を超える借金がある。額が大きすぎて想像もつかないのだが、民間企業なら倒産どころの騒ぎではないらしい。この借金地獄をどうにかしなければならない、というのが理由である。

分かる気もするが、なんだかおかしい。自分のしでかした失敗をたなに上げて、さらに悪だくみに走る役人特有の小賢しさが垣間見えるのだ。

借金地獄という結果があるのなら、むだ遣いという原因があるはずだ。先ずやるべきは、これまでのむだ遣いを、きちんと反省することではないか。でも、どこからもそうした反省の声は聞こえない。

鹿児島でも誰が使うのか、やたらと何とかセンターなんてものを目にする。車の通らないピカピカの道路もじゃんじゃん出来ている。

反省どころか、いうことを聞いて合併すれば、合併特例債というさらなる借金の権利がもらえるという。これでは、まったく何のための合併か分からなくなる。

鹿児島では、過去の合併によって多くの集落が消えた。高齢化が進み、消滅寸前の集落も山ほどある。今回、また合併がなされれば、新たに借金が増え、集落が消える。

県は「推進室」をこさえて、合併の旗振り役をしている。こら、県庁の諸君、いい加減アホな国にシッポを振るのはやめたまえ。君たちはどっちを向いて仕事をしているのだね。

鹿児島発の恥と恐怖〈2002・7・17〉

メディア規制法案をはじめ、最近あ然とすることが多いのだが、鹿児島国際大学で三教授が懲戒解雇となった事件にも目を疑った。

かつて大学教授といえば、神様の次に偉い存在だと思っていた。同じ先生でも、金と欲に長けた政治家先生とは大違い、国家さえ超越した真理の探求者という崇高なイメージが「教授」にあった。

セクハラとかで大学教授が首になるのはいまどき珍しいことではない。でも三教授はそうではない。かといって、何か刑事事件で有罪になったわけでもない。

報道で知る限り、新しい教授の選考をめぐり、学長との意見の違いが原因だという。

民間企業なら経営者との考えの違いによって、社員が首になることは、ままあるケースである。利益を上げるため最も効率的な方法と組織を追求するのが企業だから、それは一面でしょうがない。もちろん労働組合は反対するだろう。決着は法の裁きに委ねたらいい。

ことの成り行きに注目していたのだが、解雇撤回要求の動きがでてきた。大学の職員組合や県内の労働組合を中心とした「身分を守る会」の発足と、裁判への提訴である。

でも、今回の場合は質が違うように思う。まがりなりにも、真理の探究を標榜する大学である。何よりもまず、意見の違い、意思表示の自由、もっと言うなら思想の自由が尊重されなければならない。そうした場における反対者の抹殺。学長の専横と言うほかない。単なる首切りではなく、思想弾圧事件と呼ぶこともできる。

私立大学であれ、税金からなる国の助成金が支給されている。いわば公的な機関である。公的な場での専横と思想弾圧。恐ろしいことである。これは三教授だけにかけられたものではない。

私たちが見過ごすならば鹿児島発の恥と思想弾圧の恐怖を、全国に発信することになる。

だまされた未来〈2002・7・31〉

素晴らしい未来があった。原子力の平和利用である。

小学校の教科書に人形峠のウラン鉱山が載っていた。試験にも必ず出ていたから覚えている。広島・長崎で、一瞬のうちに何十万人も殺した原子力。あのパワーが、平和利用される、燃料も国産だ、ものすごいことだ、と教師は教え、子ども達は信じてきた。

今の30代から50代の人たちは、人形峠と原子力の輝かしい未来を、小学生の頃からすっかり洗脳されてきた。

ところが、何ということであろうか。30年後、人形峠のウランを掘ったその土、放置されたウラン残土が、いま途方もない問題となって噴き出している。

土だから無害、というわけではない。放射能が混じっていたのである。実際周辺の多くの人達が、肺ガンやその他のガンで死んでいる。

鳥取地裁は、この六月、土を撤去しろと核燃に命じた。実は12年前に土を管理する核燃は、撤去することを地元の鳥取県東郷町の住民と約束していた。しかし、毒の土を受け入れるところがなく、放置してきたのである。

12年間、約束を反故にしてきた核燃は国の機関である。残土さえ処理できない国が、何万年も厳重な管理を要する原発ゴミに責任がもてるのか。誰もそんなことは信じないだろうが、ともあれ、原発のウラン燃料の国産化は、教科書から人形峠が消えるとともに、いつの間にか消滅した。

しかし、日本の原発が動く限り、海外でのウラン残土は増え続ける。無人の荒野ではない。たとえば、オーストラリアではアボリジニの居住区で、わが、川内原発を稼動している九電の手によって、ウラン鉱山が開発されている。

九電の社長、鹿児島県知事、県議会の議員の衆。川内原発を稼動させせっ、増設を口にすったれば、鳥取のウラン残土と、アボリジニの残土を我が屋敷に引っ取いやんせ。そいでも、おまんさあたちゃ原発を推進しゃあっとな？

石播撤退をよろこぶ〈２００２・８・14〉

谷山の七ツ島にペンペン草の大菜園を作っていた石播（現ＩＨＩ）が、撤退することになった。

１００坪の敷地をもつ家が4千戸も建つ広大な土地に、立入禁止の柵だけ作って、ほとんど使っていなかったのだ。

近くを通るたんびに、きっとこの会社は、土地の値上がりを待って転がすつもりだろう、と思った。しかし長引く不況、上げる気配はない、ヤーメタというところか。

ない金を工面して、海を埋め、土地を売った県や市こそいい面の皮だ。１９７８年の契約は「3年以内の操業で、３千人の雇用を確保する」というものだった。

操業は遅れに遅れ、働く人もピーク時で約束の1割、３００人。おまけに石播の買った土地代金が坪３・1万円だから、やはり東京の会社は、うまいことをやるものだ。田舎の行政など、手玉に取るのはいとも簡単なことだった。

でも、手玉に取られた当の田舎に暮らす我が身にとっては、ちょっぴり悲しい。

埋め立てを始めた67年といえば、日本中でこの種の工事が大流行だった。やがて、新全総、列島改造へと繋がっていく狂乱の時代だ。

当時の風潮の中で埋め立てに走った行政は、責められないかもしれない。ただ、その後明らかになった、生態系への悪影響は学ぶべきである。

四方を海に囲まれた日本で、いま魚の消費量の47％を輸入が占める。この数字を聞いて腰を抜かしかけた。魚が獲れなくなってしまったのだ。埋め立てに適した浅い海は、魚の産卵、稚魚の成育に不可欠である。漁獲激減の第一の原因が埋め立てというのは、いまでは常識だ。

オランダ、アメリカなどでは、すでに埋め立て地を海に戻す工事が始まっている。せっかく石播が諦めてくれたのだ。何百億かかってもいい。七ツ島を海に戻そう。

日本では誰も実現できていない壮大な事業である。魚群れる海をもう一度取り戻し、永遠に残そうではないか。

お手数かけます赤崎市長様〈2002・8・28〉

住基ネットの運用が始まった。私にも11桁のコード番号が送られてきた。忘れられていなかった、と一安心。

でも、何やら世間は騒がしい。町ぐるみでネットに参加しない矢祭町とか、個人で選べる横浜市とか聞かされると、せっかくの番号もありがたみが失せる。参加を決めた市や町でも、番号通知の受け取り拒否が相次いでいる。鹿児島では返上運動が始まった。

国が号令をかけることにロクなことはないのだが、この住基ネットもその部類か。「よその町でも住民票が取れますよ。便利でしょ」などと、子供でも騙されないようなメリットのかわりに、400億の大金がつぎ込まれた。さらに維持費として、毎年200億かけようとしているのだ。

リストラを断行中のコンピューター業界とグルになっているか、お調子乗りの単なる間抜けか、さもなくば良からぬことを考えているに違いない。

反対する人達は、プライバシーが保護されないことを主な理由にしているようだ。守らなければならないほどの、上等なプライバシーなど持ち合わせていない私には、あんまりピンとこないのだが、よくよく考えると、もっと恐ろしいことに思い至る。徴兵制に向けての下準備である。

この間立て続けに制定されてきた盗聴法、スパイ防止法、周辺事態法、そして法制化が狙われる有事立法。この文脈で捉えたら、戦争に向けてのインフラ作りと見ることができる。

防衛庁で、情報公開を求めた人のリスト作成が発覚し、やり玉に上がったが、今後は誰はばかることなく、即座に危険分子の一覧が、作成できるようになるかもしれない。

徴兵制とリンクされれば、きっと私など、二等兵のそのまた下で、真っ先に鉄砲の弾に当たりそうな前線に放り投げられるのだろう。

オー、くわばら、くわばら。コード番号をマジックで塗り潰し、はやく赤崎市長にお返ししよおっと。

奪われた子供の生命〈2002・9・11〉

やっと日本でも常識になった、と言うべきだろうか。国の研究機関が、高圧送電線などで発生する電磁波によって子供の白血病が増えるということを認めたのである。

一般家庭平均の4倍の電磁波にさらされた子供は、白血病が2倍になるという調査結果が出た。

欧米では20年以上昔から、住宅や学校の近くの送電線や鉄塔が大問題になり、撤去されてきた。

企業べったり、事なかれ主義のお役人や御用学者が跋扈（ばっこ）するこの日本。送電線が集中する大阪・寝屋川の変電所周辺でガン多発、など何度指摘されても「証拠がない」と繰り返すだけ。何ら対策を講じることはなかった。もちろん知らぬはずのない電力会社は、ほっかむり。

今回の調査結果を受けて役所や電力会社がすぐ対応するなど夢のまた夢なのだが、ここで指摘したいのは、これまでのことである。

ここ20年ほどで、発電量は約2倍になってしまった。身近な電磁波が、簡単に言えば2倍になったということである。

強い電磁波にさらされることで白血病が増えるとしたら、発電量が増加しなければ患者は少なかったはずである。

今、小児白血病は毎年1千人近くが発症している。これまで、健康でいられたはずの何人の子が、電磁波によって白血病になったのであろうか。

増加した電磁波で、子供が次々にたおれていった。暗澹たる気分になるのは、私だけだろうか。川内原発からの超高圧送電線は、川内市街地を横断し、県下全域に蜘蛛の巣のように広がっている。

九州電力はオール電化住宅のCMを垂れ流し、おまけに川内原発3号機までも増設しようとしている。

さらに強い電磁波を浴びせるつもりなのか。子供の生命を奪い続けて、そ知らぬ顔でいられるのか。私たちは子供を危険にさらしながら、黙ってうなだれるしかないのか。

「ゴミは、鹿児島へ！」〈2002・9・25〉

化学物質の刺激臭が鼻をつく。しばらくすると、頭の芯がずきずきと痛くなる。10分とそこに立っていられない。つい先日、吹上町の安定型産廃処分場に立ち寄ったときのことである。

10年ほど前に埋められたところだが、やがてそのふもとの杉が枯れ、湧き出す水が黄色く変色していった。田んぼに水を引いていた農家は、せっかく実った米も気味が悪く食べられないという。

気になった住民が、専門機関に湧き水の分析を依頼した。出るわ出るわ、銅や鉛、高濃度のカドミウム、ヒ素や水銀まで検出された。自然界でこんなことはありえないから、因果関係は明らかだ。

埋められた産廃の毒は、土中にしみ込み、その土ばかりか、地下水までも汚染しているのだ。地下水は地中深くつながり合い、やがて町中の水を汚染していく。

それにしても、なんという露骨な不法投棄であろうか。にもかかわらず、許可した県は知らんぷり。頼りの町役場も全くあてにならないという。

業者にとってみれば、問題を解決する意志も能力もない役人が闊歩する鹿児島ほど、捨てやすいところはない、ということろか。

しかし、考えてみれば、私たちの暮らしを脅かしているのは、ゴミだけではない。

農業県鹿児島では、日常的に除草剤や農薬が、ガンガン使われている。川内原発からは、放射能が放出され続けている。いずれも、大地や水の汚染につながっている。

日常的に暴力にさらされ続けると、人はそれに慣れ、逃れられなくなるという。この鹿児島に住む私たちが、数々の汚染物質に慣らされている状況も、悲しいかな同じに思える。

はっきり言えるのは、大地や水の汚染と引き換えにした私たちの暮らしは、長くはもつまいということである。

日々の平穏な暮らしのすぐそばで、「奈落」は静かに、大きく口を広げている。

ワガママなガキ〈２００２・10・９〉

最近、慣れっこになって、少しも驚かなくなった。原発の隠蔽事件である。国が隠蔽を指示していた、なんて言われても、「まあ、じゃろ。しそうなこっじゃ」なんて具合である。

国と電力会社がグルというのは、とっくの昔から見え見えだったのだが、国の再発防止策を見て眠気も吹っ飛んだ。

隠蔽問題が起きたのは、日本の基準が厳し過ぎたからで、アメリカ並みに基準を緩くすればこんな問題は起こらない、というのである。

そこまで国に電力会社の肩を持たれたら、国民の立場もないというものだ。

遊びのルールを破ってばかりいるワガママなガキがいたとしよう。当然そのガキは仲間外れにされる。そこに、甘やかし放題の親が出てきて、ルールを無理やりガキに有利なように変えていく。「さあ、仲良く遊びましょうね」と言われても、しらけるばかりである。

国が電力会社にしてあげようというルール変更も、これとほとんど同じ構図だ。

アメリカと日本では、地震によるリスクに雲泥の差がある。地震国日本は、もっと厳しくてもいいくらいだ。

振り返れば、これまで私たちは九電にもよく付き合わされてきたものだ。

建設時、住民説明会で15年と言っていた原発の寿命は、今では30年、40年と言い出す始末。

一次冷却水漏れ事故を起こしたときには、「事故調査の生データの提出はできない」、県北西部地震では「学会などでの発表価値があると判断したら地震データを公表する」などと、住民を見下した高慢な物言いが顰蹙(ひんしゅく)を買った。

新潟、福島の両知事はプルサーマルを白紙に戻した。

須賀知事さん、川内原発増設を白紙に戻して、親がかりのガキに、はっきり言ってあげましょうよ。

「田舎もんをばけしやんな。原発を作ろごちゃれば、福岡に造いやんせ」と。

悪魔の兵器〈２００２・11・６〉

アメリカのイラク攻撃が現実味を帯びてくる中で、インターネットで送られてきた一通のメールに目が釘付けになった。

そこには、11年前の湾岸戦争で初めて登場した劣化ウラン弾について記してあった。

「イラクやクウェートのこの弾丸が使用された地域は、今後永久的に放射能の影響にさらされることになる。子どもは成人より、10倍から20倍、放射能に対して敏感である。たとえば、イラクのバスラ市にいる私の同僚である小児科医の報告によると、小児白血病と小児ガンの発生率は6倍から12倍増加した。

劣化ウラン兵器が使用されたイラクの被曝した人々の先天的形成障害は、2倍に増えた。その中には目が一つしかない赤ん坊や、脳のない赤ん坊も生まれている」（ヘレン・カルディコット／大庭里美訳）

鉛の2倍の比重をもつ劣化ウラン弾は、ものすごい破壊力をもち戦車などもたやすく貫通する。湾岸戦争では何百万トンも使われ、イラク軍を追い散らしていった。

しかし、その効果は、戦時に限られるわけではなかったのである。炸裂すると半減期45億年の放射能が、細かい霧状になって飛び散ってしまう。霧はやがて地上に舞い降り、大地と水を広範囲に、しかも永久に汚染していった。

これを悪魔の兵器と呼ばず何と言おうか。

イラク入りする欧米のジャーナリストやＮＧＯには、イラクで獲れる魚や野菜は口にしない人もいるという。イラクの子どもたちには、そんな選択肢はない。

また再び、アメリカは悪魔の兵器に手を染めるのか。

もう一つ、劣化ウランは原発の核燃料を造る過程でうまれる。日本の原発では、アメリカ製の核燃料が使われている。だとすると、米軍の劣化ウラン弾とは親子の間柄。こんなところでも、繋がっていた。原子力の平和利用など、ありえないと思うのだ。

ヘンな合併・その2〈２００２・11・20〉

連日、町村合併の記事が紙面を賑わしている。田舎に使うお金を一気に減らそうという国の音頭取りなのだが、当の田舎が喜んで踊っているのが気にかかる。

６００兆円を超える借金を減らすためだという。では、その借金は誰がつくったのか。

気になって調べるうちに、１９９０年の日米構造協議に行き着いた。内需拡大のために10年間で４３０兆円の公共事業を行うと、アメリカに約束したのである。それはさらに94年、２００兆円積み増しされ、６３０兆円になる。

なんだ、そういうことか。国が湯水のように補助金を出し、港や道路を造り、海を埋め、箱物を建ててきたのは、こんなところに理由があったのかと、やっと得心した。

急激に借金が増えたこの10年、田舎にも投資されたはずだが、暮らしやすくなったという気はしない。収入も、増えるどころか明日をも知れない。

いったいどこに消えたの？と聞いてみたい気もするが、ともかくアメリカとの約束は果たした。でも、それは何のための約束だったのか。

日本が、コンピュータや自動車を輸出するためである。これまでも、工業製品の輸出のために農産物の自由化がどんどん進められ、鹿児島の農家は大きな被害をこうむってきた。

今度は町村合併である。たとえば合理化のため、学校の統廃合も進むだろう。近くの学校がなくなると、親は、その土地では子育てできないと考える。子供はやがて消えていく。残った年寄りが死ぬと、そこには誰もいなくなる。

究極の田舎潰しである。

先日、笠沙高校が廃校寸前だと報道されていた。合併の先取りは、もう始まっている。

これまで国家財政のことなど、ちっとも考えてこなかった議員や役人が、いま急に国の借金の話をし始めている。

国の説明のおうむ返し。滑稽を超えて、ちょっぴり悲しくなる。

二つの非道〈2002・12・4〉

金総書記が日本人の拉致を認めて以降、在日朝鮮人を取り巻く環境は一変したという。その現状を知らせる悲痛な報告に出合った。

「一言で言えば、混乱と恐怖が渦巻いた1カ月半でした」

「民族学校への嫌がらせは10日間足らずで約300件（加害者の3割が高校生という報告もあり）、本名で学校に通う在日の子供たちとその親への嫌がらせ、そして民族名で活動している文化人のホームページへの嫌がらせ、在日の講演会が中止されるといったことなどが続いています」（辛淑玉（しんすご））

何ということであろうか。日本人拉致被害者と同じく、国家に翻弄されてきた人々である。

戦時中、多くの朝鮮人が日本に強制連行されてきた。その数は、百数十万人にも上るという。田んぼの中で拉致されたから「田中」と名乗らされたという話も聞いた。

この鹿児島にも、戦時中1万人を超える強制連行朝鮮人がいた。戦争末期、沖縄に次ぐ本土決戦の場と想定され、知覧、万世、鹿屋、出水をはじめとする飛行場建設などのために連れてこられたのである。過酷な労働やリンチのために、おびただしい犠牲者が出たと伝えられている。その多くが墓標もなく、遺骨も返還されていない。

生き残った人も、戦後帰国しようにも旅費を工面できず、日本にとどまった人が多い。その人たちに、日本政府が何らかの補償をしたかといえば、それもない。あるのは、就職や選挙権での差別だけだ。

私たちは、北朝鮮の非道を口にするとき、この日本政府の非道をも、同時に思い起こさねばならない。

報告は、こう締めくくられていた。

「中でも子供たちが、拉致犯罪を犯した北朝鮮政権と同一視され、暴力や脅迫にさらされている事態を一刻も早くとめなくてはならないと思います」

危険な原発はいらない〈2002・12・18〉

日本のマスコミではほとんど報道されなかったのだが、今年3月はじめ、アメリカのデービル・ベッセ原発で重大な事態が発覚した。原子炉上蓋のぶ厚い金属の腐食が進み、貫通まで、わずか5ミリを残すのみになっていたのだ。

たった5ミリである。貫通したら157気圧の原子炉から放射能が噴き出し、この世も終わりの地獄絵図が繰り広げられていたに違いない。悲惨さは、ツインタワービルの比ではない。

ワイズというオランダに本拠を置く、有名な国際環境保護団体は、危険と思われる原発に向けて、事故の詳細情報とともに上蓋の検査を実施するよう、警告を発した。

そこには、具体的に三つの原発の名前があがっていた。なんと、川内原発1号機が名指しされていたのである。

三つの原発、つまりスペインとスイスの原発と川内原発1号機は、デービル・ベッセ原発と同じ加圧水型である。さらに、これまでに上蓋付近で水漏れ事故を起こした原発だった。このことからワイズは、同様な危険性があると指摘したのである。

世界中の原発で、もちろんこの日本でも、大惨事につながりかねない事故は数限りなく起きている。大地震の可能性も消えたわけではない。

相次ぐ電力会社の隠蔽事件でも、国は推進の方向を変えていない。日本が推進政策を見直すには、ロシアンルーレットのように、どこかでチェルノブイリ級の事故が起きるのを待つしかない、そう思っていた矢先のことである。そのどこかが、川内になるかもしれないのだ。

ワイズの警告に、九州電力はどう答えたのだろうか。

原発だけではない。温暖化や環境ホルモンなど、科学がもたらす地球規模の災害は、すでに明らかにその兆候を見せている。科学が人類を幸福に導くという幻想は、もう捨てるべきときなのだろう。

枕を高くして、正月を迎えたい。

＊以上の原稿は、2002年7月～2002年12月、南日本新聞「南点」に掲載したものである。

2004～2005

はじめに

鹿児島で本を作っている。会社をサボって釣りに行ったり畑に行ったり。仕事と称して小笠原やブラジルにも行った。仕事場に出るのもお昼前から。気楽に、かつわがままに仕事をしているが、けっこう苦労も多い。田舎なればこそ、トンチンカンな日本も見えてくる。とおに国には愛想を尽かしているが、せめて鹿児島だけは、とも思う。本作りの日常と、思ったことを記していく。

新幹線が来た

鹿児島に新幹線が来た。世はスローライフだとか、スローフードの時代だとか、これまで田舎臭さを売り物にしようとしていた役所も観光業者も、こぞって大喜びである。変わり身の早さに、あいた口がふさがらない。

開業前、何を間違ったか、小社にも無料の試乗チケットが送られてきた。タダだから乗ってみるかとも思ったが、７年前の地震が頭をよぎった。震度６弱の地震が新幹線の走る県北西部を大揺れに揺らしたのだ。

走行中にあの地震が起こったら……脱線、転覆。一度この思いにとらわれたら、もう平静ではいられない。捨てるのもなんだし、と思案していたら、若い女性スタッフが喜んでもらっていった。私の思いは、今度の中越地震で脱線事故が起きているから、杞憂ではなかったことが証明された。

そんなにうまい話ばかりでもあるまいと思っていたら、案の定、騒音被害がもちあがった。トンネルの上の住宅地に、地下から地鳴りが襲ったのである。

この新幹線は、実はもう一つの厄災を私たちにもたらした。それは、駅ビルにオープンした超大型書店である。

開業に合わせて、駅ビルができた。ちょっとこのビルにもふれておく。商品の７割が鹿児島初のブランドだという。何もない田舎の鹿児島に、都会の文化の香りを持ってきてあげるよ、というわけである。まったく余計なお世話である。

駅ビルの５階に開店したのは、全国チェーンとして有名な超大型Ｋ書店であった。南九州一のスペースというふれこみである。小社にも出荷要請があり応じていた。

さてさて、鹿児島の本はどこに置いてあるだろうか。早速見に行ったスタッフに聞くと、恐れていた通り一番奥まったところ。電気工事関係とか医学書とか並んだその奥だという。

私は椎間板ヘルニア由来の神経痛もちだから、そんなに歩けない。すっかり見に行く気をなくした。

本は置く場所によって売れ行きが断然違ってくる。入り口そばの表紙を見せて積み上げてある平台が特等席。奥に行くにしたがって、順に売れ行きは落ちていくものなのである。

置いてもらって文句を言うのもなんだが、大書店にとって田舎の本なんて、この程度の認識なのである。

そして、私たちの厄災は、まだまだ続くのである。

大型書店の憂鬱

武の国薩摩と誉めそやされる一方で、文化不毛の地と陰口をたたかれてきた鹿児島に、全国チェーンの大型K書店が来る。「あなたたち、鹿児島の出版社にとっても、さぞやうれしいでしょう」と、何度言われたことか。出版不況といわれる中で、たくさんの本を売る書店が、この業界にとっての救世主のように見えても不思議ではない。

しかし、こと田舎の出版社には、それは当てはまらない。救世主どころか、憂鬱のタネなのである。

何十万冊もの本を置く大型店の中で、鹿児島の本はせいぜい数百点。ゴマ粒みたいなものなのだ。でもそれが、キラ星のように店のスタッフの目に映れば扱いも変わるのだろうが、大都会から田舎に乗り込んで来た彼らである。鹿児島の伝統的な文化や習俗、独特の方言など、それがどうした、単に田舎臭いだけじゃないか、といったところなのだろうか。まあ、店の奥に一応置いておけば十分、というふうに見える。

それは仕方ないとして、困った現実にすぐに直面することになる。街の小規模の書店が軒並みダメージを受けるのだ。中には、閉店に追い込まれる店も出てくる。1店、2店ではない。400坪の大型書店は、20坪の書店の20店分である。とおからぬうちに、20店が店を閉めてもおかしくない。

牛肉の自由化では鹿児島の畜産農家が大変な目にあったが、今度は街の書店の番だ。街の書店に本を卸している小社にしてみれば、冗談ではなく死活問題なのである。

奄美大島のポチ書店や、石井さん夫婦がやっている石井書店など、どんな小さな書店でも新刊の10冊は売ってくれる。消えゆく鹿児島の方言を、何とか後世につなげていきたいという書店の親父なんか、方言関係の本を100冊単位で売ってくれたりした。

かつて街の八百屋や魚屋が、野菜や魚の料理方法を教えてくれる暮らしの知恵の伝道所であったが、街の書店も、地域文化の発信基地なのだ。輸入野菜や切り身の魚が幅を利かすスーパーは、八百屋や魚屋をあっという間に駆逐していった。だが、街の書店が消えては困る。

大型書店が20店分売ってくれればまだいい。でもその気はとんとなさそうである。となれば、この泣く子も黙る大型書店は、小社のような田舎出版社にとっては大きな厄災なのである。

後継者難

まさに、街の中小書店にとって、受難の時代である。1年間で千店ほどが閉店しているという。

大型書店やロードサイド型書店の相次ぐ開店に押されて、街の書店の行き場がなくなっているというのは分かる。

しかし、ことはそんなに単純ではない。先日書店組合の集まりに参加してそう思った。

参加した書店のオヤジは、ほとんどが60代、70代。元気に酌をして回る50代はたったの2人。私は40代だから最年少。相手は年長者で、かつ日頃本を売っていただいている身である。バッタのようにお辞儀をしていたら、すっかり疲れてしまった。

それはそれとして、ある田舎町のオヤジがしみじみと語ったのを思い出す。

「みてごらん、ここにいる書店も、あと20年もたてばほとんど廃業しているだろうよ」

軒並み後継者がいないのである。戦後開業し、やっとの思いで店の灯を守ってきた。子供たちにも、好きに生きろと自由にやらしてきた。ほとんどの子供たちは都会に出てサラリーマンをやっている。その挙句が、後継者難による廃業である。

まったく、どこかで聞いたような図式だ。農家の親たちが、朝から晩まで働いてもたいした金にならないから、家を継がず都会に出ろと子供たちに言い続けてきたのと同じなのである。いま鹿児島の田舎で、田畑を守っているのはほとんどが60、70代の老人である。耕作を放棄された農地も目立つ。

田舎の若者は高校を卒業すると、大部分が都会に出ていった。彼らは後ろ髪をひかれるどころか、意気揚々と親を捨て、田舎を捨てていくのだ。

一度田舎を出た若者は異郷で家庭をもち、盆暮れにたまに顔を見せたとしても二度と帰ることはない。捨てられるために、少ない現金収入をやりくりし、必死の思いで学校に行かせて子供を育て上げる田舎の親たち。揚げ句の果てに老人夫婦の世帯になり、独居老人となり、やがて孤独死を迎える。

書店のオヤジが言っていた。

「何をしてもいい。好きに生きろと言っていたのは、どうも間違いだった。後を継げと言うべきだった」

いまからでも遅くない。「親の仕事の後を継げ」。田舎の子供たちには、小さいうちからそう刷り込んでおきたい。

脅迫電話が来た

仕事柄、読者からいろんな電話がかかってくる。

うれしいのは、もちろん本の注文電話。めげてしまうのは、間違いの指摘。誤植はもちろん、本に出てくる地名や人名の間違い、植物図鑑の種名の間違いもあった。おっといけない、調子に乗って全部白状すると、小社の信用はゼロになりそうだ。

千種も載せておけば一つくらい間違いもあるわい、とか、誤植が怖くて本なんか作れるか、と強がっているうちはまだいい。同じ本で何カ所か続いたら、さすがにげんなりする。出荷しはじめて間もない時期だったりすると最悪だ。これから出荷しなければならない本が所狭しと積まれているのである。

一度だけ、気味の悪い電話があった。出した本が気に入らないのだという。

「日本刀で、社長の手と足を切りに行くから覚悟しておけ」

たまたま私が留守だったので、入社したての若い女性スタッフが対応した。

「…はい。…はい。…はい。かしこまりました。日本刀ですね…はい。切りに、ですね…はい。よく社長にお伝えしておきます」

最初は興奮気味だった電話の主も、最後には「よろしくお願いします」と、丁寧な言葉遣いに変わっていったという。笑ってしまった。本当に切りに来るつもりなら、わざわざ電話をかけるはずはない。ただの脅しだと察しはついたが、やはり薄気味悪いものだ。

一応、次にかかってきたときは「社長は海外に長期出張していて、いつ帰るか分からない」とか、「うちは印刷だけで、内容についてはよく分からない」と言おうと決めておいた。

言論出版の自由だの、言論弾圧は許さないだの、正論によるつもりは毛頭ない。次にかかってきたらあなたの電話番号を教えてよいか、と件の本の著者に聞いたら、さすがに「それだけは勘弁してくれ」と言われた。

ちなみにその本は、戦前、奄美で実際にあったキリスト教徒4千人の強制改宗事件を追った『聖堂の日の丸　―奄美カトリック迫害と天皇教―』。地方出版文化功労賞を受賞したすぐれものである。

行政が先頭に立ち、マスコミが荷担した迫害は、「日の丸、君が代」に揺れるこの時代と重なる。副題に使った「天皇教」が気に障ったのだろうか。タイトルは、教会の十字架がへし折られ、日の丸の旗が掲げられたことに由来する。

お引越し

20代30代は3階、40代になったら2階、50代は1階、そのうち死んでしまって地下の墓に入る。

以前誰かに教わった出版社の事務所についての法則である。本はめっぽう重い。引越し屋さんが一番嫌がる荷物は本、というくらいだ。新刊はおおむね2千冊刷るから、ダンボールで40箱。出来るたびに40箱抱えながら右往左往する。

会社を作ったときに入ったのはビルの3階だった。若いうちはいい。でも、年を取るとそうはいかない。調子に乗ったら、すぐに腰を痛める。実際私なんか、一昨年椎間板ヘルニアと診断されてしまった。レントゲン写真には、はみ出た軟骨が神経を圧迫しているのが、くっきり写っていた。

引越しは、こうした年齢体力上の理由がある。もう一つは、何といっても在庫が手に負えなくなるのである。

電話一本と机一つあれば出版社は始められるという。だが、会社を続けるためには在庫を抱えなければならない。小社では、書店や、読者の注文に応えるために、1点につき100冊程度の在庫を常備するようにしている。100点で1万冊。ダンボールで200箱にもなる。

出せば出すほど、在庫で太る。そしてヤドカリのように事務所を移転するのがこの業界の常なのである。身軽な引越しではない。考えただけで憂鬱になる。

ついに引越しを決意したのは4年前のことだった。

在庫のために高い家賃を払う気はしない。新しい事務所に選んだのは高台にある住宅地の古い民家である。以前、八百屋でもやっていたのか、広い土間があった。普通の民家なら何トンにもなる本の重みで潰れてしまうが、土間ならうってつけだと思った。

何とか荷物も運び終わって一息ついたころ、予想もしない事件が起こった。「なんてこった」。出荷前の本なのに、湿気を吸って紙がヘナヘナに波打っているのである。失神しそうになった。土間から上がった湿気の攻撃だ。

ダンボール箱の中の本は大丈夫だったから、積んであった本を全部箱に入れ急場をしのいだ。

その次はネズミ。そして9月になると台風にともなう雨漏り……。

笑えない話もいろいろあったが、ここもすでに満杯になりつつある。考えただけで、憂鬱になる。

良心的な出版

「良心的な出版をしていますね」とほめられることがある。

よくよく聞いてみると、人によって違うが「有意義な本を出している」ということのようだ。ほめられたら悪い気はしないのだが、この場合だけはちょっと待ってくれといいたくなる。

「意義」のあるなしは、誰が決めるの?と聞いてみたい。きっとエロ本を出したら良心的ではないのだろう。出したいと思っても、世に出回っている以上のものを低価格で出来そうもないからやらないだけ。つまり、力がないのである。

「良心的」かどうかの判断はきわめて主観的だ。おまけに、自分を一段高みに置いた高慢さを感じる。こっちは、高い所にいる人を笑い飛ばすことに生きがいを感じるくちだから、もともと反りは合わないのだろう。気に入らない本を小社が出していると知れば､ひどい悪口を平気で言いふれ回るかもしれない。あまり深入りしないに限る。

こういう人に限って、小社の本を実際には読んでいなかったりする。

もう一つ「良心的」の条件があった。「売れそうもない本を出している」というもの。本人はほめるつもりで言ったりするから始末が悪い。

まったく言語道断である。あらかじめ売れないと分かっていて、本を作る出版社などない。あったらバカだ。こう言うと、今度は「売れない本は作らないのですよね」なんて嫌味を言われたりする。実に面倒である。

はっきり言おう。私たちが本を作るのは、食っていくためである。私たちが本を出すのは、「意義」あることをするためではないし、だれかの欲求不満を解消するためでもない。

本を出すか出さないかの第一の条件は、一定の利益を確保することができるかどうか。もちろん、同じ原稿でも出版社によって判断は違う。読者がどこにいるかを想定し、どう売るか、そして部数と単価をどう設計するか。出版社の力量は、そこにつきると思う。

会社を始めたとき、沖縄の出版社Ｂ社を訪ねた。社長曰く「大事なのは会社を潰さないこと」。

このアドバイスですっかり肩が軽くなった。と同時に、理念先行の「べき論」が支配し、そう期待もされがちな出版の世界で、そんなものは捨てておけというしたたかさに、すっかり兜を脱いだものだ。

中央に発信？

鹿児島で出版社を起こして10年がたった。出した本は１４０点、50万冊。

10年続いたのがよっぽど物珍しいのか、新聞、テレビで何回か紹介された。その紹介が「地方からの発信」とワンパターンなのがおかしい。地方から中央に発信する健気な出版社、というわけだ。

たしかに日本の出版社は一極集中、膨大な量が東京から全国に垂れ流されている。しかし当の私たちは、東京に発信しているつもりは全くない。だいたい、『鹿児島県の伝統文化　全３巻』だの『九州・野山の花』なんて本を、東京の人が買いますか？　せいぜい出身者の注意を引けば上出来だ。

情報の発信は、それを欲する受け手がいなければ成立しない。テレビでも、田舎を扱った番組は温泉、グルメくらいのものだ。卑屈な笑いを浮かべた田舎なまりの「素朴な地元の人」が都会人を歓迎する、都会の住人に受け入れられる田舎情報は、せいぜいそんなものなのである。

在京の新聞記者にこういうことを話すと、「おお、田舎でよく頑張ってるな、と殿様気分になっていた」と素直に白状した。

南方新社から、諫早干拓はバカバカしいから止めておけ、という本を４冊出した。『西日本の干潟』『諫早湾ムツゴロウ騒動記』などだ。反対運動を二十数年続けてきた著者の故山下弘文さんは、田舎から出すと頑として聞かなかった。「東京の方がマスコミにも取り上げられやすいし、運動にもプラスになる」と申し出たにもかかわらず、である。

こんなこともあった。諫早湾より３年早く閉め切られた韓国の干拓地を扱った翻訳本『海を売った人びと』を出したその年の冬、有明海は空前のノリの不作に見舞われた。諫早湾の閉め切りのせいなのは明らか。韓国はどうなったかといえば、怒った漁民が国の役所に篭城して水門を開けさせ、海は元の豊かさを取り戻しつつあった。

日本のマスコミが韓国の前例に注目したのは当然だった。ついでに本も、全国紙の一面コラムに取り上げられたりした。

殺到する注文を見ながら、ヤレヤレと思ったものである。東京のインテリが本を読みながら「けしからん」と憤慨している様子が目に浮かんだ。どれほど憤慨しようが、状況は何も変わらない。有明海の漁民をはじめ、各地で国や電力会社に生業の地を奪われようとしている人の武器にこそなれ、と思ったものだ。

釣り天国

東京は人間の住むところではないと、ほうほうの体で逃げ出し、鹿児島にUターンしてきたのは36歳のときである。

帰ってきて1年間は、ほぼ毎日海に出かける釣り三昧の極楽生活。昼間に出歩くのはご近所さんの手前さすがにひかえ、夕方5時を過ぎたら出勤とあいなった。

鹿児島では、どこの岸壁からでも年中アオリイカが狙える。1、2匹釣れば十分。刺身にこしらえれば、立派な焼酎の肴になる。イカに飽きたら、アラカブ（かさご）やアナゴも釣り放題。テトラのすき間に糸をたらせば、すれていない魚がすぐ食いついてくる。

東京に暮らしていた頃は釣りに行くのも大変だった。行きはまだいい。朝暗いうちに出るから道はすいていて、1時間もすれば釣り場についた。ところが、帰りは渋滞が待っていた。3時間、下手をすれば6時間もかかる始末である。リフレッシュのつもりが、へとへとになった。

それでも釣れれば文句は言うまい。海岸からはほとんど何も掛からない。高いお金を払って、船に乗せてもらうことになる。

一度、鹿児島の海岸でキスを狙ってみた。一投で4、5匹掛かり、あっという間にクーラーが満杯になった。東京では、わざわざ船に乗って釣った魚である。しかも、クーラー満杯になったことなどない。この日は、大きなカレイも釣れた。その姿をほれぼれと眺め、砂にまみれた体をきれいに洗おうと海につけた。そのとたん、バシャン。跳ねたカレイには、まんまと逃げられてしまった。

鹿児島は、まさに魚の天国だった。

Uターンしてからの昼間は、図書館から借りた本を読んで過ごした。高校まで暮らした鹿児島だが、学校では鹿児島のことなど誰も教えない。まさに知らないことばかり。歴史や暮らし、ここにいる生き物……。もっと知りたいと思った。

何をやろうという当てもなくUターンしてきたのだが、出版社を始めようと、このとき思った。

会社を設立し事務所を構えたのは、もちろん海のそば。始めたばかりの頃、すぐに仕事があるはずもない。5時を待たず、釣りに出かける日はずいぶん分続いた。やがて原稿に追われ、仕事帰りに釣りに行かなくなるようになると、海は埋め立てが始まった。

魚の楽園は埋め立てられ、水族館ができてしまった。

アホな国

私は、釣りが大好きである。会社の事務所も海のそばに借りたほどである。

しかしその海も、ほどなく埋め立てられ水族館ができてしまった。鹿児島市の海をよく見てみると、ほとんど埋め立てられ、自然の海岸線は残っていないことが分かる。

どこの地方都市もそうだが、こうした工事に適する浅い海は、魚の産卵や稚魚の生育場所としても欠かせない。やがては、魚の数も激減してしまう。そういえば、釣り場で出会う年寄りが昔に比べて魚が減ったと嘆いていた。

今では、日本で食べる魚の47％が輸入ものだという。四方を海に囲まれた漁業国と学校で教わった気がするが、この体たらくである。日本の食糧自給率がどれほど落ちようが知ったことではないが、現実に近くの海で魚が釣れなくなるのはたいそう困る。

小社から、諫早関係を4冊、原発関係を2冊出した。いずれも、百害あって一利なし、くだらないから止めておけ、という本。諫早湾は閉め切られて以降、有明海の沿岸漁業は壊滅的な打撃を受けている。原発はその恐ろしさが明らかになった。

鹿児島に2基動いている川内原発にしろ、埋め立てや干拓にしろ、田舎の自然がダメになっている所は、たいていが国の仕業である。

もちろん、地元への根回しに抜かりのあるはずはない。こっそり地元で動き回り、賛成派を確保して、初めて計画を公表するという手口である。下手をすれば、地元が誘致したとも言われかねない。

自然だけではない。消えつつあるムラを一気に潰す動きが加速している。市町村合併である。初めは自主的合併などという言葉も耳にしたが、今では国の交付金削減という脅し文句しか聞こえない。そんなものは相手にするなという本も出した。『田舎の町村を消せ！』。これには全国の田舎から注文が来ている。

豪傑肌の役場の職員が鹿児島にいる。田舎を食い物にしようという東京の営業マンはもとより、県の役人さえもほとんど無視してしまう。「相手にするな」が口癖である。地域の歴史を掘り下げ、もう一度どうつくっていくかに多忙な彼には、実際、相手にする暇はないのである。

国の手口を知り、かつ「アホな国は相手にしない」というもう一つのキーワードが、これからの田舎には、重要だという気がする。

図鑑

1年間に出版される本は6万点。その95％は東京発である。この中央集権、一方通行の本の流れは、一方でバカげた現象を生んでいる。書店で流行のガーデニングの本を手に取ってみよう。暖かい九州の気候で育つとはとても考えられない草花が、大きな顔をして載っている。

もっとひどいのは図鑑類だ。東京の出版社が出すのである。どうしても市場の大きい関東にいる生き物が中心になる。北海道や、中部高山地帯のものも欠かせないし、と広く浅くなる。

となれば、載っているかなりの生き物が九州では見られず、逆に九州にいる生き物はなかなか調べられないという困った図鑑が出回ることになる。

小社がこれまで出した本で、初刷りを最もたくさん刷ったのは『琉球弧・野山の花』である。通常、2、3千なのに、1万2千冊も刷ってしまった。

亜熱帯に属する奄美・沖縄では、植物が本土とはまるで違う。原稿を手にしたとき漠然と売れそうな予感はあった。

ためしに、奄美の古書店「あまみ庵」の店長・森本眞一郎さんに電話をかけてどんなものか聞いてみた。沖縄の出版社からかつて植物図鑑が出ていたけど、絶版になっているということだった。そして、確実に奄美で数千冊は出る、沖縄ではもっと売れる、と。

本を出すときに、直接読者に接している書店側の意見はとても参考になる。類似本の状況から、かなり正確な販売冊数も予測できる。あまみ庵で200冊は堅いとなれば、奄美全体ではその10倍は見込めるという具合である。こうした目利きのできる先輩諸氏にはずいぶん助けてもらった。

話がそれてしまったが、この本、写真がきれいで記述も分かりやすい。1万2千冊を4年で完売して、さらに5千冊を増刷した。いまでも1年で千冊は見込めるロングセラーとなっている。小社の10年を支えてくれた重要な1冊である。

亜熱帯の奄美・沖縄では、日本の植物図鑑はまったく役に立たない。

九州でも同様のことが言える。九州には、九州の生き物で構成された図鑑が必要なのである。

『南九州・里の植物』『川の生き物図鑑』『貝の図鑑　採集と標本の作り方』などのほか、霧島、屋久島などの地域ごとの植物ガイドも出した。

豊かな自然

今年は、メジロがたくさん飛びまわっている。台風のせいで山の木の実が不作、それで里に下りて来たらしい。

こんなことを話すと、若いスタッフから「メジロってどんな鳥ですか」なんて言われた。きっと、ウグイスやモズやヒヨドリ、シジュウカラも区別がつかないに違いない。

蝶は数百種、植物にいたっては数千種がこの九州に生きている。生き物関係の本を多く出している小社の社員にしてからがこうだ。

田舎の役所や政治家は、簡単に「豊かな自然」という形容詞を枕詞のようにつける。だが、「豊かな自然」は、ただ単に緑のスペースが多ければいいというものではない。

ゴルフ場の芝生や植林された杉林には、ほとんど生き物はいない。そこにどれだけ多様な種が息づいているかこそが「豊かさの」指標なのである。

多様な種とはどういうことか。たとえば、多くの昆虫は植物を食べて生きている。何でも食べるわけではない。モンシロチヨウがキャベツを好むように、昆虫はそれぞれの種で食べる植物を決めている。

　なぜだろうか。植物は、どんな虫にでも食べられていいことになれば、食べ尽くされてしまう。だから、身を守る毒をもっている。植物の種類ごとに成分が違いアルカロイドと総称される毒が代表的である。やがて、ある種類の昆虫は、特定の植物の毒を消化できるようになった。

　こうして、多様な植物の繁茂する森や草原には多様な昆虫が集うことになる。そこはいろんな木の実や虫といった餌も豊富だから、多様な鳥や哺乳類も生きている。

　多様な生き物の世界を知って、はじめて本当に自然を守ることができる。

　2003年には、季節ごとに植物をまとめた『野の花めぐり・全4巻』を刊行した。蝶の食草も記してあり、植物と蝶の関係も理解できる。04年は『九州・野山の花』。生育環境ごとにまとめ、葉の特徴から植物の名前が調べられるように検索機能もつけた。いずれも収録数は1千種を超える。

　大人も子供も、自然の本当の豊かさと、失うことの悲しさを知ってほしいと心から思う。

　それにしても、植物のガイドを手に付近をぶらつけば、1カ月は十分遊べる。1冊2千円で1カ月遊べるとなれば安い買い物だということにならないだろうか。

昆虫採集の復活を

最近、捕虫網を持って昆虫採集をしている子供はめったに見ない。学校でも昆虫採集は日陰者扱いらしい。

　私たちが子供のころ、夏休みの宿題の定番は昆虫採集だった。母の裁縫箱からくすねた待ち針をさし、セロファンの付いたワイシャツの箱に並べて始業式の日に抱えて持っていったものだ。

　標本の作り方も見よう見まね。とにかく箱を一杯にすることが第一の目標。やがて、図鑑で名前を調べたりするうちに、季節によって飛ぶ蝶が違うことを知り、蝶の種類ごとに違う食草を覚えたりする。

　こうして、昆虫少年が生まれ、仲間を増やしていった。そのうちの多くが、長じて研究者になり、自然保護の専門家になっている。私も何を隠そう昆虫少年で、大学も農学部の林学科に入った。本作りを仕事にしているが、昔取った杵柄はずいぶん役に立っている。

　いつ、学校から昆虫採集が消えていったのか。昆虫同好会の人と話をする機会があった。

　農薬汚染、宅地開発で昆虫が激減したころと重なっているらしい。1970年代である。虫がいなくなったから、採集が廃れたわけではない。採集が虫を減らして絶滅につながるという声が、学校に舞い込んだのである。

汚染や開発こそが、卵を産むニワトリごと殺してしまうようなもの。子供の採る虫くらいしれている。結果として、自然破壊の根本原因から目をそらすことに、採集禁止論が利用された格好になった。

数年前、霧島山系のある町で昆虫採集禁止条例ができてしまった。その町には貴重なカシワ林があり、ウスイロオナガシジミという蝶の九州で唯一の棲息地となっていた。

条例の表向きの理由は、貴重な虫を守ろうというもの。すっかり昆虫愛好家は悪者という構図が作られてしまった。

やがて、そのカシワ林を伐採して県営の美術館ができた。棲息地ごとまるごと潰すのだから、もちろん蝶はほぼ絶滅。

ずっと以前から、貴重な林であることを訴えていたのは、それを知る昆虫愛好家である。伐採を前提に、あらかじめ口封じのために条例を作ったのなら、手口は巧妙だ。

実際に手にしなければ、種類の判別はできない。多様な虫が生きていることを、知ることもできない。今年は数千種を掲載した昆虫図鑑を出す予定だ。九州の子供たち、待っていろよ。

出版社設立

1年あまりの釣り三昧、気が付くと退職金はかなり目減りしていた。おまけに家賃を払うのはもったいないと、家まで買ってしまった。残りはわずか、ピンチだ。

東京で十分働いたから数年は遊んで暮らそうと思っていたが、急きょ仕事をすることにした。他にできることもなく、かといっていまさら勤め人になる気もせず、少しは経験のある出版社を興そうと決めた。

まずは資金が必要だ。もちろん私の手元にお金はない。前の会社の同僚や取引先の印刷会社の社長を中心に出資してもらうことにした。退職時に「会社作るときは出資してね」と約束を取り付けていた。口約束していたお金を足せば、5千万くらいになった。

特に私に信用があったというわけではない。東京では入りも多かったが、湯水のように出ていった。仕事帰りに飲みに行けば、数万円は消えていた。毎日のように飲んでいたから、その分を貯め込んでいれば相当な金額になったはずだ。でも、お金は貯めるものではなく、天下の回りものだった。

楽に集まるはずの5千万は、もくろみが外れることになる。私がUターンした後、バブルがもろにはじけ、以前の仕事仲間の金回りは、急激に悪化していた。

資本金1千万がやっとだった。

もっとも、東京に住む彼らにとって、鹿児島の出版社なんて、勝手にやればーの世界。おまけに潰れればパー。よく出してくれたもんだと他人事のように思う。

いま鹿児島で仕事をしていると、都会と田舎は貨幣価値が違うと実感する。おおむね家賃は3分の1。給料もそんなものか。飲み屋に行ってもそんなものだ。

みんな安いかと言えばそうではない。テレビやパソコン、自動車、ガソリン、電気料金などは変わらない。下手をすれば、東京の安売り店の方が数段安かったりする。

うーむ、安い田舎の人件費を使って作った物を、今度は高く売りつける。田舎の農産物は捨て値で買っておいて、その金さえ搾り取ろうというわけだ。なかなかうまいことをやりやがる。

まてよ、日米欧の先進資本主義国と第三世界の構図とおんなじじゃないか。

ひょんなことで、田舎は東京の植民地にされていると気が付いた。「経済侵略の前に文化の侵略あり」という一般則も、出版の仕事をしながら思い知ることになる。

太った猫

あれは去年の秋、天気のとても良い日だった。

鹿児島大学の教員の所へ、本の納品に行った帰りのことである。駐車場にもどると、日向のアスファルトの上を太った猫がゆっくり歩いていた。

暇な学生が餌をくれるのだろう、大学は猫にとっての楽園らしい。見回すと、あちこちでのんびり寝そべったり、歩き回ったりしている。

私は職業病ともいえる腰のヘルニアを持つ身。本の詰まった段ボールを持ち運びするのは、とても辛いことである。覚悟してきたのだが、本運びは幸い学生がやってくれた。今日は楽ができたわい、とゆったりした気分になり、ちょっと猫と遊んでみようという気になった。

そこは人間様の歩くところ、野良猫の歩くところではない！

ドンと地面を踏み、その太った猫を脅してみた。

ところが、太った猫は私を完全に無視し、悠然と歩いている。

こらっ！　人間様をなめるんじゃない！

遊んでいるつもりだったのだが、だんだん無性にいらだってきた。横腹を蹴るまねをした。いくら太った猫でも、40過ぎのオッサンのキックくらい簡単によけ、すばしっこく逃げるものと思っていた。ところが、なんと本当にあたり、蹴り上げてしまった。猫はグウと声を残し、50センチほど飛んだ。

実は、夜な夜な我が家の庭に現れて、繋がれた犬を嘲笑うように餌を横取りする猫がいる。犬はいらだって吠える。そのたびに猫を追い払うのだが、すぐに舞い戻ってくる。犬は一晩中吠え、私は寝不足に悩まされることになる。おまけにひどい匂いの糞を残していくのだ。太った猫が、あの忌々しい野良猫とだぶっていたのかもしれない。

ふと見ると、蹴られて痛い思いをしたはずの猫が、逃げずにまだそこにいるではないか。ドンと地面を踏み、もう一度脅してみた。逃げる素振りはない。怖れるどころか、ゴロンと寝転がるしまつ。

なんだか変だなと思い、近づいてみた。その猫と目が合った。血の気が引いていくのが自分でよく分かった。太った猫の目には、あるはずの縦に長い瞳がなかった。あったのは、灰色に濁った焦点の定まらぬ眼球。

おお、私が腹を蹴り上げたのは、老いた盲目の猫だったのだ。

デビュー作

出版社をつくったといっても、なんの実績もない生まれたばかりの出版社に原稿がやってくるはずはない。

世間は、出版社ができたことさえ知らない。高校卒業以来、20年間離れていた鹿児島だから、もちろん知り合いもほとんどいない。父親が心配して、やがて自分史を書くからと言ってくれるが、それだけは願い下げである。とりあえず、気になっていた川内原発をテーマに作ってみようと行動を開始した。

少ないつてをたどって、ようやく出会えたのは、30年来原発の反対運動を続けている鹿児島大学の教員。

話は盛り上がり、1冊分原稿を書いてくれることになった。これで一安心、後は寝て待つだけと思いきや、その教員は突然消えてしまう。なんと、自然エネルギーの研究とかで、デンマーク留学が決まったのである。結構な話だが、こちらは大層困る。

でも乗りかかった船である。彼の出発前にインタビューで何とかならないものかとチャレンジした。Uターンしてからの1年間は釣り三昧の日々、なまりきった頭である。書けるはずもなかった。ようやく40枚。

急きょ、路線を変更して何本かの原稿をまとめて1冊の本にすることにした。紆余曲折を経て、めでたく出来上がったデビュー作が『滅びゆく鹿児島』である。

原発、川の農薬汚染、海岸の埋め立てなどの環境問題をはじめ、文化、教育、福祉、農業、奄美と、各分野から合わせて12本の原稿。できてみれば、様々な角度からこの鹿児島・奄美を検証したというしつらえになっている。

ちょうどその前の知事選で、新知事が「伸びゆく鹿児島」とか陳腐なスローガンを掲げていたのに対抗しての『滅びゆく鹿児島』である。帯には大きく「民間版『地域基本計画』鹿児島発」と銘打った。

ぶっつけ本番。この本が売れなければ南方新社は消え、「滅びゆく南方新社」となっていたところだが、天は我を見捨てなかった。送本が終わって1週間くらいたつと、書店からじゃんじゃん電話がかかってきた。「追加を送れ」と。これまで10年になるが、白状すれば、これほど書店から反応が早かったことはない。

保守的でお上大事といわれてきた鹿児島の人も、刺激に飢えていたのだろうか。

でも、すっかり「反権力」の烙印が押されてしまったようだ。

忌々しい在庫

冬でも寒さが緩むと､遠出をする物好きもかなりいるようだ。季節外れなのに小社の山の本、植物ガイドもけっこう動いている。朝一番に霧島の土産物屋さんから、大口の注文が2件入った。小社では書店さんばかりでなく、こうしたお店も売上げのかなりの部分を占めている。

ともあれ今日も朝から縁起がいい。と、まもなく担当の気の抜けた声。

「本がみつからなーい」

印刷屋さんから納品された本、返品の本がごちゃごちゃに入り込んでいて、目当ての本が取り出せないのである。今日は注文もあったし気分がいい。以前から、そのうちやらなきゃと思っていた倉庫の整理。こんな時でなければ手がつかない。というわけで、今日は倉庫整理の1日となった。

鹿児島の零細出版社である。倉庫係なんているはずもない。女も男も、老いも若いもない。全員が編集兼、営業兼、倉庫係である。

ちなみに、女性でも30キロの段ボール箱を抱えられるかが、入社の際、唯一のクリアすべき能力である。

本は、魚市場のセリを待つ魚のように床に置いてある。市場の魚は、すぐに買い手がついてどこかへ行ってしまうが、小社の本はいつまでも居ついている。さらに、後から後から積み重なるから始末が悪い。これでは、いくらスペースがあっても、すぐに間に合わなくなる。

整理のポイントは、同じ本をまとめること。もう一つは、同じ本をできるだけ高く積み上げること。「平面から立体へ」である。

このキーワードを3年前に思いついたときは、我ながら革命的な発見だと悦にいったものだ。

動きの悪い本を段ボール箱に入れ、壁際に高く積み上げていく。壁のこちら側に、もうひとつの壁ができる。その分、ぽっかりと空いたスペースが生まれていくのである。美しい。50個ほども段ボール箱を動かすと、じんわり汗もにじみ出てくる。すがすがしい。

変わらない姿の在庫の山は、いつもは忌々しいだけ。むしろ、できれば忘れてしまいたい。ところが、そんな本も居場所が変わってきれいに並ぶと、息を吹き返してくるような気がするから不思議だ。

在庫がいとおしい。なにやら倒錯した気分になってきた。

ズッコケ本

出した本が順調に売れてくれるかといえば、そうとは限らない。

ズッコケ本を一つ。最もたくさんの在庫を今でも捨てきれずに抱えているのは、95年の冬に出した『かごしま西田橋』である。記憶にある人もいようが、93年の夏に鹿児島は大水害に見舞われた。県当局は、再度の水害を防ぐためにと、あふれた川の川底を掘り下げることに決めた。ところが、その川には江戸期からの石橋が架かっていたのである。

川底を掘るとなれば石橋は宙に浮く。工事に合わせて、日本一長い四連アーチの西田橋をはじめ、三つの石橋を残らず撤去することに決めてしまった。

石橋は道路拡幅のネックになっており、以前から県当局は撤去をたびたび計画した。そのたびに反対運動が起こり、さた止みになっていたのである。

撤去反対派から見れば、水害を口実にしたとしか思えない。このときも猛烈な保存運動が起こった。その運動の象徴が西田橋だった。

私も運動に参加し、最後には橋のたもとの公園にテントを張って泊り込み、１週間のハンガーストライキまでやってしまった。

１日１キロの割合で痩せ続け計7キロ体重が減り、脈拍も１週間経つと40くらいに落ちた。トイレに行くのにもふらついてしまう。「へー、こんなになるのか」。貴重な人体実験をした。

本の話に戻ろう。石橋の歴史的な価値から解きほぐし、石橋を保存するための分水路案を提示したりした。まったく根拠もなく6千部印刷した。完売できたとき、石橋が残ると思ったのだ。

本が出来たのが11月、私は運動に忙しく、ほとんど営業はできない。県当局も強硬姿勢を崩そうとはしない。結局、発刊の翌年2月に石橋の解体工事は開始され、本は大量に売れ残った。忌々しいことこの上ない。

石橋保存のための本である。さすがに橋がなくなったとたん、ものの見事に売れ行きはパッタリ止まった。実質的な販売期間は3カ月に過ぎなかった。思い込みだけで、部数を決めたらダメだと痛感した企画だった。

今では、さながら選挙の票読みのように、ここの書店では何冊、あそこでは何冊と販売可能な数字を積み上げ、印刷部数を決めるようにしている。

困った注文

注文が殺到して困ることがある。仕事が増えて、好きな釣りに行けなくなるから、というだけではない。当て込んでいた利益をみすみす逃すことだってあるのだ。

韓国の干拓を扱った翻訳物『海を売った人びと』は、典型的な注文貧乏本となった。

韓国ではベストセラーに名を連ねた本である。しかし、日本ではいかにも売れそうにない。こんな硬い本は、ほとんど見向きもされないのが常なのである。

ところが、本を出して半年後、有明海のノリが壊滅的な不作となり、日本中のマスコミが閉め切り堤防を開放した韓国の前例に注目した。

全国紙二紙の一面コラムに取り上げられ、会社の電話も一時はパンク寸前になった。これだけで、あっという間に５００冊ほど注文が来ただろうか。しかし､本を送ろうにも在庫はない。

まったく思いもかけない展開であった。初刷り2千冊は各店に配本している。すぐに売れるタイプではないから、返本と出荷のバランスを保ちながら、初刷りを売り切ろうという算段だった。

増刷りするにしても、１５００冊は刷らないと元は取れないが、どう考えても千冊は余る勘定だ。諫早関係の本だから、注文を断るわけにもいかない。泣く泣く増刷りすることにした。

結果は案の定、２刷り分の千冊が売れ残り、倉庫に眠るはめになった。

昨年の暮れは、方言カルタが人気を呼んだ。本だけじゃなく、カルタも作るのだ。発売は12月も半ば。初めての鹿児島弁カルタで、正月前という絶好のタイミング。売れないはずはなかった。

初刷りの３千は順調にはけ、まだまだ勢いがあった。こういう場合はすぐに増刷りとなるのだが、印刷屋さんに聞くと、正月休みに入るから出来上がりは年明け、それも1月末になるという。

正月明けのカルタなんて気の抜けたビールのようなもの。それは頭では分かっていたのだが、ひっきりなしにかかってくる注文電話の誘惑には勝てない。ついよろよろっと増刷り２千。

果たして予想通り、年明けに納品したカルタは、ピクリとも動かない。このままでは初刷りの利益が飛んでしまう。不吉な予感が頭をよぎるのである。

「田舎を消せ！」

どこの田舎も見る影もない。鹿児島では、正月そうそう放射能高レベル廃棄物の処分場の誘致話まで持ち上がった。こうした流れの中で、市町村合併は究極の田舎潰しである。

小社では、『「田舎の町村を消せ！」』という本を出した。カッコがたくさんついてややこしいが、「」まで含めたのがタイトル。合併させたい国の意思が「消せ！」だと言いたかったのである。ちなみにサブタイトルは、「市町村合併に抗うムラの論理」。

この本を作ろうと思ったきっかけは、２００２年の2月、鹿児島のある町で開かれたシンポジウムだった。

昭和の合併でどうなったのか、田舎に住む者なら大抵知っている。私の実家のある日吉町は、日置村と吉利村が合併してできた町である。旧村の頭の文字を合わせて新町名を作るという安易さもさることながら、役場のある旧日置村に比べて旧吉利村は見るも無惨な有様なのである。

中学校はやがて廃校になり吉利の街はどこにあったのか、痕跡さえもない。

隣の吹上町も似たようなものである。旧永吉村って本当にあったの？というあんばいだ。役場のある中心部だけが栄え、周辺は寂れ、集落は消えていく。

そんな合併なんて、誰も相手にしないだろうと思っていた私は甘かった。シンポジウムではいつ出来たのか、県の「推進室」からパネリストが登場し、地元新聞社の役職者も推進論をぶつ始末。「これは物凄い勢いで進むだろう」と思った。

私が今回の合併問題を甘く見ていたのは、「誰も相手にしないだろう」と思っていたのが一つの理由だが、もう一つは、「わざわざうちが作らなくてもよそが作るだろう」と思ったからであった。

しかし、調べてみても、田舎で参考になりそうな本はない。考えてみれば、合併問題なんてまさに田舎の問題なのである。東京の出版社にリアリティがあるはずはなかった。

本が出来ると、北海道から沖縄まで、各地の田舎から聞き取りにくいお国訛りの注文が舞い込んだ。「本ッコ、送ってくれ」という注文。沖縄で「ぐぁ（小）」を付けるのと同じ用法だとか、関西弁で犬や猫にも「○○しはった」と敬語を付けるのに似ているなどと感心したり。

それはともかく、鹿児島発の本が日本中の田舎に迎えられたのである。

生もの本

ときに「本は紙碑」といわれ方をする。石碑などと同様、未来永劫残る文化の固まりというわけである。

こういえば、一度作ってしまえば、ずっと売れ続きそうな気がするが、あっと言う間に店頭から消えてしまう類の本もある。

販売期間が限定されている本を、生ものという。市町村合併を扱った本などはその典型である。今大詰めを迎えているが、じきにサッパリ売れなくなる。

そんな生ものは、思い立つと速攻で作る。販売期間を出来る限り長くとるためには、悠長に構えてなんかいられない。

一人の著者が本を書くとき、そのための調査・取材には何年、何十年という膨大な期間を要する。さらに原稿用紙3、400枚が最低必要となれば、原稿用紙の升目を埋めるだけでもおおごとだ。ところが、これを10人で分担すればものの数カ月で1冊できてしまうのである。

思い立ってから執筆1カ月、編集1週間、印刷で2週間、合計2カ月弱で作ってしまったものもある。

合併本も、「今ごろ作っても遅い」と言われながら、急きょ執筆依頼を開始した。この手の本を作るとき、人から選ぶ。合併問題について書けそうな人をリストアップし、適当に書いてもらうわけだ。

今でこそ合併にどういう問題があるのか、きちんとテーマ分けできるのだが、依頼時点では見当もつかない。でも、できるだけ早く形にしなければならない。

枚数だけ指定して「重要だと思うことを書いて下さい」という、実に粗い依頼の仕方をした。

原稿をもらった時点でやっと全体像が掴める始末。それでも、それなりの格好に仕上がるから不思議だ。

生もの本を速攻で作る。このときのポイントは二つある。

一つは体力。普通はダラダラと何カ月もかけて作り上げるのを、1週間で1冊やっつけてしまう。長時間集中しなければならないから、これはけっこう骨が折れる。

もう一つは厚かましさである。ほとんど初対面の人に、無知をさらけ出しながら依頼していく。場数を踏めば、ずいぶん面の皮も厚くなる。

「体力と厚かましさ」。「紙碑」とか「文化」などという上等な言葉とはかけ離れているが、本作りの現場なんてこんなものなのである。

クルド本・その１

小社の本は、地域をテーマにしたものが基本だ。主要な販売ルートも九州内の書店にしている。

一応、全国どこの書店でも注文があれば出荷できるが、九州をテーマにした本が東京の書店で売れるわけがない。余分なエネルギーは使わないようにしている。

でも２００１年、はるか遠く中東クルド人の本を出してしまった。『クルド人とクルディスタン』である。著者の中川氏が、大学時代から大層世話になった友人だからしょうがない。

以前、クルド人歴史学者の翻訳本を東京の出版社から出していたのだが、ご多分に漏れず倒産していた。原稿はできたものの、本人のプライドが高いものだから、偉そうな出版社の編集者などと交渉するのはイヤなのだという。実際何社か当たったらしいが、らちがあかなかったようだ。

かといって、慈善事業で本を出せるほど小社も余裕があるわけではない。中川氏は大学の教員をしている。教科書として一定部数はさばける。1年で１００冊、10年で1千冊。気の長い話だが、書店で1冊もはけなくても何とか元手は取れそうである。こうして、原稿も見ずに出すことにした。

そう気乗りもせずに、半ば義理で出すことにしたのだが、原稿を見るとこれがまた面白いのである。彼は学生時代から抜きん出た文章家だったのだが、５００ページを一気に読ませてしまう。中東の鍵を握るその民族の全体像がパッと把握できてしまった。

3千万もの人口がある。イラン、イラク、トルコ、シリアにまたがって暮らす、国を持たない民であった。

驚くべきことに、このクルドについてきちんとまとめた本が日本ではただの1冊も出ていなかった。本書は初めての本となった。

とはいえ、やはり「クルド人」。そう売れるとは思えない。ところが、発刊直前の9月11日、アメリカの中枢が砕け散ったのである。

事態は急変した。人々の目が中東に向かうことになった。不思議な地域だ、理解できない地域だ、と。

この本は、新聞、雑誌に数多く紹介され、増刷するまでになった。国会でも、この本を引用しながら、イラクへの自衛隊派遣について質問する議員がいたぐらいである。

思いもしないことが起こるものだ。

クルド本・その2

『クルド人とクルディスタン』という本を出した。3千万もの人口がありながら、日本ではほとんど知られていない民族である。この本は、日本で初めてクルド人についてまとめたとものなった。

なぜ、日本では紹介されてこなかったのか。

彼らが住んでいるのは、イラン、イラク、トルコ、シリアの各国。民族としては多くの人口があったとしても、それぞれの国では少数派である。各国の政府に抑圧され、度々多くの犠牲者を出していた。

日本にも多くの中東研究者がいるが、現地で研究や調査を効率よく行うためには、政府に嫌われるわけにはいかない。ジャーナリズムも同じ構図にある。こうして日本では、一貫して無視され続けてきたのである。

実際、イラクではサダム・フセインによって混合毒ガスが投下され、一瞬にして5千人が殺された。

トルコでは、母語であるクルド語が禁止され、国会議員さえ数多く逮捕・投獄された。その中には、欧州議会が満場一致で「サハロフ平和賞」を贈ったレイラ・ザーナ女史も含まれている。ビルマのスー・チー女史も受賞した賞だ。さらに、圧制に立ち上がったクルド人が2万8千人も政府軍に殺された。EU加盟の障害となっているトルコの人権問題とは、このことである。

本を作りながら、へーひどいもんだ、とのんきに思ったものだ。

発刊後しばらくして、トルコ大使館から小社に電話が入った。『クルド人とクルディスタン』を出したのはお宅ですね」と。本を見れば分かるだろうに、変な電話、と思っただけであった。

著者にこの件を話すと「それは、気を付けろ、という脅しだよ」という。なるほど、トルコ政府にとって、クルド問題は最も触れられたくない政治問題であろう。おまけにこの本はトルコのクルド組織議長オジャラン氏とのインタビューまで載せてある。レバノンのベカー高原でなされたものである。

この本がトルコ国内で出されたものであったら、即発禁、私も著者も逮捕、投獄、下手をすれば死刑（マフィアを使っての暗殺もよくあるという）にされかねない類のものらしい。

鹿児島で本作りをしていると、たとえ脅されていたとしても、ピンとこないのである。

消える本

この10年ほど、出版業界は不況業種の代表格のように言われ続けてきた。たしかにこの間、書店は毎年1千軒、都合1万軒は消えている。なんと、3分の2まで減った勘定になる。

景気の問題なら、また浮かぶ瀬もある。でも、とてもそうとは思えない。

大型書店の登場、コンビニ書店の展開、後継者不足……。書店が消えていく要因は挙げるに事欠かないが、何といっても本が読まれなくなった、というのが最大の理由だろう。

書店に行って話し込むと、決まってこんな嘆き節が始まる。

昔は、給料の半分を本に当てる人もいたもんだ。それが原因で、誰それさんは離婚する羽目になっちまった。

面白おかしく語ってくれるが、どうにも笑えない。そういえば、どんな小さな田舎の書店でも、以前は誰と誰がこの本を買うから10冊は堅いとか、自信を持って請け負ってくれた。

羽振りのよかったインテリさんも、退職して年金暮らしになれば、そうそうお金は使えない。町に何人かいた本好きのじいさんも、いつの間にか死んでしまったようだ。

本を買うのはどの世代か、という調査があった。40代をピークに、50、60、70代とわりと高い水準が続く。ところが、20代、30代はがくんと落ち込んでいた。

20年前は、20代がピークだったから、そのまま推移したことが分かる。ところが、後が続かない。極端に言うと、二世代分だけ本が買われなくなった、ということなのである。

今の10代が再び本を買うかというと、ますます縁遠くなっているようだ。かつて、停留所でバスを待つ高校生は文庫本を片手にしていたものだが、今では暇さえあれば携帯をチョコチョコいじくっている。その下の世代も、大きく様変わりすることはあるまい。

こうしてみれば、20年後、30年後のおおよその想像ができる。出版という業界そのものが、消えているかもしれないのだ。

柄にもなく評論家のようなことを述べてみたが、20年、30年後のことなんて本当はどうでもいいことである。もともと若い世代に期待はないし、この私に仕事ができるのも、せいぜい10年余りなのだから。

現在48歳。本を読まない若者を小ばかにしながら、後は高みの見物だ。

携帯電話

以前ポケベルがはやり始めたころ、飲み屋にまでベルに追いかけられるのを見て同情したことを思い出す。

携帯電話が出始めたころも、仲間うちではせせら笑っていたものだ。しかし､そんな仲間も一人また一人と脱落していった。いつの間にか嬉々として携帯に耳を傾けている。

携帯派が圧倒的多数になると、少数派には困った現象も起こる。

この会社を作ってからずっとそうなのだが、昼間は電話が多くてあまり仕事にならないから、勤務時間をずらして午後から夜にかけて仕事をするようにしている。当然、午前中は「外出しています」となる。携帯派は、つながるのが当たり前と思っているから、たいした用件でもないのに連絡が取れないと、とたんに不機嫌になる。

電話をとったスタッフに私の携帯電話の番号を聞いても「持っていません」とくるから発狂寸前になる。

何と言われても、持つ気はしない。

第一、携帯の鉄塔が小憎らしいではないか。森のてっぺんを円形脱毛症のように禿げにしておいて、おまけにその姿も不恰好この上ない。そこから降り注いでいる電波も気味が悪い。電波の安全論争も決着はついていないはずだ。

かかってくる電話も細切れになった。当然、件数も増えている。

小社を訪問したいという方から道を尋ねる電話もある。「国道を右に曲がって、信号を右に、道なりに1キロ走ったら郵便局。その向かいのクリーニング屋さんの隣」。こう説明するようにしている。覚えられないならメモを取ればいい。数年前までは、この説明一発でことは済んだが、最近はそうはいかぬ。

先日尋ねて来た方は、まず、話を最後まで聞こうとしなかった。「国道を右に曲がればいいんですね」と電話を切る。次には「今曲がりました」とかかってくる。3本目は「信号を右に曲がりました」である。4本目は「郵便局、郵便局」と探しながらの電話。5本目は「郵便局がありました。今から伺います」である。

立て続けに5本も電話がかかってくれば仕事どころではない。電話を取ってしまったスタッフを加えると、10回も振り回された。

ニコニコ挨拶をしながら、テーブルの上におかれた携帯を無性に叩き壊したくなったものである。

しみじみ

作った本が売れず、不景気そうな顔をしていても、いつかバーンとベストセラーを出して儲かるという夢があるんでしょ、いいですね、などと羨ましがる人もいる。

まったく、お気楽なものである。

著者がほとんど鹿児島在住だから、当然テーマも鹿児島ものが中心。販売ルートも県内、広げても九州まで。全国的に大売れするベストセラーなんて、会社を作ってから一度も考えたことはない。はなから想定外のまた外なのである。

大きな夢もなく、しみじみとこの鹿児島で本を作っているのである。ここは一つ、いかにしみじみしたものか、披露することにしよう。

利益の保証された自費出版の仕事が、そうそう都合よく入って来るものではない。作った本は売らねばならない。小社にとって、2千冊が一つの目安となっている。

仮に1500円の本を作ったとする。流通経費を引けば、こちらの実入りは1冊千円。2千冊で200万だ。印刷費として100万は出て行くから、残りの100万が利益となる。

2千なんてケチなことを言わずに、ドーンと刷って売りまくればよさそうだが、何度それで失敗したことか。

3千冊作って500しか出なかった絵本がある。これは何かの賞を受けて大喜びしたものの、売れ行きにはほとんど関係なかった。ぬか喜びに終わった。

５千冊作って１５００の本もあった。戦前の傑物の評伝で、彼の出身地の町で出ると思ったが、これもさっぱり。田舎も薄情なものである。

何カ月もかけて本を作り、１冊ずつこつこつ売り続けて、やっと１００万。それもうまくいっての話である。給料どころか、印刷費も出ない散々な結果に終わることもある。そんな綱渡りを、この10年続けているのである。

あるとき、ふと気がついた。

日本の人口は１億２千万、鹿児島県の人口は１８０万人。１・５％である。

東京では10万部をベストセラーと呼んでいるから、普及度からいうと鹿児島では１５００部でベストセラーということになる。２千部は大売れの部類に入ってしまう。

なかなかやるじゃないか。誰もほめてくれないから、自分でほめることにしよう。でも、この２千部を維持して、やっと食っていけるのが田舎出版社の現状なのである。

小笠原行き

鹿児島で小笠原の本を作ることだってある。

話は、大阪大の教員で日米関係を研究しているロバート・Ｄ・エルドリッヂからあった。彼は、『奄美返還と日米関係』という本を小社から出している。戦後アメリカのアジア戦略と奄美・沖縄占領を分析した本だ。

エルドリッヂを含む研究者たちが小笠原の本を出そうと準備をしていたのだが、いよいよという段になって、頼りにしていた出版社が急に気乗りしなくなったらしい。原稿が宙に浮いてしまったのである。

そういえばここ数年、東京の出版社も景気が悪くなったと見えて、鹿児島の小社まで行き場のない原稿が回ってくるようになった。大抵は相手にしないのだが、「奄美と同じ南の島の本だよ」と言われ、「分かった」と、即決してしまった。

実は学生時代、行きたい島としてマークしていたのが、小笠原と大東島だった。本を出せば、誰気兼ねなく島に行ける。聞けば、東京の竹芝桟橋から、船で30時間近くかかるという。おまけに週１便。何ということか。仕事を離れて十分のんびりできる、そんな計算が頭を駆け巡った。でも鹿児島から東京までは飛行機に乗らなければならない。お金を払って恐ろしい思いをしなければならない飛行機はまっぴらなのだが、小笠原の魅力には負けた。

２００２年夏、めでたく出来上がった『小笠原学ことはじめ』を携えて、「営業だ」と勇んで小笠原に向かった。しかし、本土では噂にさえ上らなかった台風が小笠原に接近中。物凄い揺れの中、予定を大幅に遅れてやっと父島に着くことができた。

「営業」は、島に数店ある土産物屋さんに本を置いてもらえるように交渉すること。狭い島のこと、ものの半日もかからず全て終わった。

あとは、海へ、山へ。夢のような美しい島を、のんびり満喫するばかりである。

島で初めて知ったのだが、米空軍のパイロットだったブッシュ父は、父島の対空砲の餌食となり沖合に墜落している。ところが、ブッシュ父は救助された。

時が過ぎて、彼は大統領にまでなってしまい、息子もまた後を継いだ。ちょっとした運命のいたずらが、父を助け、その子はアフガンやイラクで何万もの人を殺すことになったのである。

悪い夢

著者とお酒を飲むのは禁物である。

ついつい調子に乗って、しらふなら絶対しない約束をしてしまう。小社としては破格の印税を「全部前払い」と言ってしまったこともある。ずいぶん後悔したが、このときは運良く増刷りになり実害なし。どうにか救われた格好だった。ところが、今度は全く売れそうもない本を、「はいはい」と安請け合いしてしまったのだ。

普段ならせめて印刷費くらい回収できる目途がついてから出版を決めるのだが、どうもいけない。著者はダニエル・ロング、アメリカ人。小笠原をフィールドにしている言語学者である。

2年前に出した小笠原本の第一弾に、小笠原シリーズ1と銘打ってしまった。この本も、編著者がダニエル・ロングだった。深く考えもせずにロングの提案を了承したのだが、それが第一の罠だったのである。

刷り上がったばかりの第一弾を手に、島に営業に行ったある夜のこと。すっかり出来上がった私にロングは言った。「シリーズの続きに、小笠原ことば辞典も書くからね」と。辞典の原稿がそんなに簡単に出来るはずはあるまい。5、6年後、いや10年後か。そんな先に小社もあるかどうか分かったものじゃない。そのときはそのときのこと。「はいよ」と軽く受け流していた。

「原稿できたよ」。電話がかかってきたのは、わずか2年後であった。CD―ROM付きで、タイトルも『小笠原ことばしゃべる辞典』。何ともへんてこだ。

原稿を見るとたしかに面白い。自分のことをミーといい、台所はコックジョ、さようならはマタミルヨ、といった具合。

ずっと無人島だった小笠原に、まず最初に住み始めたのは、江戸期の1830年代、欧米人と南太平洋の人たちだった。捕鯨の中継基地として注目され始めた頃である。その後、日本人が入植し、戦後はアメリカ軍政下に置かれ居住を許されたのは欧米系の人のみ。日本に返還されてから、また日本人が住み始めた。この数奇な歴史が、英語と日本語が混合した独特の言葉を生み出したのである。

そうそう、今では死語になった戦前の言葉も残っている。サルマタ、チチバンドである。

面白い、たしかに面白いのだが、ギャグの本ではなく辞典なのだ。何冊売れるのか。知人の「１００円でも買わない」という言葉が頭から離れない。悪夢のような本作りである。

妄想

小社から本を出した著者の中には、アメリカ人が二人いる。「田舎の出版社も国際化したもんだ」と勘違いする人もいるが、国際化しているのはそのアメリカ人であって当方ではない。私など、街で外国人を見かけたら絶対目を合わさないようにしている。道でも聞かれたら、たいそう困るに決まっているからだ。

二人とも日本語ペラペラ。方言交じりの私よりずっとちゃんとした日本語だ。そのうち一人は、大阪暮らしが長く関西弁もこなす。

異国から乗り込んで来ただけあって、とにかく物怖じしない。あちこちに出かけて行って、知り合いをどんどん作ってしまう。リストラの進む日本の大学にあって、二人ともちゃっかり教員におさまっている。うーむ、なかなかうまくやるもんだ。

そんなことを思っていたら、「民事ハンドブック」という資料に目がとまった。戦前、日本に統治されていた太平洋諸島の攻略に当たって、アメリカ軍は研究者を総動員して島々の歴史・社会の解説書を作っていたのである。いざとなったら神風が吹く、と信じていた日本とは格が違う。用意周到だ。

「民事ハンドブック」は、歴史・地理・人民・集団・慣習・産業などの章に分けられ、マーシャル、カロリン、台湾など7編が編まれた。その中には、もちろん沖縄編、伊豆・小笠原編もあった。

人々の対立関係を利用して、戦闘や占領を効率的にやっていこうという、今で言う情報戦の一環である。日本本土についても同様な資料を作っていたはずだ。

実際に小笠原で、終戦直後に米軍に呼ばれた住民の一人は、司令官に親族の名前をずらりと挙げられ面食らったという話が伝えられている。

こういうことを知ってしまうと、あのアメリカ人は、実は本国の指令を帯びたスパイではないかという妄想が広がっていく。

来るべき作戦に備えての人脈づくりが先にあるだろう。ひょっとしたら私も、協力者の一人としてリストアップされているかもしれない。

ある日、そのうちの一人からメールが届いた。「本国の海兵隊の戦略研究所に1年間行ってくるよ」。やっぱり秘密工作員か、とも思ったが、本物なら簡単に素性は明かすまい。私は、彼にＣＩＡというニックネームを付けることにした。

奄美と鹿児島

鹿児島県は、大雑把にいって鹿児島と奄美からなっている。南北６００キロというのが鹿児島県の観光の売り物でもあるのだが、その半分以上には奄美の島々が連なっている。

　実はこの両者には、未だに民族的な対立とでも言っていい、奇妙なわだかまりが残っている。このことは余り知られていない。

「日本は単一民族である」と言って失笑を買う国会議員が未だに絶えることはないが、その場合は大抵アイヌ民族が引き合いに出されて決着する。

　奄美が日本になったのも、そんなに大昔のことではない。薩摩・島津氏の3千の軍勢に侵略され植民地になってしまったのは1609年。400年ほど前のことである。その前はどうだったかと言えば、琉球王国の領域である。でも、そんなに長い期間ではない。島によって琉球の力の及んだ時期は違うが、奄美大島で1441年頃、喜界島は1466年頃である。琉球支配の期間はせいぜい150年前後のことだった。

　それはともかく、奄美を勢力下に入れた薩摩のやり方がまたひどかった。島々の自給を禁じて、サトウキビのプランテーションと位置づけていた。今も語り継がれる「黒糖搾取」である。県本土ではなかった農民一揆や大量の餓死も奄美では記録に残っている。

　私自身、小学校のころ、父の転勤にともなって奄美・徳之島の小学校に転校したことがある。同級生とはひと月もすれば仲良くなったのだが、大人や、年長の子どもたちからの刺すような眼差しや、「ヤマトモン」「ヤマトモン」と、交わされていく言葉は、私の脳裏に強烈に焼きついている。

　小学校を卒業した私は、本土の中学校に入学した。今度は、もう一つの棘を浴びせられることになった。

「シマ」「シマ」

　こそこそと囁かれる言葉に「シマの何が悪い」と、心の内で反発しながら、無性に悲しくなったのを思い出す。島の人たちの防衛的な言葉とは裏腹の侮蔑的なその言い回しの中に、どす黒い醜さが滲み出ていた。そのような人たちと同類であることが、我慢ならなかった。

　私は薩摩生まれであり島の子ではない。でもこのとき薩摩の子でもないことを自覚した。

　今、鹿児島で出版社を経営しながら、隣り合う薩摩と奄美の関係をどう解きほぐすことができるのかが、大きなテーマになっているのである。

民族和解

民族和解といっても、険悪になっている中国や朝鮮と、日本との話ではない。鹿児島と奄美のことである。

　2年ほど前に訪れた奄美大島のある町役場で、若手職員はこう語った。「高校時代に鹿児島から来た担任は今でも許せない」と。教師と彼との間に何があったのか、知る由もない。だが、奄美に対して、あるいは奄美の人々に対しての行為（発言）に、彼が傷ついたのは間違いない。

　かつて薩摩・島津氏が奄美を植民地下に置いていた。藩政時代の過酷な収奪は、今もリアルに語り継がれている。そして今、奄美には県庁の支庁が置かれ、教員、警察官も大勢赴任している。現代版代官ともいえるであろうこれら鹿児島人たちが、ときとして傍若無人な振る舞いを見せているのである。古い記憶は確認され、新たな記憶がさらに積み重なっている。

ある時、この奄美と鹿児島のねじれを解きほぐす、一つの視点があることに気が付いた。南九州鹿児島も侵略された土地なのである。かつて、奄美の人々と友好的な関係を築いていたであろう薩摩の民衆・隼人。隼人の受難は、７２０年のそれが象徴的である。大伴旅人に率いられた万余の天皇の軍隊がこの地に攻め入り、１４００人余の首と捕虜を朝廷に持ち帰ったのである。

１年数カ月の抵抗もむなしく、隼人は征服された。薩摩の大地では、家々に火がつけられ子どもが逃げ惑う、阿鼻叫喚の地獄絵図が繰り広げられたに違いない。

そして次の支配者は、島津関東武士団であった。鎌倉期に島津家とその家臣団が、関東から大量に乗り込んできて、民衆・隼人を支配する。７００年続いたその過酷な民衆支配は、まさに農奴的支配といっても過言ではなかった。「八公二民」の税、家族や集落さえ分断した「門割制度」……。

１６０９年、奄美に攻め込んだ薩摩の軍勢も、以降の薩摩役人たちも、元をただせばこの島津関東武士団だった。奄美の人々が黒糖地獄に喘いでいた頃、薩摩民衆も苛斂誅求の収奪下に置かれていたのである。

薩摩の支配構造は、これまでほとんど語られることがなく、奄美の人たちも薩摩は一枚岩のように見がちであった。

このような薩摩の歴史を紐解くことで、薩摩と奄美の新しい関係が見えてくると思うのは私だけだろうか。

道の島社

鹿児島に「道の島社」という出版社があった。「道の島」とは、薩摩から琉球に向かう海の道にある島、つまり奄美の島々をさす。その会社は、私が南方新社を設立する10年ほど前に廃業し、社長の藤井勇夫さんは故郷の奄美大島に引き揚げていた。

道の島社の代表作が『シマ　ヌ　ジュウリ』である。立ち寄った藤井さんのお宅で、その本を初めて見せてもらったとき、ページをめくりながら鳥肌が立ってきた。本を見て鳥肌が立ったのは、後にも先にもこの一度だけである。

本のタイトル「シマ　ヌ　ジュウリ」は、「島の料理」の意である。奄美の料理を写真とレシピで紹介している。まず、最初に正月料理にページが割いてある。重箱にきちんと並べられた料理一品一品に、この日を迎える喜びと暮らしを律する緊張がみなぎっていた。そしてその次には素材ごとの料理が続いている。魚の料理、海草を使った料理、豚肉を使った料理……という具合である。

人が暮らしていく上で、基本になるのは食べることである。この『シマ　ヌ　ジュウリ』は料理法をきちんと記録したばかりでなく、食と医について、素材の選び方、四季折々の行事なども盛り込んである。造本も丁寧で格調高い。

著者の藤井つゆさんは勇夫さんのお母さんである。受け継がれてきた暮らしの知恵を、子や孫に残していきたいという気持ちが痛いほど伝わってくる。

書店での雑談でもよく話題にのぼった。「本を探す客が絶えない」と。しかし、道の島社が存在しないのだから取り寄せようもない。絶版になってから相当年月が経っていたにもかかわらず、買った人が大切にするものだからほとんど古書店にも出ない。

著者の藤井つゆさんが発刊後に綴ったエッセイを加えて、『新版シマヌジュウリ』として南方新社から刊行させてもらったのは、１９９９年のことであった。

人々の暮らしは、有り余る物でずいぶん便利になり、「文化」度も上がったように錯覚されがちである。しかし、それらは幾千年もの時空をくぐり抜けてきたこの本に記された料理の数々に比べれば、なんと薄っぺらなものかと思う。戦後たかだか60年の間に生まれた「文化」なのである。

『シマ　ヌ　ジュウリ』の衝撃は、南方新社に、作るべき本、超えるべき本を刻み込んだ。

日給千円

東京からＵターンして住まいを落ち着けたのは、つれあいの実家のある鹿児島市だった。

東京を逃げ出した理由の一つに、３人の子供たち全員がアトピーや喘息などのアレルギー持ちだったということがある。田舎でまともな食べ物にありつけばアレルギーも吹き飛ぶだろうと思った。私自身、畑仕事をしながら暮らしたいという農業への憧れもあった。だが、私の専業農家プランは、いとも簡単に放棄されることになる。

鹿児島市から車で40分、日吉町に実家がある。田畑があり、手伝いにもよく行っていた。あるとき父の作るサツマイモの収穫を手伝った。一日中汗水流して、一くわ一くわていねいに掘り上げたイモは段ボールで２箱、40キロにもなっただろうか。

仕事が一区切りついて、その成果を確かめてみた。これでいくらになるのか、と。

農協への出荷価格は４千円程だという。収穫で日給４千円。耳を疑った。これまでに、畑を耕し、植え付けをし、炎天下で何回も草を取らなければならなかった。それを含めると、日給千円にもならない。一事が万事こんな具合である。もっともほとんどの農家が、手間を省くために除草剤や農薬をバーンと使っているのだが、それとてただではない。こりゃ、アカン。

農業で身を立てることも考えたが、出荷価格のこのあまりの安さ。子どもの給食費も出ないだろうし、第一アホらしくてやってられない。自分の食べるだけは作るとしても、売ることは考えないことにした。

出版社を始めてから、南方新社に、無農薬で農業をしている知り合いが、よく野菜を持ってきてくれた。売ろうと思ったが、安くてばかばかしいからただで配っているのだという。

彼と雑談しながら、はたとひらめいた。そうか、労働組合が賃上げのためにストをするように、農家も買いたたかれるのがイヤなら、出荷しなければいいのだ。食い物は自分で作っているから、そこらの組合よりはるかに強いはずだ。

日本全国の農家が、いっせいに出荷拒否。大騒ぎになるに違いない。国の役人やら、消費者団体の代表やらが、頭を下げてきたとき小出しに出してあげる。

一度、そのくらい反撃してみてもよかろうにと思う。

畑に行こう

出版社でありながら、農園経営をしている。人呼んで南方農園。何のことはない、実家の畑である。

以前は、片隅で細々とやっていたのだが、2年前に地主である父が亡くなって、急に規模拡大を迫られることになった。二反五畝ほどの田畑が一気に肩にのしかかってきたのである。周囲に豪農と揶揄されながら、五馬力の耕耘機もマスターした。

畑仕事はとにかく楽しい。寒い冬でも、10分もクワを振ればじんわり汗ばんでくる。種を蒔きさえすれば、後は太陽と雨が育ててくれる。なにより自分の畑で取れた野菜は、特別にうまい。

今年の南方農園は、大根が大豊作である。去年収穫しきれずに放っておいた大根のこぼれ種が、あちこちに芽吹いてくれたのだ。

行くのは週1回程度。土日はけっこう会合などでつぶれることが多いから、平日に会社をサボって行くことになる。

そういえば、Uターンしたての頃、私が畑に立つのを母はたいそう嫌がっていた。「いい年をした者が、平日に、こんな田舎にいるはずはない」「東京で何か問題を起こして、いられなくなったに違いない」。そんな近所の陰口を気にしたのだ。

こんなこともあった。

父がやっていた田んぼで、稲刈りに呼び出されたときのこと。前日に手伝いを二人頼んだという連絡があった。今年は楽ができそうだと思いながら田んぼに着いてみると、たしかに二人いた。しかしあろうことか、80代とおぼしき年寄りと、次男君という父の友人。次男君は父の小学校時代の同級生だから、これも74歳の年寄りであった。

田んぼには、腰の曲がった年寄り3人と私。この日は、期待が大きかっただけに、どっと疲れた。

これが田舎の現実である。今、ちょっと郡部に車を走らせると、荒れて草ぼうぼうの遊休農地が至る所で目に付く。農地を守っている高齢者たちは、父が鬼籍に入ったように、10年後には半減してしまう。15年後には、確実に消えてしまうだろう。働き手のいない農地は、これからもじゃんじゃん増えていくのだ。

畑は、クワ1本と鎌1本あれば誰でも出来る。ウオーキングとかスポーツジムとかで無駄な汗を流すのはやめて、さあみんな、畑に行こう。

「太った猫」の反響

先日この欄でかいた「太った猫」には、思わぬ反響があった。大まかに言えば、私が猫とたわむれていて、つい猫を蹴ってしまい、あとでその猫がのろまな私に蹴られたのは盲目だったからだと気が付いた、という内容である。

もちろん、その反響とは抗議であった。自称愛猫家の「猫を蹴るとはけしからん」という一方的な電話にはへき易した。人を電話口に呼び出しておいて、自分の名前は伏せたまま。自分が世の正義を代表しているかのような物言いである。

私は、他人の嗜好をとやかく言うつもりはない。罪のない猫を蹴っていいはずがないことは分かっているし、それで楽しかったわけでもない。無邪気に遊んでいての弾みであった。

しかし、初めから、ちゃんと自分の名を名乗り、切々とした語り口の一人の女性からの電話には心を打たれた。

彼女は、近所の引っ越しなどで放置された猫を、7匹飼っているのだという。そのアパートは犬猫禁止。もちろん大家さんには内緒である。

車のビュンビュン行きかう街中であれば、突然飼い主から捨てられてエサをもらえなくなった猫は、野良猫になるまもなく、じきに交通事故にあって死んでしまうに違いない。それを見知っているから、いたたまれずに引き取っているのであろう。

「蹴られた猫が、かわいそうでならない」

新聞を読んだあと数時間は何も出来ないくらい、ショックを受けたという。

「老いた盲目の猫と書いてある。ケガでもしていたらと思うと、いてもたってもいられない。できれば、引き取りにいきたい」とまで言われる。アパートで7匹飼うだけでも大変なのに、またさらに1匹増やそうというのである。

実は、「太った猫」で私が言いたかったのは、私自身、知らず知らずのうちに弱いものを傷つけていた、そのことをこの猫は教えてくれた、ということであった。にもかかわらず、また優しい心を傷つけてしまった。耳に届いたのは一人であったが、他にもおられたかもしれない。深く反省したい。

ちなみに、その猫はそれほどダメージもなく、その後何回か、元気な姿を大学の構内で見かけている。私の差し出すエサを食べてくれる友だち関係でもある。

永遠性

この世の中は、そう長くもつまい。あちこちで語られ、多くの人がまた実感していることだろう。

温暖化は言うまでもなく、子供たちにはアトピーなどという、訳の分からないアレルギーが蔓延している。私の子供3人が3人ともアレルギー持ちである。孫も2人いるが両方ともそうだ。

私の子供時代には、考えられなかった命の細りようである。

いつからこのようなへんてこな世の流れになったのだろうか。人類の歴史から見ればほんの最近のこと、ここ100年、200年の近代という時代区分になってからだといわれる。西洋的な考え方が、世界を塗りつぶしてきた、そのせいだと。

私は田舎に住んでいるし、西洋も好きではない。自分だけは大丈夫と思っていたが、どうもそうではないようだ。

ある会合で耳にしたのだが、明治になって日本語そのものが大きく変わったという。西洋の言葉の訳語として、多くの日本語が新しく使われ始めた。今では普通になっている社会、個人、市民などという概念は、それ以前にはなかった。

自然（しぜん）という言葉もなかったと聞いたときには、さすがに驚いた。自然（じねん）、自（おの）ずからを意味する言葉はあったが、山や川を人間と切り離す発想はなかったのである。保護や環境、発展という言葉もなかったに違いない。

私たちは、言葉で思考するから、頭の中まで完全に西洋化してしまっているわけだ。

それに対して、「永遠性」というキーワードで、本来の私たちの思考を取り戻そうと提唱している哲学者がいる。群馬に住む内山節である。

私たちの暮らしを、永遠性の視点で振り返ってみよう。たとえば自動車、ガソリンがなくなればただのゴミ。材料の鉄も日本ではそんなに採れない。原発も数十年で廃墟になる。農業も漁業も石油抜きには考えられず、永遠性とはかけ離れたありさまである。いかに危うい土台の上に、私たちの暮らしが成り立っているかがよく分かる。

明治以前の日本には、太陽と雨、海と山の恵み、それを暮らしに生かす人々の知恵が豊富に受け継がれ、永遠の営みが保障されていた。「持続可能性」が、流行言葉になっているが、はるかずっと以前から、永遠の暮らしがあったのである。

「資源小国」のウソ

ある日突然大切なキーワードが閃くことがある。大方の場合は、日が経つにつれ「なんだどうってことないじゃないか」と色あせていくのだけれど、そうではないこともある。

それは「資源小国のウソ」である。

戦後60年、いやもっと前からだろうが、当たり前のように繰り返され、そして今も繰り返されている呪文は、「資源小国、加工貿易、技術立国」である。この呪文こそが、田舎を壊してきた罠だったのではないかと気づいたのである。

できようができまいが、誰がやるのか、やれるのかなどお構いなしに、とにかく問題解決の切り札を技術に求める発想法が私たちにすっかり染みついている。その技術が、また新たな問題を引き起こしてきたことなどさっぱり忘れて、である。

「資源小国、加工貿易、技術立国」。そもそも前提となる「資源小国」とは何なのか。「立国」とは何なのか。

天は等しく人々に資源を与え、その地で生きることを許してきたはずだ。資源に大小などなかった。

「小国」は、目的としての「立国」のために、むりやり創作された「小国」だったのである。そして「立国」には、かつての「大東亜共栄圏」がそうであったように、経済戦争、世界市場の獲得競争に参加し、そこで覇権を握るというあさましい拡大主義、膨張主義が潜んでいたのだと思う。

では、私たちがこの地で生きていくための天与の資源とは何だったのだろう。何千年も人々を生かしてくれた農地と水、水を生み出す豊かな森。まさしく生命の循環がとうとうと絶えることのない大地だった。伝えられてきた農業の知恵、生活の知恵も含まれただろう。

「立国」のために、田舎は次々と若者を都市や工場地帯に奪われ、さらにはこの地唯一の資源であった農地と、その恵みを永続させる知恵が破壊されていった。

私たちの豊かな資源が、「小国」としてとるに足りないものとして位置づけられたところに、問題の核心があったのだと思う。破壊に手を貸してきた私たちの誤りは「小国」という呪文に簡単に洗脳されてしまったことである。あるいは「立国」という呪文に。

田舎の再生は、生存基盤としての資源が何だったのかをもう一度洗い出し、もとの高みを目指すところにあるのだろう。

君が代おばちゃん

30年ほど昔、私がまだ学生だったころ台湾に昆虫採集に行った。

安宿を拠点にして山の中に分け入り、未だ見ぬ虫を追いかける日々は1カ月続いた。数日も経つと付近のおじちゃんやおばちゃんと顔見知りになり、友だちになった。

「私、日本の歌、知ってるよ」。ある日のこと、一人のおばちゃんが近寄ってきて、歌い始めた。なんとそれは「君が代」。おばちゃんが、もう一つ歌ってくれたのは「桃太郎」。なるほど、日本が桃太郎で、台湾が猿・雉・犬というわけだ。旅人を慰めようという思いやりだったのだが、二つの歌の意味を思うと、何ともやりきれない気持ちが湧き起こったものだ。

1895年の日清戦争で勝利した日本は､台湾を我が物にし、占領統治は1945年の敗戦まで続いた。その50年間、日本語教育がなされていた。言葉を奪い、さらに歌までも教え込むことで、支配を徹底しようとしたのであろう。

おばちゃんは、一人で近付いてきた。もしほかに台湾の人がいたら､歌わなかったと思う。「君が代を聞くと､むしずが走る」という台湾人がいてもおかしくないからだ。実際、数日前に小学生の教科書をのぞいたら、戦中の日本兵が、鬼のような顔で描かれていた。

昨年、中国の古都西安で大規模な反日運動が巻き起こった。

かの地の大学で、日本人留学生たちが、赤いブラジャー、腰に紙コップという格好で余興の舞台に登場したのがきっかけだった。

数知れない中国民衆を虐殺したという日本の蛮行は、日本人留学生が生まれるずっと以前のこと。にもかかわらず、怒りの矛先は留学生たちに向けられた。

もし留学生たちが日本の虐殺行為を知っていたなら、果たして同じ格好をしただろうかとも思う。「文化の違い」などではない。隣人に対する礼儀の問題である。日本人が歴史的になしたことを知り、相手がどう思っているのかを想像する。それが、隣人に対する最低限の礼儀だったのではないか。

民族の記憶というものは、いかに政治的、経済的に見せかけの平穏が維持されていようとも、語り継がれ、容易に洗い流されるものではない。

いま、サッカーの国際試合では、サポーターによる君が代の大合唱が響き渡り、日の丸が翻っている。

こっけいな祭り

本を作る作業には、知らなかったことを発見できる喜びがある。『薩摩民衆支配の構造』を作るとき、何度うなったことか。

この本では、ずっと不思議に思っていた一つの謎が解けた。鹿児島の3大祭りの一つ、妙円寺参りについてである。

関ヶ原で負け組みの西軍に属し、敵に囲まれてどうにもならなくなったとき敵中突破をして逃げ帰ったといわれる島津義弘を祭っている。

近隣の各村々から、鎧兜の武者たちが行列を組んで伊集院の徳重神社までひたすら歩く。逃げ帰ってきてなぜ祭られるのかも不思議なのだが、それよりも、この武者たちが異様に見えて仕方なかったのである。各村では希望者を募り、場合によっては学校単位で強制的に参加させるところもある。「あなたたちは武士だったわけ？」と思ったわけだ。

かつて薩摩藩は、藩内の各村に郷士と呼ばれる武士団を配置していた。そのために、薩摩藩は武士がやたらと多くなった。他の藩が5％前後なのに対して、20％を占めていたのである。

武士団といえば対外的な軍隊を想定してしまいがちだが、実際は各村の支配機構、つまり徴税と警察がその任務だった。彼らを養うための税も「八公二民」という過酷さだった。

しかし武士が多いとはいえ、残りの大多数は農民である。鎧兜を身にまとい行列する人の80％は農民の子孫であろう。かつて支配され、厳しく収奪されていた側が、武士の姿をして島津氏をたたえる歌をうたいながら歩く。こっけい極まりない現象であり、ギャグ以外の何ものでもないと思うのだが、当の参加者は至極まじめなのである。

実はからくりがあった。他県では、明治になると武士は没落していくのだが、鹿児島では、各村の郷士がいち早く土地を手にして成り上がっていった。明治期の県会議員の構成を見るとよく分かる。他県ではほとんどが平民なのだが、鹿児島では9

割が士族だった。

この郷士支配は、教育の普及もあいまって、こんどは地域中に武士精神を浸透させていくことになった。平たく言うと、みんなが武士になってしまったのである。

戦後の農地改革によってようやく士族支配は終わることになる。だが、その旧時代の余韻は今に残り、鹿児島にはこっけいな祭りが、未だに存続しているのである。

100%

根無し草のような東京暮らしに別れを告げ、12年前に鹿児島にUターンして愕然とした。生まれ育ったふるさとに、なんと2基の原発が動いていた。川内原発である。

多くの人が科学技術によって暮らしはより豊かになると思っている。同時に、人のなすことに「絶対」はないということも知っている。

人工衛星の打ち上げさえも度々失敗する日本と違い、宇宙にまで人を運んだアメリカやソ連でさえも、スリーマイルやチェルノブイリで大事故を起こしている。

やれやれ、いつか大事故が起きるに違いない、そのときは、県や国が避難勧告を出す前に、真っ先に逃げ出さなければ、と思ったものである。

でも、少し考えてみると、そう簡単ではないことに思い至る。第一、事故を起こした当事者は、できれば知られたくないし、大騒ぎになっても困るから、こっそり事を処理しようとするだろう。いよいよお手上げになったとき、国に助けを求めるという順番になる。

国に下駄が預けられても、すぐに県下全域に避難勧告が出せるわけではない。みんなが一斉に逃げれば、道路はたちまち大渋滞になる。本当の情報はずっと伏せたままにするだろう。ちょっとした放射能漏れがあったと、情報を小出しにして、地元民から順に避難させることになる。

田舎は寝たきりの老人も多いし、一人暮らしの年寄りが山仕事に行っているかもしれない。バスの手配ひとつとっても大変だ。避難訓練のようにスムーズにはいくまい。

かくして、原発から40キロ離れた鹿児島市に住む私は真っ先に逃げ出すどころか、子供たちとともにずっと放射能を浴び続けることになる。

九電と原発を初めて本格的に検証した『原発から風が吹く』を出すにあたって、原稿を読みながら事の重大さに目を剥いた。

川内原発でチェルノブイリ級の事故が起こったとして、風下なら鹿児島市民55万人の死亡率は100%。佐賀の玄海原発の事故でも、123万福岡市民は100%死ぬ。100キロ離れた北九州市でも、半数のガン死は免れないときている。

これは、京都大学原子炉実験所の瀬尾健氏の予測式に当てはめて、人的被害を試算したもの。編者の橋爪健郎氏は、鹿児島大学理学部の教員である。

圧力

ＮＨＫと自民党との間に、圧力があったのなかったのと話題になったが、いつの間にかフジテレビとライブドアの陰に隠れていった。それはともかく、誰であれ都合の悪いことは隠そうとするものである。力があれば圧力をかけることもある。

実は、私も似たような場面に遭遇した。九電と原発を検証した『原発から風が吹く』を刊行したときのことである。

初めて九州の原発問題を取り上げた本ということで、新聞各紙も書評で取り上げてくれた。

ある日、その中の一紙の記者から突然電話があった。九電の広報担当が来て、本の内容に納得がいかないと言ったという。

私は九電の担当者が指摘した点を、逐一説明した。話しながら、事実関係に誤りがあるなら小社に抗議すればよいのに、と思ったものである。気に入らなければ、出版の差し止め請求だってできる。

あとでハタと気が付いた。これは、事実関係をただしたいというよりも、新聞社に対する牽制、もっとはっきり言うなら恫喝であったのだと。

九電のマスコミ攻勢はすさまじい。接待の席はまるで龍宮城のようだったと、九電の玄海原発のある佐賀新聞の記者から聞いたことがある。バス代ただ、弁当付き、観光地めぐり付きの「原発ＰＲ館見学ツアー」の比ではない。記者にとって九電は大切な情報源でもある。さらに、九電は巨額の資金を提供してくれる新聞社にとって大事な広告主でもある。新聞記者が、九電に気を使う癖が身に付いていても不思議ではない。

この記者は確認の電話を入れたが、ほかの記者ならすっかり屈服し、「次から南方新社には気をつけましょう」くらい言ってしまったかもしれないし、代わりに九電の「よいしょ記事」を書いてバランスをとったかもしれない。

その後、別な新聞で連載を依頼されたとき原発についてふれたことがある。担当記者は、もう原発について書くのは止めてくれ、と言い出した。無視して書いたら、今度は九電に事前にお伺いを立てたのだろう、私の文が九電のいつもの論調に、すっかり書き換えられていた。

付け加えておくと、この本の件で九電から小社へは何ら連絡はない。マスコミにアプローチするのは九電の常套手段なのである。

ワクワク感

本を作っていて嬉しいのはどんなときかと聞かれることがある。大抵、刷り上がった本が書店に並ぶとき、という答えを期待されている。

新しい衣をまとった我が子のような本の門出が、嬉しくないはずはない。でも、１５０冊も作っていれば、いちいち喜んでもいられないというのも、正直なところ。スレてしまうものなのだ。

それでも、誰もいない深夜、含み笑いをすることがある。世の中に一泡ふかすことが出来るかもしれないという原稿を手にしたときだ。

『たのしい不便』という本の原稿が、まさにそうだった。読みながらワクワクしてきたものである。

地球環境問題を持ち出すまでもなく、現代の消費社会はウンザリするような状況である。しかし、人はなかなか抜け出すことは出来ない。著者はこれをある種の病気、消費中毒と見立てた。この本は、消費中毒からの離脱のための本であった。

新聞記者である著者は、実際に不便の実験を始める。自転車通勤、自販機でモノを買わない、自分で弁当をつくり外食をしない、エレベーターを使わない、田畑を借りて農業をする……。もちろん、一度にやれば禁断症状が出るかもしれないから少しずつだ。やってみれば、こうした不便が、実はとても楽しく、幸福さえもたらすことを発見していく。

印象に残るくだりがある。

「小学5年の長女が腹痛を訴えたとき、学校まで自転車で送っていったことがある。学校は高台にあるため、最後の200メートルほど坂道を上らねばならない。ふうふう言いながらペダルをこいでその坂を上っていると、ここから歩くからもういいよ、と言って、長女は荷台から降りた。大変さが分かったのだ。車で送ったのではそうはいかない。たとえ車を買い、燃料費を稼ぐために労働時間が増えたとしても、親の大変さはおそらく子どもには伝わらない」

日本は、省エネ技術が世界一だといわれるが、エネルギー消費は伸びる一方である。リサイクルにしても、より大きな消費がその分を飲み込んでいく。小手先の対応ではなく、消費に対する考え方の転換が必要な段階に来ていると著者は言う。

この本は版を重ね、現在3刷り。韓国語に翻訳され、海の向こうにも並んでいる。

行商

書店で小社の本を見るのは辛い。

たまに手に取ってくれたかと思うと、さっと元の位置に置き、別な本を手にレジに向かったりする。なかなか売れてくれない。

実は、それも当然なのである。一つの本が書店で月に10冊売れたら上出来の部類に入る。つまり3日に1冊。一日中見張っていて、1冊も売れなくても不思議はない。

これが行商に出向くと趣が変わる。行商といっても文字通りのそれではない。地域の秋祭りとか、講演会、学会とか人が集まる場所への出店である。

書店では新刊本が中心で、1年もたつと棚に1冊置いてもらえればいい方である。行商では、既刊であろうが新刊であろうが関係はない。場面に応じて客層を想定し、売れそうな本を出品する。

市場の大きい東京には、専門出版社がある。教育なら教育だけ、図鑑なら図鑑だけといった具合だ。田舎出版社の小社としては雑貨屋にならざるを得ない。あらゆるジャンルに間口を広げなければならない。それが面白さの一つなのだが、行商にも有利である。どんな場面にも出店できることになる。

学会などでは、専門出版社の店と隣り合わせになったりする。ご苦労なことである。わざわざ東京から飛行機代を払って本売りに来るのである。元が取れたかどうか、心配してしまう。こちらは売れなくても、持ち出しはガソリン代だけ。

机1つか2つの店だが、置くのはすべて小社の本。必ずどれかは売れていく。本をどう並べれば手に取られやすいか、ポップはどうか、工夫するのが楽しい。思い通りにことが運んだら、してやったり。

対面販売だから、本の説明もできる。どの本を手にとるかで読書傾向も分かる。そんなときは、また別の本も紹介する。

本好きな人との会話は楽しい。以前買ってくれた本の感想を直接聞けたりする。鹿児島は狭いところだから、行商でいつの間にか知り合いになった人も多い。

考えてみれば、これまで出した本のうち自社で企画して原稿依頼したものは数えるほどしかない。たいてい知り合いを通じて紹介される。こうしてみると、行商から生まれた本もかなりの数にのぼる。

自分でつくった本を自分で売る。そして著者に巡り会う。出版社の原点がここにあるように思う。春、行商の季節だ。

田舎差別

日本に6千社の出版社があるといわれる。その90%が東京に集中する。これは田舎の出版社に不利を及ぼすことがある。

人件費の安い田舎の方が本作りのコストは安そうだが、実は東京の方がはるかに安い。本向けの紙は東京に集められるから、田舎で作ろうとすれば紙代に東京からの運賃が加算される。田舎で作られる本は数が少ない。印刷単価も製本単価も高くなる。総じて、3、4割は高くなる勘定だ。売値は、そう高くできるものではない。利益がそれだけ削られることになる。

田舎に出版社が根付かない理由の一つに、このコスト高がある。

もう一つは、田舎の東京崇拝だ。

本は会社が作るものではない。作るのは一人の編集者である。田舎であれ、東京であれ、担当がヘボならヘボな本しかできないし、優秀であれば、いい仕上がりになる。

当たり前のことだと思うのだが、どうもそう思われてはいないようだ。ときにカチンとくることがある。会社ならまだしも、東京という地域が作ると錯覚しているような人もいる。

私自身、十数年前まで東京で仕事をしていた。いかにいい加減な人間が東京に多いか、肌身にしみて分かっている。それなのに、「これまで中央で出してきたが、今回はお宅に頼む。中央に負けないくらい頑張ってくれ」と励まされたりすると、原稿に火を付けて燃やしたくなる。

先日は「中央の出版社ではこの程度は何ということもなかった」と、修正だらけの校正を渡された。東京で許されるのだから、田舎ならなお当然とでも言いたいのだろうか。

地域の文化に誇りを持とうと常々語る田舎の大先生ほど、実のところは「中央」をありがたがっているという傾向がある。これには唖然とするが、笑うほかない。

そうそう、こんなこともある。新聞、雑誌の書評などで、「鹿児島でこんな本が出るのは驚きだ」と付け加えられたりする。田舎で本など作れるはずがない、そんな差別意識の裏返しではないか。

この年になると、高見から褒められても、素直に喜べないものなのである。

ぼやきが続いた。コスト高はさておくとして、田舎の中央崇拝、東京の田舎差別にはだいぶ免疫がついた。「またか、やれやれ」と放っておけばいいのだ。

隠された風景

『隠された風景』（福岡賢正著）という本を出した。死の現場をルポしたものである。この本に「ペットの行方」と題した章がある。

全国で1年間に、64万匹の犬と30万匹の猫が、安楽死処分されているという。あまりの数の多さにリアリティは感じにくい。ならば、「子犬72匹と子猫121匹を含む298匹が、今福岡市の焼却炉で焼かれている」と聞けばどうだろうか。

ペットブームの陰で不要になった犬猫が、各地の保健所などに持ち込まれている。

もし、処分されずに野に放たれたなら、私たちの街は犬猫があふれ返ることになる。街を守るために、実際に処分の仕事に携わる人々がいる。だが、「犬猫がかわいそう」と言われることはあっても、彼らにねぎらいの言葉をかけられることは少ない。

今、私たちの社会は限りなく分業が進み、汚いもの、不快なものから自分を遠ざけている。死はその最たるものだろう。

「肉をつくる」という章もある。日ごろ、パック詰めの肉しか見たことのない高校生が、泣きながら屠鳥するくだりがある。「命の重さを実感した」と言いながら、「二度とやりたくない」と否定的にとらえる。

「かわいそう」と言うことで、自分は命を絶つような残酷な人間ではなく、優しい人間だと自分に納得させる。自分を安全圏に置いて目を閉ざす。その結果、人の殺したものなら平気で食べ散らかし、平気で捨てる。そんな構図が浮き彫りにされていく。

著者はこう語る。「無数の『死』があるからこそ我々の『生』がある。そして人が『生』を実感するのは、他者の『死』にふれた時である。その『死』を生活の場で身近にふれることができなくなったことが、『生』をかけがえのないものとして慈しむ契機を人々から奪ってしまったのではないか」

そして、その結果生まれたゆがみについて、次のように記す。

「『生』を支えている『死』は、見えない所に押し込んで、『優しさ』だけがもてはやされてきた結果、実はとてつもなく『優しくない』世の中が出来上がってしまった。『死』の隠蔽が、食べものを粗末にし、命をないがしろにする風潮や、自然破壊的な文化の背景にある」

この本は、刊行以来、地方出版物の出荷ランキングのベストテンに入り続け、静かな反響を呼んでいる。

究極のゴミ

2年前に台湾に行った。原子力問題についての国際会議が台北であったからだ。台湾は、原発はもう止めようと決めたが、台湾南西海上に浮かぶ蘭嶼(らんゆ)島を訪問したとき、原発のどうしようもなさを実感した。

台東から、青い海の上を飛ぶこと20分で、島影が目に飛び込んでくる。山がそのまま海になだれ込むような平地の少ない島、それが蘭嶼島であった。

周囲が40キロ、この小さな島に住むのは先住民族タオ族の人々である。3千人が今も暮らしている。

水を張った棚田には、タロイモが葉を揺らし、豚やヤギが海岸、原っぱ、森の中、いたるところを走り回っている。タオの人の食糧は、このイモと豚、ヤギ、そして飛び魚である。集落の近くの海岸には、山の木を使った手作りの舟（カヌー）が並んでいた。

こんなのどかな島に、低レベルの核廃棄物貯蔵所が造られてしまった。「缶詰工場をつくる」。そんな触れ込みだったという。

異変に気がついたのは島の人々だった。生まれてくる子供に、先天異常が続出したのである。わずか10年そこそこで、小さな島に50人もの子供が「障害」を持って生まれてきた。ざっと計算すると10人に1人。もの凄い高率である。子供だけではない。体をこわす大人も続いた。

海の近くの核廃棄物貯蔵所には、簡単な建て屋が造られ、9万8千本のドラム缶が置かれている。建て屋内にたまった水をそのまま海に流していた。悪いことにドラム缶は腐食が始まっていた。ボロボロのものもあるという。海に流された水は、放射能に汚染されていたのである。付近の魚は汚染され、それをタオの人々は食べた。

核廃棄物貯蔵所の李副所長は「ボロボロのドラム缶を6年かけて詰め替える」と話した。でも、放射能相手の仕事だ。被曝は避けられない。やり終えたにしろ、後から後から腐食が進む。八方ふさがりなのである。

スウェーデンの地質学者メルナー博士は、ゴミの処分方法もないまま稼動する原発を揶揄して、「落ちるまでには水がたまるだろう、と期待して、水のないプールに飛び込んだようなもの」と語った。

原発ばかりか、そこで日々生み出される放射能のゴミ捨て場としても、田舎が狙われている。せめてゴミくらいは、九電本社の地下にでも保管してほしいものである。

全能の大人

1960年代、本土の子が標準服に白いズック靴と、身なりを小ぎれいに整えはじめたころ、私が転校した奄美の小学校ではランニングシャツに裸足かゾーリ履きだった。

島の子供達は知恵をフル回転させ、あらゆることを遊びにし、おもちゃにしていた。木の実、木の葉、木の根、そして鳥や虫、海の魚や貝、カエルや蛇やトカゲさえ遊びの対象になった。

島ではほとんどの家庭が農家。遊びのなかには、親の仕事の手伝いも含まれていた。山羊や牛、豚の世話、畑仕事も遊び。農家の子供ではない私も、友達の仕事を喜んで手伝わせてもらったものだ。

大人達は、とてもたくましく自信に充ちて見えた。なんでも知っていて、なんでもできた。それに引き替え、いまの私たちはどうだろう。

はじめて文明を見た南洋・サモアの酋長による演説集で、『パパラギ』（立風書房）という本がある。島民に向けた酋長の言葉の中に、「彼ら（ヨーロッパ人）の顔は灰のように暗い」というものがある。それは、パパラギ（白人の意）の職業についてのくだり。

サモアには、職業という概念はない。すべての人がタロ芋を掘り、木の実をもいだり、カヌーを漕いで釣りをしたりする。家だって自分たちで造る。つまり、生きていくために必要なあらゆる知識と力を持ち、日常も変化にみちている。彼らから見たら、職業はとても妙なものにしか見えない。

「たいていちっともやりたくない何か、それが職業というものである」

「職業を持つとは、同じことをくり返すという意味である」

「小川へ水を汲みに行くのは楽しいことだ。しかし日の出から夜まで、毎日毎時汲み続けねばならないとしたら、力のあるかぎり、くり返しくり返し水汲みばかりしなければならないとしたら――最後には、白分のからだの手かせ足かせにむほんを起こし、怒りの中で爆発するだろう。同じくり返しの仕事ほど、人間にとってつらいことはないのだから」

部屋の中を見渡して見る。自分自身で作った物はほとんど何もない。

職業を持った大人の働く姿は子供には見えない。見えるのは仕事に疲れた気力のない顔。「全能の大人」は無理でも、せめて食い物くらいは自分でどうにかしたいと思う。

野草を食べる

ただで食べものを手に入れる。これはなかなか快感である。

社員旅行で奄美大島の海に行った。せっかくの海だというのに、若い人はじっと日向ぼっこをしている。そのうちに飽きて、宿に引きこもってトランプを始めていた。

私など、海へ行くと、たいてい食べもの探しに夢中になる。ウニや貝、食べられそうなやつは全部採る。簡単な釣り道具があればなおいい。ヤドカリを割れば立派な餌になる。

奄美では小さな桟橋で、30センチはあろうブダイを釣り上げた。宿のおばちゃんに料理してもらいみんなで食べたが、これは失敗だった。８人のうち４人が魚に当たってしまいダウン。一人は診療所で点滴まで打った。まあ、そんなこともある。

遊びに行ったときばかりではない。この季節になると、仕事中でも海に打ち上げられるワカメが気になって仕方がない。アオサも旬だ。考えただけで、唾が出てくる。

秋には、車を運転しながら、ムベの蔓を探している。郊外に出ると必ず何個かゲットする。

３年前に、中学校の理科の先生に食べられる野草のガイドを作ってくれと、お願いした。彼は、これまで植物ガイドを何冊か小社から出している。解説文の中に、「これは食べられる」とか、しばしば出てきたから、私と同じ人種だと分かっていた。

あれから彼は、田舎の年寄りに昔ながらの食べ方をたずねて回り、実際に自分で料理して確かめ、ついに本にまとめた。『山菜ガイド　野草を食べる』。

フキノトウやセリは当たり前だとしても、ヨメナ、タンポポ、兔の餌にしていたギシギシ、なんとオオバコまでも食べられるのには驚いた。私の「ただで手に入る食べものリスト」は、この一冊で一気に種類が増えた。

別に頼んでもいないのに、彼は薬用植物としての解説も加えてくれた。タンポポの根は健胃、ツワブキは解毒、クサギはリウマチ、高血圧、下痢によい。野草が、何かの病気に効くと発見していた先人はあなどれない。

お金で何でも手に入る人には、見向きもされないかもしれない。でも、私たちには、ありがたいバイブルとなる。

この仕事をしていて良かったのは、この本のように、自分の欲しい本が作れてしまうところにある。

のどかな日常

会社の事務所は、郊外の住宅地にある。40年ほど前に造成された、鹿児島市でも古い団地である。できたばかりの頃は、若い家族連れも多く住んでいたのだろうが、40年も経てば老人が目立つ。立ち並ぶ家も、瓦屋根の平屋造りが多い。なかなか落ち着いたたたずまいだ。

会社の近くに、30年来営業している小さな食堂がある。看板も出ていない。発見するまで2年かかった。値段は30年前と変わらない。うどん２５０円、ラーメン３５０円、チャンポン４００円、カツ丼も４００円だ。

店を切り盛りするのは、70過ぎのおばちゃん。看板がなくても店はいつも賑わっている。常連さんは、70前後のおばちゃんたちだ。昼過ぎから夕方まで、ずっと世間話に花が開いている。

小社の本も、年寄り向けのものが結構あるが、出すときは必ず意見を聴くようにしている。私も常連のひとりだから気安いもの。

寝小便が直らない子供には、カタツムリを焼いて食べさせる。急な下痢は梅のエキスでピタリとおさまる。蓄膿にはドクダミの葉を丸めて鼻の穴に詰めておく。中耳炎にはユキノシタの汁を耳の中に垂らす。

とても書ききれないが、これは、おばちゃんたちから聞いた民間療法である。こんなことを尋ねたら、おばちゃんたちの話は尽きない。今年中に本にする予定だ。

もう春だ。去年は近所で、たわわに実ったスモモを眺めていると、皿一杯持ってきてくれた。秋には別な家から柿を山ほどもらった。こいつは干し柿にしようと庭にぶら下げていたら、鳥に食べられてしまったけれど。

西伊敷の南方新社も、すっかり地元にとけ込んだ。すぐ近くの簡易郵便局のおばちゃんは、切手の配達をしてくれるし、本も買ってくれる。2軒先にはお寿司屋さんがある。年に1、2回の贅沢にいい。腕の良い歯医者さんや、クリーニング屋さんもお隣さんだ。会社の女性スタッフは、お向かいの奥さんと生協の共同購入をしている。夕方になると、会社の前の通りで子供がキャッチボールを始める。

私はバイクで通っている。この団地に上る裏道を見つけた。畑の中を行く細い道だ。春は蝶が舞い、夏は帰宅途中の街灯でクワガタムシやカブトムシを探すのが楽しみだ。秋は椎の実が落ちている。

なかなか、のどかなものである。

＊以上の原稿は、2004年12月～2005年5月に西日本新聞に「南の田舎で本づくり」と題して掲載したものである。

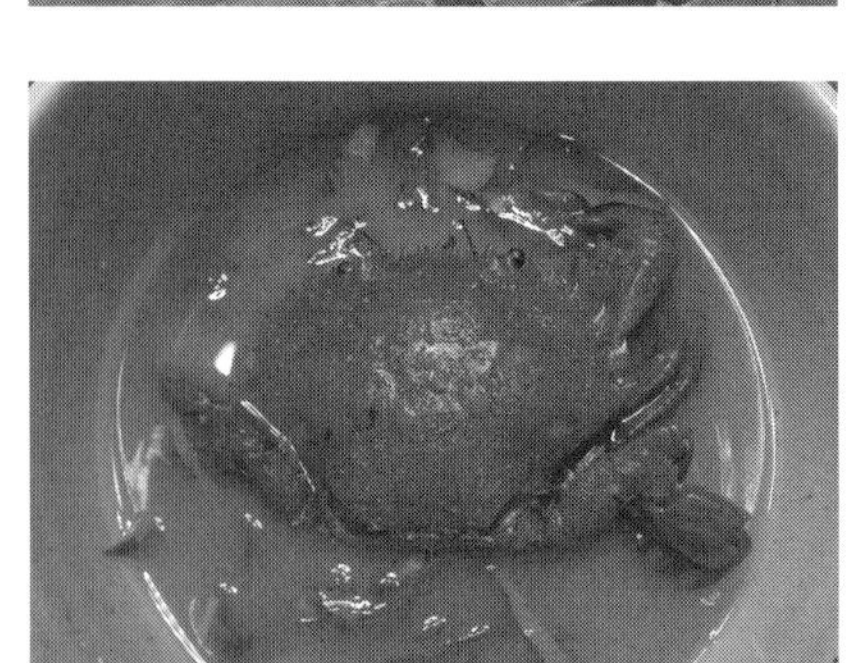

原発なくてもええじゃないか
サヨナラ

第2章

南方新社の舞台裏

＊本章は、２００５年7月～２０２３年11月、まちづくり県民会議『8・6ニュース』に掲載したものである。なお同誌は１９９４年、甲突川に架かる石橋現地保存運動から生まれたものである。

草刈り勇姿！ 通りがかりのじいさんにとってもらったが、私も、ただのじいさんだった。

2005

交通事故から復帰しました〈2005・7・1〉

のっけから、事故の話で失礼。

私の足はバイクだ。道が込んでいてもなんていうことはない。燃費もリッター25キロくらいだから、車よりは罪悪感が少ない。寒い冬や雨の日は難儀だが、我慢できなくはない。

学生時代はよくこけていた。1年に1回は天と地が逆転する不思議な感覚を味わったような気がする。それでもなぜか怪我はなかった。最後にこけたのは26歳のとき。22年間何もなかったものだから、このままずっと事故とは無縁だろうという気さえしていた。それは甘かった。

思い起こせば、6月1日深夜11時過ぎ、やっと仕事も一段落付いて後は帰って風呂に入って焼酎を飲むだけと、うきうきしながらバイクで帰宅途中のことだった。雨上がりの風の心地良いいつもの帰り道、交差点で車の近づくのがライトの灯りで分かった。こちらのライトも見えるはず、こちらはメインの道路、向こうは停止線もある。出てこないだろう、待つだろうと思いきや、何とそのまま車のライトが車線に出てきた。

何てこった、急ブレーキ。警察の現場検証によれば6メートル前からブレーキ痕とのこと。路面が濡れていてさらに前輪後輪ともロックしたのだろう、すってんころりとスリップ転倒。バイクは車にガツン。私は気が付くと、ヘルメットがガガガガと地面をこすっているのが聞こえていた。

救急車で病院に運ばれレントゲンの結果、右鎖骨骨折。最初は痛みで寝返りもできない。夜も眠れず、2日間くらいは意気消沈していた。それでも日に日に痛みも取れていった。

今回のこの事故で、寿命が20年ほど延びたような気がする。調子に乗って走らないということだ。相手の車も、自分のハロゲンヘッドライトが明るすぎて私が交差点に近づいてくるのが分からなかったという。交差点では頭を出さないと左右は見えない。しょうがなかったということだろう。私がのろのろと走っていたら避けられた事故だった。首でも折っていたら、家族はいまごろ仏壇に手を合わせていただろう。

7月1日、あれからひと月たち、骨もだいぶくっついてきた。仕事もいつものペースに戻ったように思う。入院のおかげで返事が遅れ、出版の話が一つ飛んでしまったが、もともとなかった話だと思えば気にならない。

それにしても、この世界では人間が制御できないスピードがごく普通になっている。そして交通事故は決してなくなることはない。

だとすると、交通事故は不慮の事故などではなく、制御できない機械をもたらした者が仕組んだ災難だということにならないだろうか。

蔓ものは根が弱い〈2005・7・19〉

週に一度は、鹿児島市から車で40分、実家の畑に行く。77歳になる母が一人暮らしをしているので、その生存確認の意味もある。「おーい、生きているかー」が、訪問の挨拶代わり。もう一つ重要な仕事もあった。墓参りである。私が特別信心深いわけではない。当地の田舎では、墓に花を欠かしてはならないということになっている。花がしおれていれば、なんと先祖をないがしろにする家だと、村中の非難を浴びる。腰の曲がった母の足では、1キロ離れた墓に行くのも難儀であろう。夏場は、1週間もすれば花は枯れる。いつの間にか、墓参りが重要な私の仕事となった。

7月18日、海の日。畑に出てため息をつく。交通事故で入院していたせいもあるが、ひと月あまりほったらかしにしていた畑は、見るも無残。

植え付けは遅れたが、まあまあの成長を見せていたジャガイモはすっかりツユクサに覆われている。痕跡を探すが影も形もない。トマトは健気に実を付けていた。支柱を付ける間もなく大きく伸びたトマトは草の中に倒れ、草を掻き分け赤く熟した実を拾い取ることになった。半分以上が収穫期を過ぎて腐っている。後で母に話すと、「台風が来たら、わが家の勝ちよ」と、励ましてくれた。きちんと支柱にくくりつけているトマトより、草の中に倒れたトマトのほうが、被害が少ないというわけだ。ものは考えようか。

ナス、ピーマン、スイカは、ほぼ全滅。意外な収穫はニラ、それとキャベツが草の中に玉を付けていた。きっと、蝶蝶も見つけられなかったに違いない。

気を取り直して、この日は3分の2以上を占めるただの草っ原を草刈り機で刈ることにした。草っ原の畑なんて、どうにも体裁が悪い。炎天下、草いきれで何もしないのに汗がにじみ出てくる。骨がくっつきかけている右鎖骨の上にちょうど草刈り機のベルトが当たる。作業開始は午後3時10分。調子は上がらず、ものの20分ほどで汗が吹き出し、息が上がる。日陰で休憩しようとすると、今度はやぶ蚊の猛攻。水をがぶ飲みして草刈り。また20分ともたない。やぶ蚊を払いながら水を飲む。気分を変えるため、肥料の効かない小さな葉っぱを草の中に揺らしていたサトイモ地帯に移る。サトイモを傷つけないように草を刈る。10分でヘロヘロだ。水を飲んだら、持っていった1リットルのペットボトルが底をついた。終わり。

作業時間1時間、流した汗1リットルであった。

実家でお茶を飲んでいるとき、「シルバーに庭先の草取りを頼んだら、キュウリの根元の草まで取ってしまった」と母が嘆いていた。蔓ものは根が弱いので、根元の草取りはタブーなのだという。案の定、5本のうち2本の蔓が枯れてしまった。いい事を聞いた。

クワガタ採り〈２００５・８・１〉

やらなければならないのだが、なんとも手のつかない仕事がある。

１４００ページもある超大物だ。ここ３週間ほど、ずっとやらなければと、のどに引っかかった小骨のように気になり続けている。普通の本が２００ページ、大物でも３００ページを超える程度だから超大物振りがよく分かろうというもの。

千里の道も一歩から。とにかく前に踏み出さなければ終われないのは分かっているが、手がつかない。

小さな仕事から片付ける、これは長年の流儀だった。大きな仕事一つに、小さな仕事十あるとしたら、小さなものから片付けたほうが、確実に能率が上がる。大きな仕事で手間取っていたら、すべてが糞詰まりを起こしてしまう。小さなものを片付けて、大きな仕事は、時間を作ってエイヤッと終わらせてしまうわけだ。

ところがあまりに大きすぎると、エイヤッとはいかない。数日籠ってやっと少し進む仕事だ。ほったらかしにしているうちに、仕事の手順も忘れてしまっているから、余計遠ざけてしまう。

平日は、電話やら訪問客やらで中断される。電話や客が、ただあるだけなら問題はないが、そのたびに仕事が増える。超大物はいつの間にか、ヒマラヤのように立ちはだかっていた。

先週の土曜日は、朝からヒマラヤに挑む予定だった。寝坊をして出社は12時過ぎ。暑いから缶ビールで体を冷やす。１本の予定が２本になり３本に。いい気持ちになった。よっし、久しぶりにクワガタ採りに行こう。会社のある団地の周りは雑木林。以前からめぼしをつけていたタブノキやクヌギの木がある。何カ所もある。こうして、大判のクワガタ３匹を手に会社に帰るころになると、すっかり仕事をする気はうせていた。

いったい何をしてるんだか……。

引っ越すぞ〈２００５・９・１〉

12年前、創業当時借りたのは、11坪の事務所だった。何もない部屋にぽつんと一人、えらく広く感じたものだった。

東京は人間の住むところじゃないとＵターンしたはいいが、鹿児島に住むのは高校卒業以来のことである。ほとんど知り合いもいない。その寄る辺のなさも手伝って、なおさら広く感じたのかもしれない。

中古屋からとりあえず机を４つ買い込んだ。しばらくして、経理、編集と、スタッフも増えていった。といっても机の数だけ４人である。６年目、出版点数が50点ほどになったとき、ついに在庫でパンク。移動のときも、カニのようにヨコ歩きしなければならないほどになっていた。

２０００年８月、現在の事務所に越してきた。40坪の民家。以前八百屋をやっていただけあって、広い土間が在庫スペースにちょうどいい。すっかり馴染んだのだが、点数が160点を超えたいま、パンク寸前である。駐車場を倉庫に改造したが、1年ともたなかった。新刊ができても、置くところがない。かくして、事務所探しを半年前から開始した。

紆余曲折を経てたどり着いたのは、370坪の土地。市街からかなり離れた山の中である。在庫のために高い土地代を払うのはもったいない。必然的に地価の安い郊外になった。

ここのいいところは、タダで家がついていることだ。なんとそのタダの家は、70坪もある。一時期当たった建設会社の社長が、金にあかせて作った豪邸である。鉄筋の30坪の倉庫もおまけで付いている。

一つ心配の種がある。件の建設会社は潰れ、豪邸は競売に。次の持ち主も建設会社の社長だったが、倒産、競売となった。倒産づいているのだ。まあ、しみじみと本を作って売るだけの南方新社だから、大げさな倒産などとは縁はないだろうが、坊さんを呼んでお祓いだけはしておいた。

引っ越しは、9月9日金曜日。汗を流してビールを飲むぞ。

怒涛の引っ越し〈2005・9・20〉

9月9日、引っ越し大作戦決行。いま振り返れば甘かった。とにかく甘かったの一言に尽きる。

倉庫に積まれた在庫の山を切り崩しながら、トラックに積み込んで新しい倉庫に入れていく。その数4万冊。後で勘定したらダンボール箱で830個にもなった。総重量約20トン。これを男手10人ほどでやり切った。当初、予定の男手は5人程度、心優しい手伝い人5人が来てくれなかったら、一体どういうことになっていたか。

運んだのは在庫ばかりではない。出荷スペースの本250箱。机周りの資料100箱。イス、机、タナ……。2トントラック2台が数え切れないほど往復した。

夜の7時から宴会の予定だった。もちろん7時に終わるはずもなく、作業は延々続いていた。宴会にだけ参加する予定で訪れた人も、そのまま作業に駆りだされ、とりあえず終了したのは夜の10時。ビールのうまかったこと！　そして焼酎も！　深夜3時過ぎまで痛飲。

噴き出した汗は、何リットルになっただろうか。体重が4キロ減っていた。

9月17日、南方農園。6月の鎖骨骨折がたたって、畑は荒れ放題から未だに回復していない。夏場に草刈り機で刈っても、すぐに元の草っぱらに戻っていた。でも、これからの季節は草の成長も鈍くなる。

彼岸までには済ませろ、といわれる秋・冬野菜の植え付けも、順調に進んでいる。秋じゃが、大根、白菜と植え付けは終了。後は何を植えようか。ニンジン、玉ねぎ、ネギ、山東菜、チンゲン菜、キャベツにブロッコリー……。草地を開墾すれば、土地はいくらでもある。1反の畑がやがて甦る。

9月20日、楽園めぐり。昼食には付近の食堂を利用する。早く終われば、つい事務所の周辺を散策したくなる。先週は、思いがけない楽園を発見した。事務所から２００メートル下れば川が流れている。稲荷川という名の川幅３メートルほどの小さな流れだ。川の向こう側には、川に平行して用水路が引いてあった。この用水路沿いの小道がなんとも心地よいのだ。道端には椎や樫の木が生い茂っていて、涼しげな木陰をつくっている。ふと見ると、道の上に木の実が落ちている。椎の実だ。しかも、通常の４倍ほどの大ぶりな実である。９月６日の台風14号で落ちたのだろうが、あれから何日もたっているのに潰れてはいない。結構広い道幅だが、車はほとんど通らないのだ。

この道は、営業マンの格好の休憩所となっている。コカ・コーラ、ガス会社、電気工事会社の車が、道端にぽつん、ぽつんと停まっている。

鳥取行き〈２００５・10・20〉

10月14日、鳥取へ向けて出発。なんと拙著『地域と出版』が、地方出版文化功労賞奨励賞を受賞。その授賞式が鳥取であったのだ。

滅多に県外に出る機会はない。せっかくだからと岡山で途中下車。岡山の同業の吉備人出版をたずねた。設立もほぼ同時期、出版点数も似たようなもの、売上規模もどっこいどっこいである。話をするだけでいろいろ勉強にもなるし、刺激にもなる。

土産の焼酎２本をぶら下げて、事務所訪問。焼酎を渡す。だが、その２本の焼酎瓶、鹿児島からずっと一緒だったこともあり気になって仕方がない。実はその銘柄の焼酎を、私はまだ飲んだことがなかったのだ。ちょっと味見をしましょうかと、早速封を切り味見。うまい、もう一杯。本作りの話はそっちのけで、すっかり腰がすわってしまった。結局、飲みにいった店にも持参し、土産はその日のうちに消えてしまった。なんてこった。山川社長、こんなもんです。焼酎にはめっぽう弱いのです。

10月15日、鳥取県倉吉市で授賞式。賞状と盾をもらって、その後講演会が設定されていた。私の持ち時間は30分。会社を創ってからこれまでの数少ない成功と、あり余る失敗談を適当にしゃべればいいと軽い気持ちで出かけたのが失敗だったか。

調子に乗って、大山さんのことを口走ってしまった。大山さんは、７年前ほど前に現れた謎の人物である。謎ではない、公安なのである。その話は、以前新聞のコラムに書いた。再録しよう。

「大山さん」

いろんな人が当社を訪れるが、普段は会えない人も来る。ズバリ公安が来たのだ。

話はこうだ。

彼はひょっこり、読者です、と訪れた。突然の訪問でも出版社たるもの、読者と聞いておろそかにするわけにはいかない。しかも何冊も買ってくれたという。

溜まった原稿を放り投げて、隣のローソンまでお菓子を買いに行き、お茶を出し、世間話の相手をした。聞けば、私が小学校のころ住んでいた同じ徳之島出身で、おまけに隣の集落だという。彼は大山と名乗った。島にも多い名前だ。

一気に親近感が増し、話は盛り上がった。小一時間ほど付き合っただろうか。

一週間ほど後、こんどは大山さんから電話がかかってきた。一緒に焼酎でも飲みませんかと言う。出版社たるもの、読者の誘いを断るわけにはいかない。

懐かしかろうと島料理を出す飲み屋に連れて行った。ひとしきり飲んで、まだ名刺をもらってないことに気がついた。彼が差し出したその名刺には、なんと「公安調査庁」と書いてあるではないか。

はあ、と開いた口がふさがらず、酔いも一気に醒めた。あらためて眺めてみれば、首も腕も太い。以前、公安はがっしりした体をしていると聞いたことがあるが、なるほど鍛えられている。仕事は土木関係だと言っていたが、何のことはない、仕事をしているはずの昼間は柔道で汗を流すのが日課だった。

やれ原発反対だの、諫早の干拓止めろだの、しつこく本を出しているから、どんなところか覗きに来たのだという。

小社は本を出すところで、何も隠すものはない。初めから堂々と名乗ればいいものを、読者です、と来るから話はややこしくなる。

さらに、これからも話を聞きに事務所に寄りたいとまで言う。あつかましいのにも程がある。わざわざお菓子を買いに行き、作り話に付き合わされたこちらの気持ちにもなってみろ、というものだ。

翌日、彼の職場に大山さんを訪ねた。外出中だという。これで、大山さんが本物の公安であることが確認できた。ついでに、伝言を頼んだ。「出入り禁止です」と。

今でもときどき大山さんのことを思い出す。もっとも、出身地もこちらに合わせたウソで、「大山」も偽名だろうけれど。

このとき初めて「公安」には、警察の警備担当と、法務省の公安調査庁があることを知った。

ともあれ、私自身には印象に残る話だったのだが、どうも場所柄がよくなかったようだ。それまで、にこにこ笑いながら聞いていた人たちの表情が、「公安」と口に出したとたん急にこわばってしまった。「公安」にマークされているなんだか怪しげな出版社、そんな印象を与えてしまったようである。

冷え冷えと、異様に緊張した雰囲気の中で、いまさら途中で止める訳にもいかず、やけくそ気味で話し続けたのだが、やはり話す内容はきちんと準備すべきだったと後悔した。

10月16日、鳥取から鹿児島までは8時間。汽車に乗り込むのも気合が要る。ホテルを出て、しばらくウロウロとあたりを散策。大きめのスーパーに入ってみた。なんと、鮮魚コーナーには、地元の漁港で獲れた刺身用の魚が所狭しと並んでいる。量もさることながら、生きの良さとその種類の豊富さにはかぶとを脱いだ。鹿児島のスーパーでは、せいぜい5種類もあれば上等である。おそらく20種類はあっただろうか。毎日食べても、飽きることはなかろう。鳥取県人が急に羨ましくなった。

壊れる田舎〈２００５・12・12〉

秋も深まってきた。田舎道を車で走っていると、道端の黄色いツワブキの花と白い野菊の花が目に飛び込んでくる。

白い菊の花は、たいていサツマシロギクである。なんとも可憐そうな名前ではないか。この花、実は10年ほど前にはイナカギクという名で呼ばれていた。ひどい変わりようだが理由がある。専門家が詳細に研究したところ、南九州のイナカギクは別種であることが判明したのである。

同じ白い野菊の花でも、海岸近くに生えるのはサツマノギク。田舎道のシロギクよりひと回り大ぶりで、姿は気品があってりりしい。小社の植物図鑑『野の花めぐり　全4巻』の著者・大工園認さんは、野草で県花の選定があったら本種が一押しだ、と語っていた。こちらも南九州でしかお目にかかれない。

東京で作られる（全国に流通している）植物図鑑は、関東圏を主対象にしているから、もちろん両種とも載っていない。鹿児島での普通種が載らず、逆に鹿児島に分布していないものが多く載ることになる。これでは使えない。小社が鹿児島の図鑑を作る理由がここにある。これまで植物、昆虫、貝、川の生き物などの図鑑を作ってきた。

さて、先日田舎の墓参りに行ったとき、あまりのショックに力が抜けた。墓地管理の一環なのかもしれないが、タブの木の根際にあったサツマノギクの群落が、無残に刈り取られていたのである。あたりには、いっぱい蕾を付けたままの茎がしおれて散らばっていた。去年私はそのサツマノギクの種子を、自分の墓の周りの土手に蒔いた。順調に芽を出し、花をとても楽しみにしていた。いくつかの小さな群落もでき始めていたのだが、彼岸過ぎに下手の墓の持ち主があたり一面に除草剤を撒き散らし、全部枯らしてしまった。この除草剤騒動には後日談があった。草のすべてが枯れ、地肌があらわになった土手である。雨にひとたまりもなく、やがて土手は大きく崩れた。

土手を裸にするなんて、田舎に住む者ならその危うさを知らないはずはないだろうに。除草剤が想像以上に強力すぎたのだろうか。そういえば、サツマノギクの群落のあったタブの木は、2年ほど前に根から1メートル残して伐られてしまった。ご丁寧にも、伐り株にはガソリンをかけて火がつけられていた。墓地の木は、暑い夏に涼しげな木陰をつくってくれた。それだけではない。神社の杜同様、神聖なものであったはずだ。

墓地の木を伐り、除草剤で土手を裸にし、蕾のいっぱい付いた野菊を刈り払ってしまう。田舎も壊れ始めているのか。

年末回顧〈2005・12・27〉

塞翁が馬、今年もいろいろあった。特に健康運に陰りがあったようだ。でも、物は考えようともいえる。

6月の交通事故はとっても痛かったが、入院中骨折した鎖骨を動かさないようにと、腹筋を使って寝起きしていたら、なんと、なんと、持病の腰痛がきれいに消えてしまった。おまけに、ここ数年厚くなる一方だった腹の脂肪も激減。すっきりした。

12月には風邪をこじらせて気管支炎に。アラ不思議。30年間、ずっと止められなかったタバコも吸えないでいたら、発作のときの余りの苦しさにタバコがいつの間にかいらなくなってい た。


そうそう、8月には死亡保険に入ろうとしたところ、尿検査で糖、血尿、蛋白と3拍子揃ってチェック。あっさり断られてしまった。考えてみれば、検査はタダだったわけだし、不摂生を警告してくれて感謝するしかない。おまけに、死ななければもらえない保険料も払わずに済んでいる。

10月には、スウェーデンから本の注文があった。「お金は要りません。遠いところからご注文いただけて光栄です。ご笑納ください」と、お手紙をつけて本を送った。国内にタダで送ったりすれば商売にならないが、外国からの注文にはタダで送る。そんなに注文があるわけでもないし、第一、スウェーデンのお金とかドルとか、当方にとってみれば木の葉みたいなものである。本は売るほど沢山あるから大したことはないのだが、先方には随分喜んでいただいたようだ。スウェーデンのとってもきれいな風景の写真がメールで送られてきたし、年末には、大麦で作ったクリスマス用のリースと、おいしいアメを送っていただいた。

喜んでもらえれば、こちらの気持ちも、ほっこり温かくなる。

2006

違反者講習〈2006・1・23〉

みっともない話だが、チョビチョビ貯めこんだ交通違反の点数が6点になっていたようだ。先日、違反者講習の呼び出し状が舞い込んだ。

朝から夕方まで、丸一日がかり。午前中は座学で、午後からは社会参加活動だという。笑ってしまったのは、この社会参加ってやつである。さて何をするかというと、交通安全標語の書かれたプラカードを持って、交差点に立つのだという。あまりのあほらしさに笑うほかない。

かつて中国・文化大革命のころ、「私は堕落している」というゼッケンをぶら下げ、紅衛兵に小突かれながら行進していた人々を思い出した。

交通安全の標語が、なにかの役に立つとは思えない。しかし、いいさらし者である。交通違反の抑止効果は確かにあがるだろうとも思う。だからといって、何をしてもいいということにはならないだろう。人間性を傷つけることで効果を上げようというこの野蛮な懲罰は、最近の違反の厳罰化ともあいまって、秩序優先の薄気味悪い時代の到来を予感させる。

幸い、当日は土砂降りで、社会参加活動は屋内の救命講習（人工呼吸と心臓マッサージ）に切り替わった。違反者の中に、現役バリバリの救急隊員がいて、自ら手を挙げ率先して見本を見せてくれたのがおかしかったが、社会参加というお題目を掲げるなら、プラカードを持つよりよっぽど役に立つ講習だった。

さて、今『鹿児島ふるさとの昔話』（下野敏見著）を編集中である。2月末刊。懐かしい鹿児島弁が心地よい。祖父母の息遣いが甦ってくる。

はやらせたい鹿児島弁

①よんごひんご　②ごろいと　③こんわろ
④いっそんこて　⑤はっちた

割れなかったクス玉〈2006・2・15〉

寒い日が続く。南方農園も不作が続いている。

例年1月に蒔いた菜っ葉の種はそのまま成長し、菜の花の咲く3月4月までは収穫を楽しめるものだが、今年はどうもうまくいかない。せっかく芽吹いた双葉が霜にやられたのだろうか、黄色く縮れ、跡形もなく消えた。

もっとも、1月に小松菜や、チンゲン菜、白菜の種を蒔くのは邪道である。分かっていながら蒔くのは「収穫したら種を蒔け」という亡くなった父の教えがあるから。秋ジャガが草の中に消えてしまっていたのですっかりあきらめていたのだが、ためしに掘ってみたらなんとなんと、小さいながらもコロコロと顔を出した。掘ったあとは「父の教え」というわけで、菜っ葉の種を蒔いたのである。

そういえば11月に蒔いたシマ大根は、タンポポのロゼッタのように葉っぱを地面に這いつくばらせたまま、一向に成長する気配を見せない。

ヘボな話ばかり続いたが、少しはちゃんとした野菜もできている。早い時期に蒔いたチンゲン菜は、下半身がでっぷり太った立派な出来栄えだった。キャベツも大玉が行儀よく並んだ。春の備えもぬかりはない。この前、農協でジャガイモの種芋（出島）を4キロ仕入れた。3月になればドーンと植えよう。ホクホクのジャガイモ、想像するだけでつばきが出てくる。どうだ。

ジャガイモといえば、早掘りの赤土馬鈴薯の産地は徳之島。高校野球では徳之島高校が県大会で準優勝し九州大会に出場。一回戦で敗れたものの、春のセンバツでは21世紀枠の期待が残った。

出場校発表の日、1月31日午後3時。校長以下監督、部員らがマスコミの見守る中、固唾を飲んで電話を待った。お決まりの光景。しかし、ベルは鳴らなかった。準備されていた保育園の園児たち手製のクス玉も割られることはなかったという。私は徳之島の伊仙小学校を卒業した。ひそかに出場を期待していたのだが、しょうがない。ただ、園児たちのクス玉の行方がやけに気になった。

徳之島高校は打撃のチームだった。ときとして爆発する打線は、島の伝統行事闘牛に引っ掛けて闘牛打線と呼ばれていた。闘牛で勝てば、一族一党がワイド、ワイドと踊りまわる。負けても、勝ったほどではないにしても踊りながら退場するものだった。島の子らしく陽気にクス玉を割ればよかった。それができないくらい大和化したのかと気にかかる。

ちなみに、50年前から島を撮り続けた加川徹夫による『徳之島写真集　島史（しまぶみ）』を2月末に刊行する。島びととの桁違いの生命力があふれるすぐれものだ。

出張続き〈2006・3・22〉

このところ出張続きだ。3月10、11日は徳之島、12、13日は奄美大島に行った。

徳之島は『徳之島写真集　島史』の営業。本はできたのだが、書店は島に4店しかない。手薄な地域の店に、それが八百屋さんであろうがコンビニであろうがかまわないのだが、本を扱ってくれるように交渉すること、それと空港と港に置いてくれる店を確保することが目的だった。

ごたいそうに書いたが、人口3万人、周囲100キロの広い島でも車で回れば何のことはない。仕事は数時間で終わった。後は島の友人と釣りである。秘密の釣り場に案内され、なんとキロ級のイスズミ4匹をゲット。早速1匹を刺身とあら汁に料理。釣りたてだから鮮度抜群、うまいことこの上ない。これだから釣りはやめられない。もう1匹は単身赴任中の別な島の友人にプレゼント、残りの2匹は奄美大島で世話になる友人へのお土産とあいなった。

奄美大島では、釣りの話に花が咲き、すっかり盛り上がってしまった。すでに船の中から飲んでいたから出来上がるのは早い。翌日のシンポジウムは、遅刻はするは居眠りはするはで、いったい何をしに行ったやら……。

翌3月14日はいったん鹿児島へ。

3月15、16、17日は佐賀出張、2泊3日のスケジュールだ。なれない車を運転して、おまけに寝たのが県庁横のテント。すっかりドロドロになって帰ってきた。佐賀の目的は「テントに寝ること」であった。

佐賀の玄海原発では、あろうことかウラン用の原子炉でプルトニウムを混ぜて燃やそうというプルサーマル計画が国と九電によって進められている。灯油用のストーブにガソリンを入れて燃やすことに例えられる超危険なしろものだ。事故時の被害も、通常の原発被害の4倍の規模になる。プルトニウム用の高速増殖炉「もんじゅ」が運転を開始したとたん大事故を起こしたものだから、プルトニウムが余ってしょうがない。核燃料サイクルの破綻を隠すためにこのプルサーマルがあるのだが、やられるほうはたまったものではない。

それをいよいよ佐賀県知事が受け入れようとしている。3月

11日から佐賀県議会最終日の23日までをめどに、地元の反原発グループが24時間座り込みの抗議行動を始めた。九州各県のグループにも支援の呼びかけがあった。渡世の仁義というやつである。仕事をサボってでも駆けつけなければならない。

田舎出版社は本を作るだけではない。出張中に釣りをしたり、座り込みをしたり、いろいろと忙しいのである。

春は野草〈２００６・４・26〉

出版社にとって何よりうれしいのは注文の電話。痛めた腰を気にしながらでも重い本を運ぶのは苦にならないし、荷造りの手も不思議と軽やかになる。この季節、何を隠そう、山菜ガイド『野草を食べる』が絶好調である。

昨秋、あふれる在庫に追われるように郊外の古屋に引っ越したのだが、４００坪近くもある広い敷地にはフキの大群落がある。春先には、仕事を放り出してフキノトウの収穫に精を出した。

今はツワブキが、いい具合に毛むくじゃらの若葉を伸ばしている。よく見ると、庭のあちこちにタンポポ、ヨモギにギシギシ、カラスノエンドウや藪ガラシなどの食べごろの若芽が勢いよく背伸びしている。

田舎育ちの遊びといえば、海や野山の食べ物探しに決まっていた。そんな私にとって、いまでもタダで食べ物が手に入るほどの喜びはない。自然に笑いがこぼれてくる。まさに『野草を食べる』は、私にとってのバイブルなのである。

自分の読みたい本を出すのが出版の基本だという。読みたい原稿を、自分なら手にとるだろうというしつらえにして本を作り上げるわけだ。だが、それがいつも売れてくれるとは限らない。

実は、このところ連敗続きである。明治初期、全国でもいち早く憲法草案を発表した民権活動家の山下彌平や、山川均が墓碑銘を書いた明治後期の社会主義運動家・濱田仁左衛門、戦前の無産運動家・冨吉栄二など、鹿児島で活躍した運動家がキラ星のごとく登場する『鹿児島近代社会運動史』。個人的には、なにをおいても座右におきたい基本文書なのだが、書店での反応はなぜかいまいちである。

世界の核開発の現状をリポートした『核拡散と原発』、与論島の移民の歴史をまとめた『与論島移住史』、いずれもすぐれものだが動きは予想を大きく下回る。長い期間をかけてゆっくり売っていこうと気持ちを切り替えたのだが、人件費どころか、印刷費の回収もおぼつかない。

だが、捨てる神あれば拾う神あり。『野草を食べる』は、私の消えうせてしまいそうな自信をよみがえらせてくれた。

この本は、著者が3年かけて田舎の年寄りに昔ながらの食べ方をたずねて回り、それをまとめたすぐれもの。野山は食べ物で満ちていることがよく分かる。実際に著者自ら料理をしているから、解説も具体的だ。

春先のあくの多い野草は、弱った免疫力をグーンとアップさせるという。ついでに、弱りがちな小社の経営にも、大いに活を入れてほしいものだ。

ホトトギス〈2006・5・23〉

事務所はシラス台地上にある。シラス崖の下には七窪の水源地があり、そこから溢れた湧き水が谷沿いに広がる田んぼにそそぎ込んでいる。

田んぼの間の小道が私の通勤の道なのだが、いつも道草をするので、なかなか会社にたどりつけない。

5月に入るとイシガケチョウが飛び始めた。つい食草のイヌビワに幼虫とか蛹がいるはずだと探してしまう。2日前に発見した1センチくらいの幼虫が、今日見たら1・5センチくらいになっていた。あっという間に大きくなるこの成長の早さには驚かされる。途中のタブの木は、夏になればクワガタムシが集合する。まだ来てはいないかと毎朝木の周りをぐるりと見渡すのが日課だ。ここ数日、2匹のクロヒカゲが樹液を吸いに姿を見せている。クワガタとの再会の日も近い。

最近の雨続きは、本が湿気を含んでヘロヘロになってしまうので気が気でないが、田植えには雨は欠かせない。雨にぬれた田んぼを見て落ち着くのは、遺伝子のなせる業か。

つい1週間ほど前には、今年初めてのホトトギスの鳴き声を聞いた。

「田植えはもう済んだか」「田植えはもう済んだか」

そう鳴いている。

何かの本にホトトギスは「テッペンカケタカ」「トッキョキョカキョク」と鳴くと書いてあり、私もずっとそう聞きなしていたが、去年、日吉に住む母とドライブ中に鳴き声を聞いたとき、母は「田植えはもう済んだか、と真似るものだった」と語った。たんに音の響きをなぞっただけより、毎年田植えの季節に渡ってくるこの鳥の習性を捉え、暮らしの一大事である田植えと結びつけた鹿児島の人々の方が、よっぽど上等に思えてくる。

「まっちょんちょげさ」と鳴くのは志布志のホトトギスだ。昔「まっちょん」という名の姉と、「ちょげさ」という名の弟が二人で暮らしていたという。姉は粗末な身なりをして、弟においしいものを食べさせていた。疑い深い弟は「自分の食べるものがこれほどうまいのだから、姉はもっといいものを食べているに違いない」と思い、姉を殺して腹の中を見てみた。ところが、唐芋の皮のようなものだけ。弟は後悔して泣いて泣いて山に入りホトトギスになった。

「まっちょんちょげさ、まっちょんちょげさ、まっちょんちょげさ」

そう千口鳴いて、やっと虫を一匹捕まえて食べるのだという。

この「まっちょんちょげさ」の話は、今年2月に刊行した『鹿児島ふるさとの昔話』（下野敏見著）で仕入れたものだ。

消えたクロマグロ〈２００６・６・15〉

仕事柄、鹿児島で手に入る新聞は各紙ほとんど目を通す。本のネタがソコココに転がっているのである。

陰惨な事件の多い社会面はざっとナナメに読むだけなのだが、久々に愉快な記事に出会い、ひとしきり1人で盛り上がった。さかな泥棒の話である。

奄美で発行されている南海日日新聞に載っていた。題して「クロマグロが消えた⁉」。

奄美大島と加計呂麻島の間の大島海峡では、高級魚クロマグロが養殖されている。そのマグロの出荷作業中に、なんと5センチの釣り針を引っ掛けたままの奴が発見されたのだ。以前2センチの釣り針を引っ掛けた奴が見つかったが放っておかれた。だが、5センチともなれば確信犯である。数を当たってみると50匹足りない。1万匹飼っているから50匹は誤差の範囲かとも思うが、業者にしてみれば捨て置くことはできなかった。生け簀から逃げ出す奴もいるし、共食いで仲間に食われた奴もいるだろう。かくして何匹盗まれたか不明のまま被害届けを出すことになった。

ここまでが記事の概略であるが、想像は膨らむ。

生け簀のクロマグロは体長1・5メートル、重さは50キロほどある。うまく餌に食いついたとしても引きは並の強さではない。数百キロの力がかかる。村一番の屈強な男でも釣り上げられるかどうか。

しかも、昼間は無理、夜でも月夜は見つかってしまう。新月の闇夜しかない。それこそ真っ暗な中で、巨大なクロマグロとの格闘。うまくいけば1匹数十万円。気を抜けば海に引き込まれてしまう。命を懸けたさかな泥棒といっても大げさではない。

うまく釣り上げても今度は売り先が問題となる。1匹数十万円と書いたが、正規のルートに出荷した場合の話である。市場に出したらすぐにばれる。となると出荷すること叶わず、こっそり仲間たちと開いた宴会の肴にするしかない。宴会も大人数を集めるわけにいかないから数人。50キロのマグロを食い尽くすのに毎日食べても1カ月はかかりそうである。そのうちマグロにも飽きて、半分は捨てて……。やはり割の合わない泥棒である。

ここまで考えてハタと気が付いた。金のためという前提をはずせばどうだろう。そこに山があるから登るように、食べられるマグロがいるから釣る。

以前徳之島で聞いた話がある。他人の畑の野菜を当たり前のように採っていく婆さんがいたので注意したら、「人の食べるものだろう」と逆に怒られたという。野菜を人が食べる、それは当たり前のことで、かつ婆さんにしてみれば野菜は自然が育てるものなのである。所有、という概念は泥棒を生むが、無所有に生きる人々の中には泥棒は存在しないし、罪の意識もない。

生け簀から無断で釣り上げた魚を、堂々と村中で分け合って食べる。そんな島があってもいいのだ。

ジャガイモ大豊作〈2006・7・20〉

高校を卒業して30年経った。記念同窓会をしようと最近よく同窓生と顔を合わすのだが、たいてい異様に腹が出ている。同じ同窓生の医者が（彼もたいそうな肥満なのだが）、脳梗塞や心筋梗塞、糖尿病の悲惨さを持ち出して脅すものだから、スポーツジム通いが続出するはめになった。

国内外の農民が汗水たらして作ったものを散々食べ散らかしておいて、食べ過ぎた分の余ったエネルギーを、動かない自転車をこいだりして無駄に捨てるというわけだ。周りの景色も見ずに黙々と早足で散歩をする人も最近よく見かける。「もったいない運動」がマスコミにも取り上げられたりするが、スポーツジムや散歩ほどもったいないものはない。

同窓生の間でスポーツジムが話題に上がるたびに、私は鼻でせせら笑うことになる。「俺なんか、タダで汗を流しているぞ。おまけにジャガイモを山ほど手に入れて」。

7月16日、晴天。春に植えつけたジャガイモの収穫をした。雪国の農家が、冬場に雪を掻き分けてキャベツや白菜を収穫しているのをテレビで見たことがあるが、夏場の南方農園では草を掻き分けなければならない。

3月下旬に植えつけた種芋は、順調に成長し立派な茎が伸びていた。収穫期の6月にもなれば徐々に勢いをなくし、同時に害虫のニジュウヤホシテントウの最盛期になる。いつの間にかすっかり葉っぱを食われ、終いにはツユクサやイヌタデに覆われてジャガイモの茎は消えてしまっていた。しかし、あれほど立派な茎を見せていたのだから、地中にはイモがごろごろ転がっているに違いない。種芋は4キロ。1つのイモを4つに切って植えたから、一株に1個稔るだけでも16キロになる。2個なら32キロ……。期待は膨らむ。

イモを掘る前に、小一時間、やぶ蚊の猛攻を受けながらまず草とり。さあ、とクワを入れる。あるわ、あるわ。ごろごろ転がっている。1株4個、60キロは収穫できただろうか。ワッハッハッハー。

4キロが60キロになる。15倍だ。このことを母に話すと、とうに死んでしまったじいさんは「百姓は100倍にする」と言っていたという。米は一株にどんなに少なくても1千粒は出来るだろう。からいもは種芋から無限といっていいほど蔓が出て苗になる。大根でもチンゲン菜でも、一株から1千粒とはいわず種が取れる。食って、汗を流して、また食う。人間は死ぬまで「永久機関」たりうることを実感した。

田舎暮らし〈2006・8・20〉

8月17日、お盆休みもあけて出社すると、こまごまとした仕事が溜まっている。注文の本の発送やら、もらった手紙の返事など一つひとつは大したことはないのだが、まとまるとけっこう時間をとられる。ヤレヤレと思っているところへ、続けざまに何回も電話が入った。

対応していたスタッフに聞くと、電話の主は、大阪からやってきた団塊の世代という奴である。盆休みを利用して鹿児島を回っていて、来年4月の定年後にのんびり過ごせそうな田舎を探しているらしい。小社が『田舎暮らし大募集』という本を出しているのを聞きつけ、本を買うついでに話を聞きたいというのである。当方が訪問を受けるかどうかも確認せぬまま、道順を聞いている。交差点のたびに電話をかけるものだから、5回も6回もスタッフは電話に振り回されている。我侭なことこの上ない。

小社は出版社であって田舎暮らしの相談所ではない。そんなことはお構い無しに、団塊君は押しかけてきた。過疎地の田舎者は相談に乗るのが当然、なんでも利用してやろうというような都会人の態度が鼻につく。まともに相手をした者がいたのだろうかと思いながら、「いい話がありましたか?」と水を向けると、飛び込みで訪問した役場はどこも盆休みで、担当者に会うことすら出来なかったらしい。

田舎回りをしている彼が高飛車なのにも理由があった。

2007年の団塊世代の大量退職が話題になっているが、過疎に悩む村では、その誘致活動も始まっているという。体験ツアーの誘いや格安での土地・家の提供。彼の元にもその類のダイレクトメールがぽつぽつ届いている。そんなこんなで、甘やかされているのである。

分単位で動き回り、多少の強引さがなければ生きていけない現役バリバリの都会のビジネスマンである。そんな彼がたとえ田舎に住み始めても、十年一日のごとく何も変わらずぼんやり間延びした田舎にいたたまれず、ほうほうの体で逃げ出すのにそんなに時間はかかるまい。

小社の『田舎暮らし大募集』は、都会の価値を捨てて、新たな価値を田舎に見出してほしいと願ったものである。都会の価値をそのまま田舎に持ち込むことなど期待してはいない。

数を頼りに散々国中を引っ掻き回してきた連中が、今度は田舎にどっと押し寄せ好き放題引っ掻き回して、やがて飽きて都会に帰っていく。そんな構図が目に見えるようだ。

台風が来た〈2006・9・20〉

9月17日、台風が来た。去年の9月9日に引っ越してきたから、丸一年と少しが過ぎた小社にとっての最大のピンチである。建坪70坪と大きいのだが、なにしろ築30年の古屋なのである。

幸い西にそれ、鹿児島が直撃を食らうことはなかったが、それでも暴風圏に入った数時間は強い風が唸りをあげていた。

翌日18日は敬老の日。朝から様子を見に会社に出向いた。

電気のスイッチを入れる。点かない。漏電である。ヤレヤレと思いながら、雨戸で締め切った真っ暗な室内を懐中電灯を頼りにチェック。梅雨時にいつもぽたぽた漏れていたところも大丈夫。雨漏りの被害はない。今度の台風は雨が少なかったから救われた。

外をぐるりとひと回り。案の定、瓦が30枚ほどひっくり返って、杉の平木があらわになっている。割れた瓦もある。なにしろ崖際の丘の上だ。さえぎるものもなく、風は真っぽし当たってしまう。屋根に上ってはげた瓦を置きなおしてみるが、しょせん素人。ガタガタである。手に負えないとあきらめて瓦屋さんに頼むことにした。でも応急措置が必要だ。なれない屋根の上をふらふらしながら青シートをかぶせ、土嚢を置いた。こう書くとあっという間の出来事のようだが、たっぷり半日は費やした。

19日は仕事の日なのだが、電気屋さんに漏電箇所のチェックをしてもらい、屋根修理の手配に追われたりで仕事にならない。おまけに少し前に発覚した漏水の修理に水道屋さんも来てくれていた。

20日、この日も仕事にならない、というか仕事をする気がしない。朝から草刈りである。ウイーンと鳴る草刈り機は快調そのもの。以前から気になっていた草ぼうぼうの会社の庭をきれいに刈り上げることができた。

それにしても台風とは不思議なものだ。子供のころから楽しみで仕方なかった。学校が休みになり、海岸には思わぬプレゼントが打ち上げられていた。非日常の悦びとでもいうものであろうか。今でも、台風で数日は仕事にならず、おまけに少なからぬ出費を余儀なくされるのだが、それも簡単にあきらめがつく。

そうそう後で知ったのだが、台風の前日、読売新聞の全国版で小社の絵本『うんちねことむくん』が紹介され、台風の当日『奄美史料集成』が朝日新聞の全国書評欄に短評、台風の翌日『おかあさんのたまごのはなし』が南日本新聞に紹介されていた。こうした記事は、広告費にお金をかけられない小社にとっては、正直ありがたい。

これも小社への「台風の贈り物」なのだろうか。

雨が降らない〈2006・10・20〉

秋冬物は、彼岸までに植え付けを済ますように。これは亡くなった父の教えだ。でもその言葉はなかなか守れない。今年の秋ジャガ6キロの植え付けも、1週間遅れてしまった。

春ジャガ好調の余勢をかって、秋ジャガで完勝、高笑いが我が南方農園に響き渡るはずだった。だが、どうも怪しい。植え付けが遅れたからではない。10月19日、今日のこの日になってもさっぱり雨が降らないのだ。昨日畑を見に行ったのだが、ちょぼちょぼと、種芋3個おきくらいに小さな芽が土をわずかに持ち上げているばかり。

彼岸前に2キロ植えておいたのは、すぐに芽を出し、今では立派な茎が頼もしげに突っ立っている。こいつは大丈夫なのだが、あとから植えた奴はどうもダメだ。

これほど雨が待ち遠しいことはない。隣の畑にオバちゃんが見回りにやってきた。オバちゃんの畑もおんなじで、芽を出さないので掘ってみたらジャガイモの種芋はすっかり腐っていたらしい。晴れ続きで地温が高くなりすぎたせいか。ヤレヤレである。

実は昨日は、たまねぎの苗の植え付けが目的だった。１００本で６００円。苗を仕入れて植え付けて、あとは丸々太ったたまねぎが実るのを待つばかり。収穫は来年の春、５月だから気の長い話だけれど、ちょこちょこっと草取りすればたんまりたまねぎが手に入るというすんぽうだ。だがこれも、植えながら絶望的な気になっていった。

鍬で耕して、堆肥を入れる溝を掘っていくのだが、もうもうと土ぼこりが舞い上がる。まるでテレビでよく目にする黄河流域の乾燥地帯の畑のようだ。こんなに乾燥した畑は、長年やってきてはじめてだ。植え付けのときだけはバケツに水を汲んで一輪車で運んでくるのだが、普段はそうそう水は掛けられない。雨だけが頼りである。どうなることやら……。

10月19日、倉庫の物件見学。建坪１２０坪で１１００万円。湿気、立地ともに問題はない。借金を重ねて買ってしまうか、悩ましいところ。

出版社の90％が東京に集中し、出版物の95％が東京発。あらゆる情報と同じように本も東京から垂れ流されてくるのだが、印刷コストは極端に言うと鹿児島の半分で済んでいる。なにしろ印刷代も製本代も、東京は大量に作り競争も激しいからコストは下がる一方というわけだ。

コスト差に気がついて５年余。クリアする方法は自社倉庫の購入と分かっていたのだが踏ん切りがつかずにいた。中国ならもっと印刷コストは下がる。以前目にしたオーストラリアの本は「プリンティド・イン・ホンコン」だった。とっくの昔から国際化は進んでいたのだが、反グローバリズムを常々口にしながら中国で印刷なんて、ちょっと節操がなさ過ぎるか。

弁護士からの手紙〈２００６・11・17〉

弁護士から書類が送られてきた。事務所の封筒がいかにもいかめしい。最初、そんな封筒を見たときは、ギョッとしたものである。本の内容が気に入らず、訴えるとでもいうのか、お金を払えとでもいうのか。封を切るのに気合が入った。

しかし、このごろはだいぶ慣れっこになった。この種の書類は４通目、どうせまた書店の倒産の通知だろう、と封を切る前から想像がつく。案の定、長崎のＯ書店が倒産。負債の金額を確定したいという連絡である。小社の取りっぱぐれがいくらあるか、返信せよというのだ。ご丁寧にも、「経営者にはこれといった資産はなく、自己破産の手続きに入るので、負債の取立ては不可能である」と追記してある。

このＯ書店は人口14万人の諫早で、アーケードのど真ん中に位置する一番の老舗書店だった。ご多分に漏れず、郊外にショッピングセンターが出来るとアーケード街からは人が消え、次第に払いも悪くなった。何回請求してもなしの礫。このところ、毎年４月に開かれる諫早干潟の集会に行ったついでに店に出向き、やっと集金させてもらっていた。今年は腰の具合が悪かったせいもあり集会は欠席。集金もパス。おかげで15万ほどパーになった。やれやれ、である。

いま、街から本屋がどんどん消えている。全国で3万店あった本屋さんが、ここ10年で2万店になった。毎年1千店廃業しているのだ。鹿児島でも、小社が開業して12年、50店ほどが消えただろうか。

人の流れが変わり、大型店やロードサイド型書店が進出すると、家業型の街の書店はひとたまりもなく潰れてしまう。取りっぱぐれは痛いが、それ以上に、書店の親父やお母さんの顔が思い浮かばれてしようがない。小社の田舎臭い本は、街の本屋にこそよく似合うのだけど。

1滴も降らない日が50日は続いただろうか、やっと雨が降った。その雨でジャガイモは甦った。

鹿児島のことわざに「かいもとじゃがたは、へ（灰）で作れ」がある。サツマイモとジャガイモには灰がいい肥料になるという教えである。来週は刈り取った草を燃やして灰を作ろう。チンゲン菜や小松菜も急に元気になった。草刈り機で草を払っただけの畑からは、去年のこぼれ種からいっせいに大根が芽吹いている。見ているだけでワクワクしてくる。

月末には、『奄美の絶滅危惧植物』が出来る。稀少な植物たちを初めて紹介する本だ。世界で数株しか発見されていないアマミアワゴケなど、宝石のような花がお目見えする。

乞うご期待。

残った一万円札〈2006・12・19〉

12月16日、奄美大島へ出張。

かつて鹿児島市に道の島社という出版社を構えていた藤井勇夫さんが亡くなって2年半がすぎた。

初めて田中一村に光を当てた書『アダンの画帖　田中一村伝』、奄美の料理を紹介した『シマ　ヌ　ジュウリ』、植物の解説書『奄美の四季と植物考』など数々の名著を残したが、事業としてはうまくいかず、さんざん借金をこさえて郷里の島に消えた藤井さんだった。

奄美では北部の村に郷土料理屋を開業したが、これまた客が来ず、開店休業の状態が続いた。それでも、若者には好かれていた。旅の若者に無料で宿を提供するものだから、口コミで訪問者は絶えなかった。そのまま村に住み着いたIターン者も20名ほどはいるだろうか。

藤井さんが亡くなったときも、駐車場の草刈り、家の掃除、炊き出し……、ことさら目立ちはしなかったが、あらゆることを若者たちが取り仕切っていた。

私が奄美についたその夜、偶然にも名瀬のライブハウスにその若者たちが集まっていた。島に住み着いた者はもちろん、東京、岡山からも駆けつけていた。私も喜んで合流。3時を過ぎていただろうか、深夜まで痛飲した。

帰ろうとすると、ごっちゃんという子が見送りに出てきた。

もうろうとする眼で財布をまさぐり、１万円札を取り出した。それをいくつかに折り曲げて、彼に渡そうとした。

「若い者は金がいるだろう。少ないが取っておけ」

「いやいいですよ。気を遣わないでください」

「遠慮するな、俺は社長だ。飲み代の足しにすればいいだろう」

「いやいや、本当にいいですよ」

「何をいってんだ。命令だ取っておけ」

５分くらい押し問答が続いたかもしれない。最後はむりやり彼の手に押し込んだ。よろよろしながら、ホテルに向かったが、どういうふうに部屋までたどり着いたかさっぱり覚えてはいない。

翌朝、なんだかいやな予感がした。財布を開いてみるが、１万円札は無くなっていない。２枚あったはずだが、ちゃんと２枚残っている。じゃあ、渡した１万円札は何だったのだろうか？「いやな予感」というのは、紙幣とは微妙に違う紙の感触が指先に残っていたのだ。

財布にはいろんな領収書が入っている。きっとその内の１枚を渡してしまったに違いない。なんてこった。

今思い出すたびに笑いがこみ上げてくるが、ごっちゃんにはあまりの格好悪さに、電話１本できないでいる。

2007

揺れる脳みそ〈２００７・１・21〉

12月14日、平良夏芽さんといえば、普天間の移設対象となっている辺野古の阻止闘争の大将である。かつ牧師である。中央公民館であった会で辺野古の実際の話を聞き、あらためてその激しさに打たれた。「私たちは反対運動をしているのではない。反対、反対と言っているうちに、工事が進んだらどうする。人殺しの空港ができるのだ。具体的に止めなければ何の意味もない。トラックの前に身を投げ出して止めるのだ」。

その迫力の前に、たじろぎ、平良さんの弱点を探し、自身のふがいなさを正当化しようとするが、やはりうなずくしかなかった。そう、止めるべきは体を投げ出して、止めるしかないのだ。

後日、取材にきていたある新聞社の記者が、「その通りですよね。私も辺野古に行きます」と耳打ちした。

12月29日、釣り、中止。

ずっと楽しみにしていた船釣りが、時化のため中止になった。がっくり。

仕方なく、桜島桟橋の近くの岸壁に釣りに行く。半日、何も釣れず。ところが、隣の兄ちゃんはばんばん釣る。中アジ、チヌ、クーラー満タン。すっかり私はタモ係になる。翌日から、兄ちゃんの釣りをまねる日々が始まった。まず、魚が居そうな場所に投げる。浮き、おもり、テグスの太さ、針の大きさ、エサ、全てまねればオーケー。イーヤ、一番大事なのはタナ。つまりエサを底から何センチに設定するか。潮は常に満ち引きする。それを考えながら常に底から10センチにキープするのが重要なのであった。今ではチヌ、アジをコンスタントに確保している。兄ちゃん教えてくれてありがとう。

1月5日、正月明けに出社したら北海道の出版社から本が送られていた。それが、すごいのである。『北海道いい旅研究室9』（舘浦あざらし（責任編集）・海豹舎）。北海道の温泉案内がメインなのだが、へぼな宿はけちょんけちょん。良いとこは誉める。圧巻は津波で大打撃を受け、観光に賭ける島・奥尻島の訪問記。「津波館は最低最悪の施設です」。復興事業で造られた公的施設だが、ここまでやるか、の見出し。役所の造った観光施設ほどつまらないものはないのだけど、ここまで書かれるとどれほどひどいのか、一回見に行きたくなる。もっとすごいのは、地元書店のランキングで、発売以来ずっと1位をキープしていること。

地元の北海道新聞を「よさこいさえ批判できない腰抜け」とこき下ろし、大手旅行雑誌を「原発の広告を平気で載せるバカ」と言いたい放題。舘浦あざらしに、いまこの日本でもっとも希有で愛すべき出版人と、最大の賛辞を送ろう。

彼のおかげで、「南方新社も初心にかえろう」というファイトがわいてきた。

貧乏性〈2007・2・19〉

2月4日、久々の船釣り。船に乗るのは1年ぶりくらいではないか。

早朝5時に谷山の釣具屋に集合。エサを仕入れて一路、知覧の松ヶ浦に向かう。6時半出港。枕崎沖まで船を走らせて、釣り場につく。

投入。ぐぐっと竿先が揺れる。巻き上げると波間に揺れるのはイトヨリダイではないか。さい先よし。投入。すぐに2匹目がかかる。今度は大アジだ。その次はチダイ、ヒラアジ、レンコダイもかかってくる。小魚をくわえて上がってきたのはマトウダイだ。ワッハッハッハー。釣れるは釣れる。まさに入れ食い。あっという間にクーラーが満タンになった。

この日は史上最大の大釣りとなったのだが、釣れればいろいろ考える余裕も出てくる。今でこそ、釣具屋で買ったオキアミとパン粉で撒き餌を作りそれをカゴに入れて魚を集める、そこにこれまた買った大振りのオキアミを針に付け魚を食いつかせるのだが、一昔前はそんな便利な餌は存在していなかっただろう。

私が子どもの頃、キス釣りに行くときは、まず干潮の頃合いを見計らって川口に行き、掘ったゴカイを餌にするものだった。フナ釣りに行くときも、ミミズ取りから始めた。この海の魚を釣るために、昔は何を餌にして、その餌はどのようにして確保していたのだろう。

そうこうするうちに2時。予定時間となり納竿。撒き餌と付け餌が大量に残っている。足りなくなるより余るくらいが良いだろうと、つい多めに買ってしまったのだ。これもいつものことで、残った餌は海に流して魚のプレゼントにするのだが、今日はなんだかもったいなくなった。同乗者の分までもらい受け、冷凍して次の釣りの餌にすることにした。

2月12日、畑仕事。

小さな赤い花をつけたホトケノザの合間合間に、大根、小松菜、チンゲンサイが葉っぱを広げている。種をまいたわけではない。9月、雑草の勢いが弱まったのを見計らって、草刈り機で草を刈った。そこに自然と芽吹いたのだ。正確には、春先に取り損ねた野菜に花が咲き、そこから落ちた種が目を覚ましたのである。

あちらこちらと、拾い集めるだけでも、すぐに肥料袋いっぱいになる。

家に持ち帰ってもなかなか減るものではない。放っておくと、だんだん黄色くなる。料理をする前に取り除いていたこの黄色い葉っぱが、1週間も経つとかなりな比率を占めるようになる。急にもったいなくなった。ここで、理科の知識がよみがえる。質量保存の法則。「化学反応の前後で関与する元素の種類とおのおのの量は変わらない」というもの。たしかに、緑色の葉緑素は分解されたかもしれないが、葉緑素を構成する元素や、そのほかのものは残っているはず。栄養価もほとんど同じ。実際に食べてみて、味も全く変わらなかった。最近のヒットな発見であった。

明日はわが身〈2007・3・23〉

3月22日。朝日新聞（大分版）の連載を本にする話があって、今記事を読みすすめている。

著者は脱サラ百姓27年、平飼いの自然卵養鶏（800羽）を営んでいる。進歩、発展、拡大に背を向けて――という宣言が潔い。話題の鳥インフルエンザに対する見方に目から鱗が落ちた。彼は「何が起きたか」ではなく「何が起きなかったか」に注目すべきだと言う。

これまで感染が見つかったのは、全て野鳥が入り込む余地のない近代的な鶏舎。金網で囲っているだけの、野鳥と同居しているような小規模の平飼い養鶏農家からは被害が出ていない。

窓のない、完全に閉鎖されているはずの鶏舎（ウィンドレス）からも病気は出ている。数億個集まっても目に見えないウィルスである。どれだけ閉鎖し、消毒したつもりでも、ウィルスはもぐりこんでしまう。また、自然から隔離し、薬を使えば使うほどニワトリは免疫力を失っていく。こうして、わずかなウィルスで病気にかかるようになる。

国は、多くの予算を使って対策に力を入れているようだが、なるほど「起きなかった」自然卵養鶏農家に学ぶほうが、よっぽど理屈に合っている。彼らは免疫力を高めるために雑草や発酵飼料、菌の宝庫である腐葉土を食べさせて、ニワトリをスズメ並みの野生の状態に近づけようとしているのだ。

さて、新聞記事を読みながら?・?・に出くわした。「チモトのぬたあえ」。著者が書いた手書き原稿の「千モト」の入力ミスであろう。血の気が引いたのは春の七草の写真。たしかにホトケノザなのだが、同名異種のホトケノザ。七草のホトケノザは、和名はコオニタビラコでタンポポに近いキク科の植物。写真は似ても似つかぬシソ科植物。

自社本の誤植にびくびくしている身である。明日はわが身と、他社の誤植にも過剰に反応してしまう。でも、新聞はいい。通常、明日になれば今日の新聞は気にしなくてもいい。本はそうはいかぬ。たとえ正誤表を入れたとしても、売切れるまで何年も付き合っていかねばならない。

3月23日。自然農の本を読んでいて、はっと気づかされた。「畝(うね)は南北」に切るべしなのである。太陽は南に傾きながら東から西に回る。南北に植えてはじめて満遍なく作物に日が当たる。東西に切った畝なら片側にしか当たらない。

なるほど、父が作っていた畑はみんな南北だった。私は東西。ちょっとしたことで違いが出てくる。畑仕事は奥が深い。

遅霜〈2007・4・16〉

4月5日、久しぶりに早起きして外に出てみたら、あたり一面に霜が降りていた。遅霜である。あちゃーっ、真っ先に頭をよぎったのは、畑のこと。

南方農園では、この間、合間を見て2畝ほどの草っぱらを開墾し、ジャガイモの種芋を植えていた。今年は昨年にもまして早く準備が整った。彼岸をすぎたからよもや霜はくるまいと高をくっていたが、甘かった。おまけについ先日、苗もの屋で、キュウリ5本、トマト10本の苗を買って植えつけていた。

4月8日、畑に出てみると案の定、全滅。草の間に、ジャガイモの苗だけが茶色くなってうなだれている。もちろん、キュウリやトマトもだめ。

インターネットを見ていたら、今年、2月18日が旧暦の正月であった。彼岸の中日でさえ、旧暦2月4日。「まだまだ冬真っ最中ということか?『遅霜』対策を考える必要があるかも?」というコメントも載っていた。旧暦は、意外と季節を正確に教えてくれるものかもしれない。

4月10日、『しまぬゆ1　1609年、奄美・琉球侵略』が産声を上げた。

戦争で分捕った土地に居座り続ける国がある。ひどい話だが、ほかでもない、日本の話だ。1609年、薩摩の島津武士団は、奄美・琉球を侵略し、制圧した。これが今の日本につながっている。江戸期の黒糖搾取。明治期も状況は変わらず、戦後は日米のやったり取ったりの地になった。今、癒しの島だとか、日本有数の観光地になっているが、島の人々の思いは複雑だ。

来る2009年は、侵略から400周年、大きな節目を迎える。島の友人達から400周年に向けてシリーズ企画を打診されたのは5年ほど前。「独立だ！　イケーッ」。飲んだときの威勢は良いのだが後が続かない。そんな話はごまんとある。だが、今回は本当に絶望かと思われた。中心メンバーの一人が病に斃(たお)れ、一人はガンの闘病に入ったのだ。ただ、一人が踏みとどまった。まれに見る難産だったが、非道な国日本の、誰も振り返らない新たな非道を明らかにする。

4月14日、諫早湾閉め切り10周年のシンポジウムが諫早で。閉め切ったため、諫早湾の生き物が全滅しただけでなく、汚染度を増す湾内の調整池からは、日々汚水が有明海に放出されている。さらに有明海全体の干満差が小さくなり、潮の流れも遅くなった。閉め切りから10年。ノリをはじめあらゆる漁獲高は激減している。

ここに至っても、農水省は漁獲激減と干拓との因果関係を認めていないという。農水省と長崎県はまるで裸の王様なのだが、いつまでも、そんな愚かなことは続くまい。「諦めないこと」。これを確認した諫早行きだった。

村栄え〈2007・5・25〉

5月15日、午前7時35分、前田トミさんが息を引き取った。82歳であった。川内に原発話が持ち込まれた当初から、その死に至るまで、一貫して現地・久見崎に暮らし、反対の声をあげ続けてきた。まさに闘士だった。

以前、トミさんから伺った話をもとに、西日本新聞に「村栄え」と題したコラムを書いたことがある。以下再録して、トミさんを偲びたい。

何もない田舎は、何もないことが価値なのであるが、背伸びしてちょっとましな暮らしを望むと、とんでもないババを掴まされることがある。

笑えない話だが、九州電力川内原発はその典型なのである。

地元の村に住み、計画当初からずっと原発を見続けている前田トミさんの話を聞いて、つくづくそう思った。

出稼ぎで何とか暮らしを立てていた寒村に、「原発ができれば、施設での仕事がいっぱい増えて、出稼ぎに行かなくてもよくなる」と、立地担当者は胸を張って言ってまわったという。

「九電の家族連れの職員がいっぱい住むようになるから、村には子供があふれるだろう」とも予言した。そうなると、「小学校の校舎は新築され、プールもできる」と。

原発建設が始まってから30年後、現実はこうだ。

いったんできてしまえば、専門知識のない地元の人にできる仕事はない。無理して働こうとしても、あるのは放射能を浴びる危険な被曝労働くらいのものである。

小学校はどうなったか。１５０人はいた小学校の児童はその後減り続け、十数人に。廃校寸前である。頼みの九電の社員は家族を危険にさらしたくないのか、はるか遠くから通勤するようになったのである。立地担当者の約束が守られたのは、歓声の絶えた小学校にのこる、鉄筋の校舎とプールだけ。

「村栄え、人あふれる」夢は、あえなく夢に終わった。

貧乏な田舎の人間は、大企業のエリートにころころと騙されていった、と前田さんは語る。

田舎の人間が純朴だから騙されたのではない。欲に目がくらんで転んでいったのである。

お金に縁がなければ、ないなりに日々の暮らしを楽しむ術を人々は知っていた。そこに、幻想の明るい村の未来が振りまかれ、とどめを刺したのは金であった。最初は反対で一致していた地元の人も、一人、また一人と口をつぐんでいったという。思いもかけない裏切りもあった。

エリートたちは、人々の欲をあぶり出し、ウソと金を道具として、目的を成した。この世の薄汚い現実をこれほどはっきり見せてくれる原発は、逆に貴重な存在なのである。

*後日談　この西日本新聞のコラムに対して、九州電力は自社のホームページに反論を書いた。ところが、あろうことか、九電は引用文にあり得ない誤植をした。以下、松尾新吾社長あて抗議文。

西日本新聞朝刊紙上に２００５年３月29日「南の田舎で本づくり」として投稿したコラムについて、貴社は２００５年４月８日付で、ホームページ上で反論をしています。

その中で、コラムの引用として、

「いったんできてしまえば、専門知識のない地元の人にできる仕事はない。無理して働こうとしても、あるのは放射能を浴びる危険な被爆労働者くらいのものである」と記しています。

「被爆労働者」の部分は、実際のコラム原稿は「被曝労働」です。

１「被爆」は、明らかな誤用です。

２「労働者」と「労働」は、意味が全く異なります。

たとえ反論であろうと、否、反論であればなおさら引用には正確を期すものです。誤って引用するなど、言語道断というほかありません。

さらに小社は、出版という表現行為を生業としています。原発関係の本も複数の刊行書籍があります。引用部分における誤字、誤用は出版社としての小社の信用と名誉を大きく傷つけるものです。

小社では、読者の指摘によって初めてこの誤字、誤用の存在を知りました。同時に、一カ月あまりにわたって（５月９日現在も）このような情報が流されていることも知り、愕然としました。

公的な謝罪と、誤った情報の回収を強く要求するものです。文書による回答を、２週間以内にお寄せください。

抗議文に対して、すぐに松尾社長から謝罪の電話があり、後日松尾社長の署名入り謝罪文が届くとともに、ホームページに修正がほどこされた。

五島行き〈２００７・６・20〉

５月下旬、気分転換に長崎・五島列島の友人、歌野氏宅を訪ねた。彼は私の東京時代の広告会社の同僚なのだが、実体のないものを、さも価値があるかのように飾る広告というものにすっかり嫌気がさし、戦後の開拓地跡の廃村に入植して行った。かれこれ25年、農業で身を立て、見事に定着している。

この五島行きに、東京からもう一人合流した。これも元同僚。映像制作会社に転職し、渡世の仁義からなかなか抜けられなかったのだが、この度やっと退職叶い、大工見習いとして再就職を果たした。60歳を前に、人生のやり直しである。

２人とも、価値だの、評価だのとは縁遠い暮らしを求めている。私自身も、今、たびたび出張名目で会社をサボっては釣りに行き、週に一度は畑に通いクワを振るうことにしているのだが、食べることに近い行為ほど快いものはない。

そういえば、田舎の年寄りと、サラリーマン上がりの年金暮らしの年寄りとの立ち居振る舞いの差を実感することがある。

田舎の畑で出会う年寄りや、近くの食堂で田植え帰りに立ち寄る年寄りは、なぜか態度がでかい、というか、堂々としている。定年のない百姓ならではだ。いくら年を取っても誰にも頭を下げることなく、生きていける自信があるからであろう。それに比べて、同窓会で出会う元教師などは、身なりはいいのだが品がない。変に威張っているか、気を使う癖が付いていて妙に腰が低いかのどちらかなのである。

今、年金問題で世間はごたついているが、お金がないと暮らせないから恐怖におびえるのだろう。金がなくとも生きていける強さ、そんなものに憧れる。

五島への出張中に、会社に電話を入れたら思わぬ事件が持ち上がっていた。著者の元教師が東京旅行の最中、スリにやられたらしい。金がないから10万円すぐ送れという。スタッフはどうしてよいものやら分からず、おたおたしている。

普通なら家族に電話するのだろうが、この著者はそれが出来なかった。私はその事情を知っていた。彼は２カ月ほど前、泥酔して飲み屋の階段を踏み外し頭蓋骨を陥没していた。先月病院から退院してみると、家はもぬけの殻、手紙を残して奥さんは逃げていた。おまけに虎の子の１６００万円を携えて。

正義感が強いのは良いのだが、大言壮語、大酒ぐらいで無類のスケベときていた。ちょっとずれたところが気になっていた。ついに奥さんも我慢の限界だったのだろう。私は、奥さんに同情する。奥さんは今もって行方不明のままだ。

仕方がないから10万円送るように手配したのだが、戻ってくるものやら……。

ところで、この元教師は金がなくても堂々と生きていける部類だ。金をよこせ！と気弱な知り合いに声をかければいいのだから。

万人直耕〈２００７・７・18〉

このひと月は出張続きだった。

先ずは福岡行き。唐津に近い農村地帯。そこにとてつもない大物がいた。と言っても、お会いしたのは小柄な女性。

きっかけは、２月『自然農・栽培の手引き　―いのちの営み、田畑の営み―』という自費出版の本を紹介する新聞記事であった。早速、入手。中身を見て仰天した。田んぼや畑を荒地の開墾から解説してある。そして畝の作り方、作物の種類ごとの植え付け、管理、収穫、タネのとり方まで丁寧にイラストつきで解説してある。本作りに相当な手間が掛かっていることがうかがえる。

「耕さず、虫を敵とせず」という自然農は知識としては知っていたが、誰に聞いても、うまく行くはずがないという反応だった。ところが、本にはたわわに実った稲をはじめ、元気な野菜類の写真も載っている。解説どおりに作っていけば、バッチリ収穫できるという寸法だ。

ぜひ南方新社から出版してほしいというお願いに出向いたのである。実際に田畑を見せてもらった。これなら自分でも出来そうだという気がしてくる。しかも耕さないからラクチン。先月、カライモの苗を50本植えつけるために、よもぎの根の張った荒地を汗みどろになりながらクワで掘り起こしたことが頭をよぎった。年老いて、体力がなくなっても問題はないだろう。

確かに、大きく稼ごうという大量生産には向かないが、自給用の農業にはもってこいのような気がする。この本、順調に行けば9月にはお目見えする。冬・春物の植え付けには間に合うだろう。乞うご期待。

ついこの間は、大分まで行った。自給自足の農業をしながら、自然卵の養鶏で生計を立てている著者の訪問だ。鳥インフルに負けないニワトリにするためには、スズメ並みの野生に近づけるほかない、と喝破する大人（たいじん）である。

彼が、朝日新聞に連載していたコラムを本にしようと作業を進めていたのが、やっと出来上がった。電話だけで一面識もなかった著者への挨拶をすませ、大分の書店にあいさつ回り。いつものように、ビーサンと首には手ぬぐい。営業もこれですむのがありがたい。

書名は、そのものズバリ『トリ小屋通信』。帯には「進歩、拡大、発展に背を向けて26年」と挑戦的に文字が躍る。本の中で印象に残るフレーズを一つ。安藤昌益の唱えた「万人直耕の理想社会」を目指す彼が、阪神大震災の被災者に贈ったメッセージ。「都市を捨てなさい。これが我々の激励の言葉である――」

第二農園、開園 〈２００７・８・８〉

２００７年７月１日、喜びの日を迎えた。南方第二農園の開園だ。

『農的生活のすすめ』、（萬田正治他）『トリ小屋通信』（大熊良一）という農業関係の本を連続して出し、また『自然農・栽培の手引き ―いのちの営み、田畑の営み―』という本の出版が決まったこともあり、社内でも急に農業をしたいという機運が高まっていた。

合鴨農家の橋口孝久さんに、貸してくれるところはないかと相談したところ、すぐに格好の土地を紹介してくれた。借地料はただ、盆暮れの土手の草払いだけが条件である。その場所は、市内川上町の県道吉田蒲生線沿いで、橋口さん宅のすぐ裏手。およそ6畝の広さがある。

「せっかくだから、自然農でやろう」。鮫島亮二を園長に、南方新社・自然農クラブも同時に発足することになった。「耕さず、草々虫達を敵とせず」の自然農である。

この日は、南方新社から男２人、女２人が結集した。３年ほど前まで畑だったのだが、一面にセイタカアワダチソウが生い茂っている。草刈り機で刈ろうとも思ったが、残った株からどんどん芽がでるので、この際、全部引き抜くことにした。場所によってはクズや棘のあるカナムグラが絡まっていてなかなか面倒だ。だが、抜いた後はフカフカして柔らかい。土は肥えていそうである。

汗みどろになりながら2時間余りひたすら抜いていると、１畝ほどの畑がぽっかり出現した。いよいよ植えつけである。その前にまず、１メートル×10メートルほどを目安にステージ状に畝を作り上げた。その上に抜いた草をのせていく。自然農には「持ち出さず、持ち込まず」という教えもある。つまり肥料をやらない代わりに、植物のなきがらを積み重ねて土を肥やしていこうという考え方である。草をかぶせて土を覆うのは乾燥を防ぐためでもある。

草を掻き分けつつ、それぞれが持参した種をまいていく。枝豆、スイートコーン、インゲンなどなど。

運営に際して、簡単なルールを決めた。①開墾した場所はそれぞれが自己管理する。収穫物も自分のもの。まく種は自分で買う。②参加費は無料（ただし土手の草刈りは義務）。③参加は南方新社のメンバーに限らず自由。早いもん勝ち。開墾終了次第、募集打ち切り。

あれからひと月余り、ちゃんと芽吹いて健気に育っている。枝豆も、小さな白い花が終わり、赤ちゃん枝豆をつけている。自分のまいた種は愛着があると見えて、自然農クラブのメンバーも仕事の合間にちょくちょく畑を覗きに行っている。「ビールと枝豆」「ビールと枝豆」……、呪文のように唱えながら、荒地も３畝ほどは開いたであろうか。

トウモロコシ泥〈２００７・９・13〉

南方第二農園の開園から2カ月余り。

10月に小社より刊行予定なのだが、一足先に『自然農・栽培の手引き』（川口由一監修、鏡山悦子著）を教科書代わりに、荒地の開墾から、植え付けまでを行った。これまでほとんど手を掛けずにいたのだが、先の日曜日には枝豆、チンゲンサイなどをたくさん収穫できた。

南方新社・自然農クラブのメンバーも大満足。ただ、トウモロコシだけは、「ひげがこげ茶色になってちぢれてきたら収穫」という教科書に従うと、あと1週間ほどは我慢した方がよかろうということになった。

水曜日に畑を覗いてみると、あら不思議！　トウモロコシが視界に現れない。近くによって見ると全部倒伏しているではないか。倒れた幹の傍らには、皮を剥かれたトウモロコシが、芯だけ残して放り散らかされている。人間ではあるまい。人間なら実だけ採ればいいのだから。そうだ、タヌキの仕業だ。でも、どうして倒したのだろうか。2本足で立つレッサーパンダが人気になったが、川上町のタヌキも2本足で突っ立って引き倒したのであろう。皮を剥いた形跡はあるのだが、芯が見当たらないものもある。きっと、お土産に持って帰ったのであろう。これも、両手に抱えて2本足で巣まで歩いて行ったに違いない。

いろいろ、現場を見ながら想像が膨らんだのであるが、そもそも、なぜタヌキに気付かれたかが最大の問題として残った。ふと思い付いたのは、試しに何本か収穫して、皮やひげを畑に落とした者がいたのではないかということだ。

たぬきが散歩がてら畑を歩いていたら、なにやら甘い匂いのする皮が落ちている。「ずっと昔、食べたことのあるあの匂いだ。父さんタヌキは引き倒して実を採っていた。よしっ」と犯行に及んだというわけだ。

ちなみに、トウモロコシは収穫して24時間経つと、糖度が半分に落ちると教科書に書いてあった。タヌキは採れたての、一番おいしいトウモロコシを味わったに違いない。

会社に帰ってこの件を報告すると「えええーーっ」と落胆の声が会社中に響き渡った。「犯人はタヌキだが、皮を剥いて畑に放り投げてきた者がいるはずだ」と水を向けると、ゆでて食べたら、とっても美味しかったと一人が白状した。

でも、タヌキも味をしめた。当分、この畑にはトウモロコシは植えられまい。

高額本〈2007・10・23〉

だいたい本の値段は1500円前後。それで2千部売れて何とか食っていけるというのが、田舎出版社の一般的なパターンである。

値付けについてもう少し細かくいうと、グラム400円。変な話だが、本も国産和牛並みの値段が相場だろうと、これまでの経験から判断している。見栄えもだが、手に持ったときの重量感が、値段の妥当さに結びついているような気がする。

もちろん、とても2千部は読めないとあらかじめ分かっていれば、定価を高くせざるを得ない。

今回企画している本は、およそ3倍の重さ。刷り部数も500部。とくれば値段は公式どおり12倍、どーんと1万8千円である。

題して『南西諸島史料集Ⅰ』。「十島図譜」（白野夏雲）、「七島問答」（白野夏雲）、「薩南諸島の風俗」（田代安定）、「島嶼見聞録」（赤堀廉蔵他）など、明治期に役人がトカラを調査した報告書類をまとめたものである。

これらの古い文献は、その地域の歴史や民俗を調べていく際に、必須の基本史料となる。だが、なかなか手にすることはできない。古書店などで運良く見かけたとしても、それぞれ何万円もする。

編者の松下志朗さんは、現在74歳。長く奄美・トカラの歴史研究に携わってきた学者である。『近世奄美の支配と社会』という奄美を知るためのバイブルともいうべき名著もある。数年前に心臓の病に倒れた。いまは回復されているが、最後の仕事として後進のために史料集を残しておこうと一念発起されたのである。

この本の大切さは理解してもらえると思うが、出版社はただ本を作ればいいというわけにはいかない。大金をはたいてでも買うという500人を見つけなければならない。このご時世、これがなかなかなのである。下手をすれば、何百万円の赤字となる。

さらに、冷や冷やものなのは、この勝負が一回だけではないということ。何と全5巻、出し続けなければならない。第一巻がこけたから止めます、というわけにはいかないのだ。

年中、売れなければ赤字という賭けに出ているのだが、今回は12倍×5巻の60倍規模の賭けである。賭け事に必勝法なんてない。運を引き寄せ、力を尽くすだけだ。

ちなみに、全5巻は以下の通り。第1巻「明治期十島村調査報告書」、第2巻「名越左源太関係史料」、第3巻「奄美法令集」、第4巻「奄美役人上国記」、第5巻「奄美諸家文書」。

幸せなひと時〈2007・11・16〉

出版の仕事をしていて幸せなひと時の話。

原発や諫早干拓、市町村合併など、当たり前のように進む企業や行政の事業に対して、ちょいと待てよと、紙爆弾を密造する快感もさるものながら、やがてお目見えするであろう本を手に取った人が、昔のことを思い出したり、考え込んだり、クスッと微笑んだり、そんな心豊かになる原稿に誰よりも早く出会う喜びもまた、この上ないものである。

大吉千明さん。72歳、串良の床屋さん。若いころ漫画家を目指し上京するも夢果たせず、帰郷した御仁だ。ユーモアあふれる墨絵の漫画と鹿児島弁の使い手である。小社から既に5冊出している。

いま、鹿児島弁のキーワードのいくつかを、鹿児島弁の例文で説明する原稿を預かっている。いうなれば『英英辞典』ならぬ『薩薩辞典』だ。一足早くいくつか紹介しよう。

それとんの

それとなく。「一年生になった孫が、重びふうで鞄ぬかるっ〔背負い〕学校に行っじ、ガッツイ行っがなっどかいチ俺どんがそれとんの後を付けっみたや、脇目もふらじ校門ぬ、くぐっ行ったど、お前や」。孫の姿がいたいけなくムジかったとか〔可愛かったのか〕、宗雄どんが涙が滲んだ目をしょぼつかせっながい「年しゅとれば涙脆ひんなった」チ言っ、目の縁っそろいと拭ぐわった。

ゴロがつっ言葉

鹿児島では言葉の下にゴロが付くものは、あんまい良かぁごうはん。嘘つっゴロ、盗人ゴロ、いやしゴロ〔食いしんぼう〕、欲ゴロ、良か真似しゴロ、いめゴロ、などがあって、最後にキンゴロがごあんどん、これは男のシンボルでまこて可愛いもんであります。体温保持のため寒みなれば縮みあがり、暖かくなればダラリの帯より長く垂れもす。ハーイ。

高校教員をしている息子さんから、お便りが添えられていた。

「父は書き残したことがあると言い、原稿作りに没頭していました。本業を忘れたかのように、背を丸めて……。その後ろ姿からは執念というか、何かに取り憑かれたような感すらしたものです。（略）なにぶん趣味の延長であり、決して上手とは言えない絵と文章ではありますが、読む人の心に、ある種の郷愁と感動を与えると思います」

ホッコリ優しい気持ちになれる方言。まさに文化そのもの。絶滅寸前の鹿児島弁を何とか後世に伝えようという気持ちが、また一つ形になる。来年春、刊行予定。乞うご期待。

2008

正月明け〈2008・2・25〉

年も明けるといろんな話が舞い込む。

1月16日。某著者の自宅丸焼けの連絡。それも、年末ギリギリ、12月の31日のことだったという。

以前にもこの欄で紹介したことがある。飲み屋の階段から転げ落ちて目を失明しそうになったとか、退院して帰宅したら、嫁さんが虎の子の1600万入りの通帳とともに消えていたとか、遊びに行った東京ではスリに会い10万送れと言う電話が南方新社に入ったりとか……。何かと話題には事欠かない人である。

よくよく聞いてみたら、数日家を空けていたから、放火以外には考えられないという。戦前のアジアにおける日本軍について、新聞にも投稿していた。「殺してやる」と言う脅迫電話が頻繁にかかってきていたらしい。

おっ、南方新社にも、「天皇からもらった日本刀で手と足を切りにいく」という電話が、ずっと前にかかってきたことがあったっけ。気をつけよおっと。

1月20日。取引先の書店がまた一つ閉店した。問題は70万ほどの未入金があるということ。

小社は書店さんに本を委託して売れた分を支払ってもらうようにしているのだが、書店も、景気が悪くなると売上代金をそのまま生活費に回してしまう。去年潰れた書店などは売上代金を全てオヤジが飲み食いバクチに使ったものだから、被ったお金は250万ほどになってしまった。あれはうっかりしていた。

今回は、3年ほど前からおかしくなっていたのでマークしていた。支払い依頼にも何回か足を運んだ。その都度、80歳を超えたであろうおばあちゃんが、缶コーヒーをくれるものだから、ついつい強くも言えないでいた。やれやれどうしたもんだか。

それにしても、年明け早々、痛い。

1月26日、川内原発温廃水口の周辺で、異様な光景を目にする。なんと、ヒラアジが釣れに釣れているのだ。県外ナンバーの車も何台か駐車場にある。熊本から来た３人組は大きいクーラーボックス満タンだ。

ヒラアジといってもカスミアジ、ロウニンアジといった南方系の魚の幼魚である。死滅回遊魚なのだが、周辺海水より8～10度高い温廃水に引かれ集まってきた。だが、温廃水にはパイプに貝の付着を防ぐために毒（九電によるとカルキ）が混ざっている。餌になる小魚はいない。腹をすかせた魚達はルアーに脇目もふらず飛びついている。浜には、毒で死んだ大量の貝の殻や、1メートルを超えるダツの死骸が２匹打ち上げられ、カラスが群れていた。

私有制とゴミ〈２００７・３・25〉

会社の事務所は下田町にある。市街地から車で15分ほどというのに、辺りにはのどかな田園風景が広がる。

心安らぐ申し分のない環境なのだが、最近気になることがある。それは、道端に空き缶や弁当ガラのゴミが散乱しているのである。冬場草が枯れると、捨てられたゴミが姿を現してくる。

白いビニールゴミはなかなか朽ちないから、ずっとそこにある。何年も前の奴から、最近のものまで、累積されて今がある。

誰がどういう気持ちで捨てるのかを考えていると、ふと思い至った。私有制が、このゴミ捨ての根本原因ではないかと。まさか自分の庭や畑の内には捨てまい。ところが、外の他人の土地には平気で捨てる。私有の概念がなく、内と外の区別がなければ、誰も捨てないのではないか。

先日奄美で磯遊びをしたとき、浜辺のゴミを見ながら友人にこのことを話したら、一島共有地、つまり土地私有のない沖縄の久高島にはゴミ一つ落ちていないと教えられた。私の仮説は当たっていたことになる。

もう一つ。今から70年ほど前、米デュポン社のカロザースがナイロンを発明し、白紙の小切手を社長からもらったという「美談」がある。だが、このカロザースのようなプラスチック製品の開発者こそが、汚いゴミを作った最大の張本人ではないかと思うのである。

私も畑仕事の折など、ミカンの皮とかはそこらの山に捨てる。それらはすぐに朽ちて土になる。だが、ビニールは朽ちない。

作れば売るのが私企業である。後先考えずに売りまくる。製造者責任が言われ出したのは最近のこと。それでも、まだまだ不十分なことはリサイクル法を見ても明らかだ。

世界市場で売るためには相手国の文化さえ平気で変える。買った市民も悪いという論理もあるが、買わされていく構造も見なければならない。原発の電気と同じである。原発以外の電気を選択することは残念ながら私たちにはできない。

川内のゴミ処分場建設が問題になっている。土地の透水性が焦点になっているが、本質はそこにはない。ゴミを誰が作ったのか、そこに根っ子がある。どこにも完全な土地などない。漏れるに決まっているし、やがて地下水は汚染される。

　作ることをやめさせるか、ゴミ処分場を造らせないか。ゴミ問題から永久に解放されるために、ことの本質を浮き彫りにするためにもゴミ処分場を造らせないという運動はとても大切なのだと思う。

父島人肉食事件〈2008・4・25〉

　小社は鹿児島にあるのだが、小笠原本も、これまで4冊出している。そのお陰で、3年前には小笠原まで実際に行くことが出来た。

　東京の竹芝桟橋から船で30時間、飛行機は通っていない。一週間に一便だから､向こうで5日間は滞在しなければならない。本の営業に行ったのだが、狭い島のこと、ものの半日もぶらつけば仕事は終わってしまう。後は青い空、青い海、色とりどりの魚……。極楽生活である。

　鹿児島に暮らす人で、小笠原まで行った人はほとんどいないだろう。10人くらいか。羨ましがる人はあまりいないが、何となく鼻が高い。

　戦後、米軍政下に置かれた小笠原諸島も、今年、日本復帰50周年を迎える。このタイミングに合わせようと、戦中戦後史の原稿が、また新たに舞い込んできた。

　著者は米国人の研究者エルドリッヂ。阪大の助教授だが、米軍の太平洋軍司令官の政策顧問もやっていたからちょっと怪しい。小社内でのニックネームはＣＩＡ。でも、原稿はとても面白い。

　タイトルは『硫黄島と小笠原をめぐる日米関係』。米公開公文書を駆使して、アメリカの軍事戦略を明らかにする。現在の基地問題の背景を知るために不可欠の書となろう。

　千枚を超える原稿を読むのはたいそう骨が折れるが、アメリカ側の資料はなかなか興味深い。

　凄まじい硫黄島戦。栗林中将は、米軍が期待したおろかなバンザイ攻撃をとらなかった。そのせいで、アメリカ側の死傷者が日本を上回ったのだ。

　原稿を繰っていてあっけにとられたのは、父島人肉食事件である。

　撃墜して捕虜にした米軍のパイロットを処刑し、軍医に解体させた肝臓や太ももの肉を、立花芳夫少将らが、宴会ですき焼きにして食べていたのである。

　これまで断片的には知られていたのだが、今回米側の資料、特に日本で初めてグアム戦犯裁判の記録を用いることで、全容が明らかになった。目的は戦意高揚。吐き気をもよおした部下にも無理やり食べさせたという。

　食べられたのは一人ではなかった。ホール少尉他、少なくとも4人の名が確認されている。

　ブッシュの親父（元大統領）も、父島沖で撃墜された。米潜水艦に救助されたが、一歩間違えば食べられていたのである。

日本軍の狂気を細部まで明らかにした本は、なかなかお目にかかれない。米国人ならではの視点か。しかし、この人肉食事件には本当にたまげた。

トリ小屋プロジェクト〈2008・5・15〉

卵かけご飯が無性に食べたくなる時がある。だが、スーパーの卵では食べる気がしない。

ウソかホントか、卵好きの女の子が毎日2、3個食べていたら、4歳から生理が始まったという話を聞いたことがある。餌に混ぜられている女性ホルモンと成長ホルモンのせいだ。

こういうとき、出版社をしていてよかったと思う。小社には、『トリ小屋通信』の著者がいる。先日、自然卵（小羽数平飼い、薬剤フリー）をダンボール1箱、送ってもらうことができた。会社の皆で山分けしたのだが、おいしいこと、おいしいこと。

その舌の感触も新鮮な昼下がり、不思議な巡り合いがあった。アイガモ農家の橋口さんちに伺ったら、庭先でなにやらピヨピヨ鳴いているではないか。箱の中を覗くとヒヨコだった。近所の農家に頼まれて、飼いやすい大きさになるまで面倒を見ているとのこと。

「何匹かもらえんですかぁ」と私。「3、4匹余るはずだからただでいいよ」と橋口さん。

よーし！　会社でニワトリを飼おう！　このご時世、出版社もいつまでもつか分からない。繁殖させて、100羽まで増やそう。卵も売ろう。夢は膨らんだ。

テキストもすぐに買い求めた。この世界では教祖的な信望を集めている中島正の著『自然卵養鶏法』（農文協）である。うれしいことに、トリ小屋の作り方も丁寧に図入りで載っている。

「鶏は審美眼を持たないのだから、どんなに豪華な鶏舎を与えたところで、そのために喜んだり、感謝したりすることはない。……いかに近隣、友人、知人、業界などがそのお粗末な鶏舎を軽蔑しようとも、鶏はぜんぜん気にしていないのだ」

なんとも心強いメッセージではないか。

よし！　ただで作るぞ。

知り合いに廃材を頼んだら、家一件分の材木を手配してくれた。孟宗竹も別な知り合いがただでくれることになった。

高校時代のチリメン漁師の友人には、いらなくなった魚網を頼んだ。これで金網を買わずにすむ。

雨漏りしたら可哀相だから、トタンだけは買うことにしたが、あとは一円も使わずにすみそうだ。

会社のほかの社員に気付かれないように、仕事中にこっそり設計図も描いた。何度も何度も、修正したから完璧だ。

いよいよ、来週はトリ小屋の棟上だ。ニワトリ飼うぞー。卵をとるぞー。うまいぞー。トリも食うぞー！！

トリ小屋プロジェクト・その2〈2008・6・15〉

5月25日に、一日がかりでトリ小屋の棟上げを終えた。会社の庭の片隅に鎮座するのは、畳4枚分の広さ、高さは2メートルほどの、なかなか立派なトリ小屋だ。

私1人でやったわけではない。昼過ぎから3人が手伝いに来てくれて、会社のスタッフも含めて合計5人がかりだった。

手伝いは、特に無理にお願いしたわけではなかった。みんな小屋を作りたかったのだ。1人は木切れを集めて立派なドアを作り上げた。もう1人は、ミカン箱のような産卵のための部屋作り。1人はずっと鉈で孟宗竹を二つに割り続けた。これは壁代わりに柱に打ち付けるためのものである。

私は、もっぱら土木工事。柱を乗せるブロックを固定し、小屋の敷地の周りに排水用の溝を山グワで掘った。庭は砂利で固めてあったから、これはたいそう骨が折れた。そうそう穴を掘って柱を立て、止まり木を作るのも私の仕事だった。

こうした準備作業を終えると、全員で棟上げだ。柱を支えながら、桁をカスガイで留めていく。スジカイで柱と桁がぶれないように固定し、屋根には孟宗竹を丸太のままモヤとして並べていった。

全員汗みどろになりながら、トリ小屋としての全体像を見るまでには、たっぷり夕方までかかった。

眺めながら、悦に入った。とにかく出来たのである。手伝い人からは「これで壁と床を張ったら立派な家だ」「この次は家を作ろう」などという軽口も出た。

考えてみれば、4畳の広さのある小屋の棟上げが、たった一日で出来たのである。地震や水害で家が潰れても、雨露をしのげる程度なら、すぐにどうにか出来るという自信が付いたのも事実である。

最近、子どもの教育に関連して「生きる力をつける」という言葉にしばしば出合うが、どうも、他者との競争を前提にしているような気がする。

そうではなく、衣食住を自分自身で調達出来るのが本来の「生きる力」であろう。だとすると、私たちは遅まきながら、住の部分でほんのちょっぴり「生きる力」を獲得できたということになる。

金があれば何でも調達できる社会は、逆にもし金がなければ、という恐怖に、常にさいなまれることになる。

為政者は恐怖をいかに巧妙にコントロールするかである、という俚諺が、ここに立ち現れてくる。私たちが自由であるためには、金を介在させずに衣食住をそれぞれが調達できるようになること、などとちょっと真面目に考えた。

小松家の亡霊〈2008・7・17〉

この7月、父の七回忌のために田舎の寺でお経を上げてもらった。田舎は日吉町吉利。村に一つしかない寺だから、葬式や法事は全てこの寺の坊さんにお願いすることになる。

年忌のたびに、本堂に親戚一同がかしこまり、お経を上げてもらうのだが、今年はいつもと違った。

吉利といえば、江戸期小松家の私領であった。NHKの「篤姫」で一躍注目を集めている小松帯刀の本宅があったところだ。いってみれば、小松家は吉利のお殿様でもあった。

寺に着くと、境内の入り口にある小松帯刀の銅像が目に飛び込んできた。偉大なるＮＨＫの力はこんな田舎にも及んでいた。たたいてみると、ポンポンと乾いた音のするプラスチックだというのが可笑しかったけれど。

長いお経が終わりホッとしていると、今度は、坊さんが寺と小松家の関係を話し始めた。

いつも私たちが拝んでいた本尊の仏像は、帯刀の妻チカが持っていたものを譲り受けたものだという。さらにこの寺は、小松家の菩提寺になっているというのである。

よく見ると、本尊の傍らには、小松家の位牌らしきものが、仰々しく置いてあるではないか。

この寺は、明治期に建てられた浄土真宗大谷派の寺である。江戸期の菩提寺であった曹洞宗の寺は廃仏毀釈でめちゃくちゃにやられていた。村に一つの真宗の寺が、小松家の供養をすることになったのである。

それは仕方がない。でも、坊さんの誇らしげな話を聞きながら、私が思ったのは、「やれやれ、親父さんは死んでからも、小松家の殿さんの前にひれ伏して行かねばならないのか」ということである。

江戸期の薩摩農民は八公二民という重税にあえいでいた。この吉利村のピラミッドは、小松の殿を頂点に、麓の士族、そして７割強の農民という具合に築かれていた。

おまけに真宗といえば、薩摩藩では厳しく弾圧されてきたではないか。

「阿弥陀如来の前には、全てのいのちは等しい」。この真宗の教えが、強固な身分制によって体制を維持してきた島津家の怒りにあい、殉教の屍を重ねてきたことを、この坊さんは知らぬはずはなかろう。

知っていながら、それでもなお小松家の菩提寺たるを誇るとは、どういうことなのだろうか。よく分からなくなってくる。

よく考えたら、私も死んだらこの坊さんに経を上げられる羽目になる。こうなれば、簡単に死ぬこともできない。

諏訪之瀬行き〈２００８・８・17〉

今週も、奄美大島に行ってきた。しばしば島に行くのだが、６月にはトカラの諏訪之瀬島に行った。諏訪之瀬は全く予定になかった。あまりの間抜けさに、書けずにいたが、今回、ことの成り行きを白状する。

６月４日のお昼過ぎに、若い女性が知人に連れられて会社を訪ねてきた。その日の諏訪之瀬行きの船に乗るという。出港は夜の11時だから昼間の時間潰しに立ち寄ったというわけだ。それでも遠来の客人にはビールや焼酎を振る舞うのが小社の掟。ましてや、近来まれな若い女性の訪問ともなればなおさらだ。世間話をするうちにすっかりいい調子になり、出航まで天文館で飲みなおそうということになった。

何件か飲み歩いて、出航に充分間に合うようにと10時過ぎには港に着いた。船の中まで乗り込んで見送り出来るのが、この手の船のいいところ。3階にあるレストランを覗くと、見知った顔がビールを飲んでいるではないか。小社から詩集を出した著者だ。出港までのわずかな時間だが、私と著者、知人、若い女性の4人で、またビールを飲もうということになった。またまた調子よく飲んでいたとき、ふと知人が時計を見た。11時だ。

バタバタとあわてて乗船口に向かったが、時すでに遅し。船は岸壁からすでに2メートルは離れていた。

なんてこった。飛び降りるのはもう無理だ。観念して島に行くことにした。あとはヤケ酒だ。全くの手ぶらで、着替えもない。手持ちのお金も飲み尽くして、残りわずか。

翌朝9時過ぎに島に着いた。二日酔いでふらふらしながら島に降り立つと、何人も見知った顔がある。訳を話すと爆笑だ。苦境を知って、その日はYさんが泊めてくれることになった。Yさん宅でしばし休息。あたりを散策することにしたが、出会う人ごとにくすくす笑いが漏れる。

ものの数時間で、私たちの間抜けさは島中の人の知るところとなったようだ。バツの悪いことこの上ない。これじゃ出歩けもしない。

会社にも、丸2日間、欠勤することを伝えたが、電話の向こうであきれているのがよく分かった。

南の島の人はおおらかだという。だが、十島丸の切符係の人は厳しかった。お金の持ち合わせはないというのに、しっかり往復1万4千円の船賃は請求された。何とかYさんに借りて支払ったが、こいつは痛かった。

丸々2日間と、1万4千円の穴はあけたが、笑ってもらえる話の種が一つできたから、まあ良しとしよう。

クワガタ大作戦〈2008・9・18〉

118匹。8月、会社の近くで捕まえたクワガタムシの数である。

森に囲まれた事務所だから、ちょっと足をのばせばクワガタの1匹や2匹、すぐに見つけられる。でも、100匹の大台に乗せるとなると、ことは簡単ではなかった。原稿を放り出して、連日暑い盛りに捕りに行くはめになった。遊びではない。これもれっきとした仕事、しかも、考え抜いた作戦に基づいた仕事であった。

作戦とはこうだ。市内の巨大ショッピングセンター・イオンで出版フェアをすることになった。しかし、普通に本を並べただけでは売れそうもない。本を買えば、クワガタ1匹プレゼント。これだ！

クワガタで、店内の子どもを集める。子どもは欲しがり駄々をこね、親は仕方なく本を買うという構図だ。

フェア当日、作戦はまんまと当たった。たちまち、ちびっ子たちが群れに群れた。それも一日中途切れることなく。だが、作戦的中はここまで。欲しそうな顔をしようが、駄々をこねようが、母親は知らんぷり。世の母親も冷たいものだ。「見るだけね」と子どもに約束を迫る親もいた。

慌てて、「虫を飼うと成績が上がる」と、まるで根拠のないウソポスターをでかでかと書いたりしたが、効果ゼロ。

本は売れないわ、逃げ出したやつが吹き抜けを3階まで飛んで、大騒ぎになるわ、散々だった。大量に残ったクワガタは下田の山に帰っていった。

10匹。これは9月に入ってから捕まえた山太郎ガニの数。

会社近く、下田の田んぼの真ん中には稲荷川が流れている。ニシムタで一つ400円也で仕入れたカニかごを4つ、魚のあらを中に放りこんで、川に仕掛けておく。夜の内にかかったやつを翌朝捕るという寸法だ。大きいものは甲羅の大きさが握りこぶしくらいある。

朝、出社する前にぐるっと仕掛けを見て回る。わくわくする瞬間だ。おっ、いるいる！　これまでの最高記録は、一かごに4匹。もう笑いが止まらない。ワッハッハッハー。

山太郎ガニは、かの有名な上海ガニの兄弟。上海で食えば1匹ン千円。下田の上海ガニは何匹でも、ただ。ワッハッハッハー。

農薬が気にならないことはないが、私も51歳。うまいものを食うことを優先させる。会社の若いスタッフが食べたそうな顔をしても、農薬のせいにしてあげない。でも、大人も子どもも安心して食えるカニのために、農薬が消える世の中を心から願う。

23個。9月18日現在、会社で飼っているニワトリの産んだ卵の数。9月3日、初産。この話はまた今度。

大豊作〈2008・10・20〉

10月15日。下田の事務所近くも稲刈り真っ最中である。

昼休み時、仕掛けておいたカニかごを見回りに川岸をウロウロしていると、遠くの田んぼからしきりに話しかけてくるじいさんがいた。立ち姿が、よほど知り合いに似ていたのであろう。「ちがう、ちがう」と手で合図しても、かまわず婆さんと二人で向かってくる。

仕方がないから、相手をしようと腹を決めた。じいさんも婆さんも、稲刈りの途中とはいえ、何もすることはなかった。頼んだ若手が、4条刈りでバーッと刈っていくのである。じいさんも婆さんも見ているだけ、立派な出で立ちをしていたが、ちっとも汚れていなかった。

いい大人が、昼間からウロウロしているわけを話す。山太郎ガニを狙っていたが、獲物はゼロだったことなど。

じいさんは、昔はバケツいっぱい簡単に捕れたとか、どこを狙えとか、時期は十五夜の頃だとか話を続けた。見知らぬ者同士の終わりのない世間話である。

しかし、こうも年寄りを無警戒にし、開放的にさせたのは近年まれな豊作のせいだろう。台風も来ず、ウンカ（じいさん曰く秋虫）も湧かなかった。

1反くらいの田で収穫する米は、金に換算したらいくらにもならない。人を頼めば出費もかさむ。でもニコニコ顔だ。

太陽の下で食い物を得るということは、空調の効いた部屋で金を稼ぐ何倍も、人を幸せにするのだとつくづく感じた。

10月20日。幸福な話とは正反対のキリキリ神経の痛む企画がいよいよスタートする。全25巻の本を出すことにした。著者は鹿児島在住の民俗学者、下野敏見さんだ。

権力の歴史は文字化されている。だが、民衆の歴史には文字はない。あるのは暮らしの中で伝えられてきた、言葉、民話、民具、祭り、儀礼などである。ここから、この地の民がどこから来て、どう暮らしてきたかを再現できる。

日本の中央集権化とともに、貴重な民衆の記憶も、どんどん消えてきた。今、下野さんの調査記録はとてつもない価値を持つ。全25巻は願ってもない大仕事だが、出て行くお金も桁違いに大きい。毎回本を出すのはバクチだが、今度の今度は大バクチだ。でも後には引けない。引くつもりもない。

各巻3675円、セット予約なら各巻3150円。3年がかりで随時出していく。心ある読者の、セット予約を待つ。

タヌキ事件〈2008・11・20〉

平和な日常に、突然悲しい事件が持ち上がることもある。

その日、10月25日、会社に出勤すると駐車場奥のトリ小屋の周りに人だかりが出来ていた（といっても、全スタッフ7人なのだが）。小屋の中を覗いてみると白い羽毛が散乱している。入り口の板壁には、血が飛び散っている。

数えてみると、2羽いたはずのオスが1羽しかいない。メスの3羽は無事だ。

やられてしまった。これまで、イタチとかタヌキとかの獣害を散々聞かされていたから、こちらも充分対策を施していたつもりだった。でも、敵の食欲はそれを上回った。

これまでも、イタチらしきものの痕跡は度々目にしていた。小屋の周りにあちこち、掘り返した跡があった。侵入を図るためだ。こちらはそれを見越して30センチほど、魚網を埋め込んでいた。

だが今回は、大胆にも壁代わりの魚網を食いちぎり、大穴を開けて侵入に成功していた。

イタチは血だけ吸って退散するらしいから、タヌキの仕業である。侵入したタヌキと、仲間を守ろうと立ち向かった勇気あるオス。壮絶なバトルの末にオスは敗れた。

裏山の方に、転々と羽毛が落ちている。タヌキのねぐらはその方向にある。

現場検証しながら、ふと、タヌキの団欒が目に浮かんだ。きっと襲ったのは父親タヌキである。意気揚々と家族の待つねぐらに持ち帰り、新鮮なニワトリを振る舞う父タヌキ。妻と子ダヌキは大喜びしたに違いない。

もともと2羽のオスは必要ではなく、そのオスは年末につぶす予定だった。人間が食い散らかすよりはるかに無駄なくタヌキの腹におさまったはずだから、鶏は本望だったかもしれない。

しかし、当方も続けてくれてやるほどお人よしではない。魚網を補修し、タヌキの背の届く範囲には、桟を張り巡らせた。一番の工夫は、タヌキがやってきた獣道に、オシッコをかけること。人の匂いを嫌うはずだ。もよおすと、わざわざトリ小屋の裏手に回って、今でもせっせとかけている。

そのせいか、その後襲われることなく、メスは１日３個の卵を産み続けている。

11月３日、山尾三省生誕70年祭があり、実行委員の一人として参加した。著作を読み返しながら、今でも三省たちの思想は色あせていないとつくづく思った。とりわけ部族宣言ともいえる一文。この社会は欲望をテコに無数のピラミッドを形作る。政治、宗教、詩壇、画壇……。それは抑圧の装置に他ならない。拒否しよう、と。

南九州の風土病〈２００８・12・19〉

12月、小社では、とても重要な一冊を刊行した。

ずっと出したいと思っていれば、機会は巡ってくるものなんだね。

それは、ほとんど放置されたに等しい病気と、その原因ウイルスに関する初めての解説書『成人Ｔ細胞白血病（ＡＴＬ）とＨＡＭ』。

なんだか難しそう、自分とは関係ない、と思ったら大間違い。おおありなのですよ、これが。

双方とも発症の原因は、ＨＴＬＶ―１ウイルスの感染だが、このウイルスの感染者（キャリア）は縄文系の日本人に偏っていて、九州・沖縄では５％、特に鹿児島では10％、10人に１人がキャリア！！

この文章を読んでいるあなた、あなたもキャリアかもよ。

で、この両方の病気は、発症予防、および完治の方法とも確立されていない。ＡＴＬは、ひどいことに、発症すれば２年以内にほとんど死亡するといわれている。

何故、放置されたに等しいの?と考えてみた。つまり、一種の風土病的な認識が、国を挙げての対策をとらせなかった原因だろう。ま、田舎の人間が死のうが生きようが関係ないということですね。ところがどっこい、今キャリアは全国に拡散している。結果、日本国内のキャリアは１２０万人にのぼると推計されている。

もう一つは、キャリアでも発症しない人が多く、発症率が５％と低いこと。さらに成人Ｔ細胞白血病という名の通り40代、50代以降に発症するという病気で、平均寿命の短かったかつては問題にはならなかった。ところが、寿命が延びちゃった。

患者も全国的に発生するようになっている。九州以外では、病名の特定も出来ず、適切な治療も出来ないということさえ起きている。困った。

現状の課題は以下のように集約できる。
①感染予防の対策をとること。主要な感染ルートは、母子感染。母乳の短期化で予防できる。あと、性感染。これはほ

とんど無政府状態だよ。
②最新の治療を全国的に同水準に行えるように、医学会に注意を喚起すること。うーん。
③同じレトロウイルスのエイズ（ＨＩＶ）ウイルスで可能になったように、発症予防、治療法の確立を急ぐこと。これには、国の財政的な大きな力が必要となる。うーーん。
もう一つ、同時に出したのが『成人Ｔ細胞白血病ＡＴＬ闘病記』。「発症から6年元気です」が帯の宣伝文句。長期生存者は、キャリア、患者にとって何よりの希望なのです。

2009

南大東島本〈２００９・１・20〉

はるか昔、高校時代、アフリカ地図を部屋に貼って眺めていた。サバンナ、サハラ、熱帯雨林、そんな遠くの地への憧れがあった。

国内では、南の海に点在する孤島、小笠原と大東島である。アフリカ行きの夢は果たせていないが、小笠原には行くことが出来た。小笠原の本を出す機会に恵まれたからだ。小社の奄美本の著者エルドリッヂから、何人かで小笠原の本を書くから版元になってくれと依頼があった。

ほいなと、二つ返事で引き受け、本が出来ると同時に営業と称して、週に一便の船で島に渡った。営業といっても、島に二つしかない土産物屋に本を置いてもらうだけだから、ものの半日あれば終わる。あとは一週間、極楽生活。

2年前、そのときの執筆者の一人、背は低いのだがロングという名の言語学者から、南大東島の本を出さないかという連絡が入った。一も二もなく了解だ。ありがたいことに、学術組織からの補助もついてくるという。

ところが他の執筆者の原稿はどんどん送ってくるのに、肝心のロングの原稿はこない。そのうち、補助の期限も切れ、先に書いた執筆者からは当方の怠慢を非難するメールが、ジャカスカ届くことになる。

悪いのはロングなのだが、彼の悪口を言うわけにもいかず、ひたすらロングの原稿を待った。

エルドリッヂは、アメリカ太平洋軍司令官の政治顧問をするだけあってしっかりしているのだが、ロングはどうもホがない。そういえば、小笠原本を出すとき、打ち合わせの場所にスターバックス新宿西口店というコーヒー屋をロングに指定されたことがある。

ところが、わざわざ東京まで出向き新宿西口店に約束の時間に行ったのだが、待てど暮らせど来ない。店員に聞くと新宿西口には5店のスターバックスがあるという。その日は土砂降り。グジュグジュになりながら一店一店ぐるぐる探し回って、5店目にやっと探し当てた。

その店は、たしかに西口近くにあるのだが、新宿サザンテラス店だった。抗議する私に、彼はへらへら笑うばかり。そうそう、そのとき「こいつは二度と信用するもんか」と決意したのだったが、すっかり忘れていた。

結局一年遅れで原稿がそろい、まもなく『南大東島の人と自然』という初のガイド本がお目見えする。補助も別の執筆者の尽力でどうにかなりそう。

あの島は、うねりが強く船は接岸できない。乗船客は、牛のように檻に入り、クレーンで吊り上げられて上陸する。おー、なんとワイルド。

暖かくなったら営業だ。待ってろよ、南大東島。コバルトブルーの海よ！

アカデミー賞〈2009・2・20〉

映画「おくりびと」が米アカデミー賞を受賞した。この作品は、実は富山の田舎出版社、桂書房の本が原作になっている。

書名は『納棺夫日記』。葬式の時、死体をきれいにして納棺する人の記録である。人は生きてきたように死んでいくというが、永遠の旅立ちの場面では、その人の生き様が浮き彫りになっていくものらしい。

数千もの死体を見届けてきた著者ならではの視点が、読者をひきつけていく。

桂書房と言えば、現勝山社長が38歳の時、設立した会社である。私が会社を立ち上げたのが36歳だから、似たようなものである。ただ、小社より10年ほど先にできていた。

全国各地の田舎に出版社があるが、桂書房はいやでも目についた。決して派手ではないが、地に足の着いたラインナップが出来上がっていた。

直接お会いしたことはないのだが、どこかで勝山社長による「真実を留めていく」という趣旨の文章を見た。だが、真実はわが身をも貫く刃となる。経営は決して奇麗ごとでは済まされないのだが、そこに安住することをよしとせず、それさえもやり過ごす頑固さを印象付けられたものである。

かつて10年以上前になるだろうか、まちづくり県民会議では講師を呼んで定期的に講演会をしていた。

そこに私も呼ばれ、話をしたことがある。そこでこの『納棺夫日記』を紹介した。たしか『納棺夫日記』に対抗して、『ちちもみさん日記』を企画していると話した。

出水を車で走っている時「ちちもみします」という看板に目が吸い寄せられたばかりだった。「ちちもみさん」って何？母乳がよく出るように、産婦のおっぱいをもみほぐす職業があることを、初めて知った。

散々探して、やっと1人のちちもみさんに会えたのは、2年ほど後のことである。彼女も、おっぱいを見たら産婦の全てが分かると話していた。

どういう家庭環境に育ったか、食生活はどうか、現在の家族の状況はどうか、手に取るように分かるという。

そのことを通して、子どもの将来も想像できるものらしい。

人生の始まりの場面で母子共にゆったりと身も心もほぐしてくれるちちもみさんは、とっても大切な存在であると思ったものである。

原稿依頼は快諾してくれたが、それっきりとなっていた。どうも忙しく原稿どころではなかったようだ。

アカデミー賞で、桂書房も少しは潤ったであろうか。報われる事の少ない仕事で、恵みの雨のあることを、心より祈る。

竹刈り〈2009・3・20〉

南方農園の冬はミカンが豊作だ。ボンタン、サワーポメロ、桜島小ミカンに紀州夏、ダイダイもある。焼酎に汁をたらせばアラ不思議、なんとも旨く味を変えてくれるカボスも実を付ける。暇を見ては苗を植えていた父が残したものなのだが、去年台風が来なかったせいだろうか、今年はどの木も大豊作だった。だが、一つだけ不作のものがあった。甘夏である。

いつも１００個や２００個は軽く付ける甘夏が、今年は50個くらいしかなかった。3本の成木に、今年から実を付けだした2本を加えてもその程度だった。

原因は分かっていた。放ったらかしの木の周辺に、進出してきた大名ダケが茂り、すっかり日光が閉ざされていたのだ。このままやり過ごせば、あと3年くらいで実どころか、木そのものも枯れてしまう。これまで散々枯らしてきたからよく分かる。

草を刈ったり、木を払ったりという作業は冬場の仕事だ。と言うより夏場は、茂り過ぎて手に負えない。草が枯れ、木も葉を落とす冬場がやっとやる気を奮い立たすことのできる、唯一の季節なのである。

先々週、甘夏再生作戦と相成った。草刈り機に混合油を入れてスターターを引く。勢いよく始動。刃先をぶんぶん振り回しながら、竹を切り払っていった。

と、こう書くと、いかにもスムーズにことが運んだようだが、悪戦苦闘だ。大名ダケは、固まって生える。外側から1本切っても、内側には無数に固まっている。切った竹が倒れ込んでくるから、脇にどかさねば次が切れない。竹は互いに入れ子になり、おまけに蔓が絡んでいたりするものだから、引っ張り出すのは容易ではない。

昼過ぎから、夕方近くまで汗を流して、やっと日当たりのいい甘夏園が再生できた。

だが5月になれば、またタケノコを生やしてくる。それはそれで美味しいのだが、時期遅れで生えてくるやつがいる。切り株からもピンピン細いやつが生えてくる。2年も経てば、また竹林になる。そしてまた切る。その繰り返しだけで、私は年を重ねているような気がする。

そうそう、冬場の竹林はツツガムシに要注意。この有名なダニが生息していることは、父が身をもって証明してくれた。運良く村の医者は診断できたが、若い大学病院の医者なら気が付かなかったかもしれない。竹林に入ったら風呂に入ろう。それだけで充分。

ちょうど春の木市も始まった。枯らした分だけの苗を植えよう。それでトントンになる。

原発騒ぎ〈2009・3・25〉

3月、小社では新刊を4冊刊行した。

大体、毎月2冊ずつの刊行ペース。この4冊は仕事をサボった報いなのである。

本はただ出せばいいというものではない。書店さんへの配本、PRの段取りなどの販売戦略をどう組むかなど、面倒な事も多い。4冊も固まってしまえば、どれもがおろそかになってしまう。時間と金をかけて作った本が、全くの不発に終われば目も当てられない。

仕事をサボるのは好きだが、これは天災に等しい。というのも、年明け1月に、九電が鹿児島県庁と薩摩川内市に、川内原発3号機増設を申し入れたのである。

世界最大級159万キロワット。チェルノブイリ級の事故が起きれば、南九州は壊滅だ。

そんなことはないと九電は言うが、信じるほど私はお人よしではない。新潟の例を見るまでもなく、日本は地震の巣だ。未知の活断層は無限にあるし、川内は最初の1号機地質調査のとき、ぼろぼろのボーリングコアの差し替え事件が明るみに出た曰く付きの原発だ。

3号機なんて冗談じゃない、と申し入れ阻止のために県庁前に陣取ったが、九電社長は秘密の通路から知事室へ。「出て来い、九電真部利応社長」「帰れ、卑怯者」と怒鳴りすぎて、1週間声が出なかった。

その後も今も、原発騒ぎに散々引きずられて、仕事どころではない。

本を出すのが仕事なのだが、この地が壊滅したら元も子もない。反対運動もせねばならぬ。全く迷惑な話だ。

伊藤知事語録〈2009・4・24〉

春は、新入学生、新入社員の姿がほほえましい。

季節の風物詩とあって、マスコミもこぞって話題にしている。鹿児島の大どころの会社社長が新入社員にどう訓示を垂れたとかいうのが、記事になったりする。

なにげなく読んでいたら、わが知事の新入職員に対する訓示に目が釘付けになった。確認のために県庁のホームページ知事発言集のコーナーを開いたら、全文が載っていた。

あんまりひどいから、南日本新聞に投書をした。ボツになるかと心配したが、4月20日に掲載された。

驚いたのは、西郷南洲遺訓を引用したくだりである。

「万民の上に位する者、己を慎み、（中略）下民がその勤労を気の毒に思うようにならなくては、政令、行政は行われ難し」

県民が気の毒に思うくらい働いてほしい、という趣旨は分かるが、「上に位する者」「下民」という言葉の引用はないんじゃないの？　引用するなら他にもあろうものを、よりによってこんな文章？　ひょっとして、「下民」って、私らのこと？

県庁職員が「上」で県民が「下民」などという意識を、県庁職員に持ってもらったら大変困る。

それなのに、「皆さん方の先輩の職員にも常々言っているのであります」ともあった。おいおい、待ってくれよ、である。

投書を見たあるマスコミの記者から、「知事は、鹿児島県で一番頭がいいのは自分だ、と言ってる。投書を見てスカッとした」と、早速反応があった。これは笑えるからいい。

「知事は桜島ライトアップを真面目に考えている」と聞いたことがある。真偽はともかく、桜島は国立公園だから国が許すはずはない。これも放っておく。

笑えないのは、原発に対する発言。3号機増設について、1月8日の九電申し入れ後のマスコミ会見で、「原子力の平和利用は、人類として、日本としても避けられない道。いかにコントロールしながら、平和的に使うかが一番必要」。

チェルノブイリで大勢の人が死に、未だに多くの苦しんでいる人がいるのを知らぬのか。原発の下請け労働者がどれだけ被曝して、何人が死んだか、調べればすぐに分かる。ＪＣＯの事故で2人がどのようにして死んでいったか、写真も残っている。

こういうのもあった。川内の産廃予定地について「周辺は日本で一番硬い岩盤で、透水性は低い」（4月21日南日本新聞）。あのー、あそこは柱状摂理で、ヒビだらけなんですけど……。

タヌキ再来襲〈2009・5・22〉

また、やられてしまった！

4月20日、朝出勤したら小屋中にトリの羽根が飛び散っていた。5羽でスタートしたのだが、去年の10月、タヌキに1羽誘拐され、4羽になっていた。今度もまたタヌキの仕業だ。

1、2、3、4、数は減っていない。1羽のオスは果敢に戦ったのだろう、トサカが血まみれだ。メスの1羽は羽根がかなり抜け落ち、うずくまって、目も閉じている。息はあるが、酷くやられたようだ。これは時間の問題か。

肉を食べるなら、生きているうちにつぶしたほうが血が回らずにすむ。すぐに潰すことに方針は固まったが、いざ自分でやるとなると調子が出ない。かれこれ1年近く付き合ってきた仲である。エサやりの度にまとわり付いてきた。食うことを前提にしていたため名前も付けないでいたが、同じような茶色の地ドリでも、色合いが少しずつ違い、性格が違うのも分かっていた。やられたのはメスの中でも一番気の強かったやつである。

迷いながら、うずくまるトリの鼻先にエサを置いてやると健気に食べるではないか。必死に生きようとしているのだ。

方針変更！　とりあえず、薬で消毒だけはしてあげよう。生きるか死ぬかはトリの生命力次第。死んだら裏山のタヌキに上げよう。

抱き上げると咬み跡があちこちにある。足一本は咬み切られる寸前、ぶらぶらしている。満身創痍だ。

ほとんど食べず、動かず、うつらうつらしながらじっと耐えていた手負いのトリに、グンと生気が出てきたのは一週間ほど後のことである。急にエサを食べ始めたのだ。それからは見る見るうちに元気になった。

今、受難の日からおよそひと月がたった。ケンケンで歩いていたトリは、もう片方の足を地面に着けられるまでになった。この調子なら、両足で歩けるようになるかもしれない。ショックからか、卵はまだ産まないが、食欲は旺盛だ。

一度ならず二度までも、タヌキの侵入を許してしまった。今度という今度は､絶対に入れないように横の桟を大量に補強し、魚網も二重にした。

一方タヌキは、私がこっそり庭の片隅に植えていた枝豆を、茎だけ残して食い散らかすという挙に出た。トリを食えなかった腹いせだろうか。

５月16日、南日本出版文化賞に小社刊『南九州の地名』が受賞。２月18日には、宮崎の宮日出版文化賞を小社刊『干潟の生き物図鑑』が受賞した。この手の賞は、出版社は紙切れ一枚もらえないのだが、まるで相手にされないよりはいい。

二代目入居〈２００９・６・22〉

会社のスミにあるトリ小屋に、二代目９羽が入居した。

生後３カ月。ピヨピヨとヒヨコのように鳴き、体つきも小学校６年生というところか。こいつらが、９月になればまた卵を産み出すのだから、トリの成長は早い。

ところで､初代５羽(♂２､♀３)のトリが､今３羽しかいない。１♂はタヌキに誘拐され、残る１♂は人間の胃袋に納まった。

一日中、地面をつつきながらエサを探しているトリの世界も複雑だ。

タヌキにやられたケンケン♀の話は前回書いた。やっと回復したケンケンをいつもいじめていたのが、一緒に戦ったはずの♂だった。追いかけられたら逃げきれない。つつかれまくりだ。私も一回ふくらはぎを♂に噛まれたが、これが痛いの何の！　アオ痣ができていた。ケンケンはトリ一羽やっと入れる産卵箱の下に始終隠れていた。

いじめっ子は食う。仕方がない。北海道から出版社の友人来訪時に潰してしまった。生後１年３カ月で世を去るのは本意ではなかったろうが、「最高の味だった」がせめてもの供養の言葉となろう。

ところが、いじめっ子がいなくなると、今度は無傷の♀２がいじめる側に向かった。必ず首筋を狙う。羽をくわえて引っ張るものだから、首は半ばはげてしまった。

二代目の入居は６月10日。不遇なケンケンも、９羽に対しては断然強い。ケンケンで追い回し、逃げ遅れたやつを徹底的に懲らしめている。いま、初代無傷♀２、ケンケン、二代目９羽という序列ができている。

だが、あと３カ月も経てば９羽も大人になる。その時ケンケンと9羽の序列は逆転するに違いない。同時にその頃には、二代目の♂も初代無傷♀2より体が大きくなって優位に立つことになろう。

たった2坪のトリ小屋世界の勢力争いから目が離せない。サル山の研究で名をなした学者がいるが、トリ小屋の研究者は聞いた覚えはない。そのうち私が名乗り出よう。

それはともかく、出版社と同じく印刷会社も景気が悪いらしい。ダンボール600箱余りの在庫本を預かってくれていた印刷会社から、倉庫を解約するから9月いっぱいで引き取るようにと通告が来た。もちろんこの事務所にそんなスペースはない。ただ途方に暮れるばかりだ。

読者の中に、ダンボール600箱余り（10～20坪）を無償で置かせてくれる奇特な方は居られないだろうか。ちなみに重量約12トン。普通の民家では床が抜けるからご注意あれ。

空飛ぶおたまじゃくし〈2009・7・20〉

最近ではだいぶ収まってきたが、6月以降、全国的に空からおたまじゃくしが落ちてきた、という奇妙なニュースでもちきりだった。ときには小鮒も落ちてきた。

竜巻に吹き上げられたのか。しかし、気象台はいずれの日も落ち着いた気象状況で、ありえないという。鳥が驚いて吐き出した、というものもあった。サギなどのか弱い鳥が、ワシやタカなどの猛禽類に出くわして、腰をぬかす代わりに吐き出したというのである。ホンマかいな?と思うがまだこちらのほうが信憑性はある。

ところが、私はふとひらめいたのである。初めての富山のニュースから数日後のことだから、日本中で気付いたのは私ただ一人だったかもしれない。

南方新社が最初に出版したのは、1995年『滅びゆく鹿児島』である。その中にあった、鹿児島大学准教授、佐藤正典さんの折れ線グラフが、まざまざと脳裏に甦った。川の汚染を説いた章で、その折れ線グラフは、有機リン系のスミチオンやダイアジノンといった農薬使用を示したもの。6月、7月が他の月に突出して高かった。10倍、20倍も。

6月、そう田植えの季節である。桜前線と違って、秋に収穫しなければならない稲の田植えは、全国的にほぼ6月なのである。

はは一ん。田植えの時に撒いた農薬に汚染されたおたまじゃくしを鳥が食い、本能的に吐き出したんだな。

思い起こせば、誰でも一度や二度、腐ったものを食べてしまい、ゲロッたことはあるだろう。宴会で傷んだ牡蠣鍋が出されて、ゲロッた人は無事で、ゲロらなかった人は酷い目に遭った、というのも聞いたことがある。

いま、トレボン粒剤なんていうのが使われているらしい。田植えの後に、水を張って粒剤を撒く。一週間程度は、そのままにしておけという。粒剤が田の水に溶けて全ての生き物はやがて死ぬのだが、それが目的ではない。溶け出した農薬成分を稲の根っ子から吸い込ませるのが目的だ。そうなると、稲の植物体そのものが農薬になる。この効き目がスゴイ。３カ月ほどは、その稲を食った虫が、ポトリ、死ぬのである。

うーむ。なかなか考えたものだ。近所の田んぼを散歩していたら、田んぼの吐き出し口近くの用水路にフナが何匹も腹を見せて死んでいた。田んぼを覗いたら、無数のヒルの死骸。波紋が立っているから、おっ生き物か！とよく見たら土からガスが出ていた。生き物の死体から出るガスか。

早苗がなびく美しい水田風景も、目を凝らせば、壊死する風景なのであった。

はいまけ〈2009・8・20〉

誰はばからず、「小社の社屋は豪邸です」と言い放っている。信じられないなら一度見に来てほしい。その純和風の圧倒的な佇まいにあっけに取られるに違いない。

敷地400坪に、建坪が60坪、10坪の2階も付いているから正面から見たらお城のようだ。材木を集めるのに5千万円、3年をかけた。手がけたのは宮大工だ。断っておくが、私が建てたわけではない。古い上物はタダ、市街化調整区域の安い土地代だけを、自宅を担保に銀行から借金して買ったままで。まだまだ借金は残っている。

ただ、これだけ広いと草刈りが大変だ。年に2回、盆と正月前に総出で草刈り大会となる。

さて8月8日、晴天だが雲が多い。絶好の草刈り日和である。私は草刈り機でビュンビュン刈っていく。ただ、ツツジなどの植木や庭石の周りは、機械は苦手。そこは女性軍に任せよう。隣との敷地境の崖際は、若い男性社員鮫島の係りだ。そうそう、屋根にも草が生えているからそれも鮫島。

草刈り中に毎回能書きを垂れるのだが、毎回やられてしまうものに「はいまけ」（鹿児島弁）がある。漢字で書けば「櫨負け」。むかし蝋をとったというハゼにかぶれてしまうのである。

庭のあちこちに、ハゼノキが芽吹いている。草刈りのときも見えている枝をバッと刈るだけで根まで掘り起こすことはないから、半年も経てばまた枝が茂っている。毎回同じことの繰り返しだ。

若い人はかぶれたことがないらしく、ハゼの怖さを知らない。だからハゼそのものも区別できない。「葉っぱが左右対称に何枚も揃っているでしょう。この葉っぱが秋になると真っ赤になるんだよ。これがハゼ」と言うと、怖がるばかりで近寄ろうともしない。

結局、私が鎌で切り、草刈り機で切り散らかすもんだから、汁を浴びて毎回「はいまけ」だ。

今回はヤブの中で蔓を切っていたら、首筋にちくちくするものが入り込んだ。「いら」だ。正確に言うと、イラガやドクガの幼虫だ。やばいと思ったが後の祭り。

翌日には早くも両手に「はいまけ」特有の小さなブツブツと、「いら」の仕業で真っ赤に腫れた首筋の出来上がり。せっかくだから皮膚の症状を写真に収めた。

そういえばこの事務所にはムカデも多い。マムシも見かけたし、蜂もいる。汁が付けば火傷のようになるハネカクシもいるだろう。宝庫だ。

症状をしっかり写真に撮って生き物の写真と組み合わせれば『野外危険動植物図鑑』が一丁上がりだ。

この本、興味ありませんか?

日照り〈2009・10・20〉

吉利の実家に帰ってみると、シャクナゲの木が枯れていた。この夏の長い日照りのせいだ。春が来るたびに艶やかな花を咲かせていたのに、もう見ることができないのかと思うと切なくなった。

父は生前、植木に水遣りを欠かさなかった。そういえば、ホースを長く伸ばして畑の野菜にもよく水を掛けていたっけ。ひとしきり感慨にふけることであった。

その時、はたと気が付いた。枯れたのはシャクナゲだけで、周辺に自生しているカシやタブの木は青々としている、山の木々も草だって元気に茂っているではないか、と。自然にとって、ひと月やふた月の日照りなど想定内のことなのである。

そういえば、小社が刊行している『自然農・栽培の手引き』は、水遣りにはほとんど触れていない。苗を移植するときなどは、ジャブジャブになるくらい水を掛けろと父に教わったものだ。だが、自然農では「土が乾いているときは、天気の崩れる前に移植しましょう」と書いてある程度。

有機農家の橋口さんに、水遣りについて聞いたことがある。彼も水遣りはしないらしい。広い畑だからそもそも無理なのだが、「癖になる」とも言っていた。

何気なく聞き流していたのだが、このときシャクナゲと野菜が繋がった。「水遣りを丁寧にした植物は根が育たない」ということだ。

水が欲しければ深く深く根を張っていくだろう。しかし、後から後から水が与えられれば、根を張る必要はない。だからちょっと日照りが続けば弱ってしまい、酷い場合には枯れることになる。

手を掛けた野菜も、実家のシャクナゲも同じだ。根が浅かったのである。

自然の中で鍛えられた生き物は強い。逆に甘やかされた生き物は弱い。これは、人間にも通じるに違いない。ふんだんに水を使い、冷暖房にならされ、空腹を知らぬ我々は、どれほど根が浅くひ弱なのだろうか。

8月に出した『権力に抗った薩摩人』が好調だ。なぜ鹿児島県人は墓を大切にするのか。切花の販売が日本一なのはなぜか? 皆さん、知っていましたか?

秘密は島津藩政時代の真宗禁制にあった。島津氏は真宗門徒を厳しく弾圧し、天保(江戸後期)の大弾圧では14万人を摘発している。厳しい弾圧の中で、庶民が唯一「なむあみだぶつ」

と唱えることが出来たのは墓の前だった、というわけ。門徒であることをやめなかった証拠に、明治になって県内あらゆるところに真宗の寺ができた。著者は芳即正氏。94歳の著作だ。

ゴミを投げ込む輩〈２００９・11・20〉

民主政権になって、少しは変わるだろう、なんて思ったら大間違いである。世の中はそんなに甘くはない。あこぎな企みは、尽きることはない。

痛感したのは、川内３号機をめぐる民主党の対応だ。環境大臣でさえ、「原発の最大限の活用を」と言い出す始末。民主党の大臣とて、川内なんかしょせん他人事。それよりも、労組を含めた電力の票が大事ということ。

ところが、鹿児島に暮らすこっちは他人事ではない。毎日毎日、放射能が降り積もり、事故があったら目も当てられない。

誰でも、自分の庭や家の中に、ゴミを投げ込む輩がいたら、呼び止めて突き返すに違いない。もって帰れと言うだろう。袋叩きにする短気者がいたところで、そう非難されることもあるまい。警察や役場、議員に頼む前に、自分で文句を言い、片を付けようとするのが大人というもの。自分で動く、それが基本。

九電は、勝手に私の庭や畑に放射能を撒き散らしている。おまけに私の家もぶち壊しにする時限爆弾をセットしている。これに文句を言わずしてどうする？

というわけで、九電の３号機の申し入れ以来、出版の仕事を放り投げて、文句を言い続けている。

いま、月2回、天文館で鹿児島人の文句度レベルを観察している。平たく言えば街頭署名をしているのだけど、年齢性別によって、反応がこうも違うのかと驚くばかりである。

一番素直なのは中高生。「あぶない」という言葉に、「それはいかん」と素直に反応する。「電気なんかいらない」と言われたら、抱きしめたくなる。これが、年齢が上がるにつれておかしくなる。特に男性がどうしようもない。ネクタイを締めた男は、目も合わさないとくる。それでも、女性は比較的まとも。

こうみると、「野生」と言う言葉が浮かんでくる。自分で考え、判断する野生の感性を子ども達や女性は失っていない、逆に、会社につながれた男性は家畜ないしは奴隷化しているのだ、と。目を合わさない子が散見される進学校などは、奴隷化の予備校とも言える。要注意！

観察話は尽きないが、こんな中でも、ちょっとは仕事もしている。『九電と原発　①温排水と海の環境破壊』出来。もう川内、串木野の海はむちゃくちゃ。それどころか、東シナ海全部が危ない。九電は海を返せ！　美味しい刺身を返せ！

鹿児島沖縄交流宣言〈２００９・12・20〉

２００９年も、まもなく終わろうとしている。以前にも書いたような気がするが、この２００９年は、奄美の人々にとって、とても重要な年だった。

というのは、1609年、薩摩島津氏が奄美・琉球に3千の軍勢を派兵し、それからちょうど400年目に当たる、節目の年だったのだ。

1609年を境に、奄美は琉球から切り離され、薩摩島津氏の植民地支配の下に置かれた。江戸期の苛酷な黒糖収奪はよく知られる。

奄美では大規模な餓死が発生し、本土では1回も起きていない一揆が、2回起きている。この事実だけでも、江戸期の島民の置かれた状況が分かろうというものだ。

遠い昔の江戸期だけではない。明治になっても、鹿児島県は黒糖の利権を温存しようとしたし、予算が厳しいという理由で、奄美を県予算から切り離してもいる。これは戦前まで半世紀続いた。

戦後も、現在に至るまで、鹿児島による奄美支配は変わっていないと見る人は多い。

県行政のトップは軒並み鹿児島人だし、日本復帰後、大量に投入された奄振予算にしてからが、その9割は本土に還流している。奄美の側から見れば、決めるのが鹿児島人だから、舞台裏は自ずと知れたもの、ということになる。後に残ったのは、土木事業で壊された自然と見苦しい景観だけ、という嘆きも聞かれる。

慰霊祭やシンポジウムなど、奄美関係の400年行事が十指をはるかに超えたのは、薩摩島津氏から鹿児島県へと支配者は変われど支配の実相は変わらないという、抜き差しならない切迫感からと見ることができる。

小社でも、『しまぬゆ』『奄美自立論』など、400年関係の出版が相次いだ。

鹿児島県知事もこういった状況を知らぬはずはなかろうに、まるで頬っ被りだ。それどころか、11月21日、奄美大島で鹿児島・沖縄両県知事が400年を期して交流拡大宣言をした。

奄美の「あ」の字も出て来ない宣言文にさすがに気が引けたのか、鹿児島県当局は一切広報せず、内容の問い合わせに対しても、直前まで何ら明らかにしなかった。

奄美人を刺激せずに、こっそりやりたかったのだ！

当日、会場周辺では中止要請の声が上がり、奄美の地元紙、南海日日新聞は抗議行動を一面トップで報じた。

沖縄はどうか。

沖縄人を頭越しになされる米日両政府間の基地の取り決め。その沖縄が、今度は奄美人の頭越しに沖縄・鹿児島両県の交流拡大宣言をしてしまった。

皮肉を感ずるのは私だけか。

2010

大雪とペンギン〈2010・1・20〉

1月13日、14日、鹿児島は白銀の世界に一変した。何年ぶりだろうか。もっと降れ、もっと降れ、そう思ったのは私だけではあるまい。とりわけ、13日のほっこりした夜の雪明り。夢のようなあの光景は、当分忘れることは出来ないだろう。

ここでとっておきの話をひとつ。新聞テレビでは報道されなかったが、とても面白い事件を耳にした。

大雪に喜んだのは人間ばかりではなかった。平川動物園のペンギンたち、そう、南極育ちの血を引く彼らの喜びようといったらなかった。

嬉しさの余り、飼育係がペンギン小屋の入り口をあけ、餌をやろうとしたすきに、わずかに開いていたドアをこじ開け、どやどやとペンギンたちが逃げ出したのである。

その数およそ20匹。よちよち歩きのペンギンも意外や意外。手で捕まえようとしても素早く逃げ回る。捕まえる網もないからどうしようもない。あわてて事務所に駆け込み応援を頼んだが、戻って来たときは既にペンギンたちの姿はなかった。

でも、足跡は残されていた。滑ったり転んだりしながら足跡を追うと、感心なことに海に向かっているではないか。ペンギンたちは本能に導かれ、きれいに一列になって、海へ一直線に走り抜けていった。危険この上ない国道も、車はスリップを気にしてのろのろ運転。運悪く2匹が車にはねられて大ケガをしたが、大方は無事に渡りきり、そして海へたどり着くことができた。

平川の海で、ペンギンたちは夢に見た雪の岸壁からのダイビング。生きた魚を心ゆくまで追った。こりゃうまい！　動物園で生まれ育った彼らだから、魚の捕り方も自己流。幾世代か前の先祖が南極で追った魚とは違うが、どうにか捕まえことができると断然うまい！　いつもの冷凍のサンマやイワシとは比べ物にならない。

雪の降りしきる海で遊ぶこと3時間。いよいよ夢の覚めるときが来た。岸辺で動物園の職員達の見守る中、依頼された近所の漁師が船を繰り出してペンギンの群れを包囲した。船の数、十数隻。必死に潜って逃げ回るが、潜水時間は3分が限度。浮上したペンギンたちは、一匹、また一匹と漁師のたも網におさまっていった。

今では、2匹のケガも治り、何もなかったかのように、平川動物園でかつての平穏な暮らしに戻っている。

ちなみに、平川動物園は近く大改装の予定。改装前の不祥事を知られては困ると、この事件は、職員の間では固く口止めされている。でも、話は広がって私のところまで来た。

＊その後、平川動物園から南方新社に「動物が逃げるなんてあってはならないこと。事実ではない」と電話があった。

只今失踪中〈2010・2・18〉

今、南方新社は、ぽっかり穴があいたような寂しさに覆われている。人懐っこいメスの鶏が、姿を消してしまったのだ。

スタッフも、いなくなった鶏の話をすると表情が曇る。

これまでにも何回か、鶏の勢力争いの話を書いた。2代目が9羽入って、何匹かは私たちの腹の中に収まり、2代目のオス1羽、初代メス3羽、2代目メス3羽の平和な日々が、このところ続いていた。

ところが、頂点に君臨していたはずの初代のメスが、10日ほど前に瀕死の重傷を負っていた。あたまを小屋の隅っこに突っ込んでいたから、何事だろうと出してやった。すると、やがて1歳になる2代目のオスがすぐさま飛びかかって、さんざんにつつきまくるではないか。オスは頭を狙う。トサカのすぐ後ろは血まみれだ。こら！と叱ろうが、きつく蹴ろうが、攻撃を止めることはない。

そういえば、ここ数週間、そのメスの行動は異常だった。どの鶏も、いつも朝餌やりに行くと、腹が減っているから一生懸命まとわりついていた。ところが、そいつは入り口の隙間からすぐに逃げ出した。あの頃から、いじめは始まっていたのだろうか。

ともかく、危険な小屋から出してやらないと死んでしまう。放し飼いにすることにして、急きょ、事務所の玄関脇に段ボールの箱を置き、ねぐらを作った。そいつのための水と餌を段ボールの前に置くのがスタッフの日課になっていた。

玄関前の敷石にフンをするから掃除には手がかかったが、たまには玄関の中に入り込んだり、朝出勤すると出迎えてくれたり、結構人気者になっていた。

メスだから、どこかの藪に卵を生んでいるはず。一度決めたら必ず同じところに産むから、見つけたもん勝ち。いつ発見できるかも楽しみだった。

その愛すべきメスが、今週の月曜日、姿を消した。火曜になっても、水曜になっても、いない。郵便配達のおじさんまで、「いつも見かける鶏はどうしたの」と聞いてくれるが、首を振るしかない。

失踪の原因は人間と同じだ。事件に巻き込まれたか、旅に出たか、である。

事務所の周辺はタヌキの巣である。鶏小屋も2回襲われた。餌の乏しい冬である。腹をすかせた奴に捕まったかもしれない。鶏は木の枝に寝る。それでも安全ではない。タヌキも木に登る。

今は祈るほかない。旅に出て、自由を満喫してくれ！　そしていつか旅に飽いたら帰ってこいよ！　そしてうちの庭でおいしいミミズをたんとお食べ。

失踪鶏のその後 〈2010・3・17〉

前回、失踪したメスの鶏の話を書いた。トリ小屋で、仲間のいじめにあい、会社の庭で放し飼いにしていたメス鶏のことだ。ひょんなことから、その後の足取りを掴むことができた。結論から言うと、メス鶏は、今この世にはいない。

話はこうだ。

会社は、稲荷川（下田辺りでは椿木川と名を変える）と甲突川水系の分水嶺の尾根上にある。敷地の一段下の森が1週間ほど前に突然皆伐された。

森はタヌキやウサギのねぐらだった。トリ小屋を襲うタヌキにかわいげはないが、満月の深夜庭で踊っていたウサギがいなくなるのは寂しい。それに加えて、風がまともに当たるようになる。台風のときどうなるやら、困ったもんだと思っていたら、今度はユンボで何やら整地を始めている。

どうするつもりかとユンボのじいさんに聞いたところ、物置小屋を造るという。他人の土地だから、どうこう言うことはできないが、「あたいげえは、風がまともに当たっどなあ」などと、婉曲に苦情をにおわせた。

やがて、近所に住む雇われ人夫だと自己紹介をした。

会社への通勤の途中、きれいに手を入れた畑がある。白菜やキャベツ、エンドウなどが整然と並んでいる様を見るにつけ、自分が鶏ならこの畑で菜っ葉をついばむだろうと目星をつけていた、その畑の持ち主だった。

うちの鶏が悪さをしませんでしたか?と水を向けると、「そいで」とうなずき、事の顛末を語ってくれた。

失踪の前日の日曜日、畑で遊んでいるトリを見つけた。捕まえて肥料袋に入れていたが、持主は分からない。餌や水もやらねばと途方に暮れた。まさか、本屋が鶏を飼っているとは思わないから、下の七窪集落の知り合いに預けた。トリ小屋で何羽も飼っていたからだ。でも、新参者はいじめられたのか、小屋から逃げ出し、捜しているうちに車にひかれて死んでしまった。以上である。

ひとしきりユンボの脇で世間話をしたあとで、会社に戻って「鶏が死んだ」とスタッフに告げた。

一様に「ええっ」と目を見開き、顔を曇らせた。半泣きの女性もいた。私は聞いたままの鶏の最期を伝えた。それぞれが、しばし鶏の思い出を甦らせていた。

実は、平日の餌やりはスタッフが交代で担当している。土日は私の係りである。失踪した日曜日は、都合で餌やりに行けなかった。小屋の鶏は我慢するが、放し飼いのメスは腹をすかせて遠征したのだろう。

あの時ちゃんと餌をやっていれば、と悔いが残る。卵をありがとう。合掌

迷惑総大将オバマ　〈２０１０・４・21〉

米軍の普天間移設で大揺れに揺れた徳之島に決着がついた。小学校を過ごした島が舞台の大騒ぎだから、気が気でなかった。

３月中旬に、出版の打ち合わせで徳之島に渡った。久しぶりに小学時代の同窓生と一杯、近況を語り合った。そこまでは良かったが、話はやがて米軍基地へ。

私を除いて４人が集まり、２対２。世間の噂では反対、賛成の比率が９対１とか８対２だから、ミニ同窓会では賛成比率が高かったことになる。話が進むにつれて口論となり、最後は罵り合い。私がトイレに入っているうちに、反対の同窓生は消える始末。後味の悪いことと言ったらなかった。

長引きでもしたら酷いことになると心配したが、４月18日、島民人口の半数を大きく超えた集会が持たれ、徳之島の線は消えた。

金持ちの多い島であるはずもなく、伊藤祐一郎・鹿児島県知事が今回の絵を描いた小沢幹事長の元秘書だったことから、政府も簡単に転ぶと高をくくっていたのかもしれない。

確かに、伊藤知事は反対を表明しているが、県議会も反対だし地元も反対だから反対と、自らの本心は隠したままだ。

それにしても、マスコミの論調が床屋談義レベルなのが気にかかる。政府の足並みの乱れ、鳩山首相の指導力不足、手続きのまずさ……。鳩山氏が退陣しようが、参院選挙でどこが勝とうが私の知ったことではない。

ただ、基地がたらい回しにされ、日本中でモグラ叩き大会が起きかねないこの状況はもどかしい。先の戦争や米軍統治で、日本という国と軍隊の非道を知りぬいている沖縄・奄美の人たちが、基地を日本本土に持っていけ、と言うのはよく分かる。だが、それではモグラ叩きは終わらないし、小金に踊らされて傷付く人たちが無残だ。

やはり、嫌われ者の米軍基地は、アメリカに帰ってもらうほかない。こうしてみると、全ての迷惑の元は米軍であり、米軍トップのオバマ大統領であることに気付く。

迷惑総大将オバマのずっと下に、代官鳩山以下の政府・財界の有力者が陣取る。いま、総大将オバマは、忠実な代官たちの働きを、高みの見物だ。

代官たちが海の向こうでどんなヘマをしようが、総大将は痛くも痒くもない。怖いのは、総大将の正体が暴かれ、人々の目と声が向かうこと。さすれば、兵を引くしかない。

奄美といえば、『名越左源太の見た幕末奄美の食と菓子』出来。江戸期の豊かな奄美世界を描きだすすぐれもの。ご一読あれ。

永久機関〈2010・5・18〉

会社でニワトリを飼っているのだが、10日ほど前に異変が起こった。1羽のメスが産卵箱から出てこないのだ。

卵を産むときは交代で箱の中に入り、無事産み終えるとすっきりした顔で出てくるのが常だった。ところが、その日は、一日中箱に入ったまま。具合が悪いのかと心配したが、まぶたはしっかり開けている。表情も元気そうだ。

ひょっとして……、そうだ、卵を抱きに入ったのだ。

うちのトリは産卵用に品種改良されている。卵を抱いてヒヨコにかえす母性は、とうの昔に忘れているはずだった。ところが、突然本能が甦った。

物の本には、抱卵傾向のあるトリは駄鳥だから食べてしまえとある。抱卵に入ると、そのトリは卵を産まなくなるのだ。

でも、卵をじっと抱いているメスドリの何と幸せそうなことよ。体温が上がり過ぎて辛いのか、時々箱から出て砂浴びをする。餌やりに行くと、いつもは早くくれとまとわりついていたのに、わずかに振り向くだけ。その代わり、他のトリが一段落して餌箱を離れたすきに、大急ぎで食事を済ませている。

いま、自分の産んだ卵だけではなく、ほかのトリの産んだ卵まで合計12個を抱いている。トリ小屋にはメス5羽に加えてオスも2羽いる。有精卵だから、やがてヒヨコになる。

じゃがいもは1個を4つに切って植える。それぞれが4個は芋を付けるから16倍になる。稲は1つの種から最低1千粒の籾ができる。大根やチンゲン菜などは、ひと株で1千粒くらいの種ができるだろうか。サツマイモは芋から伸びたツルを切って植えるから、無限に増える。

農作物は、太陽と雨だけで何倍にも増える永久機関なのだが、トリも本能が甦れば、卵と肉をずっと未来永劫与えてくれる永久機関になると実感する。

今日は、しとしと降り続く雨だった。それでも一日中、じっと抱き続けている。抱き始めて20日ほどでヒヨコになるという。予定日は5月18日。12羽のヒヨコが走り回る日は近い。

編集の仕事は山積みだが、そろそろトリ小屋の増築にかからねば。

毎日新聞の「平和をたずねて」という連載（２００７・４〜２０１０・２）をご存じだろうか。先の戦争の本当の姿を知らな過ぎたと気付かされる好企画だった。執筆は福岡賢正記者。

南方新社から、6月刊行。基地、憲法に揺れる季節が訪れる。まぎれもない名著である。乞うご期待。

合同合宿〈２０１０・６・20〉

仕事をさぼっているつもりはない。スタッフの力量も上がっているはずなのに、ここ数年、売り上げは横ばいだ（白状すれば、ちょっと下向き）。

ヤバイ。困った時は、他人に聞く。というわけで、南方新社が師と仰ぐ沖縄の出版社ボーダーインクの面々と2泊3日の合同合宿と相成った。

合宿地は両社の中間、奄美大島は笠利町佐仁集落である。折よく紹介してくれる人がいて、空き家を会場にすることができた。

行きの船上では東京のラグビーチームと合同飲み会。最後は恒例？のユニフォーム交換。私は一張羅のシャツだったのに、もらったのはどうも下着だと翌日船を降りてから分かった。ちょっと後悔。

ともあれ、無事に目的地に到着した。まずは海へ！　遊びではない。現在企画中の『海辺を食べる』の取材だ。小社の売れ筋に『野草を食べる』がある。タラの芽やフキノトウだけではない。手軽に食べられる野草はいっぱいある。身の回りの80種ほどを網羅した。2匹目のドジョウを目指して、海で食べられる物を紹介していこうという企画だ。

海の生き物は、本当は食べられないものはほとんどないのだが、自分たちで、見つけて、採って、料理し、食べられることを確認して、本に掲載する。これを基準にしている。

あるわあるわ、甘貝、皿貝、宝貝、シャコ貝も顔を見せる。シラヒゲウニも採った。こいつは、いま奄美大島では入漁料が必要だから写真を撮るだけにした。こっそり食べたら密猟になる。

もらったチョウセンサザエも、自分たちで採ったことにしようというよこしまな気持ちも起こったが、議論の末、正直に書くことにした。宿の隣の海ンチュがリーフの外側で採ったものだった。

2日目は、みっちり勉強会。それぞれの成功例、失敗例を持ち寄り、議論した。気がつけば深夜の1時。ボーダーインクの売れ筋の特徴は、沖縄のしきたり系の本。様々な儀礼、儀式の手順を解説した本が売れていた。核家族化が進んだせいか、きちんと教えてくれる人が身近にいないのだろう。そこに需要が生まれ、応えたものだ。

鹿児島では、古いもの、不合理なもの、遅れたものとして積極的に消し去ってきたような気がする。

3日目は、奄美の民俗研究の泰斗、故恵原義盛宅を訪問。四男義之さんによる根瀬部集落や、故義盛蔵書の説明など、奄美の聖地巡礼の趣。

密度の濃い奄美行きだったが、4連続の飲み会で、肝臓はへとへと。完全復活にはまだまだ遠い。

新たな侵略の構図 〈2010・7・21〉

10年ほど前だろうか、鹿児島の中心部から離れた伊敷の古い街かどに、「沖縄そば」の暖簾を見かけた。駐車場のない小さな食堂である。

地元の人しか行かないような所で「沖縄そば」が成り立つのかと、不思議に思いながら入ってみた。案の定、昼飯時にもかかわらずガラーンとしている。ソーキそばを注文したが、売れないから麺を取り寄せていないと言う。がっくり。仕方なく定食を食べたが、ほどなく店は消えた。

それから何年かたち、鹿児島一の繁華街、天文館に堂々たる「沖縄そば」の看板が登場した。ここなら人通りも多い。沖縄ファンなら放っておかないはずだと期待したが、1年たたずにこの店も消えた。

今現在、鹿児島は「沖縄そば」の空白地帯だ、たぶん。ことほど左様に、鹿児島にとって沖縄は遠いところ、というわけだ。

侵略と支配の歴史を、交流の歴史と置き換えて恥じない知事のいる鹿児島である。昨年、両県の交流宣言がなされたが、その行方も推して知るべしだろう。

その鹿児島が、沖縄の米軍基地問題に直面することになった。普天間の徳之島移設である。

5月、4500人の反対集会が鹿児島市内で開かれた。壇上の議員たちの威勢のよさに、あの党って昔から基地反対派だったっけ、と錯覚しそうになる。何のことはない。参院選をにらんだ与党批判が目的だった。

そんなことにはお構いなく、奄美関係者の態勢作りは着々と進んでいる。

つい先日は、大島で奄美群島島民大会が開催され、東京では徳之島出身者らが国会周辺や銀座でデモを行った。鹿児島では奄美関係者を中心に、徳之島と連帯する会の設立集会が間もなく開かれる。注目したいのは、沖縄にも基地はいらない、という理念を掲げていることだ。

昨年は、琉球侵略400年。次の時代への最初の年に、沖縄に加えて奄美の米軍基地化という新たな琉球侵略の構図が描かれた。日米共同声明には、訓練移転の候補地として徳之島の名が明記されている。だが、単なる訓練移転として安心するほど、島の人はお人よしではない。基地そのものの候補地であることを見抜いている。

今全国の奄美関係者が動き出している。この動きは、やがて鹿児島、日本を内側から揺るがせていく。

日本にとって琉球とは何か。安保とは何か。国益とは誰の利益を指すのか。

第2次琉球侵略元年。これまでじっと身を伏せていた奄美は、最大の危機を前に、自由と自立への第一歩を踏み出した。

小さき者たちの戦争〈2010・8・17〉

出版社をしていても、そうそういい原稿に出会えるものではない。

文化向上に貢献、などと格好を付けた慈善事業では飯は食えないから、通常いい原稿というのは、売れる原稿ということである。16年も出版社をやっていれば、ちょっと読んだだけで、部数の読みはできるようになる。

売れないと踏んだものは、まず売れない。これは、ほぼ100％の確率で当たる。売れると期待したものでも、意外と伸び悩むのが昨今だから、かつての読みの半分にすれば、これも当たる確率は高い。

だが、まれに、売れそうもないけどすごくいい原稿もある。私たちは、第一読者として読む。その時にうならざるを得ないものである。

先ほど刊行した『小さき者たちの戦争』がこれに当たる。著者は毎日新聞記者。新聞連載に加筆したものである。

8月と言えば、原爆が落とされ、終戦を迎えた月である。新聞には、これでもかというほど戦争がらみの記事が載る。そのなかに、どれだけ胸を打つ原稿があるだろうか。

悲惨であればある程、安全地帯にいる私たちは、ああ、かわいそうに、と思うのが精いっぱいなのである。

原爆資料館に足を向けた国連事務総長は、核兵器の廃絶に向けた強い意志を表明した。それは、論理ではなく、展示されている数々の写真を、その目で見て抱いた、信念のようなものだっただろう。

論理は反論を生み、さらに反論が続く。議論には終わりはない。だが、一番根っこの信念は一度つくられれば揺るがない。

米軍基地問題が浮上し、北朝鮮、中国の脅威に対する抑止論が声高に語られている。そうした国家論、戦争論とは一線を画し、弱く小さな誰でもが、銃を手にさせられ、残虐な行為を余儀なくされる、ときには快楽さえも覚える、それが戦争の本当の怖さ、私たちの弱さであると、本書は綴る。

　国家は巨大な力をもち、小さな個人は簡単に翻弄される。その恐怖こそが、戦争に向かわせないもう一つの力になるのかもしれない。

　マスコミの劣化が言われて久しい。本書の刊行を前に、これまでメール注文いただいた読者に案内をした。少なからぬ新聞記者からコメント付きの注文が来た。「福岡記者の連載は、毎回切り抜いてスクラップしていました。口先だけの平和論や戦争論を粉砕してしまう真実の重みがあり、感動でふるえながら読んでいました」。

　まだ、マスコミも捨てたものではない、と意を強くさせる注文だった。

奇跡の海〈2010・9・17〉

日本の沿岸地域は、どこも見る影もない。

長い豊かな砂丘が売り物だった東シナ海に面した吹上浜やフィリピン海に臨む志布志湾沿岸も、浜が細ってかつての面影はない。ちなみに小笠原、マリアナ諸島以西は、国際的にはフィリピン海。太平洋と呼ぶのは日本だけなのです。なぜ？　この話は、また別の機会にしましょうね。

　日本の南の端っこ鹿児島でさえこの調子なのだから、工場や発電所が立ち並ぶ瀬戸内海なんて推して知るべし。そう思っていたら、意外にも西の端に周防灘という奇跡の海があった。

日本中から姿を消したアオギスや、ハマグリがちゃんと生きている。いなくなったはずの生き物たちが、けなげに暮らしていたのだ。

　日本最小のクジラ類であるスナメリは、かつて群れをなして瀬戸内海中を泳ぎまわっていた。ほとんど消えてしまったと思われたが、周防灘にはまだまだ生きていた。カンムリウミスズメという世界で数千羽しかいない絶滅に瀕した鳥も、親子連れで姿を見せている。詳しく調べてみたら、貝やゴカイ類など新種がジャンジャン見つかった。

　まさに、瀬戸内海の生物多様性のホットスポット。

　愚かな人間が、行いを悔い改め自然とともに暮らす道を選択しても、その海域で種が絶滅していたら復元できない。しかし、周防灘が健全であれば、そこから卵や子どもたちが移動し、かつての瀬戸内海が甦ることも夢ではない。

　驚くなかれ、これほど貴重な生命の楽園が、悪党どもに狙われている。

　おなじみ、超迷惑施設・原発だ。広島に本社を置く中国電力が、周防灘の心臓部に上関原発を計画している。対岸の祝島の漁師たちは、計画浮上以来30年にわたって反対を貫いてきた。昨年の9月からは1年間、今も埋め立て着工を体を張って阻止し続けている。漁師たちはこの豊かな海でずっと命をつないできた。そして、原発から流される大量の温廃水が海を殺すことを知っている。

　日本生態学会、日本ベントス学会、日本鳥学会は、公式に反対を申し入れている。

南方新社が9月下旬刊行予定の本は、そのものずばり『奇跡の海　―瀬戸内海・上関の生物多様性―』である。生物学者たちの研究の成果が、詰まっている。川内原発の温廃水で、東シナ海を破壊されている鹿児島から、エールを込めて世に出す。

江戸期の漁〈2010・10・18〉

15年乗った愛車を車検に出した。前回の車検で、整備工場の兄ちゃんに「もう捨てなさい」と言われていた。

モーターが壊れて、後ろの窓があかない。クーラーは効かない。トランクは錆ついて穴が開いている。中は雨漏りで酷いことになっていた。それでも駄々をこねて車検してもらったが、今回は交換部品がないという。さすがに廃車にするしかなかった。

もちろん買った時も中古だから、製造から21年経っていた。でも、走行距離は15万キロ。倍の30万キロくらい走る人はざらだから、大したことはない。エンジンは快調そのもの。燃費も15キロを超していた。クーラーが効かなかろうが、窓を開ければ何の問題もなかった。

代わりに兄ちゃんが用意してくれたのは、製造から8年、まだ5万キロしか走っていない普通車。しかも30万円でいいという。値段は需要と供給で決まるから、高く言えない兄ちゃんの人のよさを差し引いても、多くの人が中古より新車に目が向いているということなのだろう。

部品供給を停止した自動車メーカーのあこぎな商法、私に言わせれば新車同然の車を捨ててまっさらを求める人々、さらにはエコカー減税という国のまやかし。何といういびつさよ。

代わりの車を待つ間、代車の軽トラで、東京海洋大学の名誉教授、水口さんは、水口憲哉さんを笠沙まで案内した。

水口さんは、薩摩半島と甑島の間の甑海峡から回遊性の魚、秋太郎（バショウカジキ）が消えた事実を調査している。川内原発の稼働とともに、温廃水を忌避して、漁場が大きく変わったというのだ。今では、甑島の西側まで行かねば獲れない。

秋太郎だけではない。東シナ海を南下するヨコワ（クロマグロの幼魚）も、温廃水を嫌ってUターンしているという。稼働以降、枕崎、笠沙のヨコワの漁獲が激減していた。

温廃水の問題は、熱だけではない。重金属、放射能、塩素を含む。敏感な魚が、そのうちのどれかを嫌って、いなくなったというのだ。

それにしても、笠沙の海はすごい。大型の定置網が、眼下にきれいに敷かれていた。石油を使わずに漁ができる昔ながらの漁法だ。中尾組合長が、江戸期からの歴史を持つと説明してくれた。

ナイロンの網などなかった時代、縄などでこさえた重い網を、どう扱ったのだろう。冷蔵庫もなかった。たくさん獲れた魚の保存は、どうしていたのか。

人間の知恵が退化していく一方の世に、遥かなる知恵が呼び醒まされるのを待っている、そんな気がした。

氷河期突入〈2010・11・18〉

急に冷え込んできた。

夏場にあれほどほこっていたカライモ畑のつゆ草やイヌタデが、すっかり元気をなくして風前の灯になっている。

こいつらのしぶとさをご存じだろうか。抜いても抜いても、直ぐあとから次の世代が芽吹いてくる。抜いたやつらも、簡単には死なない。そこらに放っておけば、茎の途中から根を出して、いつの間にか甦っていた。それがちょっと寒くなっただけで、あっさり降参だ。

夏の草が消えたからといって、地面が露わになるわけではない。目を凝らすと、畑には春草が芽吹いていた。ホトケノザなどは、赤い小さな花をつけた気の早いやつもいる。おお！　なんとかわいい。

寒さがきつくなるに従って、この可憐なホトケノザや、イヌノフグリ、ハコベといった柔らかな春草で畑は覆われてゆく。同じ畑でも、季節によって草が交替していく。その様がはっきり分かるこの初冬は、寒さに向かいながらも春を感じることができて、なんともほっこりした気分になる。

今年は、カライモの苗を500本ほど植えた。肥料もやらず、草取りもしないから多くは稔らない。でもその分、ひと蔓にせいぜい2個のイモは甘みが詰まっている。それも畑全体では千個ほどになる。1日に10個食べても、100日分の食料は確保できる勘定だ。うむ、満足！

白状すれば、去年は年の内に段取りがつかず、掘り上げたのは年明けになってからだった。案の定、全滅。カライモは低温に弱く、霜にやられてしまったのだ。

南米の熱帯生まれのカライモは、コロンブスに連れられて西欧に向かった。それから世界中を旅して、我が吉利の畑にたどり着いた。寒さが苦手なはずである。

カライモはイモから伸びた蔓を畑にさして植え付ける。考えてみれば、コロンブスが食べたカライモのクローンであり、同じ遺伝子がつながっていることになる。

冬に向かうこの季節11月9日、何と「13年以降にミニ氷河期？」という記事が朝日新聞に載った。東大大気海洋研究所が調べた結果、「太陽活動は2013年をピークに数十年の停滞期を迎えることが予想されており」小氷河期を迎えるという。なんだか分からないが、米科学アカデミー紀要電子版に掲載。

おいおい、温暖化はどうなったの？　かなり怪しいとは思っていたけど、CO_2を梃子（てこ）にした原発推進の根拠は消えることになる。散々ツキまくってきたウソはどうなるの？

雨のニワトリ〈2010・12・15〉

南方新社には今、ニワトリが12羽いる。うち9羽は小屋の中にいるが、3羽は庭で放し飼い。

昼間は藪に入り込んで土をほじくって生き物を探したり、柔らかそうな草をついばんだりしている。

そういえば、こんなこともあった。庭の隅っこを耕して、秋口に大根の種を植えた。トリに狙われるかな、と心配していたが無事発芽、順調に葉の数を増やしていた。ずっと気づかれないままでいておくれと祈っていたが、ある日、１羽が気がついた。それからはあっという間。３羽が大根の株の間を楽しそうに走り回り、葉っぱは根こそぎ食われてしまった。

いたずらもするが、ニワトリのいる風景は何とも和む。

そんなニワトリは、夜どこで寝るか知ってる？　そう、木の上で寝るのです。１羽のオスは玄関前のツガの木の上。高さ２メートルほどのところにねぐらを決めている。一気に飛んで行けないから、羽根を手のように動かし、足を枝に引っ掛けて上手に登っていく、かどうかは見ていないから知らない。夜、気がつけばそこにいる。

もう１羽はその近くのヒトツバの木。残りの１羽のねぐらは今もって不明。どこかの木の上であることは間違いないだろう。

夜行性の天敵から身を守る本能のなせる技だ。

さて、もう一つ質問。雨の夜はどうしてる？　そう、ずぶ濡れになりながら木にしがみついているのです。小雨の夜に濡れているのは知っていたが、先日のザーザー降りの大雨の夜、こっそり覗いてみた。

ここで新発見があった。木の枝にしがみついているのだが、いつもと姿勢が違う。晴れた夜は水平にうずくまっているのに対して、大雨の夜は、何と頭を上に向け立って寝ているのである。雨の当たる面積を最小にし、かつ雨が流れやすい姿勢なのである。

試しにもう１羽も覗いてみたが、案の定立って寝ていた。

さて、トリ話はこのくらいにして、今とりかかっているのが、『奄美諸島の諺辞典』。１千ページに１万項目の諺が収録されている。あ行の最初が、「歩行者（あつきゃんむん）ど糞履（くすく）みゅん」。家をいい加減にして意味のない外出をすることは災いのもと、歩けばこそ余計なことに出遭うとの意。いいねえ。正月は家でじっとしましょうね。この本はまさに奄美の宝。

鹿児島にもあるはずの伝承されてきた諺。篤姫や竜馬にうつつを抜かしている間に宝が消えているのを気付いている人が、果たしてどのくらいいるのだろうか。

2011

奴隷根性〈２０１１・１・19〉

年が明けて間もない１月10日、私は徳之島にいた。世界自然遺産候補となっている徳之島で開かれたシンポジウムを覗くためだ。

と、言いつつしっかり受付前に本の売り場を確保。小社は機会あるごとにシンポなど人の集まるところに行商するようにしている。書店がどんどん消えているこのご時世では、行商は貴重な販売ルート。先ずは許可してくれた主催者に感謝。

さて、当日の会なのだが、なんだか奇妙な空気に包まれていた。それは会場にあふれんばかりに訪れた400人程の島民の期待と、世界遺産に持っていきたい国側の思惑の微妙なズレがもたらすものだったように思う。

島民の抱く、何かいいことがあるかもという淡い期待。国側の示す、自然を守りぬく島民の熱意という条件。極論すればこのようになるだろうか。お互いの思惑が、正面から衝突することはなかった。まあ、シンポジウムだからしょうがないか。

会も終盤に差し掛かったころ、司会者が会場にマイクを振った。高校生が「卒業したら島を出るが、何年かしたら帰ってきたい。仕事があればいいと思う」と発言。司会者も盛んに雇用の必要を言い募った。

これを聞いていて、無性に腹が立ってきた。鹿児島の他の町でこのような発言が出ても、私は「そうだね」と受け流すだろう。だが、ここは誇り高き徳之島だ。

藩政時代、本土では1回もなかった一揆を、犬田布一揆、母間一揆と2度も勃発させた徳之島である。初代朝潮、柔道の徳三宝、徳田虎雄……幾多の反骨の英雄も生み出した。つい昨年も、基地移設を吹き飛ばし鳩山首相を辞任に追い込んだ徳之島ではないか。

雇われるというのは、自由を奪われ、奴隷になるようなもの。そういった奴隷根性はいつ身についたのか。君のじいさんや、ひいじいさんは、雇われることを考えたか。米を作り、キビを作り、野菜を作り、牛を飼い、魚を獲り、誰でもがしっかり大地に足を付けた大人になり、子どもを育ててきたではないか。みんな今でいえば経営者だったのだ。

あんまり腹が立ったから、終わって会場から出てきた大久保伊仙町長に言った。

「雇用なんか考えたらいかん。経営者100人をつくることを考えてほしい。1人が10人雇えば千人になり、5人家族なら5千人が島で暮らせる。小、中、高校生に、自分が雇われることなしにどうやって生きていくか、それを考えさせることが大事。でなければ世界遺産が来ても、本土資本の奴隷になる」

小学校時代の一時期を過ごした徳之島には、ついつい熱くなってしまう。

茶畑にて〈2011・2・15〉

2月13日、日曜日。1年に1回のお茶の刈り込みの日である。私は田舎の畑にいた。

鹿児島の田舎では、どこの畑もお茶が周りを囲っていたものだ。いわゆる畦畔茶（けいはんちゃ）と言うやつである。隣の畑との境界が分かるし、吹上浜沿いでは冬場の浜風から作物を守る防風の狙いもあっただろう。もちろん、自給用のお茶を確保するというのが一番の目的である。

5月の連休には家族総出で茶摘み。都会に暮らす子ども達も帰省して、賑やかな光景が繰り広げられるものだった。村に1

件の茶の加工工場も、年に1週間だけ稼働するのだ。

　去年摘んで以来、ほったらかしの茶の枝は、四方八方に伸びている。それを刈り込みバサミできれいに整えていく。そのままにしておけば、新芽が出ても手で摘まねばならない。きれいに整えておけば、5月になれば袋付きのハサミであっという間に収穫できるというわけだ。

　去年もしたし、一昨年もした。ずっと毎年やっているのである。毎年同じ畑だし、全く同じ手順でやっている。毎年変わらずに、同じことができるというのは、なんとも落ち着きがいい。

　資本主義は、拡大・発展を善とする。環境破壊を止めようと作り出された標語ですら「持続的発展」だった。

　しかし、自然の営みは毎年繰り返されるものである。ずっと昔からそうであったように、自然に寄り添って暮らそうとするなら、同じことの繰り返しこそが、ありがたいものであり、重要だということになる。

　暗くなるまで、刈り込みを続けていった。ときは6時半、やっと一段落。その時、思い出した。なんと、6時に天文館で待ち合わせがあったのである。ここは、吉利の田舎、鹿児島まで1時間はかかる。ガーン。

　徳之島から小学校時代の同級生が来る。鹿児島にいる同級生に連絡したのも私だ。私は携帯電話を持ってはいない。相手の携帯の番号も分からない。とかとか、慌てふためいたが、持っていないのは私だけで、後の連中は現代の最新鋭の武器で連絡を取り合うはずである、と気がついた。


無事合流。謝りまくって何とか許してもらったが、忘れることも加齢という自然のなせるわざ、なのである。

いま、『奄美沖縄　環境史資料集成』という７００頁を超える本にかかっている。生物の多様性は地球上に一様ではなく熱帯地域に集中し、自然を利用する人間の文化もまた熱帯がより多様なのである。琉球弧は、多様性における世界のホットスポット10カ所の一つ。その自然資源利用の知恵は、全人類の大きな財産なのである。

ワカメ万歳〈２０１１・３・23〉

紙に文字を印刷して売る商品には、新聞、雑誌、本の3種類がある。その商品としての寿命は、新聞なら1日、週刊誌なら1週間、月刊誌なら1カ月とだいたい決まっている。

ところが、本の場合は特に決まっているわけではない。言い換えれば無限の寿命が約束されている。うまい具合に、広く読まれる本を作れば、時間に関係なく、ずっと売れ続ける。

在庫がなくなれば、刷り増しする。本を印刷しているのだが、後から後から現金に変わっていくわけだから、お札を刷っているのと同じことだ。

と、そういう本ばかりなら苦労はないが、そう世の中は甘くない。

だが、規模は小さいけれど、そんな夢を見させてくれた本も、これまで何点か出している。その一つが、累計2万部の『野草を食べる』である。野山に自生する、言ってみれば「草」の食べ方を教えてくれる本である。「地球の果てまでイッテQ」というテレビ番組がある。どんぐり眼のベッキーもこの本を片手に無人島に挑んだ。

今取り組んでいるのは『海辺を食べる』。はっきり言って柳の下の2匹目のドジョウを狙った本だ。ただで獲ることのできる海辺の生き物、海藻、貝、魚などの見つけ方、獲り方、食べ方を解説する。今年中に取材を終えて、来春には刊行する。

この季節、春先といえば、何といっても海藻である。これまでに、いろんなものを食べたが、海藻のベスト3は、やっぱりアレだ。

アレ！とは即ちアオサ、ワカメ、ヒジキである。条件は3つだ。第一にうまいこと。そして第二に大量に簡単に獲れること。第三に保存がきくこと。

アオサやワカメは洗って干す。カンカンに乾燥させれば、冷蔵庫に入れずともずっともつ。ヒジキはなぜか一度湯通ししてから干す。

私の好みは、海で洗って、そのまま干した塩けの効いたアオサを、ちょっとあぶって少しずついただくやつ。ご飯に載せても、そのまま焼酎のつまみにもいい。ヒジキなら生をそのまま湯がいて野菜のようにワシワシ食べる。ワカメは茎の部分を薄切りにして食べる。噛めば噛むほどヌルヌルが口の中に広がって最高だ。

不思議なのは、これだけたくさんあるのに、ほとんど獲る人がいないこと。海藻には旬がある。ざっと言えば、アオサは2月、ワカメは3月、ヒジキなら4月。それを過ぎたら、もう消えてなくなる。アオサは貝殻でしこしこ獲るが、ワカメやヒジキは、鎌で刈るから、ものの30分でバケツいっぱいになる。

ただで、食い物を獲る！　しかも新鮮でうまい！　どうだ、この快感を味わってみたくはないか。

原発本の復刊〈2011・4・15〉

小社では1998年に九州の原発を扱った『原発から風が吹く』を刊行した。その在庫が3月の福島の事故で一気にはけたため、『九電と原発』と改題し、復刊することにした。以下は、復刊の辞である。

原発ある限り、九州は第二の福島になる

2011年3月11日の東北地方を襲った大地震と津波は、福島第一原発を廃墟にした。それだけではない。膨大な量の放射能を大気中や海洋に放出してしまった。

福島の事故とともに、九州電力と原発を総括的に扱った本書は、瞬く間に人々の間に消えていった。ここに新しく装を改め、本書を送り出したい。

本書は1998年に『原発から風が吹く』という書名で刊行され、九州の原発問題を知るための格好の手引書とし

て広く読み継がれてきた。原発は、事故時だけでなく、ウラン燃料の採掘の段階から放射能汚染と無縁ではない。放射能のゴミも１００万年の未来まで人類から隔離しなくてはならない。電力の需給といった個別の局面だけでなく、原発を取り巻く全容を見なければこの化け物の正体はつかめないのである。

本書の初版刊行から13年を経て状況の変わった部分もあるが、巻末の資料に最近の動きをまとめているので参照されたい。玄海原発でプルサーマルが開始され、川内原発では3号機の増設を鹿児島県知事が容認した。串間は新規立地の動きが住民の反対運動でいったん白紙になったが、また九電の画策によって浮上しつつある。

これまで原発で事故が起きたとき、国や電力会社がとる行動には、決まって二つのパターンがあった。その一つは、「事故を出来るだけ小さく見せようとする」というものである。

事故がなくても、川内原発から日常的に排出する温廃水の拡散範囲をごまかすなど、九州電力にとっては朝飯前であった。高温の温廃水が拡散している範囲を小さく見せるために、等温線を実際より狭く書き換えていたのである。温廃水の流れてくる下流に当たる、いちき串木野市の海は惨憺たる状況となった。魚も消えてしまった。ワカメやヒジキ、テングサは全滅した。ある漁協の漁獲は、原発稼働直後の5分の１に激減した。

２０１０年2月3日、等温線の書き換えを朝日新聞でスクープされても、九電は知らぬ顔。国策として原発を推進してきた国も問題なしとした。電力会社をチェックする立場の原子力安全・保安院など、あってもなくてもどうでもいい、ただ電力会社を追認するだけの存在だったのである。伊藤祐一郎鹿児島県知事も、新聞報道の3日後に問題ない旨を住民に回答している。ちなみに、２００２年から２００９年までの17枚の等温線の虚偽記載については、住民およそ２００人が原告団を結成し鹿児島地裁に提訴している。

また、九電はこの原発からの温廃水に放射能はないとしている。何のことはない。大量の海水で薄めて検出限界以下にしているだけなのである。薄めて検出されないのと、出していないのとでは、雲泥の差がある。実際は、定期検査時に放射能のホコリの付いた作業着の洗濯水や、様々な経路で漏れ出た放射能を含んだ水を、温廃水に混ぜて海に捨てている。どれだけの量の放射能をこれまで棄ててきたのか、九電は明らかにしていない。

実際に事故があったとき、あるいは地震が原発を襲ったとき、九電がどういう態度をとってきたかは本書に詳しく記述してあるが、都合の悪いデータは出さないということは共通している。地震のときには地震計が壊れていたと言い出す始末であった。

これまで、このようなことがまかり通ってきたのである。

新聞、テレビなどのマスコミも、高額の広告費と引き換えに、電力会社を追及する意思も能力も放棄したかのようであった。

何が起きてもおかしくないのが、国と電力会社が一体となって嘘で固めた日本の原発であった。

案の定、福島で大事故が起きた。まず国がやったことは、大幅な安全基準の緩和である。

作業員の被曝限度量が100ミリシーベルトから250ミリシーベルトに引き上げられた。飲料水の放射能も3月17日に、ヨウ素131については、それまでのキロ当たり10ベクレルから300ベクレルに引き上げられた。アメリカが0・1、ドイツが0・5という数字であることを考えると穏やかではいられない。

野菜もかつてチェルノブイリ事故のときの輸入制限がキロ当たり370ベクレル（セシウム137のみ）だったのに、ヨウ素131について2千ベクレル、セシウム137は500ベクレルまで大丈夫ということになった。アメリカの輸入制限はヨウ素131について170ベクレルである。

これほど、バーゲンセールのように安全基準が緩和されると、この日本という国は本当に国民の命を守る気があるのか、疑わしくなってくる。先に述べた3月17日の突然の飲料水の放射能緩和についても、実は16日以前に水道水をこっそり調べていて高い放射能が見つかったことから、パニックを防止するためになされたものとも言われている。放射能の放出量は11日から16日までの間が特に多かった。そして、3月22日に東京の水道水で210ベクレル検出と発表されたのである。

体内に取り込まれた放射能からの内部被曝について、国からのコメントは一言もない。放射線の強さは距離の二乗に反比例する。つまり近ければ近いほど強烈な放射線を浴びることになる。体内に取り込まれた放射能は、ごく至近距離から放射線を細胞に発射する。放射能が1ミクロン先にあった場合、1メートル先から飛んでくる放射線の1兆倍強いことになる。

海にも大量に放射能が流れてしまったが、国や御用学者たちは薄まるから大丈夫と言っていた。薄まって問題ないのなら水俣病など起きていない。プランクトンや海藻、大小の魚たちという食物連鎖を通じて、100万倍、1千万倍と濃縮されていくことを生体濃縮という。濃縮された放射能が、めぐりめぐって私たちを襲う。

放出された放射能が大地に降り積もり、放射線を人々に浴びせ続ける。水や食べ物と一緒に取り込まれた放射能は、人々の内部から放射線を突き刺し続ける。ガンや白血病、遺伝障害もある。放出された放射能が、果たしてこれから何人の命を奪うのか。何万人か、何十万人か、あるいは何百万人か。国が正確な数字を出すことはないだろうが、津波の犠牲者をはるかに超えるのは間違いない。

１００ミリシーベルトの被曝について、50人の内１人のガン死が増える程度だから心配するほどではないとも説明された。今では１００人のうちの50人がガン死するのだから、51人になったところで大したことではない、という説明も付いていた。

恐ろしいことである。今回の被曝は東電と国による無用な被曝にほかならない。それによって何人が死のうが大したことはない、と言い放つ人間がいるのである。殺人行為が許されるはずはない。

避難範囲にしても、事故直後の３キロ以内とされていたが、その後10キロに、さらに20キロになった。京都大学原子炉実験所の今中哲二氏の調査では、原発から北西約40キロの飯館村で土壌のセシウムが１平方メートル当たり３２６万ベクレルで、チェルノブイリ原発事故で強制移住対象とした１４８万ベクレルの２倍超であることが既に判明していた。

それにもかかわらず事故直後は国際基準でスリーマイル原発事故より低いレベル４、１週間後にはそれより高いレベル５、やっと４月11日にチェルノブイリ原発事故と同じレベルの７に上げざるをえなくなった。

原発事故に際して、国や電力会社がとる二つの行動パターンの一つ、「事故を出来るだけ小さく見せようとする」ことについてこれまで見てきた。

これほど酷いことになっても、国や電力会社の行動パターンは変わっていないのである。だとすると、もう一つの行動パターンにも十分注意する必要がある。それは、「その原発事故を個別化しようとする」動きである。福島の事例を、特別なものとして他の原発から切り離し、他の原発に類が及ばないようにしようという動きが必ず出てくる。福島がダメになったのは想定外の津波による外部電源の喪失であったとして、国と電力会社は、特に危険な原発の津波対策と電源対策さえすれば日本中の原発は大丈夫だと巻き返しを図ってくるに違いない。かつてチェルノブイリ原発事故の後、「日本の原発は構造が違うのでそのような事故は起こりえない」と言ったのと同じ論理である。

だが、福島の事故は、数ある大事故の可能性の一つが現実になったにすぎない。自然は人間の浅はかな想定を超えて猛威をふるい、奢った人間を打ちのめしていく。人間の作った機械は、人間の期待を裏切って壊れていく。人間そのものも、考えられない失敗をするものなのだ。

２０１０年、今回の福島の原発震災を予告した地震学の権威である石橋克彦・神戸大学名誉教授は、鹿児島県の薩摩川内市で講演をされた。氏は、「活断層がないからと言って大地震が起きないということはない。川内原発の直下で最大級の内陸型大地震が起こる可能性がある」と、明言した。

放出された放射能の大半が偏西風によって太平洋に飛散して行った福島と異なり、玄海原発や川内原発で同様な事故が起これば、放射能は人々の暮らす陸地に降り注ぐことになる。けた外れの被害は免れないだろう。

　第二の福島を生んではならない。そのためには、佐賀県の玄海原発と、鹿児島県の川内原発に消えてもらうしかないのである。九州に暮らす一人ひとりが、国や電力会社に殺されたくないのなら、殺される前に「原発やめろ！」の声を上げなければならない。

シジミ採り〈2011・5・20〉

以前にも紹介したが、海辺の生き物を食べる、そのものズバリのタイトル『海辺を食べる』という本を制作中である。かれこれ60種類くらいは網羅できただろうか。後は漏れていたものを埋めていくだけである。

　こんな本を作っていると、どこに行ってもキョロキョロしてしまう。先日、川内の高江にある江之口橋を見に行った。江戸末期、肥後の石工・岩永三五郎の手になる石橋である。その時も、思わず川辺に下りてシジミを探してしまった。予想通り、発見。鼻が利いてくるものである。

　会社は天文館から車で15分の鹿児島市内にある。たった15分なのに田園地帯が広がり、真ん中には稲荷川が流れている。そこから引かれている用水路でもシジミを発見した。じっと見ていると、水の流れの向こう側、水路の底に貝の殻があった。殻があるということは、生きた貝もいるということである。先日、雨靴を履いて、シャベル、ザルを手に本格的にシジミ採りに挑戦した。ものの30分でザルがいっぱいになった。

　後は洗って、泥を吐かすだけだ。カルキが心配だったが、そのまま鍋に水道水を入れてシジミを投げ込んでいたら、うまい具合に吐いてくれた。自分でタダで採ってきたシジミの味噌汁。店で買っても数百円なのだけど、値段で測れない満足感を味わうことができた。今年鹿児島で、自分で採ったシジミを食べたのは、一人もいないかもしれない。私は食べたぞ。エッヘン。ワッハッハッハー。

　本来は海辺の生き物を食べる本なのだが、これを機に川の生き物もおまけに付けることにした。テナガエビ（だっま）、モクズガニ（山太郎）、ウナギにスッポンなどだ。いずれも子どもの頃よく捕った。

　ウナギは梅雨時がベストシーズン。雨で川が濁ったとき、釣り針に畑にいる大きなミミズを付けて放り投げ、置き竿で狙うものだった。エビはカライモを噛んで川の流れのゆるいところにペッと吐けば、石の間からのそのそ出てくる。カニとスッポンはカニ籠で捕ろう。

　毎日毎日、朝からウナギやエビ、カニ、スッポン捕りに出かけ、捕った獲物を料理して写真を取る。もちろんビール片手にゆっくり味わうことになる。いやいや、これが出版社の仕事なのさ。なかなか大変なんだよね、これでも。なんて言ってみたいね。

　ときに今年の南日本出版文化賞。小社刊『奄美民謡総覧』がめでたく受賞。シマ唄千曲を記録した不朽の名作だ。賞状も賞金も、うちにはなんにも来ないのだけど、やはりうれしいものである。

オーストロネシア〈２０１１・６・22〉

「最悪を想定していたら、絶望することはない」。福島の事故の後に会った小社の知恵者の著者が、幾度となく口にしていた言葉が、今もよみがえる。

殴られ過ぎて、反応の弱くなったボクサーのように、福島の悪いニュースにもずいぶん慣れてしまったような気がする。暗く沈んだ気持ちになるくらいなら、知らない方がいい、そんな気持ちもどこかに芽生えている。

見て見ぬふりができるのも、これ以上酷いことが我が身に降りかかることはないだろうという、他人事のような意識があるからに違いない。

しかし、ネットのUストリームに流れていた小出裕章さんの話を聞いて、今は序の口で、事態はますます進みつつある、さらに最悪の事態も考えられることを知った。

核燃料がメルトダウンを起こして圧力容器を突き抜けているのは報道されたが、さらに格納容器も溶かして、地下に向けて徐々に潜りつつあるかもしれないのだという。

鹿児島大学の物理の教員でもあった橋爪健郎さんに詳しく聞くと、ドロドロの核燃料は、原理上無限に温度上昇するという。数百万度に上昇ということもある。そんな高温の核燃料が地下水脈と接触したとたん、ドッカーン！　大爆発することもありうる、という。水蒸気爆発だ。

鹿児島では、数十メートル掘ったら温泉は無理でも地下水はすぐに出てくる。福島原発は海沿いだから、そこらじゅう地下水脈だらけだと言っていい。

燃料が爆発を起こせば、その原発のほぼ全ての放射能が大気中に放出される。付近はさらに高濃度の放射能に覆われ、１号機から６号機まで人の立ち入りはできなくなる。となれば冷やすこともできなくなり、いずれ、全ての原発が爆発に至る。これまでの数百倍から数千倍の放射能が飛散することになる。

さて、日本という国が残っているか、さえ危うい話になる。「最悪」とは、家を捨て、土地を捨て、諸国を流浪する原発難民の自身を想定することだろうか。

ときに今、『琉球の成立』という本を作っている。琉球人がどこから来たかを追求することは、鹿児島人がどこから来たかを解き明かすことにもつながる。

かつて、台湾、フィリピン、インドネシア、アボリジニ、マオリといった広く南方島嶼圏世界に広がっていった人々をオーストロネシア語族という。その痕跡が、沖縄はもちろん、南九州のこの鹿児島にも、随所に息づいている。

もう一度、その子孫たちは、放射能を逃れて南方島嶼圏世界を旅することになるのだろうか。

天然ウナギ〈2011・7・19〉

鹿児島市から車で1時間の距離、日置市の国道沿いの実家に、母が一人で暮らしている。

7月12日、この日は介護保険の更新のために母を医者に連れていかねばならなかった。仕事を休んで実家へ。道すがら、その日は間もなく満月の大潮であることに気が付いた。ちょうど昼ごろ、干潮である。

「かあちゃん、病院行きは1時間待ってくいやん。いっとっ、エビ捕いけ行たてくっで」

というわけで、近くの川に急行。もちろん車のトランクには、魚捕りの網（100円ショップで買った）やバケツも常備している。橋のたもとにちょうどいい車を止めるスペースがある。車を置き、いざ、エビ捕りだ!と、いさんで川辺に下り立った。

エビは水深の浅い干潮時が捕りごろである。岩の間に潜むやつらを棒で追い出し、逃げ道にあらかじめ網を仕掛けておけば、一網打尽というわけだ。

順調に漁獲を重ねていくうちに、青い水道パイプが川の中に沈んでいるのに気が付いた。そんなパイプの中には、ウナギが潜んでいるものだった。両端を手で押さえ、岸で中の水を吐いたら、案の定大きなウナギが飛び出してきた。振り向くと、もう1本、パイプが沈んでいるではないか。こいつにも同様にウナギが潜り込んでいた。バケツにはエビに加えてウナギも仲間入りだ。

ふと見渡せば、5、6本、てんでバラバラに沈んでいるのに気が付いた。竹の筒もあった。予想通り塞がっているはずの節は開けてあった。

ここに至って、私の推理は確定的なものになった。このパイプ群は人為的な、つまりウナギ捕りの仕掛けとして、持ち込まれたものだったのである。だが、ランダムに置いていては、大雨の時に簡単に流失してしまう。幾重にも石で覆っていなければならない。

なるほどね。誰かが仕掛けたウナギ捕りのパイプ群の、被せてあった石をどかして、ウナギだけ横取りしてそのまま放置したわけね。

1本だけ、上から石が載せてあるパイプを見つけたけど、横取りくんの目を逃れたやつだろう。

途端にバケツの中のウナギの処置に困った。通りがかりの人に見られたらまずい！　他人の仕掛けと知って捕れば泥棒だが、知らずに捕ったものはどうなるのだろう。さらに、仕掛けは一旦荒らされ、おまけにだいぶ日数が経っている。所有権は放棄されているとも受け取れる。仮に、パイプの所有権はあったとしても、中のウナギは誰のものでもないのではないか。様々な思いが交錯した。

後ろを振り向かず、さっと車に乗って実家に向かった。

続・天然ウナギ〈２０１１・８・12〉

天然ウナギと養殖ウナギの違い、知ってる？

天然は腹が黄色、背中は深緑。養殖は腹が真っ白、背中は黒い。一目瞭然だ。でも、なにより味がまるで違う。天然は身が弾けるようにプリプリしている。君たちはドヨーンとした養殖もので満足してくれたまえ。

前回、天然ウナギを４匹つかまえた話をしたが、最高のうまさだった。

頭を釘で真名板に打ち付けて、なんて技は端からあきらめて、ヌルヌルを取って、10センチくらいに筒切りにした。ヌルを取るのは昔からカボチャの葉っぱと決まっているらしいが、私は新聞紙で代用した。

筒状のウナギを腹から開きワタをと中骨を取るだけである。背びれの骨はそのまま。

それを網に乗せて白焼きにする。程よく焼けたところで塩を付けて食う。ウマイイ！　残った白焼きを砂糖醤油のタレに付けて焼く。タレに付けてまた焼く。何回か繰り返せば立派な蒲焼きの出来上がりだ。熱々のご飯にのせれば、へーい、うな丼一丁ー。

うまいこと、うまいこと。

実はこの話には後日談があって、久々に大声を出して笑った。川に放置してあった水道用のパイプで捕ったのだが、捕った場所と捕り方を吉利在住の友人Ｎさんに教えたのだ。

「そうか天然ウナギか、うまそうだな」と言いながら帰っていった彼は、早速数日後の早朝５時に息子を連れて件の永吉川、浜田橋に向かった。

私に教わった通りにやってみると大成功。親子とも大はしゃぎで捕っていたのだが、やがて橋の上に60歳過ぎの夫婦連れが現れた。「お前の仕掛けたのはどれだ。言ってみろ」。おじさんは問い詰め、おばさんは黙って睨みつける。Ｎさんはしどろもどろ、「ごめん」と謝ってウナギを川に戻さねばならなかった。

「酷い目にあったぞ。俺はおっさんに怒られるし、息子は下を向いているし。ウナギは放さんといかんし」

情景がまざまざと眼に浮かぶ。申し訳ないが笑うほかない。

彼は、すぐさまホームセンターでパイプを買って川に仕掛けたという。こうなったら、意地でもウナギを捕らねば気が済まないという。

その後何日かして田舎で叔母の葬式があった。ウナギの話をすると、喪主である私の従兄Ｓは、「そのパイプを仕掛けたのはＭよ。文句を言ったのはＴだ」。永吉川ウナギマフィアは、従兄の仲間３人組だった。世間は狭い。

私が見つかってもＳの従兄だと言えば問題はない。Ｎさんの仕掛けで私がウナギを捕っても、よもや怒りはしまい。私はウナギ捕り放題だ。

アイガモ農家〈2011・9・20〉

これまで内緒にしてきたが、実は今年アイガモ農家をやっている。

田んぼを2枚持っている年寄りのおばちゃんの代わりに、2枚分の畔の草刈りとカモのネット張りをすることと引き換えに、1枚の田んぼの米をいただくという条件である。

面倒な田のこしらえや田植えは、橋口さんにブーンと機械でやってもらう。稲刈りも機械でやってもらう算段だ。

こりゃ楽チンな田んぼ作りだなと思っていたのが大間違い。誤算はカモを田に放った、その翌日に起きた。1反だから15羽入れたカモが、翌日は14羽、その次の日は13羽になっていた。あれれ、数え間違いだろうか。そう思っていたら、なんと3日目には6羽に減った。

大慌てで橋口さんに連絡したらカラスだという。鳥よけの黄色い糸を田の上に縦横に張っていたのだが、頭の良いカラスには黄色ではダメとのこと。見えないテグスを急きょもらって追加で張ったらバッチリ。以後カモが誘拐されることはなかった。

しかし、1反に6羽はいかにも負担が大きすぎた。休むことなく泳ぎ回っていたようだが、カモによる除草は追い付かず、あれよあれよという間にイネの大敵ヒエが生えはじめたのである。

真夏の草取りほどつらいものはない。朝の6時から始めても、9時にもなれば陽の光が背中を焼きつける。実家の田んぼでつらさを知っているだけに、このころが限界である。やる気になれない。

そうだ、人海戦術だ。「無農薬アイガモ米1俵!」。声をかけたらたちまち5人が集まった。

6時集合の予定がバラバラ来て7時スタートになったのはまだいい。問題はイネとヒエの区別がつかないことであった。ほとんど同じ色形。違いは節に短い毛があるかないかだけなのだ。やれやれ、ちっとも進まない。

そのうち、女性の一人がゲロゲロ吐き始めた。どうも慣れない仕事のせいで、熱中症になったようだ。日陰で休憩しても治まらない。この日は早々と終わることになった。

それからというもの、休みの朝、2時間、3時間とヒエとの闘いが続いた。3分の2ほどクリアしたところで、台風15号。ヒエは丈が高いからか、残った分だけ倒伏してしまった。

8月の出穂期、カモを田んぼから上げるのも大変だった。凶暴な私の顔をカモが警戒して近づかないのだ。このままではコメがやられてしまう。害鳥になる寸前で何とか確保した。

いろいろあったが、稲刈りまであとひと月。人事を尽くして天命を待つ。

食べる地魚図鑑〈2011・10・17〉

「何かあったな」。自然に言葉が出た。10月11日、3連休明けの火曜日、毎朝チェックする本の注文メールにかすかな兆候が感じられた。

注文件数は20件余りだから、3日分としてもちょっと多めだ。しかも、注文の本に『食べる地魚図鑑』が8件と目立つ。地域は東京4件、横浜2件、埼玉1件、石川からも1件あった。その他の注文本はバラバラである。この形は、『食べる地魚図鑑』が広域に紹介されたということを示していた。

この本の著者は鹿児島大学水産学部の大富教授。店先に並ぶ魚はもちろん、漁師や釣り人だけが知っている魚も合わせて、合計５５０種を掲載した。巻頭には魚料理の基本、さばき方から、刺身、茹で、煮、焼き、揚げまで丁寧に手ほどきしている。

全ての魚について、６段階の入手の容易度、５段階の味のランクも付いている。

また、本書に登場する魚は、実際に著者が全て味見した。掲載した料理の写真数は約１５００枚。本書の制作にかかった期間は3年、３年で１５００種類というと、なんと1日平均１・５種類の魚料理を著者は食べたことになる。

その日の昼過ぎ、著者の大富教授から興奮気味のメールが入った。

「ヤフーニュースの経済トップニュースの一つとして掲載されていました。そのせいで（?:）アマゾンランキングで一時43位、現在も40番台にあり、ヒット商品（急激に売り上げが増した本）のぶっちぎり国内第1位となっています」

ヤフーニュースを確認すると、「ヒトデはカニみその味、魚１５００品食べた教授」とタイトルにある。さすがに上手だ！

この時全容が確認できた。読売新聞が全国版で紹介し、それをヤフーニュースが転載したというわけだ。

記事を見て今度は、ＦＭ東京からこの本を紹介したいという連絡が入った。こちらも全国ネットだ。

広告宣伝費を予算化できない田舎出版社にとって、こうしてタダで紹介してくれる記事や番組はありがたい。いつだったか、「世界の果てまでイッテＱ」というテレビ番組で、目玉の大きいタレントのベッキーが、無人島体験にうちの『野草を食べる』を持参してくれた。あの時と同じくらい期待してしまう。

先週は、５００冊ほど注文が舞い込んだ。今週も同じくらい出ていく気配だ。本当にいい本なら、買ってくれた人が、別な人に紹介してくれる。売れた分だけ、また口コミで広がっていくことになる。その、好循環に乗れるかどうか。ここひと月がポイントだ。

収穫２題〈２０１１・11・21〉

この一カ月、本は作らんといかん、原発では福岡集会、天文館で街頭署名もやった、来年３・11鹿児島集会の準備も始まった、畑もある。なんだか慌ただしかった中で、今回は、ちょっとほっこり収穫２題。

10月20日。この日は借りている田んぼの稲刈りだ。と言っても私がすることはほとんど何もない。この日までにすることは少しあった。

合鴨が逃げないように田んぼの周りを囲っているネットを片づけておくこと、カラス除けの糸を巻き取っておくこと、それに機械の苦手な田んぼの四隅、2メートル×4メートルの稲を手で刈っておくことであった。

することがなくても、何だかうきうきしてしまうのが稲刈りというもの。数年前、会社近くの田んぼの光景を思い出した。何にもしなくていいはずなのに、年寄り夫婦が立派ないでたちで、ただ機械が刈り取っていくのを、にこにこしながら眺めていたのだ。

ドドドドッとコンバインが刈っていく。8畝ほどの田んぼがものの1時間もかけずにきれいに刈られていった。台風で倒伏した稲は機械で刈れない。食べられそうな分は手で刈っておけば少しは稼げたかもしれないが、これは来年の課題。もとい。大事なことは倒伏しない稲作り。

田植えから3週間目くらいに一度田んぼに入れば、ヒエの生え方がまるで違うという。来年はちゃんと草を取ろう。

収量は平均的な田んぼの6~7割だろうか、胸を張れるものではなかった。それでも、数日後に乾燥済みの米7・5俵(225キロ)を手にすることができたとき、生温かい籾の感触が何とも言えなかった。フッフッフッフー。

11月8日、吉利の実家に暮らす母親が、入れ歯の調子が良くないという。鹿児島の歯医者に連れて行ったのだが、畑の時間が確保できた。

昨年も一昨年も、植えたカライモを年内に収穫しきれず、かなりの部分を年明けまで放っておいてしまった。案の定、掘ってみると、霜にやられて全滅。腐っていたのだ。

今年は、何とか霜の降りる前の11月に掘りきることができた。

1メートルの畝に2列に植えていた。端っこからイモの蔓を目当てにクワを入れる。すると、土の湿気に濡れた、真っ赤なベニアズマが顔を見せる。オー美しい。何とも言えない瞬間である。

掘ったイモは、後からまとめて袋に入れやすいように何カ所かにまとめて置いておくのだが、袋に入れるころには真っ赤な顔も乾いていて、ただの汚れたイモになっていた。

2時間で20キロ。苗を植えたっきりで何もしなかった割には上出来だ。すごいなあ、カライモ。

ヤマイモを食べる〈2011・12・20〉

このところ、仕事がはかどらない。やらねばならない仕事を書きだすと、すぐに20項目位になる。

簡単なものから片付けるから大物がデーンと立ち塞がる。千頁の超大物、『奄美諸島の諺辞典』の校正紙は本当に頭が痛い。

1時間で10頁進むのがやっとだから100時間は必要だ。1日2時間とったとして、たっぷり50日もかかる。完全なフン詰まり状態だ。夏前に出す予定を年末にずらしたが、とっくに年末になってしまった。それでもゴールは見えない。学校などから予約注文をもらっているから､年度内には出さないとまずい。

土日も会社に向かう。日曜日の朝、いつものように稲刈りの終わった田んぼの脇をトコトコとバイクで出勤していたら名文句が浮かんだ。

「毎日が日曜日」である。何のことはない。日曜日にも出勤しているから毎日が日曜日なのだ。最近では仕事にストレスを感じることもなくなった。もっとも、私が社長なのだから「会社に行きたくない病」になんかなったら､会社は消えてしまう。

それでも､奄美の諺の数々には癒される。「待てぃば大魚（ふうゆ）」は、釣り好きな私をしばしの恍惚に誘ってくれる。

「冬ナベラや嫁んじ食（か）ますぃ」（冬の硬いヘチマは嫁に食わせ、冬の身の詰まった美味しいタナガ〈テナガエビ＝ダンマ〉はわが娘に食わせてやろう）は、嫁いびりの比喩なのだが、そこらの川でたんと捕れるダンマエビが一番美味しいのは冬だと教えてくれる。

「いざ、エビ捕りへ！」。仕事をしている場合ではない。何もかも放り投げて行きたくなる。

自然の恵みということでは、今年ほどヤマイモ（自然薯）を食べたことはない。いつも落ちているムカゴはポリポリ食べるのだが、１カ月ほど会社にいた居候氏が、会社の裏山に自生するヤマイモを片っ端から掘り上げたのである。大体１メートルは掘る。そしてゲットした曲がりくねったヤマイモを、タワシで洗って皮のまま擂り下ろす。

その粘りたるやすごい。ご飯にかければ最高だ。昔から滋養、強壮、強精の妙薬としても名高い。「女性は肌の潤いで、男性は朝になったら効果が分かる」とは、どこかで聞いたような宣伝文句だが、とにかくお試しあれ。

というわけで、早速、ヤマイモの蔓の見分け方から、掘り方、料理法、はたまた栄養分から薬効まで、ヤマイモの全てを解説した『ヤマイモを食べる』を作ることになった。来夏刊行だ。

２０１２

節分のお茶畑〈２０１２・２・16〉

３月の年度末と言えば、あちこち掘っくりかえす道路工事の枕詞のようになっているけど、実は出版業界も年度末に仕事が集中することがある。

と言うのは、単価が１万円を超える大型本なんかは学校や自治体の図書館が頼みの綱。昨年の夏に刊行すると言いながら、年末に延期し、それも反故にした『奄美諸島の諺集成』は、図書館関係からけっこう予約をもらっている。３月末までに出さねば、その予約もパー。

予約は各地の書店さんが足で稼いでくれているから、パーになれば書店さんにも大迷惑だ。９００頁の本である。ふー。もう少しで頂上に着く。

もう一つのパターンは学者さんの本。大学の研究者が本を出す場合、公的な補助金を活用して、印刷費の幾分かをまかなう場合がある。出版社にとって印刷費も回収できない本が珍しくない昨今、これはとてもありがたい話である。以前は、こんなうまい話にはほとんど縁がなかったが、今年は3件ほど集中している。

3月末までに出さなければ、この補助もパーになる。3件の内1件は、2月の中旬にもなろうと言うのに、いまだに原稿の「げ」の字もない。

ぎりぎりになってもこんな塩梅だから、もともとこの学者の段取りの悪さはどうしようもないし、原稿のレベルも期待できたものでもない。あちこちに断られた揚句、南方新社に話が回ってきたと考えれば、話のつじつまが合うね。今更断れないし、なーんだ、単なる貧乏くじか。

原稿をブーンと振り回して、あちこちを黙らせながら短期間に本にしなければならないような仕事は、ある程度経験がなければ無理。自然と私に集中してしまう。と言うわけで、当分、貧乏暇なし状態が続く。

ところで、茶摘みの歌「夏も近づく八十八夜」って、いつから八十八夜か知ってる?

そう、答えは2月の立春からなのだ。立春っていつか、ぱっと思い出せないでしょ。その前日の節分なら豆まきをするからすぐ分かる。

この節分の頃、茶畑の刈り込みをするのが田舎人の年中行事になっている。坊主頭に刈り込んでおけば、88日後の5月の連休には若葉がきれいに生えそろう。それを、袋の付いた茶ばさみで摘むというわけだ。田舎には連休中だけ稼働する茶工場がある。1年分のお茶をゲットし、後はほったらかし。そして、また節分となるわけだ。もちろん蔓を払ったり、周りの草を刈ったりはするけどね。

2月14日、ちょっと遅れたけど、今年も茶の刈り込みが出来た。なんだか、ほっとした。

列島汚染は謀略か〈2012・3・15〉

国が震災ガレキの受け入れ先探しに躍起になっている。3月15日、鹿児島県議会にも環境省の役人が説明に来た。

放射能汚染のひどい福島のものではないから大丈夫、なわけはない。岩手や宮城のガレキにも3月12日に海沿いに北へ向かった放射能がこびりついている。

その証拠に、国は燃えかすの焼却灰に最高8千ベクレル/キログラムの放射性セシウムを予想している。曰く「8千ベクレル以下の灰は土をかぶせて埋める」。おいおい大丈夫か?

2005年に改正された原子炉等規制法では、セシウムが100ベクレル/キロあれば放射性廃棄物として厳重管理の対象となる。原発内では、100ベクレル/キロで厳重管理されながら、原発の外ではその80倍の汚染物が手軽に埋め立てられる。なんと不思議なことがあるものよ。

案の定、群馬県伊勢崎市の処分場では国の基準より大幅に低い1800ベクレル/キロの焼却灰だったにもかかわらず、放射性セシウムが水に溶け出し、排水基準を超えた。横浜市の処分場では、今年3月の市議会で、４カ月強で1億3千万ベクレル／キロのセシウムが横浜港に放出されていたと明らかにされた。

埋めれば漏れる。この放射能、３００年間は漏れてはならないはずだが、１００％漏れていく。川や地下水に流れ込んで、やがて飲み水も失わざるを得ない。

国は「バグフィルターがあるから、セシウムが大気中に出ることはない」ともいう。ところが、ばい煙を除去するためのこのフィルター、なかなか扱いが難しいらしい。

千度前後の排ガスを２００度に下げねばフィルターが焼け焦げてしまう。下げすぎたら結露してがちがちに固まる。バグフィルターについて99年度に66都市から回答のあったＮＥＤＯの調査では27件の事故が起こっている（津川敬著『教えて！　ガス化溶融炉』緑風出版）。

温度がうまく下がらない場合は、高温の排ガスをフィルターを通さずバイパスから煙突に直行させている。

いずれにせよ、煙突からセシウムが降ってくるのは避けられそうもない。

妊婦や子どもたちの上に放射能が降る。想像もしたくない図である。

おまけに国の計画では、広域処理の計画量はガレキの20％に過ぎない。汚染物質の拡散は海外からも批判が集まっている。

こんなバカを、何故国は意固地になってやるのか。野田や細野がとことんアホなのか。それとも、日本列島全部を放射能汚染地帯化し、日本人を総被曝させたいどこぞの国の謀略なのか。散々悪さして、ごめんも言わぬ嫌われ者の日本だから、これもありか。

連作障害〈２０１２・４・17〉

春が来た。気持ちの良い畑仕事の季節だ。

ナス、トマト、ジャガイモなどのナス科、枝豆やインゲンなどのマメ科は、毎年続けて植えたらダメ。３、４年は違う作物にして、時間を空けなければならないと橋口さんに教わった。連作障害が出てうまくいかないらしい。

作物によって悪さをする病原菌は違う。今年その病原菌が悪さをしない範囲で繁殖したとしよう。翌年も同じ作物を植えたら、その病原菌はかなりの部分が土の中に居座っているから、今年以上に勢力を伸ばす。こりゃ大変だ。みんな病気になってしまう、っていうのが連作障害ってわけだ。うん、勉強になった。

今日は4月17日、晴れ。通勤の途中に通る谷あいの田んぼでは、れんげ草がちょうど真っ盛り。ゆるやかな坂を上っていくから、次々に新しい田んぼが目の前に現れる。れんげ草も、上から見るより、斜め横から見たほうがピンクが重なって鮮やかだ。なんてきれいなんだろう、と息をのむ。

私が去年、合鴨農法でコメを作らせてもらった田んぼも、種をまいたわけでもないのに、れんげの園になっていた。初年落ちた種が、また芽吹いてくれたのだ。

ん、ちょっと待てよ。れんげ草もマメ科。連作障害はどこに行ったの?

田んぼでは連作障害の法則が通用しないらしい。

あらためて尋ねると、水を張るから大丈夫なんだと。水を張ると田んぼの土に酸素がない状態になるから、そのとき病原菌がみんな死んでしまうんだ。なるほどね。

れんげ草に、そんな不思議な仕組みがあったんだ。

ここでまた別な疑問がわき上がる。マメ科といえばシロツメクサ。会社の庭にはシロツメクサがほこっている。ときどき四つ葉探しで遊ばせてくれるこの雑草の連作障害はどうなっているのだろうか。

作物に連作障害があって、雑草にないということは考えにくい。同じ場所でほこっているように見えて、実は少しずつ勢力図を動かして、連作障害を避けているのだろうか。それとも、何か別の仕組みがあるのだろうか。

とりあえずは、シロツメクサの群落に、ひもで印を付けておけば、群落の移動は確認できる。小学校の自由研究みたいだけど、やってみよう。

ところで、南方新社では植物図鑑をいろいろ作っている。3月には野山の脇役中の脇役、蔓植物の図鑑を刊行した。著者の川原さんの次作は、植物遊びの本。シロツメクサの花飾りが図鑑にも登場します。本を見ながら作ってみませんか。

県知事選出馬表明〈2012・5・21〉

7月に知事選がある。誰か出てくれないかなー。誰かいないのかなー。そう思っているうちに4月も中盤になった。

おいおい、こりゃ、まずいよ、伊藤知事が再選されたら、すべて止まっている原発の再稼働一番目に川内がなってしまう。

というわけで、反原発・かごしまネットの総力を上げて、候補者探しに突入した。と言ってもそんなにあてがあるわけでもない。何人かに当たって木っ端みじんに断られ、残るは向原本人しかいない、ということに。

後先考えずに、無謀な挑戦と相成った。5月連休明けから始動、最初の躓きもあって、やっと5月22日に出馬表明。以下にマスコミに配布した声明文から。


——私は1992年、東京からUターンして36歳で図書出版南方新社を創業し、出版活動によって、もっと心豊かで住みよいふるさと鹿児島にしようと努力してきました。同時に、県民のいのちを守り、この豊かな自然を未来の子どもたちに残すために、反原発運動に携わってきました。

2011年3月11日の大地震を契機にした福島第一原発の爆発事故は、あらためて、原発の脅威を明らかにしました。西日本の原発で事故が起これば、立地県はもとより近隣県、さらに偏西風によって広く日本全土が汚染され、国家の滅亡にいたる危険性さえも明示されたのです。

選挙を前に伊藤知事は「脱原発」を表明しました。これは、福島第一原発事故による被害のあまりの大きさに、県民の中に原発そのものについての疑問や不安が広がり、「原発をなくそう」という声の高まりに、知事としても「脱原発」を表明せざるを得なくなったものと言えます。しかし、同時に、脱原発社会の実現まで短く見積もって30年かかるとも発言しています。一旦自身で受け入れた川内原発3号機増設の白紙撤回さえ、これまで九州電力に申し入れていません。伊藤知事の川内原発に対する姿勢は、これから30年間県民を危険にさらそうとするものであり、県民のいのちと、子どもたちの未来を守るという立場からは、到底、容認できるものではありません。

今回の鹿児島県知事選挙は、日本の原発が全停止して以降初めての原発立地県の知事選挙です。日本が地方から脱原発を実現する、まさに歴史的な選挙となるのです。（略）

最後に、これまで知事選で原発が争点になることはありませんでした。今回初めて、県民が自ら原発について意思表示が出来るのです。全ての県民の皆様に、棄権することなく、投票していただきたいと思います。——

怒涛の県知事選挙〈2012・7・20〉

現職の伊藤知事が再選されたら川内原発の再稼働は確実。みすみす指をくわえて見ているわけにはいかない。

出ると決めたのが連休明けだから2カ月。動き出して1カ月半の超短期決戦。態勢もなかなか固まらない。フル稼働したのは実質3週間くらいだろうか。

悪気はないのだろうが、様々なところからアドバイスが集中した。いちいち聞いていたら身が持たない。一番困ったのは、ボロ負けしたら全国の反原発運動にダメージを与える、と心配する言葉、というか出るなという忠告？　もっともらしい物言いだから困りものだった。所詮高見の評論家の言と、聞き捨てることにした。

ついでに、内部の会議にも全て欠席することにした。昼間フルに動き回って体がへとへとになり、おまけに夜の会議で頭までへとへとになれば、投票日前に終わってしまう。実際うつ状態になった候補者も多いという。何とかこれは免れた。

選挙事務所のスタッフには、肉体的にも精神的にも負担をかけたが、その分、極力文句を言わないで言われたとおりにすることを心がけた。

佳境に入った17日の選挙期間も後半。候補者は、繋がれた犬のようなものだと認識した。

選挙カーのルート、街頭演説の場所も時間も全てスケジュール化されている。ミニ集会や大きめの立会演説会もある。おおまかなルートは知らされるものの、細かい点は直前確認となる。「エーと、ここでは何分しゃべるんだっけ」。5分。「はいはい」。ここでは1時間。「げっ、ちょっと構成を考えなきゃ」。てなもんで、こっちへ行って「ワン」、あっちでは「キャン」、集会では「ワン、キャン、ワン、キャン」。天文館の練り歩きなんかが入れられた日には、道の左右の店に客を求めて動くもんだから、まるでサッカーボール。

そんなこんなで駆け抜けてきたが、私がいないところでも県内各地でボランティアが「さよなら原発」「7・8投票日」なんかのポスターを手に辻立ちしてくれていた。各地での電話かけやら、一体、何百人何千人の人たちが動いてくれたことだろうか。

直接選挙とは関係ないのだが、2千人のUAコンサートも若い衆がやってのけた。

向原祥隆20万5１8、伊藤祐一郎39万4１7０。

負けはしたけど多くの人が反原発で立ち上がった。かつての一揆は、一味ことごとく殺されていたが、この世は命まで取られることはない。フツフツとマグマをたぎらせ、再度爆発のときを待とう。

喜びの出穂〈2012・8・20〉

今日8月20日、出穂。

わがアイガモの田んぼに、やっと稲穂が見え始めた。6月から7月にかけての連日の雨で日照が不足したのか、昨年より数日遅いようだ。明日には白い雄しべが姿を見せるに違いない。とっても地味だけど、稲のお花畑だ。

3週間ほど前には、コブノメイガの幼虫が大繁殖していた。稲の葉を巻いて、その中に潜んで葉の表面だけを舐めるように食べる害虫だ。巣になった葉は枯れてしまうから、さあ大変。と思いきや、止め葉がやられない限りは、何の問題もないという。止め葉？ これも初めて聞いたのだが、稲の茎はストロー状で、ストローの一番上の端っこに出るのを止め葉というらしい。止め葉が出て、ストローの中から稲穂が伸びてくるのだ。ふむふむ、また一つ勉強になった。

止め葉が出るずっと前の葉っぱをコブノメイガがのんびり食べているあいだに、あとからあとから葉っぱが伸びてくるものだから、枯れ葉だらけで白っぽく見えた田んぼは、いつの間にか緑の田んぼに色を変えていた。もう大丈夫。

害虫を食べてくれるはずのアイガモがいるのに何で？と思われる人もいるかもしれない。虫は巻いた葉っぱの中に潜むから、アイガモちゃんも歯が立たない、というか、くちばしが立たないのですね。そのかわり、今ほとんどの田んぼに見られ、秋にかけて大発生が心配されるウンカ（秋虫）は、せっせと食べてくれる。

さて、コブノメイガの下の名前のメイガ。米につくから米蛾。ずっと前からそう思っていたが、これは間違いだった。メイガのメイは、螟と書いて稲に限らず、植物の芯を食べる蛾の仲間の意味だという。

コブノメイガは芯を食べないのだけど、同じ仲間（科）だから目をつぶらざるを得ない。

毎日通う田んぼも、いろいろ勉強になる。

今でも、ときどき肩がズキッと痛む。選挙の後遺症だ。助手席から窓側の腕を出して、ずっと振り続けていたから痛んだようだ。ためしにキミも、助手席に座ったつもりになって手を振ってみたらいい。肩が開く不自然な姿勢だということが分かるだろう。

天皇とか皇后さまが車から手を振っているのを目にすることがあるが、窓側の手ではなく、体をぐっと回して内側の手を振っているに違いない。今度確かめてみよう。

投票日から2週間、ずっと見続けていた選挙の夢も見なくなった。ズキッとくる肩の痛みも頻度が少なくなってきた。日常が戻りつつある。

保育士の卵たち〈2012・9・20〉

すっかり穂の垂れ始めたわが田んぼに、今でも毎朝アイガモの餌やりに通っている。「今でも」というのがミソなのだ。

普通、出穂から1週間くらいでカモは田んぼから引き上げる。そうしなければ稔った米をカモが食べてしまうのだ。昔、スズメを捕っていたように餌をまいてワナにおびき寄せた。これまで何の問題もなく捕れていたのだが、今年は一旦ワナに入った9羽のうちの1羽が再び田んぼに逃げ出してしまった。彼は、自分がつかまる恐怖を味わい、おまけに仲間たちの囚われていく断末魔の叫びを耳にした。

別な仕掛けも準備したが全く相手にされない。人間不信に陥ってしまったようだ。こうなればカモ捕り権兵衛もすっかりお手上げ。あとは毎朝餌をやって、出来るだけコメを食べないように仕向けるほかない。

カモとの知恵比べというしみじみとした日常に、黄色い歓声が響き渡った。9月上旬、千葉から保育士の卵たち8人が、先生とともにやってきた。ひょんな縁で昨年から卵たちが来るようになった。何の役に立つのかさっぱり分からないが、保育研修の一環だという。

一日目は、川内原発を案内し、橋口さん宅でアイガモの解体をやった。会社に雑魚寝をしてもらって、翌日は釣り体験だ。

昨年、付近の山で釣り竿になる竹を切っていたら、山の主が突然現れ、しこたま怒られた。卵たちの前だから、格好悪いのなんの。鹿児島の田舎では、子どもの頃から釣り竿の竹はそこらの山で切るものだと決まっていた。友達を含めて何百人も同じことをしていたと思うが、怒られたというのは聞いたことがない。

山の持ち主も、そのまた親も、ずっと子どもの頃、山で遊び回っていたから気にも留めなかったのだろう。だいたい山が誰の持ちものか、考えたこともなかった。それだけ世の中がせちがらくなったということか。ともあれ、今年は怒られないように、釣り竿はちゃんと準備をしておいた。

ソーセージを餌に糸を垂らすと、面白いようにカワムツが掛かった。「食べられますか？」と聞かれ、たじろいだ。川には農薬や生活廃水が流れ込んでいるからだ。

だが考えてみれば、同じ川の水を取り入れた田んぼで米が稔っている。その米を人間が食う。魚をニワトリにやったところで卵や肉を人間が食う。川の水は海に流れ込んでいる。その海の魚も人間が食う。カワムツも同じ。

山尾三省が、日本中の水を飲めるようにという遺言を残した。でなければ、人間は汚染されていくほかないのだ。

100人の母たち〈2012・10・22〉

選挙突入から、お礼のあいさつ回りなどの後始末までの間、5月から8月までの4カ月間、仕事をさぼっていたおかげで新刊が2冊だった。通常のペースなら10冊出していなければならないのに、である。売り上げはもちろん激減。

いま、遅れを取り戻すためにフルスピードで走っている。

選挙をきっかけに出すようになった本もある。3・11事故を機に原発問題と直面せざるを得なくなった母たち100人のポートレートとメッセージで構成される『100人の母たち』だ。

選挙応援に福岡からも大勢駆けつけてくれた。その中心が「ママは原発いりません」というグループだった。著者となるカメラマン亀山ののこさんは、そのメンバーの一人だった。本の話を受けたとき、ののこ、という名にピンと来た。ご両親は「野の子になれ」という願い込めて名づけたのだと。いい写真でないはずがない。

果たして写真を見て息が詰まった。子を抱く母親の何と神々しいことか。自分が子どもの頃の母親の温かさを思い出した。わが娘の幼かった当時を思い出した。娘と孫の情景や、まだ見ぬ孫の子も想像させられた。

この子どもたちの将来を守りたいというピュアな気持ちがまっすぐに届いてくる。

写真集を、文章で説明するほどまどろっこしいものはないのだが、添えられたメッセージを紹介しよう。

わたしのいのちの子。
しわしわで赤いあなたを
はじめてこの胸に抱いたあの日を
わたしは忘れません。
こわごわとうけとめたあの日を
わたしは忘れません。
わたしと同じ
エクボをもって産まれてきた
小さなあなた。
あなたはわたしでわたしはあなた。
あなたの未来はわたしの未来。

あなたのためにわたしのために。
輝く未来をこの手にひきよせるため
母としてわたしは立ち向かう。

放射能や原発に。ごまかしや嘘に。
ぬるま湯のここちよさや
考えない気楽さに。あきらめや絶望に。
それはわたしの中にあるものです。

母はよわく頼りないのですが
心配はいりません。
わたしにはいのちの絆で結ばれた
仲間がたくさんいるのです。
そしてうつくしいあなたの笑顔が、
無限の力を与えてくれるから。
ありがとう。わたしのいのちの子。

母はよわく頼りないのですが、
誰よりもあなたを愛しています。
「子どもたちに原発や核兵器のない未来を」

11月上旬にはお目見えする。乞うご期待。

秋の月〈２０１２・11・22〉

昨夜、11月19日、仕事が一段落して帰ろうと事務所を出ると、庭の西側にそびえるタブの木の上に、きれいな三日月がオレンジ色に輝いていた。

事務所のある下田町は天文館から車で15分なのだが、周りには田園地帯が広がる。その丘陵部にある事務所には街灯の光は届かない。

星や月を仰ぎ見て帰るのが楽しみの一つになっている。外に出て、事務所の電灯を消せば一瞬の闇となる。しかし、目が慣れれば単車置き場までは何のことはない。少しの月や星で十分なのである。

満月の夜は、本でも読めるのではないかと思えるくらい明るい。厚い雲で覆われた小雨のぱらつく夜でも、その日が満月なら十分明るいことにも気が付いた。本当の漆黒の闇は、新月の雨模様の夜だけなのだ。さすがにこんな夜は、つま先をそろりそろりと前に突き出しながら歩かざるを得ない。逆に新月の晴れた夜は、満天の星に息をのむ。

こんな夜の楽しみは、灯りに馴らされ、おまけに狭い空しか持ち合わせない街なかの連中には味わえまい。フッフッフー。

月と言えば、最近分かったウナギの生態にも大きく関わっていた。ウナギがどこで産卵するかは長年の謎だったが、日本の２５００キロ南、マリアナ海嶺スルガ海山だと分かった。初めて卵を捕獲して場所を確定できたのが、大潮の日だったのだ。

大潮は満月か新月の日で、月の引力によって潮の干満の差が最も大きくなる。潮の流れも加速する。ウナギは、稚魚の餌になるプランクトンの死骸が溜まるあたりに雌と雄が集まり一斉に産卵、放精する。海中でうまく受精するためには、潮の流れの速い方が有利なのだと推論されている。

そういえば、弁慶ガニなど陸域に棲息するカニも大潮の夜に海に出て産卵していた。奄美でスクガラスという塩漬けの材料にする小魚も、岸に寄るのは大潮だった。人間の出産も潮の満ち干が関係していると聞いたことがある。

こう見ると、生き物にとって月はとてつもなく重要なのだと予感できる。自然から離れてしまった普段の私たちは、月の有り難さを知らない。

今作っている正月向けの商品に、『奄美ことわざカルタ』がある。

奄美の島々で、古来より子や孫へと伝えられてきたことわざ。そこには、日本本土とは異なる自然観や、先人の教え、知恵が凝縮されている。

「て」の札に「太陽（てぃだ）とぅ月（つぃき）や生（い）きむんぬ親（うや）」があった。あらためて先人の偉大さに頭が下がる。

初冬の彩り〈2012・12・18〉

先週、鹿児島にも初霜が降りた。

バイク通勤の私は、田んぼ沿いの道を走って会社に通っている。田んぼや畦が真っ白に染まるこの季節は、なんともすがすがしい。陽の差すところからは、白い蒸気が舞い上がっている。

バイクを停めて畦を覗くと、スギナの細い葉っぱを幾粒もの小さな氷がびっしりと覆っている。宝石のようにキラキラ輝いて、それは美しい。夜露がそのまま凍ったのだろうか。

少し走ると、タヒバリがピーッと鳴いて慌てて飛び去っていく。山道に入ると、こんどはシロハラが両側だけ白い尾っぽを見せて、林の中にバタバタと消えていった。毎年決まってこの時期を賑わしてくれる鳥たちが、今年も忘れずに来てくれた。

椎の木の常緑の森をふちどるのは、イヌビワの黄色い葉っぱ。シラス崖には、やはりアオモジの黄色がまるで花束のように明かりを灯す。赤いアクセントはハゼの葉っぱだ。

この冬一番の寒さを更新する初冬の日々だが、よく目を凝らすと一年中で最も彩りの豊かな季節なのだと気が付く。

12月16日、衆院選の投票を終えて、田んぼに立った。借りている田んぼの畦の草刈りだ。

一年間お世話になった田んぼだから正月前にきれいにしておかねば、おさまりが悪い。冬枯れの畦だからそう見苦しくもないのだが、ところどころに残るカヤの穂なんかをきれいに刈れば、さっぱりなる。

草刈り機で刈りながら、モグラの穴や、畦の細くなったところもマークできる。来年の田植え前に修理しておかねば。

世間は自民党大勝利で騒々しい。選挙前に続いた竹島、尖閣問題、北朝鮮のミサイル。なにやらＣＩＡの謀略の匂いフンプンなのだが、人々はそんなことはお構いなしに、戦争好きな方になびいた。

希望は、変な話だが投票率が低かったということ。決して大多数の人が、国防軍に熱狂しているわけではない、というのは救いである。

今日、社屋の修理に来てくれた自民党支持の建設会社の社長が、「原発だけはいかん。私は責任のとれない仕事はしない。原発は後始末ができないし、責任も取れない」と語った。自民支持イコール原発推進でもないのだ。

ともあれ、世間の騒ぎをよそに、落ち着いた気分で草刈りをしながら、正月を迎えるのも悪くない。

次は会社の草刈り、墓掃除と門松作り、最後に鶏小屋にいるカモを絞めて、正月準備は完了する。

2013

天皇を救った男〈2013・1・22〉

敗戦後、東条英機ら日本軍の幹部は戦犯として処刑された。この極東国際軍事裁判で、なぜ昭和天皇が訴追されなかったのか。戦後史最大の謎なのだが、その詳細はいまだ明らかにされていない。

連合国の中でも、オーストラリアを筆頭に、中国、ソ連、フィリピンなどは訴追に傾いていた。だが、ワシントンとマッカーサーは、天皇が処罰されれば日本の統一は困難になり、100万の駐留軍が必要になるとして、天皇を温存する道を選んだ。

重要なのは、この分析を誰がしたのか、である。どうも、このカギを握る人物の伝記が小社に舞い込んできたようなのだ。

彼は、鹿児島に縁のあるアメリカ陸軍情報部に所属する日系2世。暗号解読をはじめ的確な日本分析の功により、たいそうな勲章まで授章している。それ以上は、内緒。7月刊行予定の『天皇を救った男』をお楽しみに。

20年前の東京時代の同僚が、アメリカ人と結婚して西海岸に住んでいる。その縁でロサンゼルスのジャーナリストから原稿が送られてきた。出版社の看板を掲げていたら、こんな面白い場面にも立ち合えるんだね。

さて、先の土日はハードだった。19日は、終日、南大隅町の集落に出向いてのチラシ配り。12月に核施設拒否条例ができたけど、まだ安心できない。4月の町長選挙はとっても大事だ。

20日の日曜日は、宮崎で原発のお話し会。ここに強者がいた。群馬出身の彼女は、ドイツから宮崎に引っ越して1年あまり。原発に洗脳された日本人の救出に帰ってきた。

まずやったのは、しゃくにさわる九電との契約を断ち切ることだった。

でも何の問題もない。200ワットの太陽光発電のパネル1枚をアパートのベランダに置いて、田舎の年寄りが乗っている電動カートに使われているバッテリーを2個、それによく分からないけどインバーターとコントローラー、しめて7万7千円で自家用の発電所を作ってしまった。

電気を食う冷蔵庫とか洗濯機はない。テレビは見ないからいらない。それでも不自由なく暮らしている。保育園の娘と旦那の3人家族だから大したものだ。これもいずれ本にさせてもらおう。

彼女が語った言葉が印象に残る。「日本人は医者や弁護士とか、議員や大学教授とかの職業を、さも上の位のように扱いますよね。ドイツではあり得ない。まさに貴賤なしですよ」

天皇制、官僚制、原発を温存させる従順な日本人、あのときああだったら、という思いがよぎった。

幸せのかたち〈2013・2・20〉

以下は、毎日新聞一面コラム余録より。

その夫妻の間に生まれた兄と妹は2人とも重度の脳性まひと診断された。歩けず、話せもしない兄妹の在宅介護を40年以上続けてきた夫妻は70代の老境にある▲もちろん、耐え難い苦悩の時期があった。「こん子さえおらんかったら」と心の中でどれほど叫んだことか。妻はそう明かす。だが試練に耐え抜いた夫妻は孫を抱けない寂しさや不安を感じつつ、心の底から「幸せ」と話すのだ。わが子を守り抜く決意、心優しい人々との交わりを経て到達した境地らしい▲また別の家族の場合。病院勤めの妻が交通事故で首の骨を折り、体の自由と希望を失った。肉親以外とは顔を合わせない日々が3年も続く。しかし同級生の母との偶然の出会いをきっかけに、知人たちとの交流が復活した▲リハビリにも熱が入り、両腕が動き始める。右手の親指以外の9本の指と両足は動かないが、工夫してパソコンのキーをたたき、筆で緻密な絵も描けるようになった。事故後十数年を経て彼女は「ハンディは不便でも、不幸でもありません」と言い切る▲以上は、2010年から昨年にかけて小紙の西部本社版に連載された記事の断片である。その記事は最近『幸せのかたち　—七つの「奇跡」が語るもの—』(南方新社)として刊行された。九州各地の家族たちの苦闘と幸福の物語7編を収めている▲不運に見舞われても「幸せ」を取り戻した家族はあちこちにいるようだ。同時に、今も苦しみ抜いている家族も少なくあるまい。暗いトンネルを抜け出るヒントになれば、と思って紹介した。東京の通勤電車に揺られて読みながら、何度も落涙したことを付けくわえておく。(2013・1・27)

この本の著者は、福岡賢正記者。小社からこれまで『たのしい不便』『隠された風景』『小さき者たちの戦争』『小さき者として語る平和』の4冊を出している。

いずれも、高校や大学の入試問題に採用されたり韓国語に翻訳されて海の向こうでも読み継がれたりしている、掛け値なしの名著である。

今回の『幸せのかたち』も、出すことに迷いはなかったが、それにしても地味である。最少部数しか印刷できなかった。

本にはいろいろのタイプがある。すぐに役立つものは売れる部数が読める。だが、じっくり生きていく背骨を作ってくれる本もある。

毎日新聞西部本社・福岡賢正。この人の本はぜひ手元に置いてほしい。そして、周りに手渡してほしい。

論壇デビュー〈２０１３・３・21〉

ちょっと自慢話。２月28日、この日はあちこちから連絡があった。「朝日新聞を見たよ」「買って読むからね！」……。おっ、大朝日新聞にうちの本の書評が載ったか？　こりゃあ、また注文捌きに忙しくなるぜ。

濡れ手に粟の予感に、ほくそ笑みながら大急ぎでコンビニに走った。新聞を買って目を通すけど、どこにもうちの本なんかない。

すっかり気が抜けて、何か載っていたの？と連絡をくれた北海道の友人に電話を入れた。教えてくれる通りによくよく眼を凝らすと、たしかに私の名前があった！　でも原稿のタイトルを入れて２行ぽっち。いーや、その２行が大したものだった。

15面、オピニオン論壇時評面の右下隅に、論壇委員が選ぶ「今月の３点」の欄がある。小熊英二氏が思想・歴史部門で何と私の原稿を２月の注目論文３点の一つに挙げていたのだ。

小熊英二といえば、小難しいことばっかり書いていてつまらん奴、と思っていたが、誉められればころりと転んでしまう。これからは、巨匠小熊と呼ぼう。


で、肝心な何を書いたのかといえば、「地域が変われば国も変わる」というタイトルの知事選総括およそ30枚。『インパクション　188号』だ。

以下に一部紹介する。


「『国が原発を止められないのなら、鹿児島から止めて見せよう』。これは、選挙期間中しばしば使ったフレーズである。……今回、鹿児島県知事選挙で反対派が勝利すれば、日本の原発は終わっていたと思う。

再稼働を認めないのはもちろん、具体的に廃炉に向けたあらゆる方策を選択できた。４年かけて自然エネルギーの導入に全力を尽くすこともできた。その一方では、続々と日本中の立地県の知事が反原発に変わっていっただろう。国がのらりくらりとしているうちに、あっという間に原発のない日本ができるという寸法である。

変わるということについて付言しよう。原発に限らず、変わる単位は県である必要はない。市町村という単位、さらに言うなら集落の単位であってもよい。一つの集落でできることは日本全国の集落で出来ることである。極端に言えば、一つの集落が変われば日本が変わる、それはありうることなのである。

巨万の人間が集中する都市では１人の人間の影響力は無に等しい。……変わろうという意志は、地域の方がその影響力を行使しやすく実現可能性が高いということなのである」

なんて、いつもこの欄に書いているような当たり前のことを、それらしく書いただけでした。はい。

いざ、闘いの隊列へ〈2013・4・21〉

「いざ、闘いの隊列へ」などと、柄にもないタイトルを付けてしまった。これには事情がある。

先日、反原発九州住民合宿なるものが、川内で泊まりがけで行われた。九州各県の市民団体が集まって、九州の原発問題について意見交換しようというもの。

これまで、佐賀、大分、宮崎など持ち回りで開かれてきたが、今回は川内である。東京からも、経産省テント村などから4人が駆けつけた。

理由は、川内原発が再稼働の一番手として狙われている、鹿児島の反原発は対応しきれているのか、という危機感である。

実際、この間川内再稼働の動きが目につくようになってきた。伊藤知事は、30キロ圏内の9市町が九州電力と安全協定を結んだことについて「再稼働に向けた環境整備が一つ整った」(2013・4・5定例会見)と述べた。九電は5月1日からの値上げについて、7月に申請する再稼働が遅れれば再値上げの可能性がある、と恫喝をかけている。マスコミも、この秋の再稼働を既定の事実であるかのように報道し始めた。

日本で唯一動いている大飯原発は、9月には定期点検に入って、日本は再び原発ゼロになる。早い時期にゼロをなくしたい国と電力は川内にはっきり照準を合わせたのである。川内を突破口に、一気に日本中の原発再稼働に向けた道筋をつけようというわけだ。

再稼働阻止の全国的闘いは、既に前哨戦が始まったと見ていい。その最前線に、鹿児島に暮らす私たちは否応もなく立たされてしまったのだ。

原発は、動かせば必ず事故を起こす。4つのプレートがぶつかる世界有数の地震国日本には、そもそも原発などあってはならなかった。さらに1995年の阪神大震災以降、日本列島は大地震の激動期に突入した。まだ18年。あと32年もの間、激動期は続く。

放射能のほとんどが偏西風によって太平洋に向かった福島で明らかになったように、西日本の原発爆発による放射能は、列島を覆い尽くす。

川内再稼働を阻止するということは、日本に暮らす全ての人の命を守るということである。荷は重いが、やり抜かねばならない。

野球で先制点が重要なように、5〜7月の序盤戦が大きな意味を持つ。先ずは6月2日11時〜、ノーニュークスフェスティバルだ。真砂本町公園に集まろう。県庁を取り囲もう。

鹿児島に暮らす者に、拝金亡者や、原発の危険を知らぬ無知蒙昧な者、権力にたやすく屈服する憶病者など、ただの一人もいないことを、今こそ知らしめなければならない。

マザーツリー〈２０１３・５・21〉

私は小学校高学年の頃から昆虫少年だった。授業が終わると捕虫網を手に野山を走り回り、夜になると図鑑を眺め、まだ見ぬ虫の姿を目に焼き付けていた。それは中学、高校と続いた。

高校の頃、虫好きの間に大ニュースが響き渡った。これまで鹿児島県内にはいないとされていた1センチほどの小さな蝶、カラスシジミが採れたというのだ。

カラスシジミの食樹はハルニレ。その若葉を幼虫が食べ、年1回、５、6月に羽化する。

虫を探すときは、虫そのものを探すのではなく食樹を探す。鹿児島では、そう普通とはいえない北方系の落葉樹、ハルニレを探す日々が始まった。

慣れれば、遠くからでも木の形、枝ぶりから、おおよそは分かる。葉の一枚でも近くで見ることができれば完璧だ。虫好きたちの努力で、わずか1、2年のうちに、県内におけるカラスシジミの分布図が出来上がった。

胸を震わせながらカラスシジミをネットに収めた瞬間が、今でも甦る。

会社のある鹿児島市北部の下田町でも、ハルニレは目にすることができる。稲荷川沿いに点々と生えている。毎年5月になれば、バイクを停めてカラスシジミが今でも生きているのを確かめるのが習慣となった。

あるとき、その木々がいずれも若いのに気が付いた。どう見ても20年生前後。この木はどこから来たのか。ハルニレには鳥が喜んで食べるような実はつかない。小さな羽を付けた種が風に乗って舞い落ちていく。

川沿いの木々は、上流の親木から落ちた種が洪水によって運ばれてきたのではないか。だとすれば、上流には母なる木があるに違いない。

それからいく日かすぎて、ついに見つけた。田んぼの中をゆっくりと流れる川をさかのぼって行くと、上流に鬱蒼と茂った森があり、川は渓谷を形作っていた。夏なお涼しい桃源郷だ。そこに直径1メートルはあろうかというハルニレの巨木がそびえていた。

川沿いの子どもたちの母親だ。私はそう確信してマザーツリーと名付けた。それからずっと、5月になるとこの大木を訪ね、年に一度のカラスシジミの乱舞を見るのが何よりの楽しみとなった。

足元の名所を見直そうという機運の高まりの中で、この谷も知られざる名所として、度々新聞を賑わすようになった。少しずつ歩道も整備された。

今年、目を疑った。暗いはずの谷が明るい。あろうことか、マザーツリーが消えていた。明るくするためか、歩道の安全のためか、木は伐られ、代わりにきれいな石垣が組まれていた。

私はうなだれて谷を去った。

ニホンミツバチ〈2013・6・21〉

　このところ、毎朝会社に出勤してからの日課が一つ増えた。まず、前日の残飯をニワトリ小屋に投げ入れるのはいつも通りなのだが、その後、小屋の裏手にある林の中に分け入ることになる。

　たまに見かけるマムシを心配しながら踏み込むと、やがて巣箱が見えてくる。そう、ニホンミツバチの一群がそこに暮らしているのだ。

　去年の春先には会社の中庭に箱を置いた。群れが入って大喜びしたのもつかの間、何日か後にバーベキューをしたら、煙を嫌って、みんな逃げてしまった。ガックリ。

　今年は、バーベキューをしても問題のない林の中に巣箱を設置。1週間もたつと群れが入っていた。バンザーイ。と言っても、巣箱はハチ好きの知り合いが勝手に置いていったものなんだけどね。

　ともかく、巣箱を見るだけで和んでしまう。狭い出入り口からひっきりなしにハチは飛び立っていく。そして蜜を集めたハチが帰ってくる。出入り口は出るハチ、戻るハチで、いつも大混雑だ。今では巣箱の中で育ったのか、群れもだいぶ大きくなったようだ。ニワトリ小屋からもブンブン羽音が聞こえる。

　よく目を凝らすと、林の中にハチの通り道がある。出ていくハチを見送っていると、同じ道（と言っても空間）を帰ってくる。「お帰りなさーい」と、声をかけたくなる。

　私が寝坊をして布団の中でゴロゴロしているときも、ハチは日の出とともに蜜を集めに出かけていく。仕事がはかどらずボーッとしていても、ハチは働いている。これはいい！

　ネットで見たら、ニホンミツバチの蜂蜜は、100グラム千円で売っていた。一つの巣箱で5キロ採れるというから5万円だ。

　100箱で500万、200箱で1千万、400箱なら2千万だ。スゲエ！　苦労して本を作るより、サボっていてもハチが働いてくれるのは魅力的だ。養蜂業に転換だ！

　まてよ、蜂蜜はとれたとして、売らなければならない。また面倒な話だ。うちの本も売るのが一番大変なことに思い至る。養蜂業はじっくり温めるとして、先ずは秋の蜂蜜を楽しみにしよう。うまい蜂蜜を存分に味わおう。フフフ。

　今日もわが社のニホンミツバチは元気に蜜を集めている。何の花だろうか。山を白く彩っていたクリやクマノミズキは終わった。スイカズラの花はまだある。草原にはハルジオンが花盛りだ。ヤブガラシはやがて満開。

　ハチの気持ちになって野山の花を見るのも、楽しみの一つになった。

中年ウナギ密漁団〈2013・7・21〉

　この3週間、一滴の雨も降っていない。暑い日が続いている。

でも、この下田町の会社は街中より標高が１５０メートル高い。１００メートルで気温は1度だから、街中より１・5度低い。周辺には木が生い茂り、風が林の中をくぐってくるから、さらに気温は低くなる。３度は違うだろう。夕方になるとグーンと涼しくなる。

「うーん、よか晩なあー」と言いながら、この前の新月の夜に、会社の中庭、満天の星空の下で盛大にやったのが大ウナギ大会だ。

新月の夜、というのがミソなのだが、理由が分かるかね、君たち。

そう、大潮なのだよ。

我が、秘密結社「中年ウナギ密漁団*」の密漁ポイントは、某川の河口。月に2度の大潮の最干潮でないと、とても仕掛けを上げることはできない。

竹筒をウナギのいそうな場所に忍ばせておく。この竹筒は、春先に手にいくつも豆をこさえながら節をぶち抜いたやつだ。

その竹筒を両方の手の平で挟んで持ち上げる。指の隙間から水を抜くと、指にウナギの頭がごつごつと当たる。網に受けると、こりゃあデカイ。ワッハッハッハー、なんてことを繰り返しながらウナギを確保するんだ。まあ、ただそんだけで、子どもでも出来ることなんだけどね。

エビスビールで乾杯！　そしてバーベキューだ。炭火にウナギを載せる。かば焼きだ。ウマイ。白焼きには自然塩の粗塩だ。ウマイー。

この日の天然ウナギは10匹。食べた食べた。もっともこの日は、団員のＮさんが獲ってきたものだったけど。

世間では、ウナギの保護がやかましい。国際自然保護連合がニホンウナギを絶滅危惧種に指定しそうだ。指定されたって、こっちは昔からウナギを獲って食べていた先住民だ。カメやクジラに先住民には捕獲の権利があるように、ウナギだって、私ら先住民には問題なかろう。

そう思っていたら、シラスウナギの不漁続きで、今度は県単位で、この鹿児島も10月から12月まで親ウナギの禁漁を決めた。

なるほどウナギは確かに少なくなってきた。だけど、川を見てごらん。ウナギの棲めそうな場所がどこにある？　コンクリートの３面側溝化して、ウナギの入る隙間なんてない。ウナギの餌となるエビやカニも棲めやしない。田んぼに撒く農薬は虫を殺すけど、同じ節足動物のエビやカニも、めっぽう薬に弱い。コンクリートと農薬が先なんだよね。まったく！

＊漁業権なんて関係ない小河川だから密漁じゃないけど、なんだか秘密めかしてかっこいいでしょ。

命がけの蜂蜜〈２０１３・８・21〉

南方新社のニワトリ小屋の奥、林の中に鎮座しているニホンミツバチの巣箱。毎日覗いていると面白い場面に出くわすこともある。

このところ、巣箱の周りをキイロスズメバチがうろついている。こいつが来るとミツバチ防衛隊が入り口に集合。羽を盛んに震わせて巣箱に侵入しないように警戒する。ミツバチにとって、スズメバチは大の天敵。巣箱に入られたが最後、巣は食い荒らされ、せっかく溜め込んだ蜂蜜もごっそり盗まれてしまうという。

だけど、うちは大丈夫。巣箱の入り口がきっちり6ミリにしてある。8ミリあるスズメバチの頭は、どう転がっても入らないのです。

サッサと諦めればいいものを、ほぼ毎日、この柄の悪い輩が徘徊してくるのである。暇な奴だ、と思って見ていたら、なんと空中キャッチ。蜜集めの仕事から帰って来たミツバチを空中で器用に捕まえたのだ。そのままブーン、どこかへ飛び去っていった。

肉食のスズメバチは昆虫類を食べる。あちこち飛び回って獲物を探すより、巣箱の前には確実にミツバチがいる。ミツバチは巣箱の入り口めがけて帰ってくるから、軌道も読みやすい。考えたね、スズメバチ君。

そんな困難を乗り越えて、うちの巣箱にもけっこう蜜が溜まっているとハチ名人が鑑定した。

秋の蜜採り予定を急きょ前倒し、7月29日、蜜採りとあいなった。朝7時集合。でも前日、川内で原発の放射能がどこへ向かうかの風船飛ばしのイベントがあって、私はダウン。ハチ名人とその妻に任せることにした。

私はのこのこ9時出社。予想以上にミツバチが凶暴で、名人は10カ所、奥さんは20カ所も刺されたという。奥さんは、目の前が真っ白、ショック状態になり、慌てて緊急用の注射を打って治まった。まさに命がけ。私はダウンしていて、ほんとによかったー。

で、5段ある巣箱の1段だけで、採れたのは海苔佃煮のガラス瓶5つ分。何にもしなかったけど、1つ分けてくれた。

なめてみると、うまいこと、うまいこと。会社のスタッフにも、スプーン一匙ずつお裾分け。みんな感動している。甘いのだが、甘くない。力がみなぎってくる。鳥肌が立ったと言う人もいた。

ミツバチたちが、この下田の森の木や草の花から、ひとしずくずつ集めた蜜だ。

おいしいものはいくらでも手に入る時代。添加物でどんな味でも作ってみせると、食品会社のプロは豪語する。だが、うちのミツバチが集めた一匙の蜂蜜のうまさに勝るものはなかろう。

保育園の子どもたち〈2013・9・18〉

灼熱の太陽の光もだいぶ弱まってきたこの頃、お昼時に何回か保育園の子どもたちのお散歩に出会った。何てかわいいのだろうと思うのは、私が年を取ったせいなのか。

若い保母さんを先頭に、小さな帽子をかぶった2人ずつがペアになり、手をつないで歩いている。車の行き交う県道だから、しっかり手をつなぎ、緊張して歩いている。ただ歩くことに一生懸命に集中している。それだけが、彼らの大仕事だというように。

自分の子であろうがなかろうが、私たちにとって希望は、この子どもたちのいる風景なのだと思う。

この子らもやがて大人になり、また子どもを生み育てていく。ずっと続いていく命の見通しが、私たちの希望のおおもとなのだろう。

お散歩の園児たちは、県道を抜けると、野原に出て、草の葉っぱや虫たちと遊び始める。同じ葉っぱや同じ虫だけでは、すぐに飽きてしまうに違いない。「生物多様性」などという小難しい言葉とともに国際会議が開かれたりするが、多様性が必要な一番の理由は、様々な生き物の暮らす自然でなければ、飽きてしまう子どもたちが可哀想だからなのではないか。

２年前の３月11日、放射能が大量に降りまかれる原発の大事故が起こった。私は世界の「終わりの始まり」の日がついに来てしまったと、身の震えを感じた。実は、それ以前から、終わりは始まっていたのだと、この頃強く思う。農薬や、様々な化学物質が次々と登場し、溢れている。

私はかつて、自分の子どもに毒は食べさせられないと、有機のものだけを用意していた。大人になった彼らは、今どんなものを食べているだろうか。いくら自分の子どもを有機で育てても、死ぬまで純粋培養はできない。やがて、放射能や化学物質の溢れる世の中を渡っていくことになる。そして、よその子と同じように、嘆きの海に漂うのだろう。

自分の子もよその子も、ここもあそこも、地球全部が健やかでなければならないのだ。

私たちの希望が子どものいる風景なのだとしたら、のんきに構えているときはすでに遠く過ぎ去った、と強く思わなければならない。

だって、ほら、メダカもドジョウもタガメもゲンゴロウもミズスマシも、みんないなくなってしまったじゃないか。

福島のヤマトシジミは30％に奇形が現れているし、甲状腺ガンの子どもたちもどんどん増えているじゃないか。

台風襲来〈２０１３・10・13〉

台風23号がそれてしまった。

この台風は生まれたときから注目していた。小さいながらもやがて大きくなる。９５０ヘクトパスカルまでいくという。東シナ海を北上して鹿児島に来そうだ。

この鹿児島が大型の強い台風に巻き込まれる。会社の古い社屋が吹き飛ばされ、在庫の本が水浸しになるかもしれない。そうなれば無一文だ。運が悪ければ死んでしまう。

でも、不安よりもなんだかウキウキした感覚。分かるだろうか。田舎育ちの会社の若いスタッフも楽しみにしていた。今度こそ来てくれるか。残念ながら、台湾から大陸の方にそれてしまった。お互いちぇっと舌打ちした。

こんどは24号が間近に迫っている。

子どもの頃から台風は大好きだった。学校が休みになるのはもちろんうれしかったが、それよりもゴーゴーと鳴る風の唸りが人智を超えた巨大な力を思い起こさせた。倒れた大木や、潰れた家、ときには死人も出た。それでも、人は台風の去った翌日から片付けを始め、台風前と変わらぬ村に仕上げていった。

いわば、何日何カ月も何年も変わらぬ日常を破壊し、再生させるカタルシス（浄化）の快感とでもいおうか。

以前、格差社会に嫌気をさした若者の「希望は戦争」という論文が注目を集めたが、同じような心性のなせるわざか。富める者も貧しき者も同じ命の危険にさらされ、全てが破壊され、裸の個の再生を余儀なくされるというわけだ。ただ、戦争は、誰もが同じスタートラインに立つのではなく、貧富の差の拡大が仕組まれているのが常なのだが。

一昨年、同じ大規模破壊が東北を襲った。ただ、福島第一原発の事故は再生の希望とは全く無縁だと言わねばならない。

五輪招致で、安倍首相は「健康問題については、これまでも今も将来もまったく問題ないことを約束する」と言い放った。だが、既に福島の子どもたちには、通常の100倍の甲状腺がんが確認されている。それだけではない。全身が冒される。ベラルーシの疾患発症率についての報告を見る*。

血液および造血器21・2倍。循環系13・3倍、内分泌系、代謝系、免疫系300・3倍、呼吸器系108・8倍、泌尿生殖系48・0倍、筋肉と骨及び結合組織79・7倍、精神障害9・1倍、神経系と感覚器10・9倍、消化器系213・4倍、皮膚及び皮下組織44・7倍、腫瘍95・7倍……。絶望的な状況は、福島、東日本で既に始まっているとみていい。

＊ベラルーシ・ゴメリ州15～17歳、12年間の増加率。ゴメリ健康管理センターの公式データによる。星川淳訳『調査報告チェルノブイリ被害の全貌』（岩波書店、2013）

サイバーテロ〈2013・11・28〉

「倍返しだ」という決まり文句で鳴らした人気ドラマがあった。幾多の危機に陥りながらも逆転していく勧善懲悪ものだ。優雅な暮らしをほしいままにしている小ずるい官僚や、会社幹部が木っ端みじんに打ち砕かれていくさまに、富や名声とは無縁な庶民が溜飲を下げる、という作者の狙いが物の見事に当たったわけだ。

かくいう私も庶民の一人、欠かさず見ていた。だが、あちこちで「倍返しだ」という言葉を耳にするにつれ、なんだか違和感を覚えるようになった。

知り合いのお母さんは、ドラマに背中を押され、息子がいじめられたら「倍の仕返しをしてこい」、傘を盗られたら「盗り返してこい」と教えるのだと、平然として言ってのけた。

ヒエー、恐ろしい。

うちなんか、いじめられたら「さっさと逃げなさい」というのが、教えだった。この世知辛い世の中、つまらない見えや、欲に取りつかれた人はどこにでもいる。いちいち向かっていけば身がもたない。

そんなものは笑い飛ばすか、被害の及ばないところに逃げてゆくに限る。そうして私は鹿児島にUターンしてきたのだから。

私が大学時代に見たボリビア映画に「第一の敵」がある。銃を手に、延々と山岳地帯を行軍していくゲリラの隊列だけが印象に残る。

つまらないものは相手にせず、第一の敵、つまり権力や、矛盾を生み出した構造だけを一点に見すえよ、というメッセージだった。

倍返しは、「借りた金と受けた恩義は倍返し」だけにしたいもんだ。

さて、会社で使うパソコン（反原発・かごしまネットと共有）がサイバーテロの標的になったのをご存知だろうか。１分間に30通以上、合計５万通ほどのメールが集中して送られてきた。全国33の反原発の市民団体が被害を受けたという。

延々と迷惑メールを消すだけの日が４日ほど続いた。パンクして届かなかったやつもあったろうし、間違って消してしまったメールもあっただろう。ハタ迷惑なのは言うまでもないが、実害があったという気はしない。

こうしてみれば、便利になったはずのメールやパソコンが、まったく豊かにしてくれていないことに思い至る。売上は停滞どころか落ち気味だ。仕事も楽になっていないし、好きな釣りに行く回数も減った。ならば、無駄に忙しくなっただけではないか。

やたらと鳴り響く携帯電話にしてもしかり。細かい仕事が増えるばかりだ。何してるんだか、まったく。

タイコンデロガ〈２０１３・12・20〉

創業２年目、１９９６年に鹿児島市在住の茂山忠茂氏の詩集を出した。『不安定な車輪』というタイトルのその詩集は、南日本文学賞を受賞し、わが南方新社にとっても、うれしい一冊となった。

最近、その詩集の一節を思い出した。

水深５０００メートル
広島原爆の約80倍の威力
黒い死の使者は
密かに出番をうかがう

そう、奄美沖に米軍が落とした水爆の話である。

福島原発からの大量の放射能による海洋汚染は絶望的な気分にさせるが、もう一つ、私たちのごく身近にも汚染源が放置されたままなのだ。

時は１９６５年、米ソ冷戦のさなか、全面核戦争さえ懸念されていた時期である。ベトナム戦争に参戦していた米空母タイコンデロガには、水爆が配備されていた。兵士の休息のために横須賀に向かう途中、奄美沖で戦闘機の出撃訓練が行われた。そこで何と、格納庫から飛行甲板に戦闘機を移動させるのに失敗して、水爆もろとも海に転落させてしまったのだ。

事実が一部明らかになったのは、1981年のこと。「ブロークンアロー」の暗号名で、核兵器事故の一つとして公表された。しかし、この時は陸地から8500キロ離れているというものだった。もちろんウソである。

グリーンピースによって落下地点が特定されたのは1989年のこと。北緯27度35分02秒、東経131度19分03秒。喜界島沖南東150キロ。水深5千メートルの深海である。

当時の新聞各紙も一面で報じたが、主な論点は放射能汚染よりも米軍による核持ち込み問題であった。それも「米軍の通告がない以上、日本政府は持ち込みがあったとは認識していない」というお決まりの公式見解で、あっけなく幕切れとなる。さらに同じ頃の政治スキャンダル、リクルート事件の陰に、あっという間に忘れられていった。

原発ゴミの海洋投棄がまじめに検討されていたほどである。深海はじっと静かに眠っていると誰もが思いこんでいた。ところがそうではない。ちゃんと動いている。

奄美沖の水爆は500気圧という高圧にさらされ、腐食も進み、プルトニウムやウランは溶け続けているに違いない。事実、沖縄のモズクから微量のプルトニウムが検出されている*。

再来年、2015年は水爆落下50周年を迎える。アメリカの潜水艇は1万メートルまで潜ったという。キャロライン駐日大使は、水爆を回収してアメリカに持ち帰ってくれないだろうか。

*『トップ・ガンの死 ―核搭載機水没事件―』(ドウス昌代、講談社、1994年)

2014

ゴンベが種撒きゃ〈2014・1・15〉

2014年は正月から異変続きだった。

南方新社では、鶏♂1♀4の5羽と、合鴨を飼っているから、正月休みも餌やりは欠かせない。

養鶏をしている友人が、「旅行にも行けず、家に縛られているから、鶏に飼われているようなもんだ」と嘆いていたのを思い出す。

先ず、1日に事件が起きた。1月1日の昼から2日の昼の餌やりの間に、♂1♀1が神隠しのように消えていた。狸に襲われた形跡はない。会社の金目のものには目もくれず、鶏だけ盗っていく盗人もなかろう。

私の出した結論は、入り口の建てつけが悪くなっていたから、その隙間から、かねて♂が狙っていた美人の♀を連れて、駆け落ちしたというもの。今も行方不明。遠くの森で仲良く暮らしている姿を思えば、微笑ましい。

田んぼで働いていた合鴨9羽は、うち6羽を12月31日に解体した。友人たちと寄ってたかって羽根をむしり、正月用の土産のほかに、庭でバーベキューや刺身、鴨鍋を堪能した。

そのあと、残ったアラを庭の片隅の畑の脇に埋めておいた。こいつを狸が嗅ぎつけ、翌々日にはすっかり掘り起こしていた。味をしめた狸は、正月休みの間に合鴨の柵を壊して、残った3羽を1羽、また1羽と全部連れ去っていった。

もっと太らせて、バーベキューに、という目論見はついえたのだが、狸にとってみれば最高のお年玉。きっと家族みんなで、いい正月だったと満足しているに違いない。

掘り起こされたアラを、喜んでご相伴にあずかったのが、周辺の森にたむろするカラスたち。大勢押し寄せ、ついでに遅まきながら植えた玉ねぎの苗を引っこ抜いていった。

植え直しては引っこ抜かれ、また植えては引っこ抜かれ……。マルチの黒ビニールを仲間だと思って寄ってくるのかも。ビニールを剥がしたら、いたずらは止めてくれた。

さて、年末ぎりぎりに間に合わせた名著『桜島噴火記　―住民ハ理論ニ信頼セズ…―』の復刻版。古書店で1万円以上の価格が付けられる幻の書なのだが何と本体１８００円で刊行。

この著者がまた凄い。元ＮＨＫの記者で、95年、産廃処分場が焦点となった岐阜県御嵩町長に当選。翌年襲われ頭蓋骨骨折、意識不明の重体になったご仁。それ以前の現職時代には、北朝鮮に2度渡航。よど号の学生たちの日本帰還を援助したり、小野田少尉を日本に戻したり。

年明け、鹿児島に来られた際に一杯やったのだが、話は尽きず。20周年を迎える今年は、なんだか慌しい年になりそうだ。

鹿児島人のご先祖たち〈２０１４・２・17〉

鹿児島人が活躍した維新の話ではない。関ヶ原を敵中突破した島津軍の話でもない。

おそらく、現在でも鹿児島人の8割が脈々と血を受け継いでいるこの地の先住民隼人の話だ。

昨年、２０１３年は歴史的な年だった。国府のあった霧島市を中心に年に当たる年だったのだ。大隅国建国１３００年記念行事がいろいろ行われたようだ。

だが、待てよ、と思ったのは私だけではあるまい。私たちのご先祖様隼人は、頼みもしないのに、朝廷に国を造られてしまった。７０２年薩摩国、７１３年大隅国である。ご先祖様たちは、すんなり従ったわけではない。いずれの年も反抗し、攻め込んだ軍勢にひどい目に遭わされた。おまけに朝廷は、川内や国分に「国府」をつくり、なかなか言うことを聞かない蛮賊から国府を守ろうと、それぞれ4、5千もの屯田兵を移住させて来た。

屯田の地の周囲に長大な柵を作り「明日からこの土地は朝廷のもんだ」「隼人たちは出て行きなさい」というわけだ。

「いや、突然そう言われても困る」と言ったかどうか。ご先祖様は住み慣れた土地を追い出されてしまう。幼子を連れた家族もあったろう。まさに、家もなく流浪の民である。

ご先祖様は、７２０年、あんまりの仕打ちに国守・陽侯史麻呂を殺してしまう。そしてその後、大伴旅人を征隼人持節大将軍とする1万の朝廷軍の来襲を受ける。「持節」は、天皇の刀を持つ名代だ。1年半ほどの抵抗戦の末に、悲しいかな捕虜と首1400余を朝廷軍に持ち帰られた。

踏んだり蹴ったりの目にあった隼人の子孫が何でお祝いなの？ アメリカでもコロンブス上陸500年祭や建国200年祭なんか、インディオは無視するのに。やれやれ、と思っていたら、隼人研究の第一人者、中村明蔵さんから原稿が届いた。『隼人の実像 —鹿児島人のルーツを探る—』だ。

たやすく長いものに巻かれず、父祖の地を守るために、そして自らの自由のために戦った先祖がいたことを知っておきたい。東北の蝦夷、北海道のアイヌ、島津軍に抵抗した奄美、沖縄、そして南九州の隼人、それぞれ誇り高き抵抗の民だ。

隼人はこの時期、朝廷の役人や屯田兵に支配され、やがて、鎌倉期には島津武士団に支配される。

だが民衆隼人は、隼人という名が消えてなお血脈をつなぎ、営々と田畑を耕し、漁労や狩猟に勤しんできた。今でも、この鹿児島で圧倒的多数を占めるのは、隼人の末裔たち。

私もあなたも、隼人なんだぜ。

なんと鶏泥棒〈2014・3・16〉

いつも犬2匹連れて散歩している近所のおばさまから電話があった。

「お宅の鶏は元気ですかあ？」

「それが最近いなくなっちゃって」

「やっぱり」

前々回、1月1日の夜、鶏の♂1♀1が消えた話を書いた。その時は♂が狙っていた美人の♀と駆け落ちしたと思っていたのだが、その後2♀、翌々日に1♀と、立て続けに残りの3羽も消えてしまった。

これは、人間の仕業。それも食べるためなら、続けざまに3羽ということはない。とても食べ切れないからね。飼うために持っていかれたと推理した。

さらに、夜でも無理やりつかもうとすると騒ぎ出す。近所に怪しまれずにさっと2羽、首をつかんで持っていくのは、よほど飼い慣れたご仁だと。

おばさまの話に戻る。

話はこうだ。その日、これまた近所の年寄りが、鶏を抱えて歩いていた。

「おいしそうですね」と声をかけたら、卵を採るためにもらったのだという。その数日前にも、軽トラに乗ったその年寄りと出会い、荷台の飼料袋に入った鶏を目撃している。

これは怪しい。実はその年寄り、去年の11月に、鶏泥棒の現行犯で警察の厄介になっていた。

騒ぎが収まった後、これまた近所の庭先に置いてあった白いウサギの置物を盗ってしまった。すぐに見つかって怒られると、鶏の卵を抱えて持ってきたらしい。

「うちには食べ切れんほど卵がある」と言って。聞くとこの年寄り、体は元気だけど、人のものと自分のものの区別が苦手らしい。

うーむ、これは、これは。

坂の上のお向かいさんも鶏を飼っている。犬に吠えられながら被害がないか聞きに行ったら、まだ明るいのに風呂上がりの奥さんが「うちは大丈夫だよ」という。ははーん。犬に吠えられたら盗れないよね。

と、町内会長さんが通りかかった。

「あたいげえの鶏が5羽、おっ盗られたが、近所では、いけんも無かけ？」

「なんちな。こん1週間で文夫さんげえん鶏が7羽、おっ盗られたどー。そん隣のトヨばあさんげえは、白菜やれ、ネギが盗られたげな。野菜はちっと、我がで食うひこじゃったち。今警察ぃ、電話をすっとこいじゃった」

被害は拡大の様相を呈してきた。明日、年寄りのトリ小屋をのぞかせてもらおう。なんせ、5年も餌をやっていたんだから、顔を見ればすぐ分かるもんね。うちの子か、ひとんちの子か。

田舎に事務所を置いておけば、いろいろあるねえ。仕事はせんと、ご近所さんと鶏話だよ、まったく。

春はヒジキ〈2014・4・20〉

桜も終わった。これから付近の山では椎の花が咲き、むせるような春の匂いに包まれる。こいつは楽しみだ。

一方、海には海の営みがある。アオサやワカメは終わったが、今はヒジキがまっ盛り。知っている人はとても少ないのだが、この鹿児島でも、北埠頭、祇園之洲から重富にかけての海岸線は、びっしりとヒジキが覆っている。ただで、栄養たっぷりなヒジキが手に入るのさ。これを採らぬ手はない。

かと言って、いつ行っても採れるわけではない。

ヒジキは潮間帯の下部に生える。潮間帯とは、潮の干満によって、乾いたり、海中に没したりする岸辺のこと。早い話が、潮が引かなければ、採れないということ。できれば、干満の差が大きくなる大潮の干潮に行きたい。時間を新聞などで前もって調べていくといい。調べなくても、満月や新月の日の2時から3時くらいなんだけどね。

カマで根っこのところから刈っていけば、ものの5分でバケツいっぱいになる。こいつを、ザブザブと水で簡単に洗って、大きめの鍋で茹でる。それを、新聞紙などに広げて干す。黒くパリパリに乾燥したらビニール袋に入れて保存する。そのままでもいいが、冷凍庫に入れておけば、永久にもつ。

ヒジキって分かるかどうか心配って？　褐色の30センチから1メートルの長めの海藻だからすぐ分かる。普段見慣れた黒いヒジキは乾燥させたもの。今はもう少し深場にホンダワラも茂っている。ホンダワラは気胞がまん丸いが、ヒジキの気胞は細長い。

間違ったところで、ホンダワラの仲間も全部食べられるので安心だ。

このヒジキ、ずっと昔から利用されてきた。朝廷への献上品や税、海辺の民と山の民との交易の品だった。今に至るまで変わらず、この日本の沿岸を彩り、人々はその恩恵に浴してきたというわけ。飢饉に備えて、俵に詰めて大量に備蓄していたというからすごい。

つい最近になって、海藻はお金で買うものになってしまった。こうなると人と海の関係は絶たれ、海は埋め立てやバイパス道路、護岸などで、どんどん壊されていく。

それでも、鹿児島では春先になると残された海岸を、どこもヒジキが埋め尽くす。

漁業権が設定されているところは注意。海辺に看板で注意書きがあるから分かる。南大隅でこの看板を見かけた。こうしたところで、大きなビニール袋に詰め込んで持ち帰ろうとすれば怒られる。小さな袋に、家族で食べる分だけ頂いても目くじらを立てる人はいないだろうけどね。

蛍の乱舞〈2014・5・22〉

シラス台地の高台に事務所はある。その周辺には侵食されたいくつもの谷が形成されている。その谷のひとつが大重谷だ。谷の奥にはシラスを潜り抜けた地下水が湧き、鹿児島市の水道水の水源地として戦前から利用されてきた。

水源地にされるずっと以前から、湧き水は谷沿いに連なる田んぼの用水として使われてきた。いまでも、湧き水を直接取水するので、完全な無農薬栽培ができる貴重な谷である。

私がアイガモで米作りをさせてもらっているのは、この中の一枚の田んぼ。

団地に挟まれたこの谷は、昔ながらの風情を保っている。山桜から始まってマルバウツギ、コガクウツギ、田んぼに目をやればレンゲ、今はハナウドが盛り。折々の花が咲き乱れる、まさに桃源郷。毎日のバイク通勤のなんと気持ちのよいことよ。

内緒にしていたのだが、この谷はゲンジボタルが乱舞する谷でもあった。

去年の暮れに、町内会長さんが話しかけてきた。「知っちょいけ？　あん谷には蛍が飛んたっど」

道をきれいにして、多くの市民の訪れる名所にしたいと言う。いやな予感がしたが、石組みの水路に手を加えたらだめだ、三面側溝にしたら生き物は生きていけない、とだけ伝えておいた。

「分かっちょいが」と言いながら、まず、使っていない畑に、ゲートボール場を作った。会長さん自らユンボを操り造成するのだから、なんという行動力。道沿いの草もきれいに刈られた。市に掛け合ったのだろう。

そこまでならよかったが、でこぼこ道の補修工事が始まった。なんてこった。水路沿いの木がすべて切り払われてしまった。あれよあれよという間に、アスファルトが塗られていく。塗りたてのあの石油のにおい。あーこいつが雨と一緒に水路に流れ込んだら蛍の子は死ぬだろうな。

最後のとどめは、のり面のセメント。道路わきを水路の石組みの上まで、木が生えないように全部セメントで覆ってしまった。うー、セメントを塗るには水路に入らねばならない。ぐちゃぐちゃに踏みしだかれ、おまけにセメントからは毒水が流れ込む。

5月の連休からの蛍の季節は、毎晩、真っ暗な谷筋の道を帰るのだが、心配したとおり、道路工事の場所から下流は、一匹も飛ばない。

やっと、昨日、工事とは無縁な湧き水の注ぎ口に5匹見つけた。工事の始まりの少し上でも5匹飛んでいた。この二家族が、子孫を増やしてくれるのを祈るばかり。いやはや……。

便利は危険〈2014・6・23〉

本は、再販制度によって、値引き販売できないことになっている。だが、著者にだけは8掛け、つまり2割引で卸すのが通常だ。書店の数が、10年前の半分ほどに激減した今、著者が周りの知り合いに売ってくれるのは、本当にありがたい。

もうひとつ、直売でも割引する場合がある。業界の掟破りなのだが、書店マージンを払わないで済むのだから、小社にとっては何の問題もない。

かくして南方新社では、関心を呼びそうな新刊を出すたびに、これまでネット経由で注文してくれた人のアドレスを中心に、2千人くらいメールDMを出している。注文があれば、割引価格、送料無料、郵便振替用紙付きで本を送る。

無料で手軽にDMできるなんて、まさにコンピュータ社会のたまものだ。

ところがここにも、落とし穴があった。先日2千人に送った途端、書名に間違いがあったと、何通もの返信が来たのだ。

案内文書を作るとき、前回のものをコピーして下敷きにした。苦心して文章を作ったまではよかったが、注文欄の書名が、前回の本のまま。なんてこった。クラクラしたが後の祭り。

ボタンひとつで2千人に送られるのは確かに便利なのだが、同時にボタンひとつで2千人に恥をまき散らす危険も併せ持つ。「便利は危険、不便は安全」。こんな近代の一般則をひとつ発見。

さて、メールDMした本は、『「修羅」から「地人」へ―物理学者・藤田祐幸の選択―』。

「冷却装置が止まって6時間も経過しており、すでに炉心のメルトダウンが始まっているんじゃないでしょうか」

東日本大震災で東京電力福島第1原子力発電所が被災した2011年3月11日の当夜、テレビの全国放送でそうコメントした物理学者が九州にいるらしい。そんな話を耳にした。（略）水素爆発も起きていない震災当日の段階で、メルトダウン開始をテレビで言い当てた学者がいたとは初耳だった。……

本書は、こんな書き出しで始まる。反原発の間では高名な物理学者・藤田祐幸。本書は彼の足跡、思想を余すところなく表現している。取材および執筆は、数々の名著を生んだ毎日新聞西部本社・福岡賢正記者。

科学、核と原発、チェルノブイリ、原発労働、破局、劣化ウラン弾、宮沢賢治、常に真正面から向き合ってきたこれらのキーワードから、原子力の本質と、あるべき未来が描かれていく。まさに、この破局の時代を読む絶好のテキストといえる労作だ。

畦の草刈り〈2014・7・17〉

アイガモ君と一緒に米作りを始めて4年目になろうか。去年までのところより2枚下が私の修行の場となった。広さは約2倍。1反5畝ほどである。

収量は、普通に作るより、カモが逃げないように網を張ったり、カモが遊び場の池を作ったりするものだから、一般の7割がた。それでも30キロ袋で20個ほど取れる。モミで600キロ、精米すると3分の2になるから400キロ。家族で200キロも食べれば十分だから、有り余るほどの食糧自給だ。まさに豪農、ふっふっふっ。

先週の台風8号は、久々の大型直撃かと心配したけれど、急に勢力を落としたから県内の農作物の被害はほとんどなかったようだ。

台風の去った朝、うちの田んぼもいつもの通りで一安心。ところが昼過ぎ、知り合いのおばちゃんから電話。

「お宅のカモちゃんが、違う田んぼで遊んでいるよー」

あわてて行ってみると、なんと上の田んぼの畦が壊れ、大量の泥が流れ込んでいた。もちろん網も埋まっている。カモはつぶれた網の上を簡単に乗り越え集団脱走していた。

畦を這い上った上の田んぼは休耕中。草の中を楽しそうに走り回っていた。囲いの中で泳ぎ回って除草をしてくれるカモもかわいいが、自由に群れをなして走り回る姿もなかなかのもの。でも、「オーイ、オーイ」と呼べば、おいしい餌にありつけるとすぐに寄って来るのは悲しい性。すぐに田んぼの中に放り込まれることになる。

もともと、上の田んぼの畦は要注意だった。休耕中だからと草も刈っていない。怪しいと思って畦を歩いてみるとホクホクだ。モグラが縦横に穴を掘っていた。この穴から水が浸みこめば畦は持たない。

畦の草刈りは、草を刈りながら弱ったところを見つける重要な作業なのだ。上の田んぼの主がサボって草を刈らないもんだから、田植えの後、境の草刈りを代わりにしてあげ、ホクホクの畦を踏み固めておいた。それでも、まだ弱いところがあったようだ。

普段も畦を歩きまわって水の調整をするのだが、この歩くだけも役に立つ。体重で自然に踏み固められ、畦は締まっていく。モグラの穴も、いつの間にか踏みつぶされていく。

畦の草刈りにはもう一つ重要な役目があった。マムシ除けだ。

うちの田んぼはマムシの巣といわれている。踏んでしまったら逆襲されてひどい目に遭う。だが、草を刈っていたら乾燥を嫌う蛇は近寄らない。

　昔からやられていた何気ない作業も、いろんな意味を持つことに気づかされていく。

イモチ病〈2014・8・20〉

　川内原発の再稼働が大詰めになってきた。

　講演会企画や行政への申し入れ、陳情や依頼原稿書きと、仕事以外の仕事が山盛りだ。福島であれほどのことが起きていながら、なぜ今更原発なのだろう。不思議でならない。

　原発にやきもきしても、日常は日常。日常を記そう。

　アイガモに働いてもらっている田んぼの稲の調子が良くない。周辺の田の稲はどんどん分けつして太い株に育っているのに、うちのは分けつが少なく、何とも弱弱しい。枯れた葉も目立つ。そう、イモチ病だ。何とか立ち直ってくれと祈ったが弱る一方。そのままでは全滅だ。意を決して殺菌剤のお世話になった。

　「なんだ、無農薬と言いながら、薬をかけてやんの」と言わば言え。収穫ゼロとくれば、これまでの苦労が水の泡になる。仕方ない。それでも、慣行農法の普通の店で買うコメに比べれば薬の量は10分の1くらい。はるかにましだと、自分を納得させた。

　そもそも、このイモチの菌はどこから来たのだろう。たいていの田んぼは、被害があろうがなかろうが、あらゆる害虫、病気予防に薬をかけるから青々としている。

　だが、草刈りをサボリ気味の畔をよくのぞいてみると、所々イネ科の雑草がイモチにやられている。最強のススキもやられている株があった。ふーむ。イモチの菌は実はそこらじゅうにあるのだ。

　でも、一帯のイネ科の雑草を全滅させることはない。特に風通しの悪そうな中心部に集中する。つまり、適度に間引きする程度に勢力拡大を自制しているわけだ。全滅させれば次の世代が生きることができないからネ。

　その菌がうちの田んぼに悪さを始めたというわけだ。稲は栽培種だからもともと弱い。一気に広がった。自然からすれば異物だから全滅させても何の問題もないだろう。

　通りかかった婆ちゃんは、「冷(ひや)イモチだねえ」と言った。水が冷たいとイモチにかかりやすいというわけだ。田の水は水源地の湧き水だから冷たい。今年は、晴れた日が少なかったから、水も温まりにくかったのだろう。それでも田んぼの周りに水路を掘り、直接冷水がかからないようにする手を教わっていた。実は、イモチの兆候を見ながらサボっていた。

　人工のものはなんと脆弱なのだろう、と思う。あっという間に全滅してしまう。薬のない時代、人々はそれを見越して防ぐ方法を受け継いできた。たとえ全滅しても次善の策を打っていたに違いない。

田んぼを見ながら、生きるということを考える。

オオスズメバチ〈2014・9・20〉

飼っているニワトリを、2週間前から放し飼いにしている。ニワトリ小屋の壁際にオオスズメバチの巣を発見したのだ。軒下に丸い巣を作るのは、一回り小ぶりなキイロスズメバチ。凶暴な日本最大のオオスズメバチは地下に巣を作る。

田んぼで働いたアイガモ君は稲の花が咲くと田んぼから上げる。放っとけば稔った米を食べてしまうから、のんびりしてはいられない。田んぼから上げたアイガモは、体は一人前だが、まだ子供。冬まで太らせて、正月用に頂くのが毎年の恒例になっている。

アイガモ君はトリ小屋に隣接したカモ広場に転居するのだが、網の補修やら準備をしているときに、オオスズメバチがぶんぶんしているのに気がついた。

作業が終わってほっとしているとき、オオスズメが地面にとまった。ウン?と見ているとトリ小屋の壁の隙間に消えていった。と、もう一匹、もう一匹と消えていく。ハーン、この地下に巣を作っているのね。

中にはトリ小屋を経由して狩りに出るハチもいる。バッタやチョウやコガネムシなどの昆虫を餌にするのだが、餌が少なくなる秋から冬にかけては、凶暴性がどんどん増していく。ときには死人が報道されるほどだ。

会社のスタッフが交替でニワトリの餌やりをしているから、いつ襲われてもおかしくない。こりゃいかん、というわけで知り合いのハチプロに連絡を取った。

現場検証をしたあと、にこにこしながら「あと1カ月だね」と。はあ?

こっちは早く巣を退治してほしいのだが、ハチプロは巣の中のハチの子を採るのが目的。9月では巣が直径20センチほどと小さいから、苦労の割に採れるハチの子は少ない。あとひと月もすれば直径30センチにもなって、わんさか採れるというわけだ。

別の知人は、ハチの子採りのときに手を刺されて、バレーボールのように腫れた。それでも止めないというから、よほど美味しいのだろう。私は恐ろしいから参加しないが所有者だ。分け前があるはず。ぐっとつばを飲み込んだ。

かくして、オオスズメバチの巣は放置され、トリ小屋での餌やりを避けるため、放し飼いと相成った。

あとひと月。山もりのオオスズメバチの子を食べる日は近い。『オオスズメバチを食べる』なんて本、売れそうだけど、あなたなら買う?

ときどき山でこのハチに襲われてひどい目に遭った話を聞くけど、きっと地面の巣を踏んだか、すぐ近くで刺激したせいだ。地下に巣を作るから土を巣の周りに積み上げる。山を歩くとき掘り出された土の山には、くれぐれもご用心。

ロシアンルーレット〈２０１４・10・20〉

事務所で飼っているニワトリが放し飼いになって1カ月半。元気に庭を走り回っている。

糞をするのに石の上が気持ちいいのか、玄関前が糞だらけになるのが困りものだ。踏んでしまったお客さんには、運が悪かったと諦めてもらうほかない。

毎朝、残飯をニワトリ用に持ってくる。「コッコッコッ」と呼びかけると羽をばたつかせながら駆けてくる姿が、なんともいとおしい。

その残飯が、野菜くずだけだったりしたら、せっかく駆けてきたのに見向きもしない。「ふん」「なーんだ、こんなもん」「走ってきて損した」と、仲間内でブツブツ言っているのが分かる。

トリ小屋に囲われているときは、青菜は大喜びだったが、放し飼いの今、そこらじゅうに草が生えているから食べ飽きているのだ。

10月13日の台風19号。久々に大きいやつが直撃するかもということで、事務所の雨戸を全部閉めることにした。

そのときスタッフが発見したのだ。作業の足場を確保しようと散らばっている道具を整理したら、姿を現した大量の卵。放し飼い以降、縁側の下にずっと産み続けていた卵が一度に発見された。その数、十数個。

洗面器に入れられた卵を見ながら、すぐに食べようという気にはなれない。いつ産んだか分からないのだ。自然卵は20日は大丈夫。だが、何個かは確実に腐っている。

せっかくの卵を無駄にしてはならい。誰も食べようとしないから、私の係りだ。毎日一個食べることにした。卵を割れば、大丈夫かどうかは分かる。腐っていたら捨てたらいいだけの話じゃないか。

あれから毎日一個、茶わんに落とし、しょう油をかけて食べた。

「ウマイ!!」。幸運な日が4日続いたが、ついに5日目、落とした卵がなんだか怪しい。白身が濁っているようだ。においを嗅いだのが悪かった。「グギェーッ」。鼻孔をつんざく殺人的な悪臭。卵が腐ったような、という例えがあるが、とにかく酷い匂いだった。

それから、恐ろしくて食べられずにいた。だが捨ててしまうには惜しい。大半は大丈夫な卵だ。ウーン。そのうちどんどん日にちが経って、ますますロシアンルーレットに当たる確率が高くなる。私の母も、物をなかなか捨てられずにいるが、遺伝だろうか。

深く思い悩んでいた私に助け船が出た。「埋めたら土に帰って肥料になるよ」と。

なんだか安心して、やっと処分できた。

正体見たり〈2014・11・21〉

人は、その行いが顔に出るという。

最近話題に上るのが2人の顔だ。あまりの人相の悪さに、只者ではないと多くの人の印象に残っているだろう。そう、薩摩川内市長岩切秀雄と、鹿児島県知事伊藤祐一郎だ（敬称略）。

岩切市長の悪人顔を修羅の顔という人がいる。刻まれた深いしわが、人々の恐れ、苦悩、ささやかな願いを耳にしながら、己の欲で乗り越えてきた業の深さを物語っている。

一方の伊藤祐一郎は能面のような無表情と、ひとを小馬鹿にしたような薄気味悪い笑みが特徴だ。しわ一本ない、いかにも栄養状態のよさそうな顔は、岩切市長と対照的なのだ。

私は、大手メーカーに就職し、インドネシアの現地工場長として赴任した中学の同級生を思い出した。大邸宅に住み、使用人を何人も雇っていた。その一方で、現地の労働者など馬鹿にしきっていた。もちろん同窓会でも「何だこいつ、何さまだ」とあんまり相手にされなかったのだが、まさにあの顔だ。

再稼働を受け入れた11月7日の記者会見で、伊藤知事は、「規制委員会はすばらしい方々」と持ち上げ、同意は薩摩川内市だけでいいという理由に「知識や理解の薄いところがあるから、他の自治体に聞くのは賢明ではない」と述べた。早い話が「すぐれた東京の人々」と「無知な田舎者」というわけだ。何とごぶれさあなことよ。「命の問題なんか発生しない」という大ウソまでついた。

はなから、伊藤祐一郎という人は、鹿児島のためとか県民のためとかは、一切関心なかったのであると思い至った。向いているのは東京、政府、それに連なる財界といったところか。

3・11以降、私たちの公開質問には一切答えず、県職員にも会話を禁じた。私たちが県庁にいるときは、玄関から入ることなく、地下の駐車場に車を乗り付け、知事室直行のエレベータ―で上がって行った。

やつらの言っていることは無視せよ、相手にするな、やつらの前には姿を現す必要はない、見るのもけがらわしい、といったところか。

まさに植民地の管理官ではないか。

11月臨時議会を前に10月30日から県庁前にテントを張った。その横腹に「伊藤知事は県民の命を売るな」「伊藤知事は県民の声を聞け」と大書きした横断幕を張った。「県民の命」とか「県民の声」など、鹿児島を馬鹿にしきった伊藤の胸には1ミリも響かなかったに違いない。

位相が違ったのである。県民の代表などではなかった。

言うべきはただ一言、「伊藤は鹿児島から出ていけ！」だったのだ。

海辺を食べる図鑑〈2014・12・20〉

これまでも何回か、本書『獲って食べる！　海辺を食べる図鑑』の制作過程をこの欄で紹介してきた。

私たちが子供の頃、普通に食べていた海辺の生き物の見つけ方、獲り方と食べ方、保存方法を、写真と文章で紹介しようという本書。やっと形になる。

毎度おなじみの天然ウナギから、ワカメ、ヒジキはもちろん、アオサ、フノリ、カサガイ、アワビにマテガイ、ハマグリ、アサリに、ムラサキウニ……。こんなポピュラーなものから、こんなんも食えるの？というアメフラシにナマコ、ヤドカリまで、食べに食べたり１３６種。

取りかかって４年で撮影はほぼ終わり、この半年は、１日１本と決めて仕事の合間に原稿を書いてきた。

今校正の最終段階。１月末にはお目見えだ。ムラサキウニの項に書いた原稿を再録する。


磯で自分で捕って食べるとなると、確かに時間と手間がかかる。

磯までの往復に２時間、下拵えに１時間とすると合計３時間。最低賃金でも時給７００円を超えるから最低２１００円。それだけ時間と手間をかけるなら、お金を払った方がましという計算になる。おまけに車で行けばガソリン代もかかる。

確かにそうだ。だが、自分で捕って食べれば鮮度が違う。食味の大きな部分を占めるのが鮮度だ。とにかく驚くほどおいしい。複雑な流通の中で投入されるかもしれない防腐剤などの薬物も心配ない。

こう考えると、私たちの日常は、お金と引き換えに時間と手間を手に入れ、味覚や健康を手放していることに気付く。もっと恐るべきは、私たちが生きる根本である自分で食べ物を捕って食べる技を、知らず知らずのうちに失っているということ。これに対して、あまりにも無防備ではないだろうか。「生きる力」とは、お金がなくても自然の恵みの中で生きていく知恵だと気付きたい。


なんだか演説調になっているが、本書を作った理由はここに集約されている。

本書を片手に、ぜひ海辺に行ってほしい。きっと満足するはずだ。とりわけ子供たちは、新しい世界に足を踏み入れる喜びに胸を震わすに違いない。ずっと昔から人間は他の動物と同様、自然の中から食べ物を獲得して生きてきた。食べ物を自分の手で採る。まさに人間の本能的な行為なのである。

何よりうれしいのは、全てタダだということ。本書の代金（２０００円＋税）くらいは、冒頭のアオサを１回採りに行けば簡単に元が取れる。

海辺は自然の野菜畑、生き物たちの牧場だ。

さあ、獲って食べよう！

2015

祝島行き〈2015・2・20〉

2月7日、原発関係の集まりに呼ばれて山口に行った。新幹線で行けば2時間そこそこ、あっという間だ。

せっかくだからと、前日に祝島に寄ることにした。祝島といえば、中国電力上関原発に島民一丸となって闘っている島だ。だが、祝島は遠かった。

新徳山から柳井港まで各駅停車でトコトコ、柳井港から1日2便の船を待ち、やっと乗船。いくつかの港に寄りながら、着いたころには夕暮れになっていた。

振り返ると、4キロ隔てただけの対岸に原発予定地が見える。いくつかのブイが浮き、予定地には仮設の建物がある。福島第一原発事故で中断しているものの、中国電力は決してあきらめたわけではないことが見て取れた。

港のある集落は、狭い路地に家がひしめき合っている。鹿児島の漁村でもよく見る風景だ。

でも、ゴミ一つ落ちていない。もよおしてきたので、泊めてくれるお宅の主人に、歩きながら「立ち小便はだめですよね」と聞くと、即座に「ダメ！」。仕方がないのでお宅まで我慢した。

そういえば、港の前の喫茶店で「タバコは？」と聞くと「外ならＯＫ」。夕食をとった食堂も「禁煙です」。ひょっとして泊めていただくお宅もそうかと怯えながら尋ねると、案の定「外」。タバコ3連敗だった。

食堂で出会った若者も、明日は朝が早いので、と早々に引き揚げていく。朝3時だかに起き、島中総出でヒジキ刈りだという。この日は大潮。干潮の時は大きく干上がる。干潮は1日2回ある。この時期は、同じ大潮でも、夜の干潮の引きが大きい。

こっちも朝一番、6時45分の船に乗るので、深酒はできなかったのだが、日本中が崩れていくこの時代、律せられた島、という印象を強く持った。

ヒジキと言えば、先日、小社が刊行した『海辺を食べる図鑑』にも掲載されている。南大隅には漁協名の「ヒジキ獲るな」の看板がある。ヒジキを生業にしている漁民がいるのだろう。そんなところで獲ってはいけない。

鹿児島市でも、海岸のテトラやわずかに残る磯にヒジキが元気よく生えている。出荷するほどはないし、獲っている漁業者なんか見たことない。だが、試しに市漁協に電話で尋ねてみると、海藻類では、ワカメとヒジキに漁業権が設定されている、と言う。

市漁協がどう対応するのかは聞かなかったが、そんな場合、見過ごす漁協もあるし、文句を言うところもあるらしい。

なんだか腑に落ちない。弁護士に聞いてみたら、漁業実態のないところなら漁協も文句は言わないだろう、とのこと。ちょっと安心した。

暮らしを取り戻す〈２０１５・３・20〉

３月中旬、山桜の季節を迎えた。遠くから見ると、森のあちこちに、そこだけ光が当たっているように、ポッカリ白くなる。全山真っ白になることはない。山桜は種を鳥が運ぶ。芽吹くのは太陽の光が届くところに落ちた種だけ。がけ崩れの周辺や、森の中の大木が倒れた後にいち早く発芽し生長する。陽樹といわれる一群の仲間に入る。もちろん杉林なんかに山桜が咲くことはない。

桜と言えば、ふつう挿し木で育てた苗を川べりや道端に人の手で植えられた派手なソメイヨシノを指すが、人の手のかからない山桜の方がずっと味わい深い。

「桜の下で春死なん」と詠んだ西行の見た桜も、山桜だった。

２月に出した『海辺を食べる図鑑』が順調に出ている。読者からの感想も届いている。初夏から夏にかけて盛期を迎える宝石のような魚、シロギスの項にこう書いた。

「昔は干潮の時、河口の岩の多い場所でゴカイを掘り、それを餌に釣るものだった。最近ではゴカイは買うものになった。ここでも、手間と時間を引き換えに大事な生活技術を失ってしまった」

これに大分からメッセージが来た。

「年老いた父はキス釣りがなによりの楽しみで、死ぬまで行っていました。ゴカイも自分で掘っていました。５００円で山盛りのゴカイが買えると言っても、自分で掘り続けました。私は今、冬場の暖房に薪ストーブを使っていますが、薪は自分で割っています。薪割り機を買えば手っ取り早いのですが、この楽しみを手離したくはないのです」

私は本で、効率優先が生活技術を奪っていく現状を嘆いたのだが、「楽しみを手離したくない」の一文で目からうろこが落ちる思いがした。

釣ることを目的にするなら、釣り具屋でゴカイを買えばいい。食べるのが目的なら、魚屋で買えばいい。もっと楽をするなら、すし屋で握ってもらい、天ぷら屋で揚げてもらったらいい。

だが、食べるのが最終目的だったとしても、圧倒的に長く、しかも釣り全部を楽しめるのは、ゴカイ採りからなのだ。こう考えると、お金と引き換えに私たちが本当になくしているのは、生活技術もさることながら、暮らしの楽しみだということに思い至る。

あくせく働き、お金を手にし、そのお金が多いほど豊かになったと錯覚しがちだ。だが、本当はお金を使えば使うほど、人生の楽しみを片っ端から奪われる哀れな奴隷になり下がっていくということなのである。

人生を楽しみたかったら、まずゴカイから採るべし！なのだ。

ひよこを入れよう〈２０１５・４・22〉

４月11日、久しぶりに土曜日の午後がポッカリ空いた。川内原発の再稼働騒ぎでこんな日はめったにない。

本作りのたまった仕事でも片付けようかと思ったが、天気が良すぎて、とてもそんな気にはなれない。会社の庭をぶらついていたら、気になっていたトリ小屋の屋根修理を思い付いた。

去年の夏、小屋の隅っこにオオスズメバチが巣を作ったので、トリは放し飼いにした。秋の台風でタキロンの屋根が吹き飛ばされてしまったが、トリは放し飼いだし、まあいいやと、そのままにしていたのだ。

よし、やろうと、道具を探しているうちに、エンドウ豆でも植えようと以前100円ショップで買いそろえた網や支柱が目に入った。会社の片隅を耕せば畑ができる。ちょうど、ニガゴリやヘチマも植え時だ。トリ小屋には、いい肥料となるトリの糞が積み重なっている。というわけで畑作りも思い立った。

カラムシのおい茂る庭を掘るのは骨が折れる。太い根っこが地中に張り巡らされている。それでも汗をかきながら、ひと鍬ひと鍬耕すうちに、やがて畳2枚分くらいの畑が姿を現した。柱を立て、支えを付けて網を張れば傍目にも立派な畑の出来上がりだ。

どんなもんだ、エッヘン。耕す間中ずっとまとわりついていたニワトリ君に自慢した。離れないのでよっぽど私のことを気に入っているのかと思ったが、思い過ごしだった。私がそこを離れると、私には見向きもせず、ほかほかの畑で盛んにミミズをほじくっていた。トリはミミズが欲しかっただけだったのだ。

さて、お次は屋根の修理だ。先ず、吹き飛ばされたタキロンを庭に並べてみる。

90×180センチ5枚のうち3枚は原形をとどめていたが、2枚はばらばらに割れている。だが、ジグソーパズルのように組み合わせると、使えなくもない。5センチほど重ねて釘で止めれば雨漏りもしないだろう。つぎはぎで、その分庇が短くなるが問題ない。

築10年の小屋の屋根に上るとグラグラ揺れたが、体重が1カ所にかからないように注意すれば大丈夫。腰が定まらない分、釘を金槌で打ち付けるとき、何度も釘の代わりに指を叩いた。痛い思いをこらえながらも何とか出来上がりだ。おー、美しい。二つ目の仕事が片付いた。

あーでもない、こーでもないという本作りより、形の見える畑作りや小屋の修理は、よっぽど充実感がある。

暖かくなったら、小屋にひよこを入れよう。秋には大人になって卵を産むようになるだろう。にぎやかになるぞ。楽しみが増えた。

おっと経営難!〈2015・5・20〉

朝、目が覚めた時に出社するというノーストレスを実践し、鶏と遊んだり、ミツバチが巣箱に入るのを楽しみにしたり、普段はのどかな日常なのだが、そうでないときもある。

南方新社は3月決算、この年明けはちょっと慌てた。11月に月間売り上げの最低を記録していた。でも、何とかなるだろう、と見過ごしていた。ところが1月、さらに最低記録を更新。年1回と決めている11月に借りたばかりの運転資金も、あっという間に底を突いてしまった。

定期を崩してなんとかしのいだが、結局２０１４年度は、前年売り上げより30％、2千万円のダウンとなった。３年前の知事選のときも2千万ダウンしたから、短期間にこんなちっぽけな会社の売り上げ減続きは、死活問題である。

売り上げがダウンしたら身を小さくする、これは経営の鉄則。あちこちの市民団体からのカンパ要請にホイホイと応じてきたが、やめることにした。最大の経費が人件費だから、これを削らねばならぬ。普通ならストライキが起こるところだろうけど、売り上げ30％ダウンの現実に、スタッフの誰も文句も言わず、給料カットを受け入れてくれた。私も40％カット。お昼はお弁当だ。財布の中にお金があると、ついつい無駄遣いしてしまうから、1万円以上入れないようにする。うん、慎ましいねえ。

こうして、今年度も同じ低水準の売り上げでも乗り切れる体制を作った。売り上げ回復を目指すにしても、業界環境をみると楽観はできない。

残る課題は、膨らんだ銀行借り入れ。年間の収入より借金の方が大きい県財政よりはるかにましなのだが、金利の支払いがバカにならない。

10年前に中古で購入し、やっと借金を完済した社屋を売ることも考えた。建坪60坪、材料費に5千万が投入され、最後の宮大工が手掛けた豪邸だ。これを3千万で売る。出て行けと言われたら困るので、大家にはそのまま貸してもらう。ただ、家賃は実質金利5％に当たる年間１５０万円を支払う。妥当な条件だと思うのだが、気前のいい金持ちを探すのには時間がかかりそう。

結局、増資という方法を取ることにした。50万単位で出資してくれる人を募り、1千万円を調達する。配当は10％を目指すけれど、もちろんできない可能性もある。南方新社が潰れてしまったらパー。この世知辛い時代に、奇特な人はまだいた。

はた迷惑な川内原発再稼働が目前だけど、反対運動のいろんな事務仕事は、みんなに分担してもらおう。ごめん、ちょっとは仕事させてね。

沈黙の海〈２０１５・６・22〉

釣り好きの私は、かつて30年ほど前、キスの大釣りをしたことがある。場所は吹上浜の真ん中、東市来町江口の砂浜。ヒョィと投げるだけで、大振りのキスが5本針に全部食いついて5匹釣れた。次も5匹、その次も、そのまた次も5匹。1時間弱で、あっという間に１００匹だ。50センチもあろうかというカレイも釣れた。

もうこれ以上はよかろうと、帰る直前、もう一度獲物を確認。うん、ほれぼれする。砂にまみれたカレイを海で洗って眺めようと邪心がわいた。波打ち際で海水に浸けた、まさにその瞬間、死んだふりをしていたカレイは大きく跳ね返り、手をすり抜けて波間に消えた。私は呆然と見送るほかなかった。

このキスの大釣りと、逃げたカレイは死ぬまで忘れないだろう。

そういえば、子どもの頃、江口の少し北の市来に暮らしていたが、市来海岸でもめっぽうキスが釣れた。旧式のリールで、すぐ糸を絡めたものだが、たいていの大人は100匹以上ゲットしていた。塩焼きのうまかったこと！

でも最近、キスの音沙汰はない。数年前に行った江口では、2、3時間かけてやっと4、5匹というていたらく。

釣れないのは、腕のせいか、時期のせいか、新しくできた突堤のせいか、などと首をかしげたが、深く考えることはなかった。それが、今編集中の本で目からウロコが落ちた。

東京大学が吹上浜の3カ所で行った稚魚調査で、キスの稚魚は北から38、351、1万4131。北は串木野、中央は江口の南、南は加世田の浅場だ。目の細かい巨大な網で大規模に海岸をすくって、1匹1匹確認した結果だ。なんだ、北に行くほどいないじゃないか。釣れるはずはない。

じゃあ、原因は？　著者の水口憲哉東京海洋大学名誉教授は、原発のせいだという。川内原発は1、2号機で川内川と同じ流量の温廃水を出す。出すということは、同じ量だけ吸い込んでいることになる。

10ミリ四方の網でゴミが入らないようにする。通り抜けた稚魚や卵、プランクトンは次亜塩素酸ナトリウムで殺す。膨大な生き物の虐殺が、稼働以来30年間、人知れず延々と続いてきたのだ。

すでに吹上浜の北部中部海域は、「沈黙の海」となっていた。

日本と違って海外では、原発の取水による生き物の衝突・除去、連行の問題は、ずっと以前から注目され、数多くの論文も発表されている。本書『原発に侵される海』は、豊富な海外の事例を引いて、原発周辺の漁獲激減、バショウカジキ、ブリ等の回遊ルート変更、海洋生物の絶滅など、海の異変を詳細に分析した日本で初めての本となる。

辺野古の海図鑑〈2015・7・21〉

米軍基地の移設で、日本中の注目を集める辺野古だが、戦争への加担や沖縄の基地負担とは別の角度から、この基地建設を心配する人たちがいる。

辺野古では、海を大きく埋め立てて滑走路を造ろうとしている。では、埋め立てられる海はどんな海なのか。ジュゴンのえさ場がなくなるとか、サンゴが折れたとか話題になるが、それだけではない。辺野古の北の大浦湾は、世界でも有数の生物多様性の重要地点なのである。

周辺の山は開発を免れ、栄養に満ちた川の水が湾に流れ込む。マングローブ、砂浜、磯と、海岸線は多様な姿を見せる。海の中も深いところは水深60メートルもあり、浅場から深場まで起伏に富む。

ここには、最近発見された新種や、まだ名前のついていない生きものも数多い。3メートル以上もあるナマコが未記載種なのには驚かされる。

昨年11月には4千人の会員をもつ日本生態学会をはじめ、藻類、魚類、植物、昆虫、鳥、動物など各分野の19学会が連名で、基地建設の見直しを防衛大臣に提出した。

湾全部を埋め立てるわけではないが、諫早湾の干拓が海流の流れを変え有明海全体に影響を与えたように、大浦湾の生きものに、壊滅的なダメージを与える可能性は極めて高い。

8月刊行予定の『大浦湾の生きものたち』（本体2000円、帯タイトルは「辺野古の海図鑑」）は、地元のダイビングチームの撮影した生きものたちが、ずらり670種登場する。ページをめくるたびに息をのむ。

オヒルギ、メヒルギが林立するマングローブのそこかしこに、オキナワアナジャコの塚が大きく盛り上がっている。

ベニシオマネキの真っ赤な甲羅のなんと美しいことよ。

ユビエダハマサンゴの巨大群集は、人知れず何百年の時を、そこで刻んできた。群れ集う魚たちとともに。

ウミウシのページには、青、赤、黄色、色とりどりの125種が一挙に掲載されている。

口内保育をするネンブツダイの仲間が群れをなし、ある場面ではガンガゼウニの針の間にたたずんでいる。魚にくっついた寄生虫の仲間まで収める念の入れようだ。

私たちは、これまであさはかな開発行為によって、生きものたちの棲み家を潰し、美しい風景を台無しにしてきた。今、この辺野古の海もまた、危機にさらされている。

この本を手に、辺野古の海をいつも頭に描いてほしい。そして、「私たちを殺さないで」という声なき声を聞いてほしい。

川内原発再稼働のその日〈2015・8・24〉

午前6時5分、正面ゲートを封鎖

8月11日、午前10時30分、再稼働のスイッチが押されたその時、私たち5人は警察に拘束されていた。拘束といっても手足の自由を奪われていたわけではない。

正面ゲートから1キロのところで、私たち5台の車は、それぞれの前後を警察車両にびっしり挟まれ、動けなくなっていた。「とにかく再稼動されるまで、こいつらを見張っておけ」といったところか。仕方がないから、私たちは車を離れ、木陰で10時30分を迎えたというわけだ。

ことの経緯を記そう。

私たち有志、5台の車は、午前6時05分、川内原発正面ゲートを封鎖した。

川内原発の正面ゲート前の県道は、ほとんど車の通りはないとはいえ、周辺の集落から市街地へ向かう生活道路である。私たちは片側1車線（上下2車線）の車の通行を確保するため、ゲート前ぎりぎりに1列に並んで横付けした。2列並べれば、バリケードは強固になるのだが、通行確保を優先して1列にとどめた。

これに対して警察は慌てふためいて、正面ゲート手前2キロから、ゲートの先まで県道を完全に封鎖（通行止め）する行動に出た。

午前7時から予定されていたゲート前集会の参加者は、2キロの道のりを歩いて行かなければならない。集会の中心におかれるはずの街宣車も2キロ手前に留め置かれた。

午前6時05分から、およそ4時間が経過した午前10時、私たちは正面ゲート封鎖を自ら解いて、白バイに先導されて正面ゲートを後にした。10時半の再稼働を前に、抗議集会を成立させるためだ。

自ら解いたのだから、すぐに無罪放免と思いきや、冒頭のような状態に置かれたのである。

灼熱の車内

一つ誤算があった。それは私の車が普段農作業で使う、冷房のきかない軽トラだったということ。いつも窓を開けて乗るので冷房なんかつけたことがなかった。

先頭車両の私を含め、前3台はすぐに警官に取り囲まれたので外には出られない。外に引きずり出されるかもしれないから窓も開けられない。室温50度、といったところか。拭っても拭っても汗は噴き出てくる。水は十分にあったけれども、飲んだ端からすぐ汗になる感じだ。軽トラの床には水たまりならぬ汗たまりができていた。

携帯で連絡を取ったら、前3台の軽トラが、冷房なしの似たような状況だった。まるで我慢大会だと笑った。わずかに開けた窓からアイスノンの差し入れ。なんとありがたかったことか。

2時間経って、初めて気がつく人がいた。わずかに開けた窓からアイスノンの差し入れ。なんとありがたかったことか。やがて、氷と冷えた水の差し入れが届くようになった。これなら24時間でも48時間でも頑張れると思ったものだ。

結局、再稼働のスイッチが押された後に下された私たちの処置は、それぞれ駐車違反1万円。乗車していたら停車であって、駐車じゃないんじゃないの？と思ったが、10分以上なら駐車らしい。

切符を切るとき警察官が「本当にすいませんねぇ向原さん。よく頑張ったですねぇ」とにこやかに語りかけてきた。ん、なんで名前知ってるの？と顔をよく見たら、自宅の4軒隣のご近所さんだった。世間は狭いものだ。

第一の批判対象はだれか

もう一つ触れておきたい。今回のゲート封鎖に伴い、警察が過剰に反応し、県道を全面的に通行止め（封鎖）にした。

当然一部住民からは反発が起こる。何も知らされず、汗をかきかき、てくてく歩く羽目になった一部反対派からも不満が出る。警察がこうした分断を狙ったとは到底思えないが、良識を装う一部マスコミから、予想通りというべきか、後から「やりすぎ」との批判記事が出た。

私たち3・11実行委は「再稼働は生存権を脅かす、とてつもない非道な行為であり、非暴力である限り、誰が何をするにしても許容する。３・11実行委の主催する行為が阻害された場合は、その限りではない。もちろん、個人が止めろという権利はある」ということを申し合わせていた。

有志５台によるゲート封鎖は、当然その範囲であった。

いずれにせよ、批判されるべき第一は憲法で保障された国民の生存権を脅かす行為を強行した国と九電である。憲法保障という言葉がある。憲法で保障された自由や権利が侵害される事態に陥ったとき、国民は憲法を守るために抵抗する権利がある、というもの。道交法など些細なものなのである。

国と九電は追い込まれている

県内の約１００団体で組織する３・11実行委は８月７日から11日まで５日間の連続行動を実施した。中でも８月９日、川内原発のすぐ足もと久見崎海岸で開催された現地集会は、あとからあとから人がとめどなく集まる大集会となった。

連日の強烈な日差し、砂浜での開催となればその暑さも想像できよう。そこからゲート前までのデモも予定されている。さらには川内駅からタクシーなら４千円かかるという、辺鄙な場所。そこに実数で２千人もの人が集まったのだ。

全国から寄せていただいたゲート前基金によって、仮設トイレ20基、川内駅・駐車スペースから海岸までのシャトルバス10台、県下各地からの貸し切りバス20台。トイレシャトル、医療車なども確保できた。厚く感謝する。

国や電力にとって都合のいい再稼働は、国民があきらめて声も行動も何もない穏やかな中で、こっそり実施することである。

しかし今回、多くの人が実際に川内のゲート前に足を運び、再稼働に反対の意思を示した。参加した人の後ろには、再稼働に反対する大多数の国民、県民がついていることも示すことができたといえよう。

九電は結局、８月11日のその日、ゲートからは一台の車も、一人の作業員も入構することができなかった。じつは、前日中に作業員の大半を原発敷地内に入れていたという。当日入構予定の人員については、漁船をチャーターして海から入った。

ここそこと再稼働せざるを得ない状況に、私たちは追い込むことができた。「やるならやってみろ、それは国と九電の非道を、満天下に明らかにすることに他ならない。国と九電は自らの首を締めよ」。こういう状況をこそ、私たちは想定していた。

10月中旬の２号機再稼働を阻止する

九電が、この社会で経済活動を続けていくためには、社会の支持がなければならないのは当たり前だ。やがて、支持を得られない企業はこの社会から姿を消していく。

九電は２号機の再稼働を10月中旬にもくろんでいる。加圧水型のアキレスけんと言われ、アメリカのサンオノフレ原発も廃炉に追い込まれた蒸気発生器細管。これが２号機のものはぼろぼろで、２００９年、九電は交換を国に申請し、国も県も認めている。２０１４年度中の交換のはずだったが、しかし、いまだ交換されてはいない。

これを再稼働するなど、自殺行為である。私たちは、2号機再稼働の阻止に歩みを移す。

1号機が再稼動されたからといって、私たちは泣きも喚きもしない。これまで通り、原発の廃炉を目指して動き続けるだけだ。海も森も大地も私たちのものだ。九電の勝手になんかさせない。

出張続きだ〈2015・9・23〉

このところ出張続き。4週連続、週末はどこかに行っていた。と言っても仕事ではない。原発反対の集会や講演会に、鹿児島の状況を説明するために呼ばれてしまうのだ。

8月11日、川内原発の再稼働を許してしまったが、全国の反原発の勢いはなお盛んだ。

先ずは神戸。戦争法反対の孫崎亨さんとご一緒だった。中国は日本の2倍のGDPがあり､軍事費はその2％を超えている。GDPの1％と決めている日本の4倍の軍事費を投入していることになる。すでに軍事力の差は相当開いており、中国に追いつくためには、GDPの30％以上を日本はつぎ込まなければならない。高齢化の進む日本では到底ありえない。戦争なんか無謀すぎるのだ。とかとか、説得力のある話を聞けた。

次いで京都集会。その次の週は、東京経産省前テント4周年集会。そしてお次は、四国は伊方原発を抱える愛媛県松山で講演だった。

松山？　どうして行けばいいの？　だったが、新幹線で小倉まで行き、松山行きの夜行フェリーに乗る。夜の10時に出て、朝5時に着く｡早すぎるので7時までは船の中で寝ていられる。港からは松山市内までシャトルバスがある。まあ、そんなふうに聞いていた。

ところが、最初から躓いた。予約していない人はキャンセル待ちだという。青くなったが何とか乗り込めた。2等の雑魚寝ではなくドライバールームの寝台だという。これはラッキー。

ところが、私の身長は184センチと無駄に高い。寝台には収まりきれず、対角線に寝てやっと足が伸ばせる。なかなか寝付けない。翌朝、目が覚めたのは掃除のおばさんのギャアと言う悲鳴だった。寝台のカーテンを開けたら人がいたから驚いたという。こっちこそ腰が抜けそうだった。

おまけに、7時を過ぎていたからシャトルバスは出てしまった後。次の便まで2時間待ちだと同情された。

そんなドタバタがありつつ、週末は潰れていったわけだが、あらためて思うのは、今回の反原発のうねりは一過性ではないということ。全国津々浦々、人々の中に強く確信された反原発の意思は、消えることなく持ち続けられていくに違いない。それは、川内原発がどうなろうとも、だ。

戦争法についても然りである。法が成立すればするほど、戦争反対の気持ちはより強い確信となっていく。

戦争と原発。人々の命を危うくする二つの問題を、ようやく人々はわがこととして捉えるようになった。夜明けは近いんじゃないの、と思いたい。

もっとも、私たちはできることを淡々とやるだけですけどね。

ゲート前事件〈2015・10・22〉

九電は、1号機に続いて、2号機の再稼働を10月15日に実施するという。黙って見過ごすわけにはいかん！というわけで、11日から原発ゲート前でハンスト決行とあいなった。

事件は、その日に起こった。ハンスト突入の記者会見が終わり、やれやれ一段落。日差しを避けるため、簡易テントの下に座り込んで世間話に興じていた。そんなとき、道路の向こう側に、黒い警備の服を着た警察官が現れた。何すんのかなー、と見ていると、こちらをパチリ。

ハア？　記念に一枚という仲間内ならピースサインでもしよう。新聞記者は仕事だから許そう。だが、警察となれば話は別だ。

一応こっちにも肖像権というものがある。立ち去ろうとするので、すぐさま「そこの警官、待て」と声を上げた。ガードレールをまたぐと、警官の足が速足になった。

「こら、止まれ。いま写真を撮った警官、お前だ。止まれ」と呼びかけると、あろうことか走り始めた。走られたら追いかけなければならない。

これからハンストだというのに、「止まれ」「おい、こら」と叫びながら、300メートルほど追いかけた。

パトカーに逃げ込んだ警官を外に出して、「ダメだろう。わかってんのか、1969年の京都学連事件、最高裁判例があるのを知ってるだろう。肖像権の侵害は犯罪行為だ」とお説教。

それにしても、これまでの人生58年、追いかけられることはあっても、警官を追いかけたのは初めてだった。反対派仲間野呂さんからの聞きかじりが役に立った。

九電が再稼働をした15日の午後5時、2度目の事件が勃発。総括集会で話をすることになり、その枕で11日の「警官追いかけ事件」をやったちょうどそのとき、何やらもめごとが発生。聴衆はもめごとに移動して話どころではなくなってしまった。

県の職員が公用車からこちらの写真を撮ったので、抗議しているという。周りには警備や交通整理の警官がわんさかいる。私はマイクで「警官は県職員の犯罪を見逃すな。現行犯で逮捕せよ！」なんて、当然の要求。

公用車は抗議の住民や警官が二重三重に取り囲んで、身動きとれない。30分ほどたった頃、私の立ち合いで画像を消すことになった。保存データをみると反対派住民の他に、お孫さんの運動会の写真やらがあった。申しわけなかったが、よくわからないので全部消してもらうことにした。

「お名前は？」「○○です」。「肖像権の侵害ですよ。悪いことですよ」「はい」。「もうしたらダメですよ」「はい」。ちゃんと反省の言葉も聞いた。

秋はカニ！〈2015・11・20〉

人間たまには息抜きも必要だ、ということで、最近週末の夜は、時間を作って海に行く。桜島桟橋の北側、沖に張り出した防波堤に、立入禁止の看板も何のその、テトラをひょいひょいと跳びながら渡っていくのだ。

ちょっと難易度が高いので、あんまり釣り人はいない。ゆったりと海に向かうことができる。

狙いは何かといえば、ミズイカ。まず、日のあるうちに小魚（ネンブツダイ）を釣る。エサは前回釣ったイカの足を細かく切ったやつ。出費ゼロの完全循環が成立しているぜ、えっへん。日が落ちると、この小魚を生餌に仕掛けを海に放り込む。たいてい8時ごろまでに2、3匹はイカが食いついてくる。

なにせミズイカはイカの王様。甘味の強い刺身には定評がある。こっちは釣りたてだから、さらにうまいのなんの。スミ袋は丁寧に取って味噌汁に入れたら真っ黒なスミ汁になる。奄美ではマダ汁と言って大人気。深いコクのある味は病みつきになる。

はらわたやゲソ、剥いた皮は細かく切って醤油に漬け込んだら2、3日でなじんで立派な塩辛になる。これもうまい！　ごはんに載っけたら何もいらない。

そんなことを思い、つばを飲み込みながら、電気ウキを眺めるのだが、潮が止まり、うんともすんともいわないときもある。

先日、そんな暇なとき、波打ち際を懐中電灯で照らしたら、なんとカニがテトラにへばりついていた。タモ網でゲット。丁寧に探ると、ここにも、あそこにも。だが、敵も逃げ足が速く2匹目からは簡単にはいかない。結局、その日はイカ1匹、カニ1匹だった。

味噌汁にしたカニに味をしめ、次からは、イカ、カニ両刀遣いを目指すようにした。

スーパーで魚のアラを確保。テトラの隙間に引っかかっていたテグスでアラをしばり、そこらで拾った竹に括り付け、テトラの波打ち際に揺らしておいた。

うん？　波にもまれていたアラが動かない。そうなんです。匂いを嗅ぎつけたカニがアラを掴まえているのです。アラに夢中に食いついていたカニを、アラごと網でゲット。また置いておくとカニ、またカニ。こうしてザクザク獲ることができた。

塩ゆで、味噌汁、焼きガニもいい。小ぶりだが、北海道の毛ガニにも負けない味の甘さと濃さだ。うん。秋はカニ！なのだ。ちなみにカニは、ショウジンガニ、イボショウジンガニ、イシガニ、ベニツケガニなど多岐にわたる。毒のあるやつはテトラにいないから安心だ。

禍福はあざなえる「綱」のごとし〈2015・12・21〉

小社は出版社であるが、例えば年に一度の有機農業祭である生命のまつりなんかに出店している。

そんなとき、最近では本を陳列する台の前に「自然とともに生きる南方新社」と大書きした旗を飾る。黄色に赤、目立つ旗がとても気に入っているのだが、悩ましい事件があった。

この旗、もとは新入社員・大内の父君が厚紙で作ってくれたものだった。それを、持ち運びが便利なように、布製にしようと思い立ったのだ。

旗作りをしている高校の同級生に、予備を入れて3枚作ればいくらになるか、見積もりを頼んだ。3～5枚で1万5千円とFAXが来た。原版を作って布に印刷するわけだから、3枚でも5枚でも手間は変わらない、なんて良心的なんだ、と、3枚あれば十分だったのに、「お言葉に甘えて5枚」と、言葉を添えて返信した。

1週間ほどで送られてきた5枚の旗を開いて大満足。スタッフともども、わいわい騒いでいた。ところが、同封されていた請求書を見て、目が点になった。8万1千円！

単価が1万5千円の5枚で7万5千、プラス税とある。こちらはてっきり全部で1万5千円と思っていたからショックが大きい。慌てて見積書を見返してみると、確かに3～5枚、1万5千円とあるのは単価の欄。なんてこった。早とちりだ。同級生に電話をして事情を話したが、負けてくれたのは5千円ぽっち。ガックリ。

それから坂を転げるように散財が続いた。パソコンが壊れて14万、車が故障して5万、単車もパンク。麻雀では大負け続き。旗事件からわずか20日ほどの出来事だった。

だが悪いことも長続きはしない。ショックが和らぐとともに運気も上がっていった。

先ず麻雀の負けを取り戻す大勝が、3回続けて来た。次いで夏過ぎに出した『原発に侵される海』が南日本新聞の書評で紹介された。書いてくれたのは、京大教授の加藤真氏だ。お会いしたことはないが、小社刊の本にもしょっちゅう登場してくれる大御所だ。「原発の温廃水が海の環境に与える影響について詳述したほとんど唯一の書籍である」と、こちらの一番言いたいことを書いてくれている。

数日後には、これも辺野古沖の世界的生物多様性を写し撮った本『大浦湾の生きものたち』が、朝日新聞の夕刊1面トップで紹介された。注文が増え正月前にいいお年玉になったと喜んでいたら、そのまた数日後には、なんと朝日新聞の社説に紹介された。

これほどの振れ幅は経験したことがない。縄ではない。禍福はあざなえる綱の如し、だ。

2016

向原先生と海に行く〈2016・1・20〉

年が明けても相変わらず慌ただしいのだが、ふと、去年の今頃は青くなっていたのを思い出す。油断して仕事をさぼっていたら、売り上げが大幅に減って、会社の存続も危ないんじゃないの、と思うくらいだった。

あわてて態勢を整えて、あれから一年、22冊の新刊を送り出した。

2月刊行の『海辺を食べる図鑑』は順調にはけ、久々に1年のうちに1万部を刷るまでになった。調子に乗って、第2弾、増補版の刊行に向けて、せっせと海に行っては、掲載できていない貝やカニを食べている。30種は追加できただろうか。

一番のヒットは、赤と白の紅白ナマコ。干上がった岩の上に伸びていたのだが、阿久根の磯に同行した地元育ちの松永さんが「こいつは食べてるよ！」と教えてくれた。実際、恐る恐る食べてみたら、これがまた、うまいのなんの。図鑑で見たら、アカオニナマコという、ちょっと怖い名前だったけどね。

「海のもので、食べられないものはない」

これは基本だが、動かないもの、動かないものを食べるものは、要注意だ。

ナマコの仲間はたいてい海の底に無防備に転がっている。そのままなら、敵に発見されてあっという間に食い尽くされてしまう。だけど、食い尽くされないのは、たいていのナマコは毒（サポニン）を持っているから。

もう一つ。ウミウシの仲間も、近寄らない方がいい。のろのろ動くので簡単に掴まえられるが、岩に張り付いているカイメンを食うやつがいる。カイメンの毒を体内にため込んで、身を守るというわけだ。このウミウシを食べたら酷い目に遭う。ここだけの話、私も、ヤマトウミウシなんていうのを食べて、1回、吐き気と下痢で酷い目に遭った。

もっとも、ウミウシの仲間でうじゃうじゃいるアメフラシは、昔から韓国や壱岐では食べているというし、かの昭和天皇も3回食べたというのは有名。あまりおいしくはないし、たくさんいるから、毒なんか持たなくていいということか。

この『海辺を食べる図鑑』を手に取った宝島社の『田舎暮らしの本』が昨年夏に取材に来て、「海の達人」という特集を組んだ。最近では、農文協の編集部が「向原先生と子どもの、海辺を食べる野外学習」を企画してきた。ちょうど、社員の子どもに小学生がいたから、ホイホイと応じた。この連載もこれから始まる。

これで大手を振って海に行けるというものだ。でも、食べ物獲りに行くのが学習だなんて、それだけみんな海から遠ざかっているということだね。

山で足すべし〈2016・2・18〉

先日の寒い朝、会社に行く途中のこと。田んぼの中に延びる小道のずっと向こうに、中腰の人影のようなものが見えた。気のせいかと首をかしげていたら、やがて藪の脇から立ち上がって歩き始めた。

バイクで近づくと、60代とおぼしき女性がズボンをずり上げている。そうか、小便をしてたんだ。散歩の途中に冷えたんだね、きっと。久々に出会った懐かしい光景に、ほんわり温かくなった。

最近、道の脇で小便をしている姿を見ることはない。私らの小学生の頃は、女の子でも堂々と道端に座り込んで、白いお尻をこちらに向けていたものだ。いつの頃か、そんな子供たちも姿を消した。

南方新社では、度々庭でバーベキューをする。ビールや焼酎をたらふく飲むから、催す回数も多くなる。食べられない鶏やカモの骨をそこいらの山に放るように、だだっ広い庭の隅っこで用を足せばいいのに、女性ならともかく、男もトイレのありかを聞いてくる。「大か」と聞くと「小だ」と言う。おまけに、庭ではできないという。

たいてい夜だから、庭でしても誰にも見えないし、ほんの数分で片付くのに、わざわざ玄関に回って、靴を脱いで上がっていく。時間もトイレの水も、無駄というもの。何とも不思議でならない。

確かに、家の門や塀に小便をされたら不愉快だ。目撃したら「やめろ」と文句をつける。街中のコンクリートの上も、いつまでも跡が残るし、匂いも付きそうだからやらない。

だけど、庭の隅っこの藪の陰や、アスファルトが塗られていない田舎のあぜ道なら、すぐに吸い込まれて跡形もなくなる。何の問題もない。

会社の若いスタッフは軽犯罪だという。気になったから、ちょっと調べてみると、条文には「街路または公園その他公衆の集合する場所」での立ち小便とある。ほらね。あぜ道を街路という人はいないだろうし、庭の隅の藪の陰を公園だという人もいない。ましてや、人なんかいないしね。

つまり、この法律は都会の法律であって、田舎には関係ないということ。

何年か前に、南大隅の辺塚に町長が核のゴミ捨て場を誘致するという騒ぎがあった。地元の自然を守る会の呼びかけに応えて、土日の度に、山の中の集落にビラ配りに出向いた。もちろん、コンビニや公衆トイレなんてそこらにないから、やむなく女性軍も山で用を足していた。だけど、何回か山の中で足すうちに、「開放感がたまらん！」と大喜びで山に入っていくようになった。そうだ、人たるもの、山で足すべし！なんだ。

包丁一本〈2016・3・22〉

「オーイ、向原、獲ったド。ちょっと小さいけどな」とウナギ仲間の野田さんが、近くの川で獲った一匹を会社に持ってきた。

会社の何人かに、「あんた、持って帰っていいぞ」、と声をかけるが、なんだか迷惑そう。聞くと、どうしていいか分からないという。

最近では、自分で魚をさばける若い女性はほとんどいないという。スーパーでも切り身ばかり。へたすると、小骨まで取ってある。さばいた後の魚の内臓を、ごみに捨てるのが面倒という話も聞いた。うちなんか、トリ小屋に放りこんだら大喜びでトリさんたちが食べてくれるが、そうでなくても、ビニール袋に包んでおいたら、匂いも気にならないはずだ。

要は、包丁を握ったこともなく、ましてや魚やウナギなどさばこうと思ったことさえないのだ。何たること！

ウナギはスーパーで焼いたものを買うか、ウナギ屋で食べるものと思い込んでいる。だが、抗生物質やれ、成長ホルモンやれで、半年やそこらで促成されたものと違って、小さくても3年は川で泳ぎまわっていた腕白だ。ものが違う。

能書きを垂れつつ、けしからんとか言っている間に、会社の台所でさばいて食べようということになった。

ところが、にょろにょろ動き回っているウナギを気味悪がって誰も近づこうとはしない。結局私がさばくことになった。

とにかく食えればいい、というわけで、4つにぶつ切り。そのままでもいいのだが、ちゃんと開いて、硬い背骨は取ってあげた。ガスコンロのグリルに並べて火にかける。焼けたころ合いを見て粗塩を振って皿に盛ったら出来上がり。ホラ、と差し出されたウナギの白焼きを恐る恐る口にしたスタッフから、ワーッと歓声が上がった。

「なんておいしいの」

「こんなのは食べたことがない」

おいしいはいいけど、君たち。魚でもウナギでも、先ずものの違いを知りたまえ。養殖ものか、天然ものか、ここには雲泥の差がある。

その次に鮮度だ。雨上がりの晴天続きは大漁に決まっているから、魚屋に行けば山のように新鮮な魚が並んでいる。さらに、ものの鮮度もさることながら、調理してからの時間も短い方が断然うまい。

刺身でも、切って時間が経ったのと、自分でさばいたのとは、天と地ほどの差がある。もちろんうまいのは自分でさばいたものさ。おまけに、お金も何分の一かで済む。

お金を掛けず、おいしいものを食べたいなら自分でさばくべし。まずは、マイ包丁一本。そこからスタートだ。

山からのご褒美〈2016・4・21〉

一年で一番好きな季節がやってきた。この下田の事務所の周辺の山は、木々が一斉に芽吹いている。

普通に言えば黄緑色なのだが、やはり、「萌黄色」と自然に口をついて出てくる。

芽吹いているのは、冬の間、葉を落としているハゼやイヌビワだけではない。葉を付けていたクスやクロガネモチは、この時季古い葉を落として若葉に入れ替わる。硬い緑の葉をまとっているようなカシやシイの木でさえ、枝の先に新しい葉を付ける。

全体には萌黄色なのだが、赤っぽいのもある。林縁が好きなシロダモの若葉が、ことのほか主張している。ヤマザクラの若葉も赤い部類だ。

濃い緑の安定感と、それを覆う萌黄色の勢いの良さ、そして、そこかしこに垣間見える赤い色。この多様なモザイク模様は、一年にこの季節だけの、山からのご褒美だ。

白い花も目に付く。日当たりのよいところにある白い花の群落はノイバラだ。木陰の小さな白い花の塊はマルバウツギ。やがてコガクウツギに主役を交代する。光沢のある広い葉っぱの中に小ぶりのアジサイのように咲く白い花はハクサンボク。花の一つ一つを近くでよく見ると、精密な設計が施されていて、「白い花」と、ひとくくりにするには惜しい。

そんな中で、アクセントをつける朱色のヤマツツジと、山の木の上に、豪華な青い髪飾りのようなヤマフジを見つけたら得した気分になる。

ちょっと郊外に出て、そこらの山を一回りするだけで、いろんな発見が待っている。

ちょうど連休明けには、『野の花ガイド路傍３００』が出来てくる。自然の中に、もう一歩深く入って行くための、いい道案内になってくれるに違いない。

そんなある日、知人から一本のメールが届いた。ぜひ聞いてほしい歌があるという。

「花は咲けども」という歌だ。

原子の灰が降った町にも
変わらぬように春は訪れ
もぬけの殻の寂しい町で
それでも草木は花を咲かせる

花は咲けども花は咲けども
春を喜ぶ人はなし
毒を吐きだす土の上
うらめしくやしと花は散る

植物は、構造が単純なだけに簡単にはへこたれない。だが、人間だけでなく、花を喜び受粉に大切な役割を果たす虫たちは、いち早く姿を消していく。喜びの季節ではあるが、福島の静かな春を思わざるを得ない。

たい肥２トン〈２０１６・５・20〉

５月に入ると、田んぼの周りが急に生き生きとしてくる。先日は会社への道すがら、軽トラが何台も連なって停まっていた。年寄りたちが、何やらしている。用水路の点検を兼ねた草刈りだ。

オー、田植えの季節がやってきた。

１反５畝のわが合鴨の田んぼには、2トンのたい肥を撒いた。と書けば、わずか1行だが、軽トラにズシンとくる山盛りのたい肥を積んだまま、田んぼに入るのは勇気がいる。

何日か晴天が続いて乾いたように見えても、完全には乾ききっていない。去年は、案の定はまってしまい、通りがかりの年寄りに腰も折れよというほど押してもらって助かった。

通りがかりのもう一人は、こりゃダメだとさっさと見切りをつけて、牽引するためのトラクターを手配してくれた。緊急出動のトラクターが到着する前に脱出できたので、途中で引き返してもらったが、格好悪いことこの上なかった。

去年の轍は踏むまい！　ゆらゆら揺れながら田んぼの奥まで進み、半分くらい撒いたところで動かそうとした。空回りだ！まずい。すぐにエンジン停止。安全策を取って、荷台を空にすることにした。

軽トラ周辺にたい肥を撒き散らせば短時間に終わるのだが、離れたところまでシャベルに乗せたまま運んで行って撒くのは、たいそう手間がかかる。何とか1回目が終わって、たい肥積みに戻ったら、橋口さんがバックの方が動きやすいと教えてくれた。

そうか、やってみよう。

2回目は、3分の1撒いたところで、ちょっとバックしてギアを切り替えて前に進む。わだちができているから、バックも前進もやりやすいのだ。その勢いでもっと前へ。おっ、今度は大丈夫。この要領だ。

というわけで、2回目、3回目、4回目と、はまることなく撒き終わった。だが2トンだ。利き腕の左腕と左肩、左側の背中がくたびれ果てた。3時から始めたのだが、汗みどろになって終わったのは、日も暮れようとする7時前だった。

そのころになると、脇の農道に見慣れない家族連れの車が1台、また1台と通りかかる。

そうなんです。この七窪の谷は、知る人ぞ知る蛍の名所なんです。世話好きの町内会長さんが、谷に誘導する案内板を立て、休耕地を駐車場に仕立て上げている。

実は何年か前、この谷を何とか売り出そうと考えたこの会長さん、市に掛け合って道路改修させたおかげで全滅の危機に立ち至った、あの蛍だ。何とか回復してくれたようだ。よかった。

モグラ戦記〈2016・6・21〉

6月19日、田植えが終わった次の日曜日。この日はわが田んぼの合鴨君のための網張りの日と決めていた。合鴨君が逃走しないように、田んぼの周囲をぐるっと網で囲うわけだ。

平日は仕事が山と溜まっているから、呑気に田んぼに行くわけにはいかない。スタッフにばれたら、「仕事もせんで」と冷たい視線を投げられる。

雨天決行。だが、早朝から大雨。おまけにゴロゴロ雷も鳴っている。カーボン製の支柱は雷を呼びやすいとビビったが、田んぼは谷間にある。まあ大丈夫だろう。というわけで、9時過ぎ田んぼに到着。

日置や長島で時間80ミリを記録した大雨だ。溢れているんじゃないかと心配したが、パッと見る限り無事だ。排水口を覗くと勢いよく水が流れていた。でも、ちょっと腑に落ちない。これだけ？　ひょっとすると、と心配になって畦を細かく踏み続けている内にズボッ。空洞だ。露わになった洞に水がガンガン噴き出ている。やはり、水の出口は排水口だけではなかった。

田んぼの水位が上がって、モグラの穴から入った水がどんどん土を洗いながら畦の反対側に流れ出ていた。穴の入口は無事で、出口側から土が流れ出て空洞になっている。ほう、こうして崩れるのね、なんて感心している場合じゃない。

慌てて、会社の隣の町内会長さんに助けを求めた。

「土嚢袋、いくつか下さいな」

モグラ穴の入り口を足で踏み固めて水を止めた後、空洞に土嚢を積む。よろよろしながら運んだ土嚢は８袋にもなった。

あと、１時間発見が遅れていたら畦は決壊し、田んぼはむちゃくちゃになっていたに違いない。ほーっ。

もう一つ幸運が重なった。用水路から水が来ていなかったのだ。ずっと上流で土砂崩れがあり、おかげで、こっちの田んぼへの水の取り入れ口が土砂で埋まり塞がっていた。

大雨とともに用水路からも水が来ていたら、田んぼは溢れていたに違いない。越水も畦崩壊の呼び水になる。全く運がよかった。

こうして午前中は畦の修理にすっかり時間をとられ、午後から網張りと相成った。

ここで、問題がまた一つ。上の田んぼの崖から、水が噴き出ているのを発見。またまた慌てて上の田んぼのモグラ穴を潰し、排水口の水の出を最大にした。

モグラは生きるために懸命に穴を掘り、人間も生きるためにこれまた懸命に穴を潰して回る。この営みは、ずっと昔から続いてきたし、これからも続くんだね。

ヒエ田んぼ〈２０１６・７・20〉

７月10日、知事選の投票日。去年の投票日も田んぼにいたなあと思いながら、この日も田んぼの草取りに精を出していた。

自分の田んぼじゃない。83歳のばあちゃんがやっている３枚上の田んぼだ。83とくれば、経験豊か。だけど、その経験があだになって、今年はひどいありさま。ヒエが一面芝生のように生い茂っているではないか。

アイガモで米を作るとき、田植え後の最初の１週間が何より大事だ。

カモに期待する最大の働きは除草だ。生えた草を食ってくれるというわけではない。カモが泥をかき混ぜながら泳ぎ回って、ヒエが生えないようにしてくれるのだ。

だが、田植え後にすぐカモを放すわけにはいかない。根付いていなければ、苗は浮き上がってしまう。ちゃんと根付くまでの１週間、その間に田んぼの水が少なく、土が露出でもすれば、ヒエが一斉に芽吹いてしまう。

田植えの後、何度か「ばあちゃん、土が見えてるよー」と電話で連絡していたのだが、その度に、「天気予報で雨が降るから放っておくよー」だった。

それも理由があった。水が多すぎると、田植えすぐの小さい苗は水没する。水没したままだと苗が腐ってしまう。畦が壊れるのも怖いときた。

結果、案の定、ヒエ田んぼだ。「ほうら、言ったこっちゃない」、と悪態をついたが後の祭り。

稲刈りのときに世話になる橋口さんに連絡すると、「ヒエはコンバインに負担がかかるんだよねえ。困ったねえ」とくる。

なにせ83歳、このところめっきり足が弱くなって杖を突いている。これじゃ田んぼの草取りどころじゃない。バッタリ田んぼの中で倒れたら、起き上がれないかもしれない。

ヒエも、子供のうちの今が勝負。「やれやれ」と呟きながら、ばあちゃん田んぼに入ったという次第。

はじめは、丁寧に手で取って泥に埋め込んでいたが、1時間で3列しかできない。中腰の姿勢は、昔、中学の部活のしごきでやらされたスクワットと同じだ。太ももの裏がヒクヒクいいはじめている。こりゃあダメだ、というわけで、足で踏みつける作戦に転じた。ヒエを足で踏んづけて、泥の中に埋め込んでいくわけだ。往復2回も歩けば、かなりきれいになる。

端から順にやるのもつまらない。気の向くまま、あっちを歩き、こっちを歩き、とにかく歩き回ること4時間。シトシト降っていた雨が土砂降りになってきた。終了。

ばあちゃん曰く、「来年は無理かもねえ」。この谷の田んぼやってるのは、私を除いてみんな70代、80代だ。

島津家本4連発〈2016・8・22〉

このところ、田んぼ話が続いていたが、ちゃんと本づくりの仕事もしていますよ！と言うか、仕事が立て込んで、にっちもさっちも首が回らんという状態なのです。

なんと、島津家関係の歴史ものが4連発、集中して舞い込んでいる。

1発目は、『鹿児島市の歴史入門』。『奄美の歴史入門』をものにした小学校の校長先生の作だ。奄美の方は、順調に売れ続けて、小社の経営を助けるロングセラーの一つとなっている。

この鹿児島市は、なんといっても島津四兄弟の父・貴久が拠点を構えた時から南九州の中核となっていく。

ほうほうと頷きながら編集を進めていたら、2発目『島津四兄弟』の原稿が舞い込んだ。秀吉の朝鮮出兵で蛮勇を振るい、かの国の人々に鬼シーマンズと怖れられた二男・義弘の話は聞いたことがあるだろうか？　これは知らなくても、義弘の関ケ原敵中突破は有名だ。いまでも、当時を偲んで妙円寺参り、なんていうのが行われているくらいだもんね。

長男・義久は九州制覇を目前にしながら豊臣秀吉に敗れ、髪を剃って川内太平寺で降伏した。

三男・歳久は、秀吉との抗戦を主張したとかで秀吉に恨まれ、後の梅北の乱にかこつけて切腹させられている。

四男・家久はいくさ上手。沖田畷の戦いで、5千の手勢で3万の龍造寺隆信軍を撃破した。「釣り野伏せ」というやつだ。あーもう駄目だと負けたふりしておびき寄せ、伏せて隠れていた両側から一気に鉄砲を撃ちかけるという、ちょっとせこい戦法と言えば言えなくもない。

こんな話だけでなく、島津家の土台を固めた四兄弟のすべてが網羅されている。

著者は、大学卒業後、会社に勤めながらコツコツと『島津国史』『旧記雑録』といった史料を読み込んで一冊にまとめ上げた。いやいや、頭が下がる。

ふむふむと編集していたら、3発目『島津忠久と鎌倉幕府』だ。島津家初代・忠久は、源頼朝の愛する丹後の局が正妻政子の嫉妬を逃れてたどり着いた、大坂住吉大社の石の上で、雨の中、生まれたことになっている。いやいやそれは全くの作り話で、実の両親はだれそれで、という話から始まって、鎌倉幕府の権力争いの中で生き延びた忠久の実像が詳細に綴られている。原稿用紙1千枚の労作だ。

へーと唸っていたら、4発目『梅北一揆の研究』が、高名な紙屋敦之先生から届いた。秀吉の統一政権に異を唱えた一群の人々が、この鹿児島に存在したのである。

4本で３５００枚だ。読むだけで息が上がる。ふー。

トコロ天国〈２０１６・９・22〉

昨年刊行した『海辺を食べる図鑑』。順調に売れているのだが、現在続編を準備中だ。重要な種類がちょこちょこ漏れているから、それを埋めなければならない。その一つがトコロテンの材料となるテングサ類の代表選手、マクサだった。今年4月の大潮、祇園之洲で待望のマクサに出会った。

早速、持ち帰り、洗って干すこと1週間、立派な乾燥マクサに生まれ変わった。

私は会う人ごとに海藻を食べるように勧めてきた。毒はないの？と聞かれるが問題ない。野草と一緒で、ちょっと噛んでみて、苦かったり、石灰質を含んでジャリジャリしたりする奴はやめておく。なにせ、海のミネラルを集めた栄養の豊富さは、陸の野菜類とは比べ物にならない。もちろん、それぞれの海藻独特の風味や歯触り、舌触りも楽しめる。

だが、なんといっても有り難さを実感できるのは、海藻の茹で汁だ。たいていの海藻は、一旦茹でて、その後、サラダやパスタ、汁物の具にしたり、和え物にしたりする。その茹で汁が旨いのなんの。少し塩をするだけで極上のスープに仕上がる。

これで終わりではない。だれもが驚くのは翌朝だ。なんとスッキリ！　便が、通常の倍以上。腸の壁にくっついたゴミを丸ごと大掃除してくれたに違いないと思ってしまう。水溶性食物繊維の偉大なる働きだ。

トコロテンも、海藻の茹で汁を固めたもの。材料はテングサ類を使う。

さあ、トコロテンに挑戦だ。

乾燥したテングサを一掴み鍋で茹でる。15～30分。汁に少しでもとろみを感じたら大丈夫、ガーゼで濾してどんぶりに受ける。ガーゼがなければ、金網の味噌こしで十分。常温でも固まるが、粗熱をとって冷蔵庫に入れて固めればおいしく出来上がる。

食べるときは、どんぶりをひっくり返す。それを包丁でザクザク切って、醤油かポン酢で味わう。大きめに切るのがいい。細く押し出す専用の道具（天突き）なんかいらない。包丁で切れば十分。

一度茹で汁を濾した残りのテングサも、まだ十分使える。二度目、三度目、これでもかというくらい茹でる。濃い茹で汁で固めに作ると、風味満点になる。極上の自家製トコロテンだ。うん、旨い。思わず唸ってしまう。

これを食べると、市販のトコロテンは、固まるぎりぎりまで薄めて増量しているのではと、疑ってしまう。今年の夏、何度トコロテンを作っただろう。

テングサはそこらの「道の駅」でも売っている。製品のトコロテンと同じ値段のテングサで、10倍のトコロテンができる。自分で作らない手はない。

葬式続き〈2016・10・20〉

このところ葬式続きだ。知り合いが次々と鬼籍に入っていく。この前の月曜日は、従兄の66歳の嫁さんの葬式、水曜日は高校の同級生だ。こう、50代、60代の葬式が続けば、私たちの世代の寿命が短くなっているのがよく分かる。

渡辺のジュースのもとをなめ、インスタントラーメンで育った世代だ。チクロ入りのジュースもよく飲んだ。散々売っておいて、あとから発がん性物質だと言われても困る。中国の核実験では、禿げないように雨に当たるな、と注意されたものだ。

だが、その後も、何の反省もなく新しい人工甘味料や、よく効く農薬が次々と生まれてきた。放射能を日々垂れ流す原発もある。やれやれ。

いや、今回書こうと思ったのは、そういうことではなかった。

葬式にわざわざ来た東京の親戚が、「タカちゃん、東京に来たら寄ってね」と言ってくれたのだ。兄がヨシヒデなので、ヨシタカの私は、60歳間近になっても「タカちゃん」である。それはいいとして、気付いたのは、東京にも、どこにも行きたくない、ということ。

つい10年ほど前は、台湾やれ、ブラジルやれ、声を掛けられたら「面白そうだ」とホイホイついていったもんだ。そう、小笠原にも行ったっけ。ところが、どこにも行く気がしない。どういうこと？

思い当たる節がある。先日も、自分の余命というものを考えた。父が逝ってしまったのは78歳だったから、私の余命はよくて20年。寿命の縮む世代に属しているから、せいぜい10年というところか。

だとしたら、今さら遠い見知らぬ土地に行く労力は、途方もない無駄に思えてしまう。

一方で、自分はこの鹿児島の、この下田でさえ、知らないことばかりなのを日々思い知らされている。

次々に舞い込んでくる鹿児島の歴史や民俗関係の原稿に目を通すたびに、無知を突き付けられる。自然の仕組みについてもそうだ。稲刈りの下準備に、会社の女性スタッフ２人が手伝ってくれた。裸足で泥に浸かって、ぬかるみの稲を手刈りしたのだが、ちょうどその泥に浸かった部分が２人ともかぶれてしまった。その原因が、ちっとも分からない。

10年前は、分からなければ、そのうち分かるだろうと先送りできたが、先がないとなればどうだろう。

こうして、何にも分からないまま終わってしまうのだろうけれど、静かに動かず、足元の広く深い世界を知ることに力を注ぎたいと、いつの間にか思い始めている自分に気が付いた。

『加計呂麻島　昭和37年』〈２０１６・11・16〉

今から50余年前、オーストリアの民族学者、ヨーゼフ・クライナーが奄美・加計呂麻島を訪ねた。来日した彼に、「日本文化を知りたければ、加計呂麻島に行け」と、勧めたのは柳田國男だった。

早速この島を訪れたヨーゼフは、集落をめぐりながら、島の風景、人々の暮らし、神祭りのすべてを記録していた。今回、瀬戸内町制60周年を記念して、南方新社から『加計呂麻島　昭和37年／１９６２　―ヨーゼフ・クライナー撮影写真集―』を刊行した。

ネガのまま、50年余り眠っていた写真の数々は、当時を鮮やかに再現してくれる。

青い目のヨーゼフに、物珍しげに群がる子どもたち。ズックを履いた子もいれば、裸足の子もいる。小学生くらいの女の子は、赤ん坊を背負っている。屈託のない笑顔が、あちこちではじけている。

大人たちは黙々と働く。農耕用の牛を飼い、田んぼをこしらえ、サトウキビ畑に通う。小舟で海に出て漁をすることもある。

家は粗末なかやぶき屋根、道路は舗装なんかされていない。

自然に育まれながら、静かな営みが続いていることがよく分かる。

神祭りの章がある。神人、それは集落の高齢女性たちなのだが、季節の折々に神人の白い衣装をまとい、祭場に集まる。儀式の後、海辺に出てススキを海に流して、訪れた神が来年も来てくれるように祈っているシーンがある。神々しさが胸を打つ。

昭和37年当時、島には６４０１人いた。今、１４２８人。４分の１に減ってしまった。日本中の田舎が、過疎を通り越して廃村続出の時代を迎えている。いわば、加計呂麻島は、その流れの先端にあると言っていい。

一枚の写真が、今も目に焼き付いている。自分の体ほどもある大量のサトウキビを背負い、製糖工場まで運んでいる女性の姿だ。じっと前を見据え、一歩一歩。ずっと同じ歩調で歩いてきたのだろう。その後ろには、赤ん坊を背負った女の子もいる。何百年と続いてきた光景だ。

あるとき、この背負う女性は私たちの母の姿であり、祖母の姿であると気が付いた。この母たちの風景が消えるということは、私たちは過去を失うということではないか。だとすれば、町に住む私たちは、今を漂っているに過ぎない。

守るべきものをなくした私たちは、時代の風に、ただ吹き流されてゆくだけなのだろうか。

過去を奪われていることを、自覚せよ！　この写真集は、そう呼びかけているように思う。

田舎の観光と文化〈2016・12・20〉

テレビの旅番組は人気とあって、その数も多い。私も、うるさいだけのバラエティなど見る気がしないから、すぐチャンネルを合わせてしまう。

とりわけ何百年とたたずむ石造りの家や老成した果樹がたたずむヨーロッパの田舎ものは、見ていて飽きが来ない。

先日も、ブルガリアの田舎が放映されていた。さすがにヨーグルトが有名な国だけに、それぞれの家で種を絶やすことなく作っていた。それは旨かろう。女性レポーターも、美味しいを連発していた。

祖母から母へ、母から娘へ、娘からそのまた娘へと連綿と同じ種が継承され、同じ味が伝えられていく。味の旨さもさることながら、ずっと続いていく文化の強靭さと、その中に暮らしがあることの安心感を思わずにはいられなかった。

番組の終盤に、これまた伝統食のチーズが、観光客向けに村で売り出し中の商品として紹介されていた。それはいただけなかった。

村では試食もできるという。純朴そうな普通の婆さんが、恥じらいながら試食用のチーズのかけらを差し出している。

世渡り上手の商売人が、「はい、旨いよ！　旨いよ」と連呼しながら売りつけるのはまだいい。だが、いかにも不慣れな婆さんがやらされているのを見ると、だんだん腹が立ってきた。

観光は都市生活者による文化の消費行動だという。伝統とか神とかの衣をまとう物珍しい風俗が、彼らの癒しになるのだという。交通や宿泊の業者が旗を振って、その地の文化を売り物にしていく。観光される側は、わずかのお金を求めてすり寄っていく。消費されるから売り物だが、見世物といってもいい。

南の島では、海外資本のホテルで、民族衣装を身にした男女が伝統的な舞を披露している。神々への祈りが根底にあるのだろうが、ショーとして舞う方は、やがて舞う意味を忘れていく。

私が小学時代を過ごした奄美が、いま世界遺産の登録に沸き立っている。貴重な自然が守られるのはいい。だが、歓迎する声の主のほとんどが、観光客によって落ちるお金が増えることを期待している。

大手のホテル資本がどんどん進出して、島の文化が見世物にされていくのは、見るに忍びない。そのうちに本来の姿は消え、見世物に純化されていくだろう。

世界中で進行中の金と引き換えにした文化破壊の一端を、そして近い将来、奄美で予想されるその姿を、ブルガリアの片田舎でチーズを差し出す婆さんに、垣間見た気がした。

2017

アラカブ釣り〈2017・1・20〉

このところ寒波が来て、気温が下がり続けている。この寒さの中でも、釣り人は海に出かけていく。

新港から与次郎に向かう海岸近くに、2件並んだ怪しげなホテルがある。桜島の眺めは最高だろうが、すぐ下の海沿いの堤防からは、刻々と変わる波の風情も楽しめる。

変わるだけではない。波にきらめく太陽の光も、同じ輝きはない。一つとして同じ波はないから見飽きることはない。一つとして同じ木の葉がないのと同じで、ここに人工物と決定的な違いがある。と、気になるホテルのせいで前置きが長くなった。

実はこの堤防、釣りもできる一等地なのである。

正月明け、爺さんと婆さんが釣りをしていた。テトラの間に糸を垂らす穴釣りだ。見ている間にアラカブ（和名はカサゴ）を釣り上げた。爺さんは釣り、婆さんは魚を網に入れる係りだ。連携した動きはけっこう通ったことを示している。何とも微笑ましい。網の中には5匹入っていた。

もう1匹釣り上げるまで、と見ていたら根がかりだ。どうしても針がカキやフジツボに引っかかってしまう。糸を切ってやり直し。でもこれは、上手な釣り師でも避けられないこと。

ふと思った。ここは甲突川河口干潟の埋め立て地ではないか、その昔は、砂地だったのだ、と。堤防ぎわに置いてあるテトラの先は、今でも平坦な砂地なのだ。ウキ釣りで、テトラの向こう側を底ぎわに流せば、根がかりせずに釣れるに違いない。しかも、穴釣りは干潮に限るが、ウキ釣りなら干満を問わない。

こうして次の週に、早速挑戦することにした。が、寒い。最強の寒波だ。迷った挙句、現場到着は日暮前の4時半過ぎになってしまった。

仕掛けは穴釣りと同じ。ただ、ウキをつけるだけ。最初にするのは、餌がアラカブのいる底付近を流れるように、ウキ下を調整すること。ウキ下を徐々に深くしていき、ウキが寝たらオモリが底に着いた印。底から20センチに餌が流れるように調整する。

スーパーで買った150円のキビナゴを半分に切って餌にする。第1投。餌が底に着いた瞬間、ウキが沈んだ。ゆっくりリールを巻いて、先ず1匹目をゲット。餌をつけて第2投。すぐに食いついてくる。外れなし、入れ食いだ。こうして物の1時間で10匹釣り上げた。

アラカブの味噌汁は絶品だ。刺身も、コリコリしてイケル。とても食べきれないから残りは冷凍して煮付けにしよう。1時間で10匹だから、3時間で30匹、5時間頑張れば50匹だ。無限に釣れる。こりゃあ、たまらん。

日経新聞で写真集『加計呂麻島』が紹介〈2017・2・1〉

南方新社刊の写真集『加計呂麻島』が、1月22日、1月29日の2週連続の日曜日に、日経新聞に取り上げられた。

1月22日は文化欄。装幀家で名高い司修氏が、加計呂麻島で暮らしていた奥様のみちよさんとそのお父さんを軸に写真集に接している。みちよさんは、50年前に訪れたクライナーをはっきり記憶していた。

「雨が降ればお便所もお風呂も傘をさして入っていただいた」とは、著者の民俗学者ヨーゼフ・クライナーに宿を世話した人の話だ。当時の加計呂麻島は、夕方の2、3時間しか電気が来ず、真っ暗になるからクライナーは「クライナー」と冗談を言って笑わせたという逸話もある。

大地に両の足をしっかり着け、自然の営みに逆らわず暮らしていた頃の、あまりに静かで穏やかな日々の物語である。

1月29日は日経1面コラム「春秋」。奄美世界遺産登録の動きと、若い移住者が増えつつある現状も紹介する。

そういえば、先日、奄美大島を訪ねた折、宿の世話になった友人の奥さんが「都会から移住してきた若い人は口をそろえて、島の魅力を生かし切れていないというの。全く余計なお世話よね」と、もらしていた。若かったクライナーが、もし今この島を訪れたら、果たして何というだろうか。

植物大図鑑〈2017・2・21〉

84歳の植物研究家の本を作っている。南方新社、久々の大型企画である。

今ではかなり高齢の彼がまだまだ若かったころ、45歳からコツコツと植物画を描き始めた。それは自分のためだったという。図鑑を見ても、似た種との区別点はなかなか分からない。せっかく専門家に聞いてもすぐ忘れてしまう。ならば、自分ですぐ分かるようにと、写真では見えない複雑な部分、小さいところ、細かな毛、薄い膜、透明な膜まで、自分で絵に描き込んでいった。まさに細密画だ。

一つの形になったのは、描き始めてから7年後、52歳のとき。描きためた海辺の植物をまとめて出版した。日本の植物学の権威で、植物に少しでも関心のある人なら知らない人はいない故・初島住彦博士（鹿児島大学名誉教授）が、植物画を目にして絶賛した。

「図鑑の写真は花や実にピントを合わせているので、花や実のない場合は分かりにくい。その点、線画のものが最も分かりやすい」「まことに喜びにたえない」と推薦文まで寄せてくれたのだ。

それから32年。初島博士の言葉を励みに、84歳になるまで描いた植物細密画は１５０２種に達した。

南方新社から何冊も植物図鑑や野草、薬草の本を出している川原勝征さんがこのことを知り、1冊にまとめて出すべきだと、ドサッと原稿を一式置いて行かれた。

よし、出そう。即決した。

図鑑や辞典は完全なものほどいい、というのが私の持論である。たとえば小学校の図書館。小学生相手だから、簡単な小学生向きの国語辞典や、小学生昆虫図鑑でいいと大抵の人は思う。実のところ、これはほとんど使い物にならない。大幅に間引いてあるから、調べようと思って探しても載っていないのだ。

私は奄美・徳之島の伊仙小学校を卒業した。蝶を採集していたが、当時の日本の図鑑に載っていないものがほとんどだった。日本の図鑑は使い物にならないと子どもでも分かった。ところが、伊仙小学校の図書館には、何万円もする台湾蝶類図鑑があった。その図鑑には、島の蝶は残らず記載されていた。大人になってから、なんて素晴らしい図書の先生がいたのだ、と何回も振り返った。

１５０２種。どの九州産植物図鑑よりも網羅性が高く、完全版といっていい。九州中のすべての小学校に置いてほしい。もちろん、小学校に限らず全図書館、全家庭に常備してほしい。図鑑は古くなることはない。半永久的に、ずっと最高の知恵袋であり続ける。

原稿を受け取ってから半年、まだ校正の途中である。刊行までにあと半年はかかる。平田浩著『図解・九州の植物』上下巻だ。

還暦同窓会〈２０１７・３・14〉

私は、徳之島の伊仙小学校を卒業した。高校の教員だった父親に連れられて、5年の時転校したのだ。

この鹿児島にも、伊仙の子は10人ばかりいる。といっても立派なおっさんとおばさんなのだが。このところ、彼らと2カ月に1ぺんは会っている。還暦同窓会の打ち合わせだ。１００人の同級生のうち、鹿児島に10人、大阪35人、東京10人、島に30人、あとは各地に点在、といったところか。

この同窓会を霧島温泉ですることになり、鹿児島組が迎える係りになった。宿までの送迎、宴会の出し物、観光コースと詰めるべきことは、けっこう多い。だが、飲みながらの打ち合わせは、ついつい子供の頃の話に脱線する。

しょっちゅう私をつまみに来た正は、女の子たちにも意地悪で、嫌われ者だったことを初めて知った。

良治はマッチ箱に便を入れる検便に、自分のが出なかったのか、犬の糞を入れて出した。だが、ばれてしまって、先生にこっぴどく叱られていた。この話はみんなよく覚えていた。

5年の時「明日転校します、みんな今日までありがとう」と、泣きながら感動的な別れの挨拶をした繁子は、翌日も学校に出てきた。転校がとりやめになったらしい。6年の時には本当に転校したが、その時には挨拶もなく突然消えた。

この前の集まりでは、島から鹿児島の高校にやってきた武の話題になった。暴れん坊の武は、高2のときバイク事故で死んでしまった。よう子は武のことがたいそう好きだったという。今でも忘れられない、とうっとりした顔で話す。

中学の時のバレンタインでは、武のために心を込めてチョコを作った。いよいよ告白だ。恋心を誰かに話さずにはいられなかったよう子は、和子にチョコ作戦を漏らしてしまった。和子は、お節介にも「私が渡してあげる」とキューピット役を買って出た。

バレンタインが終わって、ドキドキしながら和子に首尾を聞くと、あろうことかチョコは武に渡っていなかった。「弟が食べた」と言う。よう子のショックはいかほどだったか。告白のタイミングを逸してしまった。

チョコが武に渡り、よう子とめでたくカップルになっていたら、武は鹿児島の高校には行かず、よう子と同じ島の高校に通っていたかもしれない。そうなれば、バイク事故にも遭わなかっただろう。ひょっとしたら、和子も武が好きだったのかもしれない。

人は偶然に出会い、別れていく。偶然の積み重ねに今がある。その中で生じた他愛のない出来事の一つひとつが、それぞれにとって大切な宝物になっているのだ。

自然の営み〈2017・4・20〉

4月、また自然の営みを実感する季節がやってきた。

下田の会社に出社しても、玄関に入るまでに30分はかかる。庭や藪をぶらつかずにはいられないのだ。

友人がトリ小屋の奥の茂みにハチの巣箱を置いた。セイヨウより一回り小さいニホンミツバチの群れを呼び込もうという算段だ。今、群れの偵察隊が出たり入ったりしている。うまく入れば、秋には鳥肌が立つほどおいしい蜂蜜を食べさせてくれる。

トリ小屋には卵を産まなくなっためんどり1羽とオスの烏骨鶏1羽がいる。若いヒナを入れなければ。

トリ小屋の脇に生えているビワの木には、今年はたわわに実がついている。6月、熟すのが楽しみだ。

去年ヘチマが10本ほどなった畑には、3月中旬にインゲンの種を蒔いた。芽が出ないのであきらめていたが、4月10日、やっと芽吹いてくれた。こいつも日に日に大きくなっている。6月、実をつけ始めるだろう。インゲンの周りに白い花を咲かせているのは、ウシハコベだ。よく見ると、葉の小さいコハコベもある。ちょっと離れるとミドリハコベもある。わずか2メートル四方に3種類のハコベがあるってどういうこと？ 環境に適応して種は分化したはずだが、3種は、ほとんど同じ環境に棲むように見える。土、日照などに微妙な違いがあるのだろうか？

12年前、下田の事務所に移ったその年に木市で買ったハッサクの苗6本。玄関脇に元気に育って冬には100個と言わず食べさせてくれた。いま若葉の間にしっかりした花芽が見える。あと2週間で花を咲かせ、虫を呼ぶ。

そんなこんなであっという間に、30分、１時間が過ぎてしまう。足元の移り変わりと新しい発見。自然がもたらしてくれる喜びに勝るものがあるだろうか。

屋久島から送られてきた「愚角庵だより」に、山尾三省さんの「高校入学式」と題する詩が掲載されていた。

島は山桜の花が満開である
教師たちよ
この百十八名の新入生の魂を
あなた達の「教育」の犠牲にするな
「望まれる社会人」に育て上げるな
破滅へと向かう文明社会の
歯車ともリーダーともするな（略）

娘の進学に合わせて書いた詩だという。いま、この喜びの季節にそぐわない核戦争の危機が忍び寄り、核の大惨事を自ら招く原発再稼働の動きが続く。昔も今も問われるべきは、もちろん教師たちだけでなく、政治家や、マスコミ、この出版業界、あらゆる職業、生き方なのだと、あらためて思う。

ヒヨコが入った〈２０１７・５・20〉

会社の庭のトリ小屋では、メンドリと烏骨鶏のオンドリの２羽の暮らしが続いていた。

最初、採卵用に10羽を入れ、毎日エサ当番がその日の卵をもらえるという決まりを作っていた。若いうちはほぼ毎日卵を産むので、結構みんな当番を楽しみにしていた。

そして時がたち、タヌキに襲われたり、客人が来るというので私たちに襲われたりして、初代のメンドリは１羽だけになっていた。しかも10年近くたつので卵は産まない。毎日エサをやるだけのペットになっていた。

ヒヨコを入れよう！が、この春のスローガンだった。

知り合いに尋ねまわって、やっとある農家にたどり着いた。薩摩鳥のオスと碁石のメスを掛け合わせた真っ黒な黒鳥だ。孵卵器で自家繁殖しているという。分けてもらったのは、産まれたては体温調整が難しいので、鳩くらいに成長したやつ。それでもピヨピヨと鳴いている。

問題が一つだけある。オスかメスか分からないのだ。相当のプロじゃないと見分けられないらしい。運が悪けりゃ、全部オスだってありうる。実際うちに回ってきた烏骨鶏は、店で売っていた卵を孵化させたもので15羽中15羽全部オスだった。朝まだ暗いうちからコケコッコーの大合唱。うるさいので、もらってくれと頼み込まれたものだ。あと２カ月もすれば、トサカの具合でオスメスはっきりする。

こうして大人２羽のトリ小屋に、新入りヒナ10羽が同居することになった。ところがすぐに事件が起きた。

ヒナの１羽が大ケガをしたのだ。気の荒いメスが、えさ場に集まるヒナが気に食わないらしく、頭をつついて皮を破ったのだ。

このままでは死んでしまう。消毒薬を塗って、トリ小屋の中にまた部屋を作って隔離してやった。犯人のメスは小屋から放り出した。

長年住み慣れた小屋から追い出されて、さすがに反省したのかうなだれている。「もう、いじめたりしないから許しておくれ」と言ってるようだが、とにかく次の被害者が出たら困るのでそのままにしておいた。

土日を挟んで月曜日、メスがいない。失踪か！　タヌキにやられたか！　何日か後に真相がわかった。

このところ屋根の修理に来ている兄ちゃんが持って行ったのだ。「卵を楽しみに飼っている」と言う。「もう産まないよ」と教えるとさすがにがっかりしていた。今では「飼っていたら煩悩がついてかわいい」と言う。うちにいるより良かったかも。

頭に大ケガしたヒナも傷は塞がった。人間もトリも幸せがいい。

海藻に毒がない理由・上〈2017・6・20〉

『海辺を食べる図鑑』の著者として、今度は鹿児島の青年団に呼ばれた。一般参加者を入れて80人と一緒に、海に行って獲物を食べようという企画を、県青年団の事務局が企画したのだ。

一昔前、田舎の子供たちなら誰でも、海や山に行って食べ物を獲っていた。今では田舎の青年団と言えど、海や山は遠くなっているらしい。

でも、80人を収容できる海なんてあるのかい。小さな磯なら小さいビナ（巻貝）まで獲り尽くしてしまう。

これが、あるんですね。80人はおろか、５００人でも1千人でも遊ばせてくれる懐の深い海辺が。

思いついたのは、出水の干拓地の外側に広がる干潟。狙いはマテガイ。鍬で砂を剝いで1センチくらいの巣穴を見つけ、塩を入れたらピュッと飛び出してくる。それを手で引っ張るだけだから、子供でも年寄りでも確実に獲れる。3月からの大潮の干潮ごとに、県内各地から2千人が干潟に繰り出す。それでも獲り尽くされることはない。鹿児島に唯一残された素晴らしい干潟だ。運が良ければ、日本中から姿を消しつつあるハマグリ君にも出会える。

かくして6月10日、大型バス2台を連ね出水に向かった。突然、講師役の私にバスの中で何か話せという。それも、阿久根の道の駅まで1時間ときた。まあ、いいや。

野山や海の食べ物の獲り方を思いつくまま話すことにした。南方新社では、『野草を食べる』『食べる野草と薬草』を出している。近く『毒毒植物図鑑』も出す。こういう話は得意分野だから1時間でも、2時間でもＯＫ。

陸上の植物は、虫や動物に食べられないように、大抵その種特有の毒をもっている。だけど、その植物を食べる虫もいる。アゲハはミカン科、モンシロチョウはアブラナ科、ムラサキシジミはカシ類というように、幼虫は特定の食草の毒をクリアする術を身に付けてきた。私たちの食べる野菜は、毒を少なくしようと、人間が長い時間をかけて作り出してきたものだ。食べられる野草も、その毒（アクともいう）が、体重の大きい人間には問題のないレベルであるに過ぎない。要は、どの植物も、毒をもっているということ。

海藻の話もした。ほぼ１００％食べられるのだ。話しながら、疑問が一つ湧いた。何で同じ植物なのに海藻は毒をもたないの？　うん、実に不思議。

なぜだと思う？　でも、後日ひらめいたんですね。海藻の生活史のせいだと。大抵の海藻は2月から4月までが旬で海辺を覆う。やがて姿を消して、5月から翌1月までは、どこかに着床した胞子が、しみじみ暮らしている。と、ここまでで紙数が尽きた。続きは次回。みんなも考えてね。

海藻に毒がない理由・下〈２０１７・７・20〉

前回の続きです。

陸上の植物は、ほとんどの種が虫や動物に食べられないように毒をもっている。でも、同じ植物の海藻には毒がない。

体に石灰質を蓄えてジャリジャリするものや、ごく一部に硫酸をもつものもいるが例外的だ。なぜ毒をもたないのか。

大抵の海藻が一年のうちで2月から4月までが旬で、海辺に森のように繁茂する。だけど、5月から翌年の1月まではどこかに着床した胞子がゆっくり育っていて、肉眼ではどこにいるのかほとんど分からない。この生活史のせいだと思いついた。

海の最大の捕食者は魚だが、一年のうちたった3カ月しか生えない海藻を食べる菜食主義を通そうとしたら、残りの9カ月は食べ物がないことになる。食べなければ死んでしまうのは人間も魚も一緒。プランクトンや自分より小さな魚やエビ・カニなら、年中ありつける。だから、魚たちは菜食ではなく肉食を選び、海藻は、わざわざ体に毒を蓄えなくてもいいようになったというわけ。

もちろんどこの世界にも例外があって、春先の海藻が大好物のブダイなどもいる。種子島なんかでは、藻（モ）を食べるからモハミなんて名前を付けてもらったほど。その他の季節は、エビやカニ、小魚を食べる雑食性の魚なんですけどね。

生き物の世界って不思議なことばかり。

さて、いま日本中で一番注目されている生き物はヒアリではなかろうか。全米で毎年１００人が刺されて死んだとか、死んでいないとか。火蟻と書くくらいだから、刺されたらさぞ痛かろう。スズメバチと同じくらい痛いとも聞いた。

いま、日本中で発見が相次いでいる。女王アリも見つかったと報道された。世界的な生息域拡大の様相から、以前から日本に上陸するのも時間の問題とされていた。定着すると、人間も嫌だが、畜産業界は大打撃をこうむるという見方がある。

じつは、南方新社では、7年前の２０１０年、「最悪外来種ヒアリとアカカミアリを日本で初めて詳細図解」と帯に謳った『アリの生態と分類』を刊行していた。ページをめくると、ヒアリのコーナーがある。働きアリ、雄アリ、女王アリまで登場する。いかにも凶暴な面構えだ。

この本、いま全国から注文が相次いでいる。定価が4500円+税と、けっこうな値段にもかかわらず、どんどん売れていく。

大きな声では言えないが、ちょっとしたヒアリ景気だ。

奄美流人の研究〈2017・8・20〉

出版社を長くやっていると、いろんな原稿が舞い込んでくる。特に大学の研究者というわけでもない、ごく普通の人が、舌を巻くような原稿をものにしたりする。いま取り掛かっているのは、『近世・奄美流人の研究』という本だ。先祖が、どうも鹿児島本土からの流人らしいという奄美大島の出身の方が書き上げた。

流人のことを調べたくて本を探したが、まとまったものはない。奄美各島の代官記、各家の古文書、郷土史や明治期に刊行された本に散発的に出てくる流人関係の記事を拾い集め、体系化しようという労作である。

一体、何百冊の本を読破されただろうか。江戸期の文書は漢文、まるでお経だ。生半可な姿勢ではすぐに音を上げる。石にかじりつくように少しずつまとめられていったと想像できる。

把握できた350人の流人のほとんどが武士である。

一覧表を見ていたら、以前、南方新社にいた鮫島君と同じ名前の「鮫島某、淫乱の罪で遠島」が、目に飛び込んできた。よっぽど酷かったのかとおかしくなった。さすが、鮫島！

目立つのは政治犯だ。来年のNHK大河の主人公、西郷ドンも2度遠島にあった。一度目は奄美大島、二度目は徳之島と沖永良部島。

筆まめな西郷はいろんな手紙を残している。しかし、そこに見える西郷は、「敬天愛人」とはかけ離れた、偏狭な俗物でしかない。

奄美大島に着島後30日、大久保利通宛ての手紙では、島の女性を「垢のけしょ（化粧）1寸ばかり（略）あらよう」とおどけて見せ、男性については「誠にけとう人（毛唐人）には困り入り候。矢張りハブ性にて、食い取ろうと申す念ばかり」と差別丸出しである。3カ月後には、龍郷は酷いところだからと場所替えを代官に願い出て、さらにその1カ月後にも大久保に対し、「このけとう人の交わり如何にも難儀至極、気持ちも悪しき」と嘆いている。

二度目の徳之島では、「大島よりは余程夷の風盛ん」と、夷と毛唐を同義語として使い、徳之島の方が酷いと訴える。

明治4年、政府重鎮の西郷は、大蔵省にばれないように士族救済のために奄美の黒糖専売（搾取）を継続せよと、県参事であった桂久武に指示した。

そういえば、大島で愛加那との間に生まれた男の子は菊次郎だった。赦免後正妻との間に生まれる男子を思って次郎にしたとか。確かに、後で生まれた嫡子は寅太郎だ。

西郷は、士族王国鹿児島の英雄である。だが、奄美から見た西郷は、また別の表情をもって立ち現れてくる。

バチが当たった〈２０１７・９・20〉

会社のすぐそばの七窪水源地の谷は、田んぼが連なり、脇を流れる小川にはきれいな水が流れ、5月には蛍が舞ってくれる。

この谷沿いの小径は木々に覆われ、付近の住民はもとより少し離れた伊敷ニュータウンからも散歩する人を見かける。

谷の田んぼを借りていることもあって、毎朝この小径を通るようになって10年ほどになるだろうか。すっかりなじんでしまった。

谷の入り口には、ふた抱えもあろうか、大きなタブノキが迎えてくれる。樹齢は１００歳は下るまいという年寄りである。

6月には、気の早いコクワガタが姿を見せ、夏も盛りになるとノコギリやヒラタ、カブトムシが樹液の食卓に集合する。スミナガシといった蝶もたまには顔を見せる。

どこの子が仕掛けたのだろうか。クワガタやカブトを誘うバナナの罠を目にしたこともある。

夏には決まって、幾千幾万という実を付けた。数知れぬ鳥たちや野の獣たちがお腹を満たしたことだろう。

ある日のこと。この谷の入り口でゴザを敷いて神主が何やら祈っている場面に出くわした。一緒に拝んでいるのは工事関係者らしい。

ん！？　嫌な予感がした。

翌日その谷を通って愕然とした。入り口の大タブが消えているではないか。ノコギリの跡も真新しい切り株だけが残っていた。さすがに百年木を伐るのは恐ろしく神主を呼んだということか。だが、伐られたのは木だけではなかった。

道行く人には木陰を与えていた。どんな冷房の効いたおしゃれなカフェで涼むより、何百倍も気持ちよかったに違いない。子ども達には夏の思い出をくれていた。何万円もする高価なゲームなどより、ずっと興奮させてくれたはずだ。虫や獣、鳥たちには生命のもととなる食べ物をくれていた。それらを根こそぎ全部、奪い去ったのだ。

この大バカ者め、プンプン。

首謀者は見当がついた。この谷を「自然と触れ合う谷」として熱心に売り出し中の町内会長ではないか。

出会った彼に聞くと案の定である。あんまり腹が立ったので、「木を伐ったら絶対バチが当たっど」「神主呼んだくらいで許してはくれん」「絶対バチが当たる」「絶対バチが当たる」「絶対バチが当たっど」……と10回ほど言ってやった。

それから、顔を合わすたびに「まだバチは当たらんケ」と聞いていたら、２週間後「酷い腰痛になった」と返ってきた。ホラネ。やっぱりバチが当たっただろう。

福招く田の神様〈2017・10・20〉

南方新社を設立してすぐのころから、誘われて有機農業祭「生命のまつり」の実行委員をやっている。

今年は11月26日（日）、鹿児島駅裏のイベント広場「かんまちあ」である。32回目だから、けっこうな人気で続いてきたことが分かるでしょ。

私の係りは振る舞い酒（焼酎）の番人。もちろん振る舞いながら自分でも飲む。正月以外で、唯一朝から飲んでいい日と決めているから、祭りの終わる4時ごろにはフラフラ。毎年完全に出来上がってしまう。

タダで思う存分飲めるから、みんなも電車かバスで遊びに行こうね。

それはともかく、この「生命のまつり」には神様がいるって知ってた？　大きなクスノキで拵えた田の神様だ。会場では一番いいところから祭りを監督してもらうのだが、祭りと祭りの間の一年間は、実行委員の持ち回りで預かることになっている。

今、南方新社が田の神様をお預かりしている。毎朝、みんなを玄関前に鎮座している田の神様が迎えてくれる。不思議なことに、預かった実行委員のだれもが「やっぱり、いいことが続くね」と声をそろえる。もちろん、南方新社もいいことが続いている。

田の神をお迎えした昨秋以来、出した本はことごとく黒字だ。何冊かは印刷費も回収できない悲惨な結果になるのが常だが、それがない。

小社のスタッフに亀好きな新婚さんがいる。金製の小さな亀を奉納した彼女はめでたく懐妊し、8月無事男児を出産した。これも田の神様のおかげと、彼女はたいそう感謝している。

10月3日には、南日本文化賞という権威ある賞を下さると連絡を受けた。南方新社は創業以来23年間、５００点、１２０万冊の本を出した。よく頑張りました、というご褒美だ。

11月1日、城山観光ホテルで贈賞式があるという。おっと、こりゃあ大変だ。着ていくものがない。よれよれのブレザーしかない、と思ったけどあったのですね、礼服だ。最近葬式でしか着ないけど、白いネクタイを締めればバッチリですね。

さて、ここだけの話、でも言っていいのかな、なんと副賞50万円ももらえるらしい。みんな、内緒にしててね、取り消されたら困るから。

9月、台風に備えて会社の雨戸を閉めたら、シロアリがびっしり張り付いていた。放っとけばこの豪邸がやられてしまう。退治しようにも業者に払うお金がない。どうしようかと途方に暮れていたところだ。本当にありがたい。

この福を呼ぶ田の神様、11月26日「かんまちあ」にいるから、みんなもご挨拶してくださいね。きっといいことあるから。

山分けの論理〈２０１７・11・20〉

南日本文化賞の副賞50万円の大半が、シロアリ退治費用に消えた。いくらも残らないお金の使い道として、みんなで美味しいものでも食べに行こうかと提案したら、現金の方がいいという。まったく、もう。

育児休業中のスタッフにも分けたのだが、金額が少なかったためか「おこぼれに感謝」と返ってきた。おこぼれではなく、山分けの一山だったのに。「おこぼれ」と「山分け」は、天と地ほども違う。

山分けといえば、懐かしい思い出がある。私は小学校の４年まで市来に住んでいた。吹上浜の北端に位置する広い砂浜が格好の遊び場だった。打ち寄せる波と競争しながら、砂の船を作ったものだ。

そんな時、地引き網が始まることがあった。小さい舟が網を沖にぐるりと入れていく。その網の両端の綱を引いていくわけだ。

引いているのか、ぶら下がっているのか分からないような小学生も、引き手に加わった。手で直接引くわけではない。紐の片方を腰に巻き、もう片方の紐の先に結んである拳くらいの石を引き綱に絡めて、波打ち際から後ろ向きに海岸を上っていく。かなり上の、綱を丸く束ねてあるところまで引いたら石をほどき、波打ち際まで戻って石を絡め、また、後ろ向きに上っていく。繰り返しているうちに、やがて網が見えてくる。

大人たちも緊張するときが来た。大きい魚が脱出しようと走り回り、飛び跳ねる。網と砂地の間に隙間があれば、そこから逃げてしまう。そうはさせじと隙間を埋めていく。最後の詰めだ、息が抜けない。引き手にも力が入る。ついには袋状の網に、魚がいっぱい入って引き揚げられる。

それから獲った魚の分配が始まる。砂の上に人数分、同じくらいの大きさの魚の山が作られる。男も女も子どもも関係なく、一山ずつ持って帰るのだ。

１匹だけ入ったタイとか、どでかいエイといった特別な魚は、舟や網の持ち主であろう、彼らの特典だった。

いずれにしろ、この時「山分け」というものを知った。この一山の魚が母の手で料理され、一家の夕餉を飾ったとき、何とも誇らしく思ったものだ。小学生にして、気持ちだけは一人前の海の男になっていた。

もし、働きに応じて配ろうとすれば若い青年など、子どもの何倍にもなっていたはずだ。でも、そんなに食べられないし、冷蔵庫などなかった頃だから腐らせるだけだ。

「能力に応じて働き、必要に応じて取る」という分配の理想形を、大人になってから教わるのだけど、海辺の村では、ずっと昔から当たり前のようにやられていた。

識者談話〈2017・12・20〉

12月12日、広島高裁、野々上裁判長は、四国電力・伊方原発に停止命令を下した。

甲子園で勝った球児たちの翌朝新聞を何紙も読んでいる姿が、テレビに映ったりするが、翌13日の私も3紙に目を通す球児状態だった。

面白かったのは、南日本新聞に載っていた「識者談話」だった。推進、反対、それぞれの立場から談話が寄せられている。火山が問題になったのだから、火山の専門家が登場すると思うでしょ。ところが、大阪大学名誉教授とあるから肩書は十分なのですが、あにはからんや原子炉工学の専門家でした。共同通信の配信記事だろうから、南日本新聞には責任はないのだが、なんだかトンチンカンな話である。

そして、推進の立場からの原子炉工学名誉教授の談話には、吹き出してしまった。

「阿蘇カルデラの火砕流が伊方原発を直撃するのは地理的にも想定できない」。あのねえ、火山の専門家が、直撃する可能性があると言ってるの。専門家が言ってるのですよー。

「100キロ離れた住民の被害を認めたことも論拠が分からない」。あのねえ、放射能は100キロどころか地球を1周するの。2014年の大飯原発の差し止めを命じた福井地裁判決では250キロまで認めたのですよー。まるで、床屋談議、井戸端会議のレベル。推進側の余りの呑気さに、空恐ろしくもなる。

火山の専門家といえば、鹿児島大学准教授の井村隆介さんがいる。桜島の北側の海は姶良カルデラである。2万9千年前に大爆発を起こし、南九州を火砕流が襲った。シラス台地は、その時の火砕流堆積物である。

もちろん川内原発も襲った。

井村さんは、数万年以内に必ず大爆発を起こすと、いろんな所で公言している。私には、こっそり「数万年というのは、2、3万年という意味だ」と語った。

川内原発で福島級の事故が起これば、九州は壊滅する。九州1400万人が、墓も家も田畑も捨てて流浪の民になる。多くの人が被曝し、やがて死ぬ。

使用済み燃料の行き場のないことを考えると、このままでいくとあと100年は川内に核燃料が残ると想定できる。2万年の内に川内が火砕流に襲われるとすれば、九州壊滅の確率は2万分の100、つまり200分の1となる。川内原発の数学的な期待値は、被曝及び流浪の民8千人。火砕流単独の期待値、流浪80人をはるかに超える。

「人ば殺して金儲け」「人ば殺して金儲け」と、川内原発ゲート前でお経のように繰り返していたのは、水俣の文子さんだった。

２０１８

西郷ドン万歳大会〈２０１８・１・21〉

街は西郷ドンで溢れている。クリスマスとともに中央駅近くの高見橋に電飾付きの変なオブジェができた。よく見たら明治維新１５０年とある。西郷ドンの妙なイラストを今年一年見なければならないのか。やれやれ。

市立病院跡地に大河ドラマ館ができたのはいいとしても、指宿や南大隅まで西郷さあ展示館ができている。

自治体が少しでも観光客を呼び込もうと流行りにあやかり、商売人が少しでも売り上げを伸ばそうと西郷ドン商品を作るのは当然のことだろう。

だが、調子が狂うのは、テレビや新聞などの報道機関がこの流れを、諸手を挙げて後押ししているように見えることだ。正月が明けて、この1月の下旬まで、地元新聞に「西郷ドン」の記事が途切れることはない。三つも四つも連なっていることさえあった。

１５０年の節目の年だ。しかも大河ドラマもある。この年に、維新そのものや重要人物を検証するのは大いに結構なことだ。だが、検証することと無批判に追従することは別だ。

官と民、報道も加えた、こうも翼賛的な、西郷ドン万歳大会が展開されると、私は気持ち悪くてしょうがないのだ。かつての世界大戦突入時にも、きっとこの翼賛的な熱狂ぶりがあったのだろうと思う。

辟易していたところに、一文が目に留まった。文芸春秋2月号のコラムである。西郷を総大将に鹿児島士族が一丸となって決起したように思われている西南戦争だが、そうではなかった。「西南戦争に反対した鹿児島士族」というタイトルが付されたそこには、川内育ちの田中直哉が登場する。

戦争になれば、政府軍の主力を占める鹿児島出身の人間と、薩摩軍が同士討ちすることになる。多くの犠牲は避けられない。何とか戦争を避けられないかと帰郷し、私学校党に与しないように説得して回った。だが、田中は、警視庁から派遣されていた本物の密偵らとともに「密偵」として捕らえられ、西郷暗殺の意図ありと捏造された供述書に、無理やり母印を押されてしまう。この架空の暗殺計画が西南戦争を引き起こす口実となったわけだ。

コラムは慶応大学の小川原正道教授によるものだが、純心女子大学の尾曲巧教授の論文「田中直哉」『新薩摩学９』（南方新社）からの引用があった。おっ、南方新社だ。論文を読み返して改めて尾曲氏の冷静な視点に舌を巻いた。曰く、

「西郷は鹿児島で軍事政権化、士族支配体制を復活し、中央政権を打倒したのち、鹿児島同様の士族支配体制を全国展開しようと意図していた」。

おー、くわばら、くわばら。北朝鮮もびっくり。歴史への見事な逆行だ。

屋台村は嫌いだ〈2018・2・21〉

中央駅あたりの裏道を歩いていたら、ふと木造の軒（のき）が目に入った。新しいのに、無理して焦げ茶色に塗ってある。

一瞬の間をおいて、そこが屋台村の裏口だと気が付いた。「かごっまふるさと屋台村」だ。そして、同時に、長い間の疑問が氷解したのだった。

疑問というのは、中央駅周辺にはしょっちゅう飲みに行くのに、屋台村だけはなぜか足が向かないということだ。「絶対、行くもんか」という気さえしていた。

新しい木材に、わざわざ焦げ茶色のペンキを塗って古めかしくしてある。ここに象徴されるような、あざとさが鼻についていたのだ。

飲みに行くのは、別に美味しいものとか、美味しい焼酎が欲しいからというわけではない。疲れた体を癒すためだ。そこには安心して飲める雰囲気が必要だ。

「屋台」という名前は安心感を醸すのに十分だ。きっと何年も何十年も風雪に耐えながら店を続けてきたのだろう、長く続けてきた店なら大丈夫、という先入観を取り込んでいく。ところがこの屋台村は、古いどころか2012年に開店したばかり。おまけに2、3年で店を入れ替えてしまう。2020年末までと終わりも決まっている。初めから、馴染みの客を作って安心させよう、なんて気はさらさらないのだ。

通常「屋台」は水回りもなく、冷暖房もない悪条件の下で営業する。その分、好条件の店よりオヤジは見えない努力をしている。その心意気も「屋台」にひかれる理由の一つだ。

きちんと区画された場所に、審査され、合格して入る店とは気合の入り方が違う。この誰かに審査されて入居するという屋台村の構図も、なんだか嫌いだ。

多くの屋台がひしめく福岡では、何年か前、歩道が歩きにくいという苦情が絶えないことから「屋台」を規制する動きがあった。もちろんオヤジたちは猛反対に打って出た。今でも、役所との綱引きが続いているようだが、通行できなければ客も来ないわけだから、特に問題にするほどのことはなかった。警察の道路占有許可なんて誰も取らなかったが、それが気に入らなかったのだろうともいわれている。

もともと歩道は誰のものでもない。勝手に歩き、立ち話をし、座り込んで歌を歌い、店を開けばいい。

飲み食いは人間の本能的な行為だ。そこに、規制やれ審査やれ許可やれ期限なんてものは似合わない。

行ったこともないのに御託を並べたが、あそこが屋台村なんて名前じゃなかったら行ったかも。でも、屋台村なんて名前は、本物の「屋台」のオヤジに、ちょっと御無礼様（ごぶれさあ）じゃないですかね。

言うのをやめる〈2018・3・21〉

昨年秋のことだったか、高校の同窓会があった。終わってから、気の合う4人で2次会に行った。

ふとしたことで、北朝鮮の話になった。一人が、どうしようもない狂った国だから戦争してやっつけなくてはならないと言い始めた。中国も、やっつけろと言う。黙っていられなくて、戦争でひどい目にあうのは、北朝鮮や中国の一般庶民、そしてあんたの子供や孫、親戚を含む日本の一般庶民だ、と反論した。

ところが、残る2人も戦争推進論に味方した。3対1だ。最初は中立を保っていたママさんも敵方に加わり、4対1になってしまった。持ち時間も4対1になるからどうにもならない。結局、こちらから言うのをやめて話題を変えた。後味が悪いのなんの。

アメリカのジョンズ・ホプキンス大学の北朝鮮分析サイトが、米朝戦争で東京が核攻撃を受けたら200万人死ぬと発表した。技術の劣る北朝鮮のミサイルが川内原発に当たるはずはないと楽観する人もいる。

だが、核兵器は上空600~1千メートルで炸裂し、半径数キロないし十数キロを一瞬にして破壊する。ということは、原子炉を直撃せずとも数キロ~十数キロの誤差で、楽々と原発を爆発できるのだ。中国の軍事予算は、来年度も日本の3・5倍と決定している。

こう書いたが、勝ち負けの話ではない。双方ともに膨大な死者が出ることを先ず想定すべきだと言いたいのだ。

昭和8年、太平洋戦争突入直前、『関東防空大演習を嗤う』と書いたのは、信濃毎日新聞主筆、桐生悠々氏である。

「国民は挙げて、若しもこれが実戦であったならば、その損害の甚大にして、しかもその惨状の言語に絶したことを、予想し、痛感したであろう。というよりも、こうした実戦が、将来決してあってはならないこと、またあらしめてはならないことを痛感したであろう。……従ってかかる架空的なる演習を行っても、実際には、さほど役立たないだろうことを想像するものである。……如何に冷静なれ、沈着なれと言い聞かせても、……逃げ惑う市民の狼狽目に見るが如く、……そこに阿鼻叫喚の一大修羅場を演じ」

起こるべき未来図をこうもはっきり書く新聞は、今では見られない。

そういえば、毎年、数千人を動員し、何億円もの費用をかけて、川内原発の防災訓練（避難訓練）が実施されている。何の役にも立たないと、多くの人が見抜いているのに、新聞・テレビで、そう報道されることはない。

これじゃ、まるで裸の王様だ。笑うほかないことは、大声で笑えばいいのにね。「川内原発防災訓練を嗤う」の記事、出ませんかね。

蜂が入った〈2018・4・21〉

いい天気が続いている。まさに春の陽気だ。

私の1反5畝の田んぼはレンゲが満開である。田んぼに続く谷の小道には、ウマノアシガタの黄色い花が咲き乱れ、林の縁には、マルバウツギやハクサンボクが白い小花の塊をいくつもいくつも見せている。

日陰にはムラサキケマンの花も見える。おっと、こいつは毒草だ。先日花をつけていない柔らかそうな若葉を、セリと間違えそうになった。くわばら、くわばら。

会社の庭には、この下田に移転した13年前に木市で買って植えた八朔が、白い花芽をいっぱいつけている。かなり膨らんでいるから、あと1週間もすれば花盛りだ。

5月になれば、トリ小屋にヒヨコが入る。去年5月に知り合いの農家から分けてもらった黒ドリは、心配していた通り10羽のうち8羽がオスというさんざんな結果だった。オスは全部食べ尽くし、やっと卵を産むようになった残る2羽のメスもタヌキに持って行かれた。今は無人状態だ。

昨年のうちに、下田農協にオス2羽、メス10羽を注文しておいた。こちらはヒヨコの鑑定士が見るからハズレはない。

ヒヨコが入るのが楽しみでならない。と、トリ小屋の点検がてら、その奥の林の中に置いていた蜂の巣箱を覗いてみた。なんとニホンミツバチが入っているではないか。100匹以上がブンブンしている。やったー。偵察の蜂ではなく、女王蜂を含む群れ本隊がしっかり居を定めてくれたようだ。

昨年は、せっかく入ってくれた群れが、夏前に逃げてしまった。林の向こう側にある空き地で、おっさんが草を燃やしていた。運悪くその煙が巣箱の方に流れてきたのだろう。蜂は極端に煙を嫌う。

以前、何も知らずに巣箱の近くでバーベキューをしてしまった。その翌日に蜂は集団で脱走した。

発見したその日、風が強くなったけど大丈夫か、日が雲に隠れてしまったけどまだいるかい、夕方になって気温が下がった、日が暮れかけた、とほぼ1時間おきに覗きに行った。今でも、2、3時間おきに見に行っている。無事に居ついてくれ。

人の世はそれぞれに欲があり、思惑があって、いろいろ面倒なことが多い。時には思いもかけない裏切りや恐ろしい仕打ちに晒されることもある。ダメージは尾を引く。

だけど自然の世界は、突然蜂が逃げたり、木の実が成らなかったりと、がっかりすることはあるけれど、それだけだ。春だ、穏やかな光を浴びて、さあ野に山に出かけよう。

ご苦労様。柳田国男さん〈2018・5・20〉

最近、人に会ったとき「決まりごとを破るのが大好き」と自己紹介することにしている。ある愛すべき反原発の年寄りと飲んだ席で、「決まりごとを破る」話で大いに盛り上がったのがきっかけだ。

だがこれも、相手を選ばなければならない。ポカンとされるのはまだしも、さも胡散臭げな眼で見られるようになる。あわてて、「車が一台も通らない深夜の赤信号で、緑になるまでずっと待ち続ける人はいませんよね？」なんて付け加えても、遵法精神旺盛な人には通用しない。まあいいや。嫌われてもそれだけのこと。

本作りにも似たようなところがあって、誰も信じて疑わなかったことを、ゴロリとひっくり返すような本が出せれば快感だ。最近では『奄美・沖縄諸島　先史学の最前線』がそれだ。

奄美・沖縄では、実のところ長く何を食べてきたかは分かっていなかった。数ある遺跡で巻貝の殻、猪や黒兎の骨、ドングリ類が見つかっているから、それを食べてきたことは分かる。だが、栽培植物、とりわけ穀物がいつから入ってきたかは謎のままだった。

米などの穀物の粒は小さくて、炭化しているから簡単に潰れてしまう。だから、いつから穀類の栽培が始まったかは想像するしかなかった。

柳田国男は、亡くなる前年、１９６１年に、研究成果の総まとめとして、『海上の道』を著した。そこで彼は、弥生以前、縄文の頃、はるか南から沖縄・奄美を経て日本に「米」が伝わってきたという説を、満を持して打ち出した。この説は、今でも、「そうかもね」と一般には理解されている。

だが、ここ最近のこと、フローテーション法という新しい技術が使われるようになった。遺跡の土を水に入れ、浮いた植物遺体を顕微鏡で一つひとつ見ていくというもの。

時代の特定された奄美・沖縄の何十という遺跡を、このフローテーション法で見たところ、日本の平安時代に当たる時期まで、一切の穀物は検出されなかった。日本の鎌倉期以降になって、ようやく大麦、小麦、稲、粟が姿を見せたのである。

つまり、柳田国男の「海上の道」は完全に否定されてしまったわけだ。それどころか、何千年もの間、奄美・沖縄では、狩猟採集生活が続けられてきたことが証明されたのだ。

これは、世界的に見ても大陸から遠く離れた島で確認された唯一の例だという。狩猟採集が遅れているというわけではない。わざわざ作らずとも、食べ物は十分獲れたということだ。

鹿児島大学島嶼研の高宮広土氏の編になるものだが、歴史を塗り替える痛快な一冊である。

島に棲む〈２０１８・６・20〉

先日、出版社から直接「中央公論７月号」が送られてきた。うちの本の紹介でもしてくれたのかな、とめくっていたら、ありました。「この科学本が面白い」というコーナーに、出したばかりの『島に棲む　―口永良部島、火の島・水の島―』の書評が載っていたのです。評者は山極寿一氏。

科学本かどうかは別にして、この本は文句なしに「面白い」。生きるということはなんて彩り豊かで、心躍らせるものなんだと再認識させてくれる。私が多言を弄するより、山極氏の唸るような文章を引用する。

（略）貴船庄二さんと裕子さん夫妻は団塊の世代である。東京の武蔵野美術大学で知り合い、学生結婚した。一九六〇年代の終わり、東京には高度経済成長期の社会を問い直す嵐が吹き荒れていた。多くの日本人が歩もうとする道を拒絶し、貴船さんは生の暮らしを模索する。汲み取り作業員、焼き芋屋、サンドイッチマンなど、あらゆる職業を転々とするうちに長女と長男が生まれ、家族で住むのに適した土地を求めて日本列島を渡り歩いたあげく、口永良部島にたどり着く。（略）口永良部島はそうした工事漬けの影響をあまり受けなかった代わりに、何でも自分で作り出さなければならなかった。山で竹を切って海岸の砂で磨き、乾かして釣竿を作る。餌は海岸の岩場にごまんといるフナムシだ。それでオウムのような口をしたブダイが面白いように釣れる。イカを釣るには、浮力が強く光を反射する木を選んで餌木を作る。ヘミングウェイの『老人と海』に登場するようなオジイとイカ釣りを競う話は圧巻だ。

やがて、貴船さんは廃校に残された材木を使って自らユースホステル（後に民宿として開業）を建てる。資金はない。土地を借り、材料を集め、人を募り、何年もかけて作り上げる過程は、家を建てるというのは本来こういうものなのだということを教えてくれる。

隣人とは何と愛おしく、そして厄介なものであることか。わずか百数十人の無医村で、荒ぶる自然と付き合いながら子どもを産み、育てていく暮らし。そこには私たち研究者が見逃している自然へのまなざしがある。屋根を吹き飛ばす台風の襲来、高波による難破、火山の噴火、島の老人に訪れる死、思わず息をのむような緊張感と解放感が伝わってくる。（略）

貴船庄二さんは、本が出来上がった直後に逝去された。フナムシを餌に、リールを使わず、竿と糸と針だけのハジキ釣りに連れて行ってもらいたかったが、もう叶わない。だが、勇者の記録は残った。

なんと週休5日制〈2018・7・20〉

明治維新150年だの、西郷どんだの耳にするたびに、当時の鹿児島の民衆、とりわけ大多数を占めていた農民たちの暮らしや意識が気にかかる。

私の姓は向原である。今でも、実家の吉利では、何百年も続いてきたであろう「うっがんさあ祭り（内神様祭り）」を毎年11月にやっている。向原、上原、冨ケ原、上内、下内という5つの姓の代表が集まり、神様を崇める。

神様といってもただの石ころ3つなのだが、信心は鰯の頭ならぬ石ころをも神にする。左結のしめ縄とともに、毎年、神様の台座3つをワラで結って作る。まるで鳥の巣みたいだから、皆「といのす」と呼ぶ。けっこう面倒で、いつの間にか私が「といのす」作りの唯一の伝承者になってしまった。

祭りには神主を呼ぶのだが、その祝詞の中に「向原門（かど）の向原祥隆」という文言が入る。「向原門」。まぎれもなく、鹿児島独特の江戸期の農民支配の仕組み「門割制度」の名残だ。「門」とは、農民たちが怠けないように作られた、5人組のような単位のこと。門ごとに、年貢を幾らと割り当てていた。

この年貢がハンパではない。「八公二民」、収穫の8割を年貢として持って行かれた。

吉利の殿様小松家の屋敷とその周辺の麓集落から、遠い向こうの原（耕作地）「向原門」を、我が先祖は割り当てられた。その下に「上原」、そのまた下のちょっと豊かな「冨ケ原」、そして「上内」「下内」という門が続いた。

明治になって姓を付けるとき、鹿児島の農民たちは、たいてい門の名を姓にした。例の三反園氏、どう見ても門の名ですね。

明治になって四民平等だ、やれやれ、年貢とはおさらばじゃ、とならなかったのが我が鹿児島。他県の武士があっという間に没落していったのに対し、鹿児島の田舎の武士、郷士たちは土地を持っていたおかげで権力関係を維持し、それは敗戦まで続いた。農民にとってみれば年貢が小作の上納に変わったに過ぎない。

戦後は高度成長期という出稼ぎと集団就職の時代を迎え、過疎・廃村の今に繋がって行く。

何百年昔と同様、土間に座り込んで今も「といのす」を作っているのだが、よくもまあ「八公二民」の年貢で生きてこられたものだと思う。

ここで気が付くのは、それほど税金で持って行かれることのない今なら、5日のうち1日だけ働いて、年貢の分4日遊んでも生きられるということ。それほど豊かな大地なのだ。

週に2日も働けば十分。逆に言えば週休5日制が成り立つのが鹿児島の田舎なのである。

出穂・カメムシ・ネオニコ〈2018・8・23〉

毎朝、アイガモの餌やりに田んぼに通うのだが、今日、8月21日、稲の穂が出始めているのに気が付いた。出穂（しゅっすい）だ。田んぼ作りでホッとする瞬間である。

1反5畝、一斉に穂が出るわけではない。谷間の田んぼだから日当たりが悪い。中でも一番日照時間が多い西側の一画にだけ穂が見える。よく見るとかわいい雄しべを風に揺らしている。

穂の上には、出穂を今か今かと待ち構えていたカメムシが陣取っていた。カメムシは受粉して米粒が膨らみ始めたら、ミルクのような汁を吸う。そうすると、米粒に黒い傷ができてしまう。普通の農家はカメムシを嫌って、この出穂の時期にネオニコ（ネオニコチノイド）の農薬を撒く。

といっても、カメムシが吸えるのは大量にできる米粒の1、2％に過ぎない。1、2％なら、どうってことはないようだが、米の等級に差が出てしまう。農家は、収入に直結するから撒かないわけにはいかないとくる。

このネオニコ、ミツバチの大量死の原因だと、ヨーロッパでは禁止されているが、日本ではガンガン撒かれている。

そういえば、鹿児島の蜂飼いたちも、ニホンミツバチがずいぶん減ったと嘆いていた。ミツバチは花の蜜を吸うだけでなく、稲の花粉も幼虫の餌として集める。農薬入りの花粉を食べさせられたミツバチの子供はたまったもんじゃない。イチコロだ。

「おいらは蜂蜜なんか好きじゃないし」なんて言っている場合じゃない。受粉するミツバチがいなくなれば、キュウリもスイカも、ナス、オクラにトマト、これからミカンの季節だ、あらゆる実のなる野菜や果物ができなくなる。野山の草や木も子孫を残せない。こりゃ大変！なことなのだ。

以前、グリーンピースが、米の等級制度の見直しを訴える署名を集めていた。そりゃそうだ。自然を壊す農薬を使う代わりに、黒い傷米が1、2％混じっていても、文句を言う人はいまい。でも、農薬会社の政治工作もぬかりがないのか、禁止される気配はない。

ともあれ、あと1週間もすれば、広い田んぼ中に稲穂が出そろうだろう。カメムシたちも大喜びだ。

でも、うちのアイガモたちも黙っちゃいない。朝から晩まで、稲の根元を嘴でつついている。稲の葉や穂についている虫は、揺らされて水面に落ちる。カモたちの御馳走だ。

今日、稲穂の上で見かけたカメムシは、カモの魔の手を逃れた貴重な生き残りなのだ。

カメムシ君、お疲れ様。美味しいミルクがもうじきタンとできるよ。いっぱい吸っておくれ。

カモ、米を食う〈2018・9・20〉

8月21日、出穂。そろそろカモを田んぼから引き上げなければならないのは分かっていた。それでも、まだよかろう、と思っているうちに、ずるずると時は経っていった。

そしてまず、最初の異変が起きた。朝、カモの餌やりに田んぼに寄ったのだが、カモが恐れて近寄らないのだ。いつもは、「早く餌をおくれー」と、ガーガーうるさく集合するのに。ん？なんで。いつもと餌箱の様子が違う。誰かが餌をやった形跡があった。

集まったカモを棒でつついたか、一羽ちょろまかそうとしたか、連れていた犬がワンワンほえたてたか。いずれにせよ、カモは人生最大の恐ろしい目に遭い、人間不信に陥っていた。

二番目は、絶望の兆しだ。台風がそれてよかった、稲はちょっと倒れ気味で済んだ、とほっとしたのも束の間。倒れかけた稲にカモが集団で乗っかって、根こそぎ倒しているではないか。穂先の米はない！　米をバリバリ食べていたのだ。米の味をしめたカモは次々に稲を襲い食べ始めた。

慌てて、罠を仕掛けたのは9月9日。定置網のように一度入ったら、出られないように網を張る。網の周辺には、たんと餌を撒く。

アイガモ農家の橋口さんに、捕らえたカモを運ぶ籠を借りに行ったのだが、いかにも同情した顔で「カモは入らんかもなー」。わざわざ餌におびき寄せられずとも、美味しい米が無限にあるのだから。

案の定、罠には入らない。いつもなら張った当日か翌日には一網打尽にしていたのに。３日経っても、５日経っても入る気配はない。

宮崎の友人から電話があり、事情を話したら大笑いされた。「アイガモ米をアイガモが食べる。こりゃ愉快、ウケルー」だって。こうしているうちにも、米をバリバリ食べている。悪夢だ。

あまりにも間抜けな話だから、誰にも言わなかったが白状する。以前脱走し確保していたカモを、おとりに使うことにした。足を紐で結んだカモを罠の内側において呼び寄せようという寸法だ。でもきつく結べば血行が悪くなる。手加減して紐を結んだカモを罠に放つ。なんてこった。10秒で紐を振りほどき、仲間のもとに戻っていった。

10日後、近所の年寄り2人に加勢を頼んで最後の手段、追い込み漁で何とか捕獲した。今、15羽のカモはトリ小屋の脇のカモ広場で平和に暮らしている。

目出度し、目出度し、とはいかない。昨年までよその５枚の田んぼにいた雀たちが、５枚とも耕作をやめたもんだから、今年はうちの田んぼに居ついてしまったのだ。群れは40羽。朝から晩まで、アイガモ米を食べている。

我こそは隼人・その１〈２０１８・10・20〉

10月20日、今日も深夜の１時半である。Ａ５判、２段組、３２０頁という分厚い本の、巻末の６００項目にも及ぶ脚注の校正をしている。

昼間は、会社にいるとしょっちゅう電話が鳴り、その処理に追われる。こまごまとした編集雑務というやつである。勢い本の校正などは、昼飯を食べながらとか、深夜焼酎を飲みながらとなる。だが、仕事と割り切っているせいか、ちっとも苦にならない。とりわけ今取り掛かっている本などは、ワクワクしながらやっている。

タイトルは『奄美　日本を求め、ヤマトに抗う島』。戦後の奄美住民運動史である。

１９７０年代、高度成長期の真っ只中のころ、石油コンビナートと原発ゴミの再処理工場の立地が、ほぼ同時期に奄美に降ってわいた。この2大テーマが本書の中心である。川内原発立地も進めた金丸三郎県政（67～77年まで）の時代である。

後の鎌田要人知事は原子力に否定的だったから、原発という大迷惑施設を持ちこんだ金丸三郎さんの名は、再稼働を許した伊藤祐一郎さんと共に、極悪代官として長く記憶にとどめておかなければなりませんね。

それはともかく、川内原発とは裏腹に、奄美の2大迷惑施設計画は葬り去られることになる。国策ともいえる巨大な力に対して勝利したのは、何よりも奄美人というアイデンティティのなせる業としか言いようがない。

1609年島津氏による琉球侵略以降、与論島以北の奄美諸島を琉球王国から切り離し、島津氏が直轄植民地として支配した。「キビを少し齧っただけで死罪」。江戸期の黒糖搾取の過酷さは、今に至るまで語り継がれている。いわば、奄美の人々の「集団的記憶」である。

奄美では、日本のことをヤマトという。散々自分たちを苦しめた「ヤマト」の言うことは信用するな。理不尽な「ヤマト」の要求には徹底的に抵抗する。そんな気風が潜み、時に爆発する。東京での抗議運動中に40人が逮捕されるという事件が、運動にさらに火をつけた。

この本を読みながら思うのは、鹿児島人のアイデンティティについてである。川内原発増設をはじめ、最有望地として浮上している原発ゴミの最終処分場立地問題が、やがて襲い掛かってくる。

この鹿児島の大地に根を張り、遥か昔から暮らし続けてきたのは先住民隼人である。今も鹿児島人の8割が隼人の末裔と言っていい。私たちが、この大地を守り抜けるかどうかは、先住民隼人としてのアイデンティティにかかっているのかもしれない。紙数が尽きた。続きは次回。

我こそは隼人・その2〈2018・11・20〉

沖縄の「和」の文化に対比して、日本、とりわけこの鹿児島は「武」の文化と呼ばれることがある。床の間に沖縄では三線を飾るが、鹿児島では刀を飾るというわけだ。

島津義弘の敵中突破や、明治維新、西南戦争を武器を手に戦った鹿児島の武士団から、外部には「武」の文化は理解されやすい。自分の先祖も一緒に戦ったと、勘違いしている人も多いが、8割近く、大半の庶民は、八公二民の強搾取にあえぎ、「武」の文化とは全く無縁だった。113の外城（郷）には、年貢を徴収し、庶民を常時監視する郷士が配置されていた。幾重にも階層化された武士団の秩序を守るため、物言わぬ兵をつくる郷中教育が、士族の子弟には待ち受けていた。

ナチスもびっくりのファシズム専制支配が貫徹していたと言っていい。そんな中で育まれた「武」の文化だ。

考えてみれば、鹿児島の武士団は平安後期、鎌倉期から荘園管理や、島津氏の領国統治のために畿内や関東から配置され、いつの間にか、支配層として住み着いた者たちである。

沖縄とて、大半の庶民は、三線どころか、どこからかやってきた沖縄士族を養うため、牛馬のごとく働いていたに違いない。

そんな中で、ひときわ目を引くのが、鹿児島の田んぼのほとりに佇んでいる田の神像である。豊穣と子孫繁栄への祈りが凝縮されている。

日本全国、あるいは世界中、どこの地にも、山の神、海の神がいた。鹿児島の田の神は山の神の化身と言われる。春に山から下りてきて田を見守り、秋になるとまた山に帰る。

はるか昔から続く家族の営みと、人々が日々の糧を得るために流す汗を見守る田の神でもあった。

中央政治に左右されることなく、他国を攻めたり、攻められたりとは無縁の、土に生きる庶民が作り上げたものである。この人達こそが隼人であった。

徳之島のMA―T計画（原発ゴミの再処理工場）を追い払った島民集会の宣言文に「先祖伝来、苦難の歴史をのりこえてきて、今日この美しい徳之島を見るとき……未だ経験したことのないこの恐るべきたくらみを断じて許すことはできない」という一説がある。土と一体化した腹の座った強さにあふれている。

原発や原発ゴミの最終処分場は、長く続いてきたこの土地での生存を脅かす、まさに「未だ経験したことのない恐るべきたくらみ」である。

やはり、私たち鹿児島人がこのたくらみを追い払うことができるかどうかは、先祖への思いと、土への愛着を呼び起こすことができるかどうかにかかっていると思う。

変わり者たち〈2018・12・20〉

世の中には変わった人がいるものだ。

日本で旧薩摩藩領の鹿児島・宮崎両県のみに見られる田の神を訪ね回り、1500体余りを写真に収めた医者がいる。『田の神石像・全記録』を小社から刊行したのは今年の4月のことだ。

先日は、奄美赴任中のほぼ全ての土日に山野を駆け回り、800種ほどの植物の写真を撮影し、図鑑を出したいという県職員が来た。ただ闇雲に撮ったわけではない。すべての種の花を撮っている。花期は数日、長くても十数日と限られる。風の吹く日は花が揺れ、撮影できない。並の努力ではないことが分かるだろう。

いずれも本業ではない。多忙な仕事の傍らで時間と金をつぎ込んで、まるで憑かれたように打ち込んでいる。

そのおかげで本が作れるのだから、小社にとっては有難い変わり者と言える。

今取り掛かっている本は、『写真でつづるアマミノクロウサギの暮らしぶり』だ。夜行性で深い森に棲むため、生態は謎に包まれていた。

ねぐらを探し当て、夜ごと通う。そのうち春と秋に出産期があることを発見する。繁殖行動、繁殖用の巣穴での出産、授乳、父親の育児参加の様子と、子どもが育つまで追っていく。縄張りを示すマーキング。これは喉を木の幹にこすりつけていく。親子が互いの位置を確かめるための鳴き声を発し、メスが気のあるオスにおしっこをひっかけるシーンもある。著者は、排尿ではないため放尿と名付けた。

世界中で誰も見たことのない写真が目白押しだ。

実は、これらを撮影したウサギのねぐらは、100メートルもある断崖絶壁の際である。おまけに夜は、夜行性のハブが活発に動き回る。まさに命がけの撮影なのである。

奄美の希少生物の撮影で高名な常田守さんが本書に一文を寄せている。

「今回、この本によって、多くのアマミノクロウサギの生態が明らかになった。人類の知らない彼らの生活が一つひとつ写真に収められ、この本で見ることが出来る。何と幸せなことだろう」

この本の著者は、ほとんど毎夜、山に入っている。ウサギが外出から帰りねぐらに潜り込む夜明け過ぎに、彼も家路につき、ようやく床に就く。

彼の本業はタクシーの運転手だ。一銭の得にもならないことに情熱を傾け、時には命さえかけていく。先に変わり者と書いたが、ひたむきな求道者というべきかもしれない。

本を作るということは、けた外れの情熱を持つ彼らの人生の表現でもあると、あらためて気づかされた。

2019

穏やかな営み〈2019・1・20〉

この下田の事務所に引っ越してきたのは2005年だから、もう13年にもなる。

400坪近い敷地に大喜びして、すぐさま甲突川べりの木市に、ミカン類の苗を買いに走った。どれも1本2千円。八朔の苗を5本買ったら、1本おまけしてくれたのを思い出す。

その八朔も今では根元の直径が20センチくらいに成長して、たわわに実を実らせている。全部合わせて200個は下らない。1個50円とすると全部で1万円になる。すっかり元は取った。しかも、何にも手をかけることなく毎年実を付けてくれる。ありがたい限りだ。

秋口から色づくのだが、やっぱり年を越さないと甘くならない。

先日、出版の打ち合わせに来た著者などは、袋いっぱい収穫して行った。それでもまだ鈴なりだ。もちろん無農薬だから、皮はマーマレードが作れるよと、同行の奥様に話したら、とたんに目がキラキラしはじめた。いかにも嬉しそうだ。

焼酎飲みには、小ぶりなスダチがいい。半分に切って焼酎に搾れば、二日酔いはしない。スダチ焼酎を飲むとき思い出すのは、民俗学者の下野敏見さんと、しこたま飲んだこと。これも10個ほど分けてあげた。

スダチの根元に、フキノトウがいい具合に膨らんでいるのを発見。天婦羅にすれば最高だ。天婦羅、天婦羅、と口ずさみながらフキノトウ探しが始まった。これも、10個ほど持って帰ってもらった。

下田に来て2年目に建てたトリ小屋は傾いているけど健在だ。6月に農協から仕入れたオス1羽、メス12羽は、全部順調に大人になっている。台風で吹き飛んだ屋根のタキロンも、すぐに修繕してあげた。いまでは、毎日卵を10個は産んでくれる。

ついでにトリ小屋を覗いたら5個産みたてがあったので、これもプレゼント。有精卵だ！と感動してくれた。37度で18日保温すればヒヨコが生まれるよと伝えたが、もうお腹の中だろう。

今年は暖冬だと言うけれど、季節はめぐり、約束通りミカンは実っている。ニワトリは卵を産んでくれる。小社創業の1994年に比べると、出版の市場規模は半分になったという。確かにうちの会社も、売り上げはだんだん落ちてきて、かつての半分くらいになってしまった。

だからどうした。

ミカンは実り、フキノトウは芽吹き、ニワトリは卵を産んでいる。客人は取り放題だ。この穏やかな営みの中で仕事ができている。これを幸せと呼ばず、なんと言おうか。

やる気なし！〈2019・2・20〉

一昨日の午後、それまで何ともなかったのに、急に鼻水が流れ出し、目の下の頬の奥と、同じ側の上の歯が激しく痛み出した。熱も出てきたようだ。測ってみると37度1分、私にとっては高熱だ。

鈍痛の中で、すっかりやる気は萎え、何もする気が起こらない。最近、相次いで60代の知人が亡くなったが、死ぬときはこんな感じかな、と思った。

残された人が苦労しないように、ちゃんと整理して死んだ方がいい、と聞いたことがある。大抵の人が突然死んでしまうから、残された人が苦労するらしい。ここもよく分からない。整理するのが面倒なら放っておいてもいいではないか。

死んだ後の話だけど、火葬場ですっからかんに焼かれるより、山の中で朽ち、小動物や昆虫の餌になった方が世の命のためになる、なんてことも思った。畑でも、草刈りの後によく草を燃やしているけど、有機物はすべて灰（炭素）になって空中に飛散していく。畑で腐らせれば立派な肥料になるのにね。

しかし考えてみれば、いつ死ぬか分からないのに、世の大半の人があくせく働いているのは不思議な話だ。確かに若いころ、死にリアリティはあまりなかった。だが、62歳になった。すぐ隣にいる。

いま、3月納品の本が7冊立て込んでいる。大学関係だ。3月が年度末だから、それまでに仕上げなければ困るらしい。知り合いに話したら、南方新社も、年度末に急に公共工事で忙しくなるのは土建屋と一緒だと感心された。

それはともかく、3月に刊行するなら11月中には原稿を出して下さいね、なんてお願いしていたが、そこはわが道を行く教授様たち。12月に1本入ったっきり。あとは全部1月、酷い1本は2月になってから入る始末。催促しなかったのが悪いんだろうが、こちらもすっかり忘れていた。

その手に限って無慈悲な校正が入る。挿入してある英文字がイタリックとそうでないものが混在しているから、すべてイタリックでないものにしてくれと、注文が入ったりする。これは、自分でいちいちチェックするのが面倒だから、全ページ細かく見てね、ということだ。

一瞬頭に血が上り、えいっと校正紙を放り投げてしまった。痛みに耐えきれず、昨日草牟田の飯田耳鼻科に走ったら、案の定、蓄膿だ。こいつは長引きそうだ。

来た仕事は断らないのが南方新社の流儀だ。そうである限り、のんびり仕事ができる日は来そうにない。いつ死ぬか分からないのに、ね。

4月、県議選〈2019・3・20〉

長引きそうと思っていた蓄膿も、作楽の悠ちゃんが教えてくれたドクダミ療法で、あっという間に完治した。ドクダミがなかったから、ツワの葉をもんで鼻に詰めていた。するとどうしたことか、その翌日、スーッと黄色い鼻汁が流れ出た。ティッシュで拭き取っても、後から後から流れてくる。

噂に聞く蓄膿完治のサインだ。

3月16日は串木野に出向いた。原発反対の木下かおりさんが、県議選に出るという。その事務所開きだ。

何か喋れというので、串木野に関係のある話をした。

皆さん、食べ物で串木野名産と言えばなんでしょうか。そう、つき揚げです。

なぜつき揚げが名産になったかと言えば、魚がいっぱい獲れたから。川内川から流れ込む養分がプランクトンを育み、潮下に当たる寄田、土川、羽島、串木野に至る岩礁地帯は、それこそ豊饒の海だった。食べきれないほどの魚が獲れるものだから、余った魚や小魚をすり身にしたというわけ。

ところが今、つき揚げの原料の9割が、ロシアのスケトウ。魚が獲れなくなったのだ。漁獲はかつての5分の1。

串木野の魚が獲れなくなった理由は、串木野市民もほとんど知らないのだが、まぎれもなく川内原発のせいだ。

川内原発は川内川と同じ流量を常時取水している。その取水口で一日3トンの次亜塩素酸ナトリウムを投入して、プランクトン、魚の稚魚、卵を皆殺しにしている。さらに温廃水としてその塩素も放水口から流している。原発から土川、羽島まで、ワカメ、ヒジキといった海藻は全滅だ。藻の生えない海に魚はいない。誰も知らない間に、死の海にされていたのだ。

陸上も、串木野は風下だ。排気口から放出される放射能に晒されて、実際健康被害も生じている。まさに踏んだり蹴ったりの街である。

嬉しいことに、原発の寿命は40年と決まった。川内1、2号機は今年で満35年と34年だ。あと5年で原発とはおさらばだ。そうなのだが、寿命の1年前までに20年延長申請ができるという例外規定がある。

申請の時期は、次期県議の任期中だ。こう考えると、あと5年で終わるのか、20年延長を認めるかを決する、重要な県議選である。

いちき串木野市の木下かおりさんは共産党で、その前に応援に行った薩摩川内市の遠嶋春日児さんは社民党だ。私は政党なんて関係ないのだが、気になることがある。遠嶋さんの会には共産党の顔が見えず、木下さんの事務所開きには社民党の姿がなかった。

野党統一の時代である。原発廃炉に向けて、ぜひ手を結んでほしい。切なる願いだ。

雄性先熟〈２０１９・４・20〉

事務所のある下田の山沿いの小径に、マルバウツギの白い花房と赤いヤマツツジの花が競演する季節がやってきた。薄暗い藪にはコガクウツギの白い花。

黄緑色にもくもくと萌え盛る山には、ところどころにシイが白い花を咲かせている。枝という枝に、これでもかと言わんばかりに花をつけるものだから、遠目にはカリフラワーのように見える。

でも、木は人間を喜ばすために花を咲かすのではない。自分の子孫を残すための健気な行為だ。できるだけ際立つ色で虫を呼ぶ。

ずっと不思議に思っていたのは、同じ種類の木々が、ほぼ同時期に花を咲かすことだ。てんでバラバラに咲いたのでは、違う遺伝子と交配できない。

植物が話し合うと聞いたことがあるが、なんだかピンとこなかった。最近、ある種の化学物質を出して連絡を取り合っていると知った。花期が近づくと匂いを出す。そのかすかな匂いを嗅ぎ分け、一斉に花を咲かすというわけだ。

さらに面白いのは、自家交配を防ぐ手立てだ。小学校の教科書なんかでは、花の模式図として、真ん中に雌しべが立ち、その脇に何本かの雄しべが立つ。これでは、虫たちが蜜を吸おうと花の奥に潜り込んだら、同じ花の花粉が雌しべに付いてしまう。人間で言えば、兄弟で子を作るようなもので、強い子はできない。

だが、実際に花を見ると、雌しべと雄しべが同時に立ち上がることはない。たいてい雄しべが先に立ち、雄しべが枯れるころに雌しべが立ち上がる。雄性先熟という。逆の雌性先熟もある。

これなら、ちょっと離れた別の木の花粉が運ばれて雌しべに付いてくれるというわけだ。なんて賢いのだと、うなってしまう。

さらに徹底した種類は、雄花と雌花を別々に咲かせ、それぞれの花期をちょっとずらしたりしている。雄木と雌木を完全に独立させた種類もある。これなら､自家交配の心配はなくなる。

話は戻る。ひとつの花の中の雄性先熟はほとんど知られていないのだが、南方新社からいくつも植物図鑑を出している大工園さんが気づき、種類ごと雄しべと雌しべの成熟段階を網羅した『植物観察図鑑』を出した。３年前のことだ。画期的な図鑑だと、植物の専門家からたいそう評価を受けたのだが、その後はどういうわけか鳴かず飛ばずだ。

でも、鳴かなくても、飛ばなくてもいい。日本で一つ、世界でもおそらく唯一の図鑑を出したということで満足するのが、出版道というものだ。

水争い〈2019・5・20〉

ちょっと面倒な話に巻き込まれた。

南方新社は、下田のシラス台地にあるのだが、その下の台地の際からは豊かな水が溢れ出ている。戦前から鹿児島市民に給水してきた七窪水源地だ。

水源地から谷が開け、私は10年程前からその谷の下の方で田んぼを借りている。当時から、他の田んぼをやっているのは年寄りばかりなので、いつまでもつのだろうと思っていた。

予想通り一枚、また一枚と作るのをやめ、ついに一昨年、上から5枚の田んぼは全部放棄地になってしまった。

水源地になる前から、上の5枚の田んぼは湧水を引いていた。だから、市が水源地として所有してからも、田んぼのために水を流してくれていた。

ところがというべきか、やはりというべきか、田んぼ作りをやめてしまったからと市は水を止めてしまった。これに腹を立てたのが、わが町内会長だ。水を以前と同様流してくれるように何度も市にかけあったが、相手にしてくれない。

水は田んぼに入れるだけでなく、近くの年寄りが野菜や農具を洗ったりしていた。市街地近くで唯一ホタルの乱舞が残る谷でもあった。水の停止と同時にホタルも激減した。

なぜか私は、この谷の耕作者代表として市に申し入れすることになった。私の田んぼは水源地とは別の湧水を使っているのだが、まあいい。とにかく、町内会長が中心になって集めた約200名の嘆願署名を携えて水道局まで出向いた。

市側は丁寧に対応してくれたのだが、私は4分6分で水を流さない方になると予想した。

一方で、水利権の資料を読み漁った。水源地となる以前から田んぼに水を引いていた。だから住民には水利権がある。慣行水利権というやつだ。だったら田んぼをやればいい。米でなくても何か植えればいい。

私は市が結論を出す前にセリの栽培計画を即席で拵え提出した。というのは、放棄状態の田んぼの隅っこに、セリが元気よく生えていたのだ。

これで水を流さなかったら、逸失利益の損害賠償請求の裁判に出るまでだ。100%こちらの勝ち。案の定、市は水を流すと回答してきた。

耕作者代表として栽培計画まで出した以上、セリを植えないわけにはいかない。かくして、田んぼで腰を曲げてセリの田植えとあいなった。これまでの田んぼに加え、セリの面倒も見なければならない。

やれやれ、困ったもんだ。だが、うまくいけば来春、放棄された田んぼ一面セリが覆う。なんて素晴らしい景色。おまけに、セリ鍋という絶品料理にもありつける。ものは考えようだ。

シーガン獲り〈２０１９・６・20〉

６年前に出した『海辺を食べる図鑑』は、いまだに好調な売れ行きを見せている。海辺の貝、海草、魚はもちろん、ウニ、ヤドカリ、ナマコ、カニまで１３６種類の獲り方、食べ方を紹介する本だ。１３６種といっても、まだまだ未掲載の種類も多い。

釣り好きの友人から、ハゼが未掲載なのは残念だという電話があった。ハゼは鹿児島ではあまり見ないが、宮崎以北では普通にいて人気の魚だ。こいつは昨年、本の営業がてら大淀川で竿を出してものにした。

奄美、沖縄では普通に釣れるモンガラカワハギの仲間も載っていなかった。皮が分厚く硬いため、包丁では歯が立たない。料理バサミで肛門から皮を切れば大丈夫。食べ方を知らず、ポイする人もいる。もったいない。これも、料理法を含め何種か写真に収めた。

こんなふうに刊行後もどんどん追加しているから、もう３００種ほどにもなったろうか。

だが、もう一つ、絶対載せたいものが手つかずで残っていた。シーガンだ。奄美、沖縄ではずっと昔から食べられてきたから外すわけにはいかない。シーはサンゴ礁を指す。ガンはカニだ。サンゴ礁のリーフの先端、波の当たる際にいる。

いつでも獲れるわけではない。潮が大きく干上がる大潮の干潮でなければ、奴らの住処までたどり着けない。しかも、６月の梅雨時の産卵前が最高にうまい。となれば、一年の内にチャンスは6月の２度の大潮のときだけ。潮見表で確認したら６月5日水曜日が大潮だ。平日だけど船中２泊を含めて3泊の奄美行きを決行した。

干潮は午後2時。１時過ぎに北大島の目当ての海岸に着き、リーフの先端を目指す。潮が引いているので先端まではかなりの距離だ。それでも、気がはやるもんだから岩の上をピョンピョン跳ねていく。

波の打ち上がる先端に着いた。目指すシーガンは穴の中に潜んでいるから、タコの切り身を棒の先に結び付け、それでおびき出す。

ホレ、ホレと、穴にタコを突っ込んでいく。おっ、動かない。カニが爪でタコの身を引っ張っているのだ。穴の中のカニは獲れない。穴の入口から10センチくらい離してタコを躍らせ穴の外へおびき出す。ほら出てきた。すかさず手でゲット。こんな具合で次々にクーラーボックスに収まったカニは、およそ50匹になった。

潮が上がるまでの2時間、十分遊んだ。だが、海には誰もいない。平日に海で遊ぶ暇人は島にいないのか。それとも、食べ物はお金で買う時代、シーガン獲りは見向きもされなくなったのだろうか。

大雨とスッポン〈2019・7・20〉

7月3日、朝から降り続く大雨だ。鹿児島市は全戸59万人に避難指示を出し、県内では100万人を超えた。

市内の小中学校と幾つかの高校は休校となって、早々と翌4日の休みも決めた。ついでに、南方新社も明日は休みにしようと言うと、スタッフからたいそう喜ばれた。

6時きっかりに帰るスタッフをしり目に、だらだらと仕事をしていると、この大雨の最中、橋口さんからの電話だ。下田、川上で何ヘクタールもの田んぼをこさえる大農家だ。稲荷川の中流が溢れ、田んぼに泥水が流れ込んでいるというニュースが流れていた。咄嗟に、応援要請かと身構えたが、何のことはない。「大きいスッポンが獲れたから、食べるなら上げるよ」と来た。川に棲むスッポンが、田んぼに迷い込んだようだ。

大喜びでもらい受ける返事をした。

翌朝、雨は大したことはない。市電も市バスも通常通り運行している。学校以外で休みにしていたのは、南方新社だけだったかもしれない。

まあいいや、とにかく休みだ、と布団に潜り込むと、町内会長からの電話。私の田んぼが大変なことになっているという。

こりゃ、一大事。小雨の降る中バイクを飛ばし早速駆けつけた。崖が崩れ、田んぼに木々が雪崩れ込んでいる。幸い土砂はあんまり入っていない。アイガモ逃走防止のネットが押し倒され、カモたちはどこかへ消えている。

でも大丈夫。「オーイ」と声を上げると、ガーガー、ガーガーと大喜びで、どこからともなく走り寄ってきた。と言っても私に懐いているのではなく、「オーイ」の後に撒かれる餌に懐いているのだ。

ともかく、この日、谷にはチェンソーの音が響き渡り、木々の処理とネットの張り替えで一日が終わった。

大汗をかいた肉体労働の疲れを取るにはスッポン鍋だ。いそいそと橋口さんちへスッポンをもらいに出向いた。2キロはある大物だ。会社に戻り、2、3日は泥を吐かした方がよかろうと、唾を飲みながら、発泡スチロールの箱に入れた。逃げたらかなわんと、ふたの上にブロックまで載せておいた。

翌朝、会社に行くと、ふたが開いているではないか。ブロックも横に転がっている。逃げたのだ。慌てて草むらを捜したが、いない。何人か横一列になって捜す山狩りでもしなければ発見は無理だろう。かくしてスッポン鍋はあっけなく霧消した。

でも、スッポンとて命懸け。必死にふたをこじ開けたのだ。今頃どこかの水辺にたどり着いているだろう。スッポンの身になれば、自由を取り戻せて、万歳!だ。

驚きの車列〈2019・8・20〉

夜の10時過ぎ、中央駅前の大通り片側3車線の歩道側の車線は停車中の車が数珠つなぎだ。何だ、これは!

どこぞの店の大売り出しかと思ったが、こんな夜中にそれはない。変なの、とやり過ごしたが、そこを通るたびに、いつも数珠つなぎの車だ。

後になって、謎が解けた。学習塾帰りの子を待つ親たちの群れだった。

注意して見ると、大手の学習塾の周辺では、それこそ何百メートルもの車列ができるが、小規模の塾でも、終わりの時間前には、ちゃんと車の列ができている。

かわいそうな子供たち。勉強の好きな子なんて、千人に一人もいないに違いない。それなのに学校が終わって、ふー、と息つく間もなく、今度は塾で勉強だ。こんな牢獄のような暮らしで、おかしくならない方が変だ。

子供たちの不登校が激増していると聞くが無理もない。むしろ嫌なことを嫌と反応するから、まともとも思う。

私たちの頃は、40、50年前にもなるけど、塾なんてそもそもなかった。どの家庭も余分なお金はなかっただろうし、ちゃんと予習、復習する子がいたら、「やーい、ガリベン」なんて囃し立てられたものだ。だから、もし塾があったとしても、誰もいかないから、すぐに潰れたに違いない。

勉強ばかりすれば、確かに成績は上がるだろう。かくして、高校、大学はガリベンだらけの、牢獄を牢獄とも思わない子供たちで埋め尽くされていく。高校、大学はそれでもいいかもしれない。

だが、それを過ぎ、社会に出れば、数学、物理とか世界史とかほとんど無縁の世界だ。大半が日本人相手の仕事だから、英語すらも関係ない。

だとすれば、それまで苦労したことは20歳過ぎてからの長い人生の中で何の役にも立たないことになる。親もそれは知っているはずだ。役に立たないと分かっていることを、皆で一生懸命、大まじめにやる。原発の避難訓練と一緒で、マンガというほかない。

あるとすれば、耐える力、か。何も考えず、嫌なことを何時間でも何日でも、何年でもやる。いやいや。これじゃ役に立つどころか、よりよい奴隷のための長期育成システムだ。

その昔、勉強は長距離走と似ていると思った。どちらも嫌なことだから、集中して、できるだけ短時間で終わらせる。ずっとやり続けるなんて、我慢できないからね。

いずれにしろ、子供たちがこんなんじゃ、この先ろくな世の中にならないことだけは確かだ。

南方新社の本でも読んでくれれば、それだけ周りの世界が彩り豊かに広がってくるんだけどなあ。

幻の怪魚〈２０１９・９・20〉

９月７日、坊津へ釣りに行った。

鹿児島にＵターンする前に勤めていた会社で、30年程前に一時名古屋支社にいたことがある。その時に世話になった取引先の知人が、なぜか、縁もゆかりもない坊津で民宿を始めたのだ。

屋号は「夕焼け」。2012年の知事選の折にも、はるばる名古屋から応援に来てくれた。実に気のいい人間だ。

おまけに、小学6年の息子は、目の前の海で腕の太さほどのマゴチを何本も釣り上げているという。行かぬわけにはいかない。

マゴチは先ず小魚を釣って、それを餌にして置き竿で待つ。狙いをマゴチに据え、竿を4本抱えていそいそと坊津へ向かった。

3時過ぎ、宿に着くと、休む間もなく海へ。小物釣りの道具で先ず小魚を狙う。釣れる、釣れる。スズメダイ、オヤビッチャ、フエダイの子供も何種類かかかった。まずまずのイスズミもゲットだ。でも、大物釣りの餌には大きすぎる。

そのうち知人が、小アジ釣りのサビキ仕掛けを持ってやってきた。かかった小アジを餌にして海に放り込んでおく。小6の息子も放り込む。何の変化もないまま、私の小魚釣りが続いた。

と、突然、息子の竿が曲がった。大物だ。ぐんぐん引かれ懸命にこらえている。バキッ、竿が折れた。あー、もったいない。

見ると、私の置き竿も、竿先がグーッと海に突っ込んでいる。慌てて竿を取ろうとしたが、ブツッ、音を立てて糸が切れてしまった。5号の糸だから、そこそこの大物には耐えるはずだが、ものの数秒で切られてしまった。

時計を見ると5時過ぎ、夕まづめだ。魚の釣り時は、朝と夕のまづめ時。これは釣り人の間では広く知られた定石だ。太陽と水平線の間が詰まるから間詰というらしい。

朝は植物プランクトンが太陽の光を求めて浮き上がり、夕方は夜行性の動物プランクトンが活動を始める。それを待ってましたとばかりに小魚が大喜びで群れ食べ、この小魚を目指して大物が回ってくる。

その後も立て続けに3回ほど大物がかかったが、糸が耐え切れず、結局姿は見れずじまい。

逃げた魚は大きいというが、紛れもない大物だった。しかも、引き方の違う何種類かがいた。いまでも、ブツッと糸が切れた瞬間の映像がはっきり目に焼き付いている。

今度は10号の糸に、腰の強い竿を持って行こう。坊津の海にゆっくり回ってきた怪魚の顔を見るまでは、どうも落ち着けない。

それにしても、人間を相手にするより魚相手の方がずっと面白い。

知った責任〈2019・10・20〉

11月16日、奄美出張が入ってしまった。出版社をしているから奄美の本屋さんへの営業は当然なのだが、編集の仕事が立て込んでいる今、とても営業に割く時間はなく、出来れば避けたかった。

理由は、骨髄バンクのイベントだ。これまで2年連続2回、地元の音楽家がチャリティーコンサートを開催してくれている。ボランティアだから交通費は出ない。2回とも営業にかこつけて参加していた。

今回は3回目、鹿児島から他のメンバーも行くのでよかろうと思っていた。だが、イベントに合わせて、奄美のボランティア組織が立ち上がる。この大事な時に何だ、という。実は、私は、かごしま骨髄バンク推進連絡会議というドナー登録を増やすためのボランティアの会の代表をしているのだ。

今から27年前のこと。Ｕターンした直後、高校時代の同級生から連絡がきた。私と同じ下宿にいたＳ君が白血病になったという。同級生と一緒に鹿大の専門医・川上清医師の所へ話を聞きに行ったのを、はっきりと覚えている。生存の手立ては唯一、骨髄移植だけ。移植のためには、何万人に一人という白血球の一致するドナーを見つけなければならない。

欧米では、その何十年も前から骨髄バンクができていたが、日本では出来たばかり。Ｕターンして仕事もせず、しばらくのんびりしようと思っていた私は、急いで同級生に呼びかけドナー登録を呼びかける会を作った。

白血病患者は長くは生きられない。時間との闘いだった。結局ドナーが見つかることなく、感染症（肺炎）で半年後に彼は死んだ。残された嫁さんと2人の幼子が何とも不憫だった。

それからも、骨髄バンクから抜け出せずに、今でも活動を続けている。「知ってしまった責任」とでも言おうか。

人は見たいものを見て、聞きたいことを聞くという。骨髄バンクの存在が広く知られるようになった今でも、多くの人が、自分には関係ないと、正面から見ることなく通り過ぎていく。ドナーが見つからず死んでいく人が、毎年千人いるというのに。

もう一つは原発。四十数年前、大学の講義で市川貞夫先生から聞いた話。

原発から日常的に放出される大量の（電力会社はごく微量という）放射能のせいで、原発から近ければ近いほど植物の突然変異が多いという。人間が、がんや白血病になるということだ。事故は破滅的被害をもたらすが、事故がなくても、放射能を出して人を害しながら電力会社は利益を得ている。

あのとき、電力会社の非道が胸に刻み込まれた。

頑張れ紫尾山〈２０１９・11・20〉

11月9日、1時間かけて、のこのこ宮之城まで出かけた。北薩の最高峰、紫尾山（１６０７メートル）に計画されている大規模風力発電のシンポジウムが開かれたからだ。

紫尾山の頂上部を除く尾根筋全域に巨大風車が１６５基、これまでの日本最大の風力発電の7倍、60万キロワットというから、原発並みの発電施設になる。

半年ほど前から聞いていたが、深く考えることはなかった。この日、2時間、じっくり資料に目を通し話を聞くうちに、こりゃすごいと、唸った。

20キロも届くという超低周波音。牛、豚、鶏は餌を食べず、乳も出さず、卵も産まなくなるという畜産被害が想定される。もちろん人間にも影響が出る。特に子供が心配だ。

風車に向かって飛んで行ったワシが一瞬のうちにグシャッと風車の羽根で叩き落とされる映像が流れた。北海道で撮影された映像だ。思わず、ワッと声を上げた。バードストライクというやつだ。聞くと見るとでは大違い。実にたまげた。今回の協賛団体である野鳥の会が反対の声を上げるのも、もっともなことだ。

何より私の脳裏をよぎったのは、紫尾山の昆虫、植物が壊滅的な打撃を受けるということだ。計画されている風車は、鹿児島中央駅の観覧車アミュランの2倍の直径120メートル、高さも2倍の180メートルになるという。羽根一枚の長さは60メートル、柱は90メートルだ。一体どうやって運ぶのか。

紫尾の尾根筋には林道が走っているが、それはせいぜい5メートル前後に伐った木材をトラックで運ぶための道だ。山肌に沿って急カーブが連続する林道で、60メートルの羽根や90メートルの柱はとても運べない。山を削り谷を埋めた直線の道じゃなければ無理というもの。

かくして紫尾山の尾根沿いの森は大規模な伐採と、土地改変が行われることになる。

地球は、1万年少し前の最終氷期から徐々に温暖化している。それにつれて、最終氷期の前に進出した北方系の生き物たちは少しずつ北に追いやられてきた。鹿児島では、紫尾山、霧島山、高隈山の尾根筋に生き残ることになる。

つまり、学術的にも貴重な日本の生物の南限種群が、一瞬のうちに壊滅する危機に立たされているというわけだ。

だが、この事実はほとんど知らされていない。鹿児島大学の生物の教員に「こんなことがあるよ」と話したら、「全然知らなかった」と驚いていた。

原発もダメだが、再エネという美名に隠れた大規模風力発電も、やめておけと言うほかない。度を越した自然破壊には目をつぶれない。

打ち捨てられた遺体〈2019・12・20〉

『北朝鮮墓参記』という原稿が舞い込んできた。

戦争中、父親の鉄道関係の仕事の都合で一家は北朝鮮で暮らし、著者もそこで生まれた。戦争に負けると、ソ連軍が進駐し、一家は日本を目指す。翌年6月、やっと鹿児島に帰り着いたものの、9人家族のうち祖母と父、幼い弟2人、合わせて4人が戦後半年のうちに亡くなっていた。とりわけ、祖母と父は、満足に葬ることもできず、打ち捨てるように帰ってきたという。

4人の眠る地をもう一度訪ねたいという願いが、87歳になってようやく実現したのだ。

肉親の死、あるいは遺体というものが、そこまで人を駆り立てるものだと、あらためて思った。

ちょうど手掛けている『奄美の復帰運動と保健福祉的地域再生』という本に、戦争中、奄美大島大和村の山中にグラマンが墜落した話があった。

戦後、奄美は米軍政下におかれる。すぐに軍政府が遺体の調査に向かうと、乗員３人の遺体は地元の人達が丁寧に葬り、その場に十字架まで立てていた。軍政府の役人は、村人にいたく感謝したという。

敵兵でありながら、きちんと弔った島の人の心根を思わずにいられない。それに引き換え、とでも言いたくなる話が、足もとにもあった。

南方新社は、下田のシラス台地の上に事務所を置く。その崖下には、七窪水源地がある。戦前、市内の水道のほとんどを賄っていた水源地だ。

１９４５年、終戦の年の6月に鹿児島市街地も大規模な空襲に晒された。幸い被災を免れた市役所の重要書類を疎開させようと計画されたのが、七窪水源地の崖であった。崖に横穴を掘って保管庫にしようというもの。

ところがその建設中、7月27日にまたも空襲があり、あろうことか、水源地も標的になって4発の爆弾が落とされた。米軍も市民に打撃を与えようとこの水源地を狙ったのだろう。

この七窪水源地爆撃で、地元民数名とともに、朝鮮人の作業員十数名も死んでしまった。

ときは7月末、遺体の腐敗は進む。もちろん日本人は墓に葬られたのだが、朝鮮人の遺体がどうなったかは分からない。伊敷の45連隊の兵隊たちが水源地の復旧作業をしたというが、おそらく、その辺りに埋めたに違いない。（『七窪水源地爆撃記録』南方新社より）

ふるさとには、親兄弟はもちろん、妻子もいただろう。戦後74年経った今、死んだ朝鮮人の名はおろか、その事実さえほとんど知られず、遺体は打ち捨てられたままだ。

せめて、慰霊碑だけでも作れないだろうかと思う。

2020

猪が出た〈２０２０・１・20〉

私が田んぼをこさえている七窪水源地の谷に、猪が出現したのは昨年の稲刈り前のことだ。

いつものように、谷沿いの小径をバイクで走っていると、すぐ下の田んぼをやっている爺さんに呼び止められた。「大変なことになった。猪が田んぼに水飲みにやってきた」。水飲み場のすぐそばの藪に、獣道ができている。山からここを通って田んぼに来たらしい。

猪が田んぼに入ったら、米は食うわ、大便小便はまき散らすわ、臭くて全滅だという。えらいこっちゃ。

人間の匂いを嫌うというから、あわてて髪の毛を撒くことにした。会社には美容師の卵の息子を持つスタッフがいる。事情を話すとすぐに袋いっぱい持ってきてくれた。

撒こうと手に取ると、あろうことかみんな茶髪だ。有機無農薬のアイガモの田んぼには似合わないが仕方ない。畦に点々と茶髪の山を作った。

上の畑では、からいもがやられた。畑の主のおばちゃんが、「シシが出たー」と興奮している。人間の匂いを嫌うらしいよ、と言うと、翌日には、からいも畑の畝に突き刺した棒に、シャツが吊るしてあった。

おばちゃんの汗で、臭くなったやつだ。対策の記念に写真を撮ろうとすると、恥ずかしいから止めてくれと、赤くなっていた。

私の田んぼは、アイガモが逃げないようにネットで囲っている。だから、よその田んぼ畑よりましだろうと思っていたが、さすがに稲刈りの数日前にはネットを片付けなくてはならない。ネットなしの数日は緊張の日々が続いた。

ネットをはずした翌日にはタヌキの足跡があった。そのまた翌日、何と猪の足跡！　タヌキは5本指、猪は蹄だ。二つの指を押したように跡が残る。紛れもなく猪だが、小さい。ウリ坊のようだ。ひやひやしながら、どうにか稲刈りを迎えることができた。その数日後には、立派な大人の猪の足跡が田んぼに残されていた。

あれから3カ月。谷から猪の気配は消えていたが、先日、下の田んぼの爺さんに呼び止められた。谷の南側の丘でビニールハウスが被害に遭った、大騒ぎで罠を仕掛けているという。

猪とて人間を困らせようという気はないだろう。所有の概念のない猪には、自然のものと人間のものとの区別はない。苦労して固い地面を掘らなければならない自然薯と、柔らかい畑で簡単に掘れるからいもがあれば、私が猪でもからいもを選ぶ。

もともと、この辺りの谷や丘は猪のものだった。罠にかかって八つ裂きにされる猪が不憫でならない。

自分の五感くらい〈2020・2・20〉

このところ連日セリを食べている。

以前書いた水騒動で作る羽目になった田んぼのセリが順調に育っているのだが、その田んぼの畦が壊れてしまった。直すのに重機を入れるという。セリが押し潰される前に、出来るだけ食べようというわけだ。セリの主役は葉っぱではなく茎や根っこだということを初めて知った。

葉っぱの見かけは華やかだが、火を通せばクシュンとなる。風味が強く満足度が高いのは茎と根っこなのだ。

それはともかく、今回は魚の話。

反原発の運動に関わっていいこともある。南方新社に月に1回か2回、四国伊方原発の近所の住人・井出さんから魚が送られてくる。それも、はらわたとウロコをきれいにとった段ボールひと箱分である。彼は魚の仲買の仕事をしているから、見込み違いで売れ残った魚なのだろうけど、魚好きの私にとってはありがたい話だ。

先日、私の留守中に届いた魚が、親戚にまでお裾分けされていた。親戚だから気安く聞いてきたのであろう、その夜電話が来た。「もらった魚は、刺身で食べられますか」と。

魚が来たのは私の留守中だったから見ていない。だから「目が澄んで、身が固かったら大丈夫。ちょっと臭かったら止めたらいいし、食べてみてウゲッときたら吐き出すだけだ」と答えた。普段なら、何にも気にせず親切に教えるのだけど、だんだん教えるのが悲しくなってきた。

　ちょっと待てよ。彼は40過ぎの高校教員である。親戚の教員なら食べ物の良し悪しくらい、自分で判断してほしいもんだ、と。

　たしかに、魚に消費期限は書いてないし、刺身用とか煮物用とかのシールも貼ってはない。だけど、スーパーなんかでシールを貼るのは人間だ。商売のリスクを加味しながら、その人の勘で貼るに過ぎない。だいたい見れば分かる。触ったらなお分かる。匂いを嗅いだら決定的に分かる。

　草刈り機やチェンソーを動かすとき、それが初めてなら人に聞いたり説明書を読んだりしなければならない。だけど、機械と違って、人間が生きていく上で一番大切な食べ物である。たかが魚、ではないのだ。それを40年も生きてきて、自分の五感である視覚、触覚、嗅覚、味覚を信じないで何を頼ろうというのか。

　茨木のり子の詩「自分の感受性くらい自分で守れ　ばかものよ」を言い換えるなら、「自分の五感くらい自分で磨け」である。

　願わくは、彼には、テストの成績ではなく、子どもの目の輝きを見てこの子は大丈夫だとすぐに分かる教員になってほしい。

免許更新〈２０２０・３・20〉

免許更新の連絡が来た。

行ってみると更新の講習は3段階に分けられていた。優良運転者（ゴールド免許の人）30分、一般は1時間、違反者講習は2時間だ。5年間に違反ゼロなら優良、1回なら一般、それ以上は違反者となるらしい。私は、しょっちゅう警察にカンパしてるから、もちろん違反者だ。

いつもこの2時間コースだから苦にならない。それどころか、この罰ゲームのような2時間がとっても楽しみなのだ。大方の人が面倒くさそうにしている。中には高校時代の授業よろしく、本を読んでいるふりをしながら寝ている人もいる。

今回の講習で分かったことがある。

鹿児島の死亡事故はどうして起こるのか、ということ。若者の無謀運転、居眠り、よそ見運転、違うんですね、これが。高齢者が夜、道路の横断中にはねられるのだ。これがダントツで多い。それも、田舎道でのこと。

じゃあ、運転者から見て左から飛び出す人と右から渡ってくる人は、どちらが多いか？　圧倒的に右からの人。つまり、右から渡ってくる老人が、渡れるだろうと渡り始めたものの、足が弱っているので渡り切れずはねられてしまうというパターン。

さらに車のライトの構造がある。遠くまで見えるハイビームならともかく、ロービームではちょっと先までしか見えない。おまけに、対向車の運転手がまぶしくないように、左側を向いているという。これは初耳。

右からよたよた渡ってくる年寄りは、全くノーマークとなる。

私もよく日吉町の田舎に通っている。車の少ない夜はビュンビュン飛ばす。だけど、右からの年寄りには要注意だ。この講習では寝ずに済んだ。

こういうことは誰かに話したくてしょうがない。会社に帰ると誰かれ構わず呼び止めて説明した。ついでに、からいも読者にもお知らせした次第。

ついでにもう一つ、覆面パトの見分け方。先日、車で熊本に行った。

人吉を過ぎたあたりで路肩に停まっていた車がのろのろと車線に入った。こいつは、覆面パトに違いないと直感。その後を80キロくらいでついて行ったら、ブーンとワーゲンが追い越していった。こいつは餌食になるな、と思ったら案の定、覆面は追い越し車線に入ってブーンと追尾。高速バス停の空き車線で切符を切っていた。

これで覆面の追尾のやり方が分かった。のろのろ車を追い越して、すぐに追尾してきたら、そいつはやばい!ということ。ちなみに、白バイ警官のような空色の制服にヘルメット姿2人だった。助手席に誰か乗っていたら、追い越すとき見てもらったらいい。

真夜中の騒動〈2020・4・20〉

前々回だったか、魚の良し悪しくらい自分の目と鼻で確かめろ、と書いた。魚食いのプロを自認する私だが、ついにへまをやらかした。

先日の日曜日、アラカブ釣りの餌を買おうとスーパーに立ち寄った。目指すキビナゴはなかったが、その代わり刺身用とシールを貼った丸々と太ったサバが売られていた。一本380円。目は澄んで黒々としている。こっそり腹を押したが固い。こりゃいいやと大喜びで買った。

釣りの餌はイカゲソで代用したが、これも大釣り。釣りたてのアラカブの味噌汁とシメサバの豪華な晩飯が目に浮かぶ。

帰宅してサバの腹を開いた。内臓もしっかりしている。古いやつは腸が破けてドロドロだったりする。これなら大丈夫。三枚におろして、塩を振って30分。しみでた水けを拭き取って酢に浸ける。はい、1時間で立派なシメサバの出来上がりだ。

皮を剥いで、刺身に切り、ワサビと醤油で食べる。旨い。次々と腹に収まっていく。脂も乗って最高だ。と、身に糸くずのようなものを発見。おっ、これは。アニサキスだ。危ない、危ない。指できれいに取り除いて、潰してティッシュで拭いて、と探したが、目の前にティッシュはない。まあいいやと口の中にパクリ。片面をきれいにたいらげ、残りの片面は明日の楽しみ。

満足、満足、と床に就いた。

食べて2時間後、最初の異変で目が覚めた。何だかむかむかする。吐きたいけど、もったいない、気のせいだ、そのうち治まるだろうと、何とか眠りについた。また、その2時間後。今度は手の平の異様なかゆさで目が覚めた。かゆい、かゆい。そうこうしているうちに、腹や胸、背中までかゆくなってきた。しまいには足の先から頭のてっぺんまでかゆい。こりゃ、たまらん。

腹を見たらポツリポツリ、蕁麻疹が出ている。えらいこっちゃ、サバに当たった。しかもアニサキスだ。口に入れたのがまずかった。糸くずのような子虫が目に浮かぶ。

あわてて着替え、ぼりぼり掻きながら夜間救急診療を探し始めた。さあ、カッコ悪いけど行こう、と思った時、かゆみが治まり始めているのに気が付いた。およそ1時間の騒動だった。

翌朝、蕁麻疹は引いていたけど、なんだか胃がしくしくする。潰したやつのほかにも、何匹か飲み込んだようだ。これはネットで調べた正露丸で退治した。主成分のクレオソートが虫のやる気をなくすという。

ちなみに、アニサキスは虫のかけらでもやばいらしい。恐るべき子虫だ。だけど、ああ、旨いシメサバが食いてえ。のど元過ぎれば、だ。

耳鳴り〈2020・5・20〉

ジ……ジ……ジ……。このセミの鳴くような音が1週間前からずっと聞こえている。最初は電気の音かと思ったが、外でも聞こえる。そうか、これが耳鳴りか！　初体験だ。

原発の会議に最近メニュエル病でひっくり返った人が来ていた。会が終わってから、耳鳴りのことを話したら、すぐに耳鼻科に行け、と真顔で言う。作楽の赤星さんは、「俺の知り合いは、放っておいたら、本当に聞こえんようになったぞ」。周りの何人かも、口を揃えて、それは大変、すぐ行け！

すっかり脅されたもんだから、翌朝、草牟田の飯田耳鼻科へ飛んで行った。

昨年、蓄膿で行ったときはワンサカ患者がいて、ずいぶん待たされたものだが、閑古鳥が鳴いている。コロナだ。

すぐに通されて、診察が始まった。耳の中を覗き込んで、「あっ、きたな」と言いやがった。余計なお世話だ、おいらは耳鳴りの治療に来たんだ、とは言わない。大きいのをピンセットでホイホイと取って、後はミニチュアの掃除機で吸い込んでいく。うん、きれいになった、と先生も嬉しそう。

さて、聴力検査。右耳、左耳、順にやったが、よく聞こえていますねー。63という歳の平均よりずっと成績がよかった。結局、耳鳴りと気長に付き合いなさいね。つまり、放って置けということですね、と聞くと、そうです、と返ってきた。何だかほっとした。

耳鳴りと難聴が同時にあったらやばいらしい。こいつは2週間以内の治療開始が聞こえなくなるかの境目。皆さん注意してね。

ときに耳鳴りはストレスが原因ともいう。そういえば、この1週間、決算でずっとパソコンの数字とにらめっこしていた。何せ、550点も出しているから、その1点1点の在庫、つまり資産の計算をしなくちゃならない。とっても面倒。数字がよかったらまだましだが、これも酷い。3月の売り上げは前年比40％ダウン。ついでに言うと、4月も40％、5月は60％ダウンの体たらく。コロナだ。

3月以降、都市圏の書店はほぼ全滅。図書館も休館している から入れてくれない。アマゾンのネット書店は、実入りのいい他の商品にシフトして、南方新社だけでなく、どの出版社も売れ筋の本は軒並み在庫なし（仕入れていないということ）の表示。頼みの奄美の土産物屋も、市長が観光客は来るな、と言っている。八方塞がりだ。

最初、コロナ騒ぎを、下田の田舎から高みの見物とせせら笑っていたが、こんな所までやってきた。やれやれ。

仕方ないから、今じゃ、せっせと畑に植える作物を増やし続けている。オクラに大根、ヘチマにキュウリ、ニガゴリ、ルッコラ、チンゲンサイ……。

ややこしくなった知事選〈2020・6・20〉

7月の知事選に反原発候補を立てたいと、この間、市民運動および政党関係者が何回も会合（「実現する会」）を重ねてきた。

私は8年前の知事選挙に立候補して、20万518票を得たが落選した。再び選挙に出るということは、会社を閉じることと同じである。自分が出ないのに誰かに頼んで出てもらうなど不謹慎だと思い、その会からは距離を置いていた。

その「実現する会」に、横山富美子さんが、「少数票でいいから、原発のこと、九条の理念に照らしてみた軍事基地のことをきちんと伝えたい」と声を上げていることは耳にしていた。

だが、会では元テレビアナウンサーのA氏と先に交渉していた。難航していた理由は、A氏の「県の経済を再建した伊藤祐一郎前知事を尊敬する」「川内原発1・2号機は古いのでダメだけど、新しい3号機増設はいい」という交渉時の発言。三反園の二の舞じゃないかと不安の声が上がる。だが、運動の分裂を避けようと、最終的にはA氏に決まった。その連絡を受けたA氏は、連絡の約束の時間が数分遅れたことから、辞退の申し出。私はこの最終の会議に要請がありオブザーバー参加していたが、ただ、事態の展開に息をのむばかりだった。

一方、横山さんの方は、高齢のためか擁立はならず、候補者なしで解散となった。

私は、横山さんが福島原発事故以降、3年間、月1回、東北地方で無料検診をされたこと、黙殺されようとしている放射能の影響を把握するため、東北と鹿児島を比較調査する疫学調査を開始されたことを知っていた。この献身的な無償の努力に、密かに敬愛していた。

A氏の出馬辞退と「実現する会」の解散を受けて、信頼できる何人かに、横山さんの気持ちを無駄にできない、と声をかけた。その４日後の６月７日（日曜日）、「横山医師を知事にする１万人の会」が、80人以上の参加で産声を上げた。で、言い出しっぺの私は、後援会長！

横山さんは、信念の人である。湾岸戦争後、国際紛争の解決の手段を国連が持つべきだと「世界医師の会」を自ら組織し、署名を携え、単身国連に乗り込んだ話も最近聞いた。憲法九条を７カ国語に翻訳し、世界中に広める活動もした。知れば知るほど横山さんのすごさを思い知る。

発足会でのあいさつで、横山さんは、今回の知事選に誰も出なかったら、一人で出るつもりだったと述べられた。

翌８日（月曜日）、出馬表明の記者会見。

だが突然、新たな展開が起きる。辞退したはずのＡ氏が、２日後の10日、出馬表明。ビックリだ。前回、三反園を一生懸命推していた人が担いでいた。うーむ……。

で、Ａ氏マニュフェスト。馬毛島軍事基地反対、１、２号機運転延長反対、３号機は白紙撤回ではなく「３号機増設は、県民の理解が得られない今、やるべきではありません」とやっぱり留保付きだが、一応反対。

候補者の中身はまるで違うんだけど、有権者には同じに見えるかもね。また辞退してくれないかなー。これは独り言。

住み着いた謎の獣〈２０２０・７・20〉

６月末は結構忙しかった。知事選に立候補して下さった横山さんの応援であちこち出向いていた。

普段は外に出ているときに会社から電話が鳴ることはない。長い時間をかける本作りの仕事で、緊急の要件なんてほとんどないに等しいからだ。

だが、その日は違った。大変なことが起きている、とスタッフの坂元からの電話。２階に積んである布団の真ん中に糞が載っかっている。廊下には水たまり。それが、酷いにおいだから多分尿だ。電話の興奮した口ぶりから大変さが伝わってくる。

いつか台所に置いた魚を音もなく咥えて行ったネコだろう。会社に帰ってから、棒を片手に70坪とけっこう広い室内を隈なく回ったがネコはいない。その日、きちんと戸締りして入ってこないようにした。

だが、翌朝も事件は起きた。また布団の真ん中に糞が置かれていたのだ。廊下の隅っこにも、これまた大量の糞。尿もあちこちに撒かれ、玄関のスリッパは食いちぎられて、20メートルほど離れた別な部屋に放り出されていた。

スリッパに残された噛み跡を見ると、キリの先端で突いたようになっている。

何だ、これは！　ネコではない。イタチだ。夜行性のイタチが会社に住み着いてしまったのだ。昼間は、ほとんど本の在庫置き場と化した会社のどこやらに息をひそめ、夜になると我が物顔で走り回っていたのだ。廊下に残されていた糞を見ると玄関に置いてある鶏の餌を食べていることが分かった。

縄張りを誇示しようと糞や尿をあちこちにして、おまけに酷いにおいがするのもイタチならではだと合点がいった。

なるほどね。今年の梅雨は雨が多かった。このイタチ君、たまたま開いていた玄関の隙間から雨を逃れようと入ってきた。そこには鶏の餌があった。こりゃいいや、お腹もすいていたし、ちょっといただこう。失礼、ちょっと上がります。広い廊下を過ぎて2階に上がると布団が積んである。なかなかいいお家だ。ずっと住まわせてもらおうか。他の連中が来ると餌を独り占めにできないから、あちこちにウンチとオシッコをして、俺の領土だと宣言しよう。昼間は人間がうるさいけど、本の隙間がいっぱいあるから、どこに寝ていようと見つかりっこない。楽園だ。わーい、わい。

でも、こっちはイタチに事務所をくれてやるわけにはいかない。坂元が注文の本を段ボール箱から取り出そうとしたら、オシッコでびしょびしょの本を掴んでしまったと泣きそうになっていた。けっこうな損害だ。布団も3枚駄目になった。

さあ、どうしよう?

こんなことに詳しそうな木下君にさっそく電話。「忌避剤があるよ」。ニシムタの在庫を買い占めて、あちらこちらに置いた。今度は戸締りせず、イタチ君が逃げ出せるように夜も玄関を開けておいた。

あれから2週間、イタチの気配はない。忌避剤の匂いを嫌って、どうやら出て行ってくれたようだ。

選挙とともに過ぎて行った怒涛の日々だ。

尊い犠牲〈2020・8・20〉

8月15日は終戦記念日だった。コロナで規模が縮小されたとはいえ、日本中、いたる所で、戦没者追悼の式典が催された。新聞テレビで、関連する報道がなされたが、腑に落ちない言葉に接するはめになった。

一つは、「今日の繁栄は、尊い犠牲の上に築かれたもの」というもの。

歴史は連続するので亡くなった先祖はみな尊いのだが、戦没者は特別に尊いとでもいうのだろうか。戦争に負け、残されたのは焼け野原だ。そこから産業を興し、村々で食べ物をこさえたのは戦没者ではない。

戦没者が繁栄の土台になったということの言葉は、全く意味が分からない。

でも、「衷心より敬意と感謝の念を捧げます」と続く言葉で、意図することが分かった。普通に働いて死ぬより、国のために死んだ兵隊さんは偉い、ということなのだ。

来るべき日中戦争か、第3次世界大戦に備えて、国のために死ぬ若者は偉い、と今から刷り込もうという魂胆なのかもしれない。いずれも、全国戦没者追悼式での安倍首相の言葉だ。

戦没者を褒めたたえることは、現役の自衛隊員、ひいては戦争への礼賛につながる。

もう一つ。「戦争の惨禍を二度と繰り返さない」。これも安倍首相の言葉。不戦の誓いというやつだ。これは、カムフラージュに過ぎない。

安倍首相は、アメリカから戦闘機やミサイルをじゃんじゃん買い、奄美や馬毛島の軍事基地建設に血眼になっている。九条を骨抜きにする憲法改正にも熱心だ。

軍隊を持たないという日本国憲法の公布は１９４６年。だが、１９５０年、朝鮮戦争勃発とともに自衛隊の前身、警察予備隊がＧＨＱによってつくられた。日本から朝鮮半島へ移動する米軍の後方部隊としての位置づけ。

51年、サンフランシスコ講和条約で独立の回復とともに日米安保条約締結だ。以降、冷戦の終結でソ連から中国へと仮想敵国は変わるものの、いつも自衛隊は戦争好きなアメリカの軍事戦略の駒としてあった。

先の知事選で「九条実現」を掲げた横山富美子さん。そう、九条は一度だって実現していない。それにしても九条は美しい。

「第九条　日本国民は、正義と秩序を基調とする国際平和を誠実に希求し、国権の発動たる戦争と、武力による威嚇又は武力の行使は、国際紛争を解決する手段としては、永久にこれを放棄する。２　前項の目的を達するため、陸海空軍その他の戦力は、これを保持しない。国の交戦権は、これを認めない。」

すぐに手を引け！〈２０２０・９・20〉

鹿児島の薩摩半島の西海岸には、日本３大砂丘といわれる吹上浜が、南北40キロにわたたって連なっている。

私は、教員の父について10歳まで吹上浜北部に位置する市来で暮らした。

浜辺でキサゴの貝殻を拾い、指の間に挟んで笛にした。その笛は、松林で陣取りをするときに、味方への合図に使った。

潮が満ちてくると波打ち際に砂で城を作った。どれだけ大きく作っても、波で少しずつ砕け、すぐ後ろにまた別な城を作ることになる。飽きることなく、波と砂で遊んだ。

日が沈むときは、ひときわ大きく輝く太陽が眩しかった。海の向こうには甑島が横たわり、その向こうは果てしない海だ。

流れ着いたガラス瓶を流木の上に並べ、西部のガンマンよろしく石を投げ命中を競ったこともある。割れたガラスでしょっちゅう足を切ったのも自業自得だ。

母は、波に寄せられてすぐ砂に潜るナミノコガイ採りがめっぽう好きだった。潜り切れず、砂に立ったやつを波をよけながら拾っていく。ナンゲと呼ぶその貝は、30分もすれば、袋いっぱいになった。

そういえば、母の弟は、50歳の時吹上浜沖にタコ採りに行ったまま帰ってこなかった。舟が壊れ、遭難したのだ。

父は、梅雨が明けるとキス釣りだ。干潮の川口でゴカイを掘り、潮が満ちてくると岸に寄ってくるキスを狙う。盛期には浜辺に数メートルおきに釣り人が並び、それでも、２、３時間で１００匹はものにしていた。このキスも原発のせいでほとんど消えてしまったけれど。

父の出は日吉町、母の出は吹上町、いずれも吹上浜沿いだ。いうなれば、私は、先祖代々ずっと吹上浜を見て暮らしたその末裔だ。

こんな話を並べたてたのも、今吹上浜に大問題が起きているのだ。吹上浜沖の洋上巨大風車群の建設計画だ。

この計画を報じた南日本新聞には、記事の最後に「住民の不安をどう払しょくするか」と書いてあった。何の問題もないけど、無知な住民にきちんと説明しましょうネ、という意味だ。

景観破壊が言われる。だが、海を見ながら育った身からすると、景観などという生やさしいものではない。海とともにあった先祖を含めて私たちの過去が汚され、消されようとしている。例えるならば、どの墓も花を絶やすことのない墓地で、突然墓石がなぎ倒され、糞尿を掛けられるようなものだ。

馬鹿なことから今すぐ手を引け！　体の底から憤りが湧き上がってくる。

カニ捕り紀行〈2020・10・20〉

7月、奄美博物館の館長が出版の打ち合わせで事務所に来た。ひょんなことから、ミナミスナホリガニなるものがいて、奄美の人は食べているという話が出た。

ナヌ！　食べる？　生き物食いのプロを自認する『海辺を食べる図鑑』の著者としては聞き捨てならぬ情報だ。この本の続巻も準備中だ。これは、捕りに行かねばならぬ！

ところで、スナホリガニ、知らないよね。吹上浜で貝掘りしていて、爪の先くらいの生き物がサッと砂に潜るのを見たことがあるかもしれない。こいつは、九州以北にいるハマスナホリガニ。1センチ内外の大きさだ。

まずは、ミナミを捕る予行演習にハマ捕りに行くことにした。お盆の墓参りに小学生の甥と姪に会った。ちょうどいい。カニ捕りに行くかと聞いたら、「行く行く」ときた。吹上浜に出て、1匹10円だよ、と言うと元気よく波打ち際に走った。

捕り方はこうだ。干潮の波打ち際のひざ程度の深さの砂を、魚捕り用の網ですくう。波に当てると細かい砂は出ていくのでハマスナホリガニが残る。30分足らずで、30匹ほど捕れた。

持ち帰って素揚げにしたらまるでエビセンだ。腹の足しにはならないが、焼酎のアテにはもってこいだ。こりゃ、旨い。

奄美以南の海辺にいるミナミスナホリガニは体長4センチ。ハマの4倍だ。体積（重量）は4の3乗だから64倍。十分に食べがいがある。

10月2日大潮の日に、奄美行きを決めた。もちろん、博物館の原稿受け取りという「仕事」のおまけだ。ところが直前に、「原稿ができていない」という連絡。ほかにもいろいろ予定を入れたので今さら変更するわけにもいかない。結局、カニ捕りが第一の目的になってしまった。

フェリーにバイクを載せて、いざ奄美へ。目的地は大和村大棚の砂浜。13時、干潮。11時から開始した。

第一の誤算は、奄美の砂の粒径が大きく波に当てても網から砂が出ていかないこと。掘った砂を上まで運んでばら撒かざるをえない。第二の誤算はいないこと。何回砂を運んでも、いない。20回も掘れば息が上がる。捕れなきゃ何のために来たのか。21回目、やっと1匹ひっくり返った。これぞ、ミナミ。やったー。捕ったぞー。

1匹いたら、もう1匹いる。自分を励ましながら、延々と砂掘りが続いた。10月とはいえ、炎天下。およそ2時間、３００回、２トンは掘っただろうか。

疲れ果て、何度も砂の上に寝転んだ。結局、収穫13匹。死んだら殉職になるだろうか、なんて思いながら、なんとか第一の目的を達成した。

また騙される？〈２０２０・11・20〉

10月27日、わが塩田知事は、今年12月末に改選期を迎える原子力専門委員会のメンバーをそのまま留任させると表明した。九電から２億５千万円をもらった、あの宮町座長を含めてである。

この話は、後日、知り合いから聞いたけど、南日本新聞で見た覚えはない。慌てて、翌28日の新聞を探し出して、ページをめくるけどない。

7月の知事選の公約で、専門委には反対派（複数）も入れてしっかり議論すると言っていた。さらに、専門委で結論が出なければ県民投票をするとまで。原発反対派の中でも、この塩田氏の公約に期待して投票した人もいただろう。

これは公約破りの大ニュースだ。そうなら、大きな記事になるはずと、大きな見出しの活字を探した。けど、ない！　気を取り直してじっくり見返したら、あった。1段の小さな見出し。ベタ記事というやつだ。

どういうこと？　南日本新聞。こっそりスルーしたいわけ？　記事をよく読むと、今回は留任させるが、２年後の改選では反対派を入れるとある。なるほど、まだ先のことだからいいや、なんて思ってはいけない。

専門委の大きな焦点は、あと3年半後の２０２４年に40年の寿命を迎える川内原発1号機の20年延長問題だ。

スケジュールを確認しよう。

２０２４年７月４日、1号機40年寿命
２０２３年７月４日、延長申請期限
２０２３年１月、新メンバー専門委

次の改選から、九電の申請期限まで6カ月しかない。これまでの会議の開催ペースは年に4、5回。半年なら2、3回となる。月に1回開いても6回だ。20年延長の問題は多岐にわたる。

第一に、川内の使用済み燃料プールは、あと9年で満杯となる。九電は、持って行くところがないから、敷地内に乾式中間貯蔵施設を造るはらだ。20年延長と、敷地内の乾式中間貯蔵施設はセットなのである。

この施設とて寿命は50年。50年経つと、中性子の遮蔽に使うエポキシ樹脂が劣化して中性子線（ＪＣＯ事故で飛んだ）がどんどん飛ぶようになる。

ところが50年後、この核のゴミの行き先は全く目途が立っていない。というより、全くの白紙、計画さえもないのだ。

20年延長は鹿児島が核のゴミ捨て場になるという覚悟を伴うことになる。

このほか、原子炉の劣化、原発周辺の活断層、火山、日常的に放出される放射能の健康被害、温廃水による環境破壊。山ほどある。たった数回の会議で「しっかり議論」できるんかいね。

タヌキの天下〈2020・12・20〉

今年は獣と縁のある年だった。

7月にはイタチが会社に棲みつき、布団の上に糞をするわ、ローカにおしっこの水溜まりを作るわ、大活躍だった。

その時、困った私を見かねた知り合いが、玄関横に手製のハネ罠を作ってくれた。餌に食いついたら、針金が首に巻きつく仕掛けだ。その手際の良さに感嘆したが、かかってくれなくてよかった。

もし、罠にイタチがかかったらどうするの?と聞いたら、棒で叩き殺して山に投げればいい、と言いなさる。こちらが困ったとしても、糞や尿をそこいらにするのは、イタチとしてごく普通のことだ。罪のないイタチを叩き殺すことなんて出来ない。

私たちだって糞や尿をする。その下水処理場を造るために、タヌキの親子が住家を追われ困ったかもしれない。言ってみれば、お互いさまだ。

タヌキと言えば、田んぼで働いてくれるアイガモが、今年は7羽田んぼでやられた。例年、何羽かやられるが、パターンがあった。田んぼはカモが逃げないように網で囲っているのだが、隙間から脱走したカモが畦道でやられていた。水を張っているから、田んぼから脱走しない限り、やられることはないと思っていた。ところが、今年はパターンが違った。

今年のタヌキの行動はこうだ。

後ろ足で立ち上がって、両手で網を掴む。思いっきり体重をかけて、網を引き下げる。それを乗り越えて侵入する。泳ぐのは苦手だけど、10センチくらいの深さだから溺れることはない。静かにカモの近くまで寄って一気に襲う。一晩に一羽頂けば十分だ。それに、いつまでも田んぼにいては体が冷える。

そろそろ山に帰ろう。でも、網を引き下げたところが分からない。仕方がないからビニールの網をかみ切って穴を開けよう。おっ開いた。次の晩からは、この穴から入ろう。ちょうど、畦のない崖際だから、人間にも見つかりにくそうだし……。

最初の侵入は分かったが、いつの間にか7羽も消えていた。

田んぼから上げた残りの8羽は、会社の鶏小屋の横のカモ広場で飼っていた。実はこの8羽も、会社の隣の山に棲んでいるタヌキに全部食べられてしまった。おまけに、鶏小屋にも侵入し、12羽中7羽を持って行った。

穴を開けて入ったからそこを塞ぐ。もう穴は開けられまい、と思ったら、壁際の土を掘って入る。コンクリートブロックを置いたから、これで土は掘れまいと思ったら、入口のドアをこじ開ける……。知恵比べではとても勝てない。あんたの勝ちだ。タヌキ君。

２０２１

鼻出しマスク〈２０２１・１・20〉

昨日で終わった大学入試共通テストで、不正行為による失格が４人あり、そのうち一人は鼻出しマスクと新聞記事にあった。ん？　コロナのご時世だから、受験生にマスクをかけろ、というのはいい。だけど、なんで鼻出しマスクはダメなの？

マスクは、感染者からウィルス入りの唾の飛沫が飛び出さないようにするため。鼻から唾を出す芸達者は、そういまい。鼻を覆うのは、飛沫の吸い込みによる自分の感染を防ぐ防衛的な行為だ。鼻が出たからといって誰の迷惑にもならない。かかったら、自業自得。それだけのことだ。

感染者が増えて、国の医療費が増えるから止めてくれと国が言うのは分かる。それとて、あくまでお願いであって強制力はない。

医療費抑制のために、健康診断を受けろといわれるが、それが強制になったら、病院嫌いの私なんぞ、何度罰を受けることになるか。病院まで遠く、おまけに足の弱い田舎の年寄りはみんな罰せられてしまう。

鼻までしましょうね、と言うのはいいが、失格の旗を揚げる権限が試験監督にあるのだろうか。

記事には「計６回注意した。次に注意を受けると失格になる、と言ったにもかかわらず、従わなかった」とある。何度も注意したけど無視されたので、この監督、キレてしまったのか。であれば、まるで漫画だ。

コロナのためなら何をしても許されるような風潮、自粛の嵐が吹き荒れるなか、周りの批判を恐れて行動する風潮にはうんざりするが、この鼻出しマスク受験生は、その被害者の一人だろう。

受験生は、失格で一年を棒を振ることになる。私ならできない。「ヘイヘイ」と不満げな声を漏らしながら、簡単に屈服するだろう。

納得いかないことには、頑として抵抗する。

今どきの若い者にも骨のあるのがいたもんだ。鹿児島の田舎からエールを送ろう。

最近、県内でも鳥インフルで鶏がバタバタと死んで騒ぎになっている。野生の鳥はそうはならない。何故か。免疫力の差だ。何万羽と飼う大規模な鶏舎は窓ひとつない真っ暗な建物。さらに鶏たちは、身動きとれない狭いゲージの中で一生を送る。動けば、餌の効率が悪くなるからだ。免疫力は、ほぼゼロと言っていい。

コロナも同じだ。まずは、ひ弱な人間が野生の猿並みの免疫力を目指すこと。そのために、食べ物と暮らしの在り方を、どうするか。変えなければ、本当の終わりは来ない。

家畜にワクチン〈2021・2・20〉

コロナ騒ぎが続いている。生き延びるためには猿並の免疫力を目指すしかないと前回書いた。

猿は一日に200種類の食べ物を口にすると言う。猿にとっては、朝から晩まで食べることが仕事だ。虫やトカゲなどの小動物、木の実や新芽も口にする。毒がありそうなものは苦いからベッと吐き出す。これは人間が野草を食べるときの基本でもあるけどネ。

200種類も食べていたら、ミネラル、ビタミン、タンパク、ありとあらゆる栄養が自然と身に入るだろう。跳ねまわり、木にぶら下がって運動しているから免疫力も十分だ。

スーパーの野菜は、せいぜい30種類だという。しかも根っこに土の気配のない水耕栽培のものも目立つ。品種改良されて、昔なら3カ月かけてやっと食べられた野菜が、今では半分、もっとすると3分の1の期間で同じ大きさに育つようになっている。同じ土地で、2倍、3倍の生産効率というわけだ。だが、その分、栄養は半分とか3分の1。こりゃ、だめだ。

もう一つ気が付いた。猿でも他の動物でも、子供は授乳期を過ぎるとずっと親と一緒に行動し、食べ物の獲り方を学んでいく。自分で獲れるようになって初めて独り立ちしていく。大人になったということだ。

人間も、何万年もの歴史の中で、全く同じように子供は大人になっていった。私が子供の頃、周りはほとんどが農家で、子供は親の手伝いをしながら、自然に田畑の作り方、鶏を飼い、絞める技を身に付けていった。川のカニやウナギを獲り、海では貝を採り、魚を釣った。

ところが、ここ2、30年のことだ。猿的子育て法がまたたく間に消えていった。南方新社の若いスタッフなど、鶏はおろか、魚も捌けない。男女問わず、包丁をつかえない若者が増えたと聞く。

自分で食べ物を獲らず、他者から与えられて生きざるをえない動物を家畜という。人間はお金を稼いで自分で食べ物を確保した気になっているが、それさえ見方を変えれば食べ物を交換する食券のようなものだ。

人間の大人は、子供に生きていくうえで最も大切な食べ物を作り、獲る方法を教えなくなった。その代わり、食券を人よりたくさんもらえるように、塾の送り迎えに血眼になっている。だけど家畜は家畜。

免疫力のない鶏や豚は、薬で病気を押さえ込む。

栄養のない水のような野菜を与えられ、自分の体を動かさない家畜化された人間にも、これまた薬、コロナワクチン、というわけだ。やれやれ。

ビリケンさん〈２０２１・３・20〉

徳之島の伊仙小学校時代、同級生に保という子がいた。当時は栄養状態が悪いせいか、みんな体が小さく、やせっぽちだった。そんな中で、なぜか保は一人だけ肥満児だった。

体が重いものだから、運動会のかけっこではいつも断トツのビリ。体のことで、いたずらっ子から悪態をつかれることがあったが、決して怒ることはなく、にこにこ笑ってやり過ごしていた。

メジロやスズメ、ヒヨドリを罠や鳥もちで取ったり、クワガタを探したり、魚釣りに行ったり、秋になれば椎の実を取ったりと、田舎の子供は遊ぶことがたくさんあった。一人の子にかまけている暇はなく、いじめに発展することはなかった。

鹿児島では、時々同窓生が集まる。話題の一つが仲間の消息だ。島では親戚かなんかでほとんど繋がっているから、誰がどこにいるかは大抵分かる。ところが保については、何の情報もなかった。

２年前に大阪で同窓会があった。鹿児島の伊仙の子たち５人組で、遠路はるばる参加した。なんとそこには、あの保がいた。和歌山の福祉施設で働いているという。50年振りにあった保は、相変わらず太っていて、にこにこ笑っていた。

宴会の翌日は大阪観光だ。名所と言えば天王寺の通天閣。あちこちの店さきに、太った子供の像が置かれている。ビリケンさんだ。商売繁盛の縁起ものなのだろう。

このビリケンさんが保に似ていると、誰かが気が付いた。ビリケンさんは石や金属で作られた像だから当たり前のことだが、ずっと笑っている。

ためしに保に聞いてみた。「保、あんたこの10年で怒ったことあるかい？」。うーん、と少し考えて、「ないなあ」とのんびり答えが返ってきた。一同大笑いだ。きっと、10年と言わず、もっと長い期間、怒ったことがないのだろう。

宮沢賢治の雨ニモマケズの詩に、「決シテ怒カラズイツモシズカニワラッテイル」という言葉があるが、「サウイウモノニワタシハナリタイ」と継がれている。宮沢賢治だってプンプン怒ることがあるから、こんなことを書くのだろう。

だが、怒らず、いつも笑っている、を地で行く人間がいるのだ。

３月18日、広島高裁は停止中の伊方原発の稼働を認めた。このバカスッタレがー、と一人怒っていた。吹上浜や紫尾山の風力発電や、川内原発をめぐるあれこれと、最近、怒ることが度々あるが、少し経つと、なぜか通天閣のビリケンさんと保の顔を思い出すのである。

木を伐った〈２０２１・４・20〉

今回も伊仙小学校にまつわる話だ。

先週、突然、小学校の同窓生の民子から電話があった。彼女の散歩コースの城山団地に、これまた同窓生の健治の実家がある。健治は今名古屋に住んでいて、実家は空き家だ。

散歩中に、健治の家の前を通りかかったら、隣家のおばさんが何やら見上げていた。木が伸びて、電線に引っかかっている。伐ってほしいが連絡が取れなくて困っているとのこと。

民子、あんたが健治に電話したらいいがね、というと、「連絡して！」と来た。昔から気の強い子だったなあ。ひょっとすると、電話するのが恥ずかしかったのかもしれない。

何年ぶりかで健治に電話をした。父親はとっくの昔に亡くなり、母親は今、奥州仙台に妹と一緒に暮らしている。母親は、家を売らないでと言っている。だから、あんまり鹿児島には帰れないけど、空き家のままにしている、ということだった。

母親にとって、長年住んだ思い出のある鹿児島の家がなくなるのは、おそらく自分の過去が消えることと同じなのだ。分かる気がする。

とにかく任せとけ、と私が伐ることになった。

民子と連絡を取り、水曜日の午後3時、仕事を抜け出して空き家に向かった。作業員は、私と民子、民子の旦那さん。それと、鹿児島市内に住むリカ子も来た。小学校のころ、リカ子は健治に気があったと私は睨んでいたから想定内だ。

たかが電線に伸びた木を伐るくらいだから、ものの10分か15分の話だろうと思っていた。だが、それは甘かった。

垣根のカイヅカイブキが一列になって一斉に背を伸ばし、電線まで達しようとしていた。こうなれば全部、頭を伐るしかない。持参した脚立を移動させながら、次々にノコギリで伐っていく。民とリカは伐った枝を南方新社の軽トラに積み上げていく。

初めて知ったことだが、カイヅカイブキには棘がある。腕まくりして伐り始めたが、すぐに傷だらけになり、慌ててシャツを伸ばすはめになった。

民の旦那さんも、どんどん伐っていった。全部の枝を軽トラに積み込んで、散れた木の葉や小枝をお掃除して、完了。4人がかりでたっぷり小一時間かかった。汗みどろだ。

終わって記念写真をパチリ。コロナでなかなか会えなかったが、1年半ぶりに民やリカと会うことができた。作業の合間に、いっぱい話もできた。久しぶりに汗をかいて気持ちがいい。

これも、同窓生に健治がいたからこそできたこと。いろんな同窓生がいる。ありがたいものだ。

ハエの根絶〈2021・5・20〉

5月20日、うれしいニュースが飛び込んで来た。南日本出版文化賞に小社刊の『ミカンコミバエ、ウリミバエ　―奄美群島の侵入から根絶までの記録―』が選ばれたというのだ。

やがて、新聞でも大きく取り上げられるだろう。6月には授賞式だ。

著者には副賞30万円が行くが、出版社には何にもない、とブツブツ文句を言っていたら、数年前から額入りの賞状をもらえるようになった。

それはともかく、この本、県の農業技師だった著者たちの情熱の記録だ。２種類のハエは、何れも南方系で風に乗って北上し、沖縄・奄美に定着していた。

ミカンコミバエはミカン類を、ウリミバエはキュウリやメロンなどのウリ科の実を食い荒らす。いずれも１９９０年頃には根絶に成功している。奄美特産のタンカンが生まれたのも、この努力のおかげだ。

どうやったかと言えば、ミカンコミバエはオスに狙いを定めた。インドの学者が、ある植物にハエのオスが集まることを発見し、その化学物質を特定した。この化学物質を、木材繊維を固めた板に農薬とともにしみ込ませ、集まった雄を全滅させようという寸法だ。雄が消えれば世代は断絶する。

ウリミバエはもっと手が込んでいる。コバルト60の放射線を当てて不妊化したハエを大量に野に放つ作戦だ。野生のハエと交尾しても子は生まれない。やがてハエは消えていく。

こう書けば簡単なようだが、絵に描いたようには事は運ばない。先進地ハワイに話を聞きに行き、沖縄の農業技師と連絡を取り合った。奄美でやっつけても、沖縄から飛んで来れば元の木阿弥だからだ。

様々な器具も手探りで作っていった。そんな幾多の困難を経て、20年という歳月をかけて2種のハエたちは、奄美群島から根絶できた。まるで、プロジェクトX。

と、ここまで読んで気が付いた人もいるだろう。

この2種のハエたちは、沖縄のもっと南の台湾やフィリピンではどうなの？ということ。もちろんブンブン飛んでいる。次に、食害はどうなの？とくるだろう。もちろん、ハエはミカンやウリを食べている。だけど、台湾やフィリピンの人達は、虫が入っていても平気の平左。気にしないで、どけて食べるのさ。

おまけに、ハエに国境はないから、いつでも風に乗って奄美や沖縄に飛んでくる。定着したら、またやっつける。まさに終わりのない戦いだ。

白状すれば、日本でも薬を撒くより気にしないで食べればいいのに、と作りながら思ったものだ。本作りも複雑だ。

希望のありか〈２０２１・６・20〉

屋久島に暮らした詩人、山尾三省が亡くなって20年経つという。早いものだ。

三省記念会が記念誌を出すから原稿を書かないか、と編集部から案内が来た。有り難いことだ。

事あるたびに、三省の三つの遺言を思い出していたからだ。遺言の第一は、三省の故郷の「東京・神田川の水を飲めるように」というもの。鹿児島に暮らす私たちは、甲突川と置き換えてもいい。はるか昔、この鹿児島に人が住み始めてから、ずっと長い間、人は甲突川の水を飲んでいたに違いない。川の魚も食べていたことだろう。

その長い歴史から見れば、つい最近のこと、生活排水や農薬のために、甲突川の水は飲めなくなってしまった。今では、飲むなど、思いつきもしない。

甲突川の水が飲めるように世の中が変わったとき、つまり、私たちの暮らしが自然に包まれたとき、はじめて、未来に安心できると三省は説いたのだ。

現実はどうだろうか。

4月の大潮の昼下がり、海辺にワカメを採りに出かけた。ここ20年ほどの毎年の決まりごとだ。いつもの海に着いて愕然とした。バイパス工事とやらで立入禁止。海中には無残にも大量の土砂が投げ込まれていた。よく顔を見かけていた年寄りも、私と同じようにがっかりしたに違いない。鹿児島市に残されたワカメの自生する最後の自然海岸は、息の根を止められていた。

遺言の二番目と三番目、人類を破滅へと導く「原発と戦争は止めよう」。

果たして2011年3月11日、福島第一原発の大事故を迎え、地球上に大量の放射能が振りまかれた。放射能の放出はまだ終わってはいない。事故後、初の再稼働を、2015年8月11日、九州電力はこの鹿児島の川内原発で断行した。

対中戦争を射程に入れた奄美大島の大規模なミサイル基地と弾薬庫は建設中だし、馬毛島では日米共用の軍事基地建設が進んでいる。

三省の三つの遺言を思い起こすたびに、暗澹とせざるをえない。

産業革命以降200年、欲望の赴くまま行進を続けてきた人々はいま、三省の願いにもかかわらず、立ち止まるどころか滅亡への行進を加速しているように思える。

もはや、絶望しかないのだろうか、という気さえしていた。

だが、ふと気が付いた。

この世の中で、山尾三省という人がいて、亡くなっても三省記念会に集う人がいる。三省の願いを我がものとする人々が現実にいる。このこと自体が、未来への希望なのだ、と。

怪しいワクチン〈2021・7・20〉

日本中、コロナで大騒ぎだ。テレビでは、どの番組も東京の感染者が増えただの、オリンピックで感染者が増えるだのの話題がひっきりなし。

これだけの騒ぎになれば、コロナそのものの恐ろしさより、自分がかかったときの周りの反応が怖い、というもの。誰と口をきいたか、どの店に行ったか、こと細かに聞かれ、その相方も真っ青になる。あまりのショックで、寝込むかもしれない。

状況を打開する切り札がワクチンというわけだが、これも怪しい。

鹿児島では、ほとんど報道されないのだが、厚生省はワクチンを打った後556人が全国で死んだとまとめている（7月2日現在）。医者から報告された数字だから、医者が面倒だとスルーした数を入れたら倍くらいにはなるだろう。この数はうなぎ上りだ。

興味深いのは、山陰放送が7月19日に報じた鳥取県でワクチン接種後６人目の死者が出たという事実。この日までに鳥取県でのコロナの死者は２人だから、なんのこっちゃとなる。

鹿児島県はワクチンで何人死んでいるかと言えば、個人情報を盾に、非公表！　でも、鹿児島県の人口は鳥取県の３倍だから、15人から20人は死んでいると予想できる。

ワクチン推進一直線の国や県が、こうしたマイナス情報を出したくない気持ちは分かるが、戦時国家じゃあるまいし、ワクチン接種は自己責任なのだから、マイナス情報も全部公開したらどうだい、と言いたくなる。

私は、よく分からない薬など打つ気は毛頭ないのだが、ワクチン接種が進まない理由はデマのせいだ、と言われるのも腹が立つ。

曰く、「打ったらマイクロチップが埋め込まれると誤解している人がいる」と。これじゃ、打たない人は、荒唐無稽なデマを信じる、まるで馬鹿じゃないか。

ちなみに、ワクチン接種後の死者のうち、因果関係なしとされた７人を除く99％、５４９人は因果関係不明とされた。

こうして闇に葬られるのか。

かつて、江戸期以前に大流行していた天然痘（疱瘡）は、流行を耳にすると、村々の境界には自警団が立ち、村外からの立ち入りを厳しく制限したと物の本で読んだ。最近のコロナの騒ぎようは、これに似ている。

でもね、天然痘は、ある村に感染者が出たら、村人の３分の２がかかってしまい、その半分は死に、残りの半分も、失明やあばたなど後遺症を残した、というほどの厄介なもの。

コロナは騒ぎすぎかも。でも、病気にはかかりたくないのが人情。野菜と海藻食べて免疫力をつけようね。

クモ騒ぎ〈２０２１・８・20〉

朝会社に来たら、居合わせた３人の女子スタッフが何やら騒いでいる。

クモがいたらしい。それも、飛び切り大きいクモ。アシダカグモだ。鹿児島では、ヤッデコッと呼ぶ。クモは鹿児島弁でコッ。漢字で書くと八手蜘蛛となる。

こいつは夜行性で昼間は物陰に潜み、夜になると徘徊してゴキブリ、ハエ、カなどを食べてくれる。

私は、昔から便所でよくにらめっこしたりしていたから、何のことはない。南方新社は下田の山の中にあるので、ムカデやマムシなど時々目にしていた。スタッフも生き物には慣れてきたはずと思っていた。だが、このクモは夜行性だから、10年以上この事務所にいるのに出会うことはなかった。さすがに、見たことのない巨大なクモには肝を潰したらしい。

気味の悪いクモが足下から這い上がってきたら困ると、勇気ある一人が、本棚に入ったすきにガラス戸をぴしゃりと閉じた。

クモも餌を食べなければ死んでしまう。罪のないクモが可哀想じゃないかと、単独の救出作戦に出た。

虫捕り用の網を手に、棚の本を数冊ずつ出していく。本がなくなるとともに、クモが姿を現し、隅っこに追いやられていく。おー、なかなかでかい。10センチはある。網におとなしく入っておくれ。庭に放って自由にしてあげるからねー。声をかけながら網を近づける。とたんに、ひょいと跳ねて足もとへ。机の下に素早くもぐりこんだ。こりゃ、ダメだ。

部屋の外に退避していたスタッフに逃げられたことを告げると、ビービー、ギャーギャー、うるさいのなんの。

「今日は仕事ができない」「もう帰る」「ずっと会社には出てこない」、とかとか大騒ぎだ。

あのゴキブリを食べてくれる正義の味方じゃないか、沖縄では神様のように大切にされている、このクモを朝見たら、朝コッと言って良いことが続いてお金持ちになるんだと、誇張（ウソ）も交えながら説得し、何とか通常業務に戻るまで30分もかかった。

それにしても、大丈夫かねえ。この世に溢れている本当に恐ろしいものは何かを知ってほしいもんだ。

話は変わってコロナ。この鹿児島でも、連日200人以上の感染者が出ている。ワクチン打つ気はないけど、ちょっと気になる。大学時代のメーリングリストでは、イベルメクチンが人気だ。大村智さんが土壌細菌から作った寄生虫の薬だ。これで、ノーベル賞を受賞した。20年以上年間3億人が使用しているという。

早速、ネットでインド製買ったよ。コロナにかかったら飲ーもおっと。

チャドクガ〈2021・9・20〉

先週の日曜日、庭の木が隣の家まで伸びているからどうにかしたいと、木の剪定に駆り出された。

なるほど、山茶花が元気よく伸びまくっている。よく見ると、葉っぱや枝のあちこちに何十匹という毛虫の集団が見える。チャドクガだ。

集団でわざと目立つのは、生き延びるための戦略だ。毒のある蝶が目立つ翅をもち、毒きのこも目立つ色をしている。毒のある田んぼのジャンボタニシの卵は真っ赤な塊で生みつけられ嫌でも目につく。

こいつも、一匹でいるより集団の方が目立つから、毛虫を餌にしている鳥たちに、おいらを食べたら酷い目に遭うよとアピールしているというわけだ。小さいのに頑張っているね。

さて、いよいよ枝切りだ。こっちは半そでだけど大丈夫。毛虫に触れないように注意してやれば、刺されるはずはない。ノコギリでバンバン切り始めた。

途中、のどのあたりがむず痒くなった。こいつはやばいと、ガムテープを取ってきてもらって、のどをペタペタ。こうすれば、万が一毒毛が刺さっていても取り除けるはず。

おっと、握った枝に毛虫がびっしり。手のひらで潰してしまった。でも手のひらは大丈夫。強いからね。と、およそ2時間、作業は終わった。きれいになった庭を眺めながら飲む冷えたお茶は、あーおいしい。

異変は夕方起こった。ひじから先の腕の裏側、生白いところに薄っすらぽつぽつ赤い斑点。ん!?　もしかすると。だんだん赤いぶつぶつがはっきり形を現し始めた。かゆい。こりゃ、たまらん。でも、我慢、我慢。毛虫で死んだなんて聞いたことがないから大丈夫と、自分に言い聞かせた。我慢するうちに3日でぶつぶつはほぼ消えた。でも刺されてはいないはず。

毛虫に触れてもいないのになぜぶつぶつ?　かゆみと闘いながら、ずっと頭に引っかかっていた疑問だ。ある時ひらめいた。あのチビ毛虫は、異変を感じたら毒毛を飛ばすんじゃないか?切るとき枝は揺れまくるから、毛虫も尋常じゃないと思うよね。

案の定そうだ。調べてみると、1匹の毛虫が50万〜600万本の毒毛をもつという。しかも1本が0・1ミリだ。こいつはすごい!!　一つの群れで30匹はいた。30匹×600万=1億8千万本の毒毛だ。群れは一つと言わず、少なくとも20はいた。およそ40億本の毒毛の舞う中で枝を切っていたことになる。

ガムテープのおかげか、のどは異常なし。

それにしても、毒毛を飛ばすなんてよく考えたね、チャドクガ君。

怒涛の沖縄〈2021・10・20〉

9月だったか、沖縄出版協会からシンポジウムの参加要請が来た。「地方出版の現状と課題」がそのタイトル。こっちは課題だらけだから、「ほい」と二つ返事で了解、壇上に登ることになった。

連絡があった当時、沖縄では連日500人とか800人とかのコロナ感染者が出ていた。人口比当たりの感染者は日本一!すごいなあ、危険地帯だ。何だかワクワクする。

船で行った方が安いかなあとか、木賃宿でいいからネ、と言うと、県から予算が出ているから飛行機代も出すし、ちゃんとしたホテルもとると来た。鹿児島ではこんな話は聞いたことがない。文化に対する考え方のレベルの違いを垣間見た。

というわけで、10月15日、いそいそと鹿児島空港から発った。当日はシンポジウムに連動する書店でのイベント見学。地元テレビ、ラジオのアナウンサー4人による朗読会だ。なかなか盛況だ。

でも、その後の打ち上げがもっとビックリ。だだっ広い居酒屋は若者でビッシリ。みんな大声で騒いでいる。店員さんも、「ゴーヤチャンプル一つ〜」とか「ありがとう〜」とか、これも大声だ。ところどころにアクリル板が置いてあるが、何の意味もない。

マスコミに脅され、すっかり委縮している日本本土とは大違い。こりゃ、日本一になるはずだ。

というわけで、すっかり飲んだくれて、2日目のシンポジウムを迎えた。

沖縄出版協会には地元出版社16社が名を連ねている。16社ですよ、16社。この数を見るだけで沖縄の地方出版の力が分かるというもの。毎年、沖縄本が200とか300とか出ているという。

地方出版が成立するには、地域のことに強い関心を持つ地域の人が、どれだけ厚く存在するか、にかかっている。日本の出版社では揃えない、沖縄独特の文化、歴史、社会、自然をテーマに、16社が本を作り、ちゃんと食べている。沖縄というアイデンティティがしっかりと生きているわけだ。

シンポの中で、地域のアイデンティティは、日本という国をどれだけ相対化できるかにかかっていると気が付いた。琉球処分、沖縄戦、辺野古と相対化せざるを得ない状況もあった。首都圏への一極集中が進み日本の地方の県は軒並み人口が減っているが、沖縄は唯一人口が増えている。これも同じ文脈で見ることが出来る。

2日目、3日目と3夜連続の飲み会は全部地元の方に世話になったのだが、コロナをものともしない若い力と、沖縄出版の底力は、確かにつながっていると感じた。

予行演習終了〈2021・11・20〉

本を作りながら事実確認のためにネットを開くが、つい画面に現れるニュースに見入ってしまう。

小室夫妻の動静をはじめ、何でこんなんがニュースになるの?と思ってしまう記事が多いが、今日のヤフーニュースの上の方には「山本太郎が10円ハゲで初登院」とあった。これがニュースかよ、と笑っているうちに何を調べようとしていたかも忘れてしまった。

でも、考えてみれば、ニュースで取り上げるべきはハゲよりも山本太郎の政策であるはずなのに、ハゲで笑わされるという愚民化の術中に見事にはまったのかもしれない。

11月18日の毎日新聞で初めてコロナワクチンのマイナス情報を目にした。「接種後死亡1325人」という見出しだ。どこも報じない中でよくやったとしたいところだが、既に国民の7割が接種済みだから、打とうか打つまいかの判断材料には遅すぎるというほかない。

ワクチンのマイナス情報はすべて根拠のないデマと片付けられてきたが、専門家である新潟大学医学部名誉教授の岡田正彦氏は、ユーチューブで危険性をきちんと指摘されている。

何年か後に発症するかもしれない自己免疫疾患や発がんの恐れを聞くと空恐ろしい。「安全性が全く保証されていないワクチン」と、氏は断言する。それを「強要するのは犯罪」とまで。こんな問題点を挙げる専門家は岡田氏一人だけではない。にもかかわらず、マスコミが一切報じないのはどういうことだろうか。図に乗った政府は、3回目の接種とか、子供にまで拡大とか言い出している。

一昔前、遺伝子組み換え食品が世に出回ろうとしたとき、危険性を指摘するかなりの報道があり、国民も危機感を持った。その結果、スーパーで普通に売っている納豆や豆腐にも、わざわざ「遺伝子組み換えでない大豆を使用」なんて表示がされるようになっている。

　遺伝子組み換え食品どころか、今回のコロナワクチンは遺伝子組み換えワクチンで直接体内に注射で注入される。マスコミもそうだが、あれほど食品には気を付けるはずの国民が、ワクチン接種を素直に受け入れているのも腑に落ちない。第一、筋が通らないではないか。

　実体以上にコロナへの恐怖をうまく演出した政府の勝ちだ。政府の方針に異を唱えられないマスコミと、唯々諾々としたがう国民。これにて、戦時体制の予行演習は見事に終了。あとは、さんざん中国脅威を演出して、憲法改悪、戦争の本番を待つばかり、というわけか。

冬枯れの景色〈２０２１・12・20〉

12月18日、川内1号機が定期点検を終えて再稼働した。単なる定検ではない。この定検で、九電は20年の運転延長のデータを集めていた。

　２０２４年7月に40年寿命を迎える1号機。九電は、この数年間で何千億もの追加投資をしている。今でもぬけぬけと、20年運転延長の申請をするかどうか分からないと言っているが、来年の夏ごろには申請するに違いない。来年は、この問題がヤマ場を迎える。本作りもしなければならないのに、また忙しくなる。

　全く迷惑な話だと、ぶつぶつ言いながら、朝早くにこの再稼働の抗議に向かったのだが、道々冬枯れの風景に眼を奪われた。息をのむ瞬間だってある。

　川内に向かう南九州自動車道は森を拓いて造っている。道路沿いの土地は痩せているのでススキが列をなして生える。銀色に膨らんだススキの穂が、朝日に光って何とも美しい。

　道の両側の削った崖は、急に日当たりがよくなって陽樹が一斉に芽吹く。大喜びだ。イヌビワ、アカメガシワ、アオモジが、それぞれ好みの場所に群れている。10年も経てば立派な成木。葉っぱはこの時期、鮮やかな黄色に染まる。

　そういえば、これらの樹は、鹿児島ではどこにでもすぐ生えるので昔から重宝されてきた。イヌビワの実は子供の頃おやつにした。田舎のウッガンサア祭りのとき、持参した新米ご飯と米粉で作った団子を神様に食べさせるのも枝で作ったお箸だ。アカメガシワの葉は、団子を包んだ。葉を落としたアオモジは、1、2月になると蕾を付ける。実の花といって冬場の貴重な墓花になる。

　真っ赤な彩りを添えるのは同じ陽樹のハゼだ。モミジのない鹿児島の平野部で赤くなるのは大抵この木だ。

　日当たりの良い森の際では、クズやヤマノイモ、カラスウリなどの蔓植物が、元気よく森の樹にとりついていく。森は暗いところを好む陰樹で構成される暖帯照葉樹林だ。だから、冬場も葉は落とさず緑色のまま。樹冠にまで達した蔓植物も黄色くなる。緑の樹々が、まるで黄色の髪飾りやカーデガンを纏っているようだ。

シイやタブの照葉樹林の中に赤と黄の中間の色を見せるのは、同じ陽樹だが入り込むのが遅く森が暗くなってもしぶとく生き残る、コナラやヤマザクラだ。

3月になれば、森の中にポッ、ポッと白い明かりをともすのはこのヤマザクラだ。

およそ1時間、同乗者と森や樹の話をしながら川内原発に向かう道のりは、実は、季節ごとにこんな楽しみを与えてくれるのだ。

2022

100円店〈２０２２・１・20〉

七窪水源地の田んぼの谷が、私の通勤ルートだ。仕事場に向かうのはたいてい10時過ぎなのだが、この谷は10時過ぎでも日は当たらない。昨日は谷の枯れ草一面に見事な霜が降りていた。真っ白に彩られた谷の風景は、それは美しい。

谷を上ると、道端で田んぼ仲間の年寄りが手を振っている。バイクを停めると、いきなり話し始めた。このまえ、そこの田んぼで50キロほどの猪が水を飲んでいた、どうにかしなければ大変なことになる、と興奮気味だ。

2年半前にも、この谷の稲刈り前に出て大騒ぎになった。私の田んぼには、子供の猪のヒズメの足跡があった。あの猪が成長したのか。

その後、谷の上の丘にねぐらを移したようだから気を抜いていたのだが、どうなることやら。

伊敷ニュータウンの隣の谷なのだが、付近の農家が田んぼのほかに自給用の畑を作っている。その余り物が並ぶ小さな１００円店が6カ所ある。店を出すのは年寄りだから気前がいい。この前の野菜不足のときも、ホウレン草や小松菜が大束で出ていた。

すっかりお馴染みだから、そろそろあの店には柿の並ぶ頃だと目星を付けたら、その通り、５個で１００円。別の店では例年通り大ぶりの紫山芋2個１００円と期待を裏切らない。

私も米と野菜を作っているが、この小さな１００円店はありがたい。

お昼を食べに吉野方面に出向くと、道端に大きめの１００円店がある。品数は多いがそう安くはない。これは一般的な傾向だ。県外産の果物や野菜が並ぶこともある。

あるとき、「泥棒はバイクの人」の張り紙が目に入った。お金が合わず、よっぽど腹が立ったのだろう。気持ちは分からないでもないが、私もバイク乗りだから、その店には立ち寄れなくなった。ただの張り紙だけかもしれないが、「盗難防止・監視カメラ設置」なんていうのもあった。やれやれ、だ。

かと思うと、先日登った三重岳麓の小さな集落の１００円店。いくつか手に取り、箱にお金を入れたのだが、１００円とも何とも書いてない。あとからやってきた近所のおばさんに「１００

円でいいですよね」と聞くと、「適当でいいよ」と言う。

集落の人が余り物を持ち寄り、必要な人が持っていく。値段は、買う人に委ねられている。つまり、0円から無限大。

集落以外の人はほとんど立ち寄らないから、なんだか集落内のお裾分け場所のような感じだ。何とも大らか。

お金が目的になると、人はさもしくなる。お金のない世界。見果てぬ夢なのだろうか。

忘れてはならないこと〈2022・2・20〉

2月1日、石原慎太郎氏が死んだ。テレビでは臨時ニュースが流れ、アナウンサーが過去の経歴を述べ、さも偉大な政治家の訃報を伝えるようにしつらえていた。NHKのニュース9では、キャスターたちが揃って喪服のような黒い服を身に着けていたという。

なんだこれは。私には、頭の固い差別主義者、幼稚な国粋主義者にしか見えなかったから、まるで漫画だ。

三国人発言をはじめ、数々の差別発言は上げたらきりがないが、破滅をもたらす行為は忘れてはならない。

今、日中関係は戦後最悪と言っていい。中国を嫌いな日本人は90%近いとどこかの世論調査で見た。そのきっかけを作ったのは、他でもないこの石原氏だった。2012年、当時都知事だった彼は、唐突に東京都による尖閣諸島の購入を発表し、それが国有化へとつながった。

日中国交回復のとき、田中角栄と周恩来は尖閣の領有権を「棚上げ」にしようと合意していた。その約束を一方的に破ったのは日本であり、この石原氏だった。以降の尖閣をめぐるごたごたから、今急速に進行している南西諸島の軍事要塞化へとつながっている。

奄美大島、沖縄、宮古島、石垣島にはミサイル部隊が配備された。奄美大島と宮古島には巨大な弾薬庫まで付いている。

奄美大島の弾薬庫は31ヘクタール。東京ドームの6・5倍の広さだ。みんな知ってた？　このビックリの広さ。それを地下に造るという。穴を掘るだけでも大変そうだが、こんなにたくさんの爆弾抱えて何すんの？

こうなることは、石原氏の読み通りだっただろう。逆に言えば、こうするために尖閣購入を言い出したとも言える。ついでに、かつて満州事変の原因となった柳条湖事件のように、自作自演の被害を装って新たな戦争のきっかけを作ったかもしれない。軍事的に緊張が高まれば誰かが火を付ける。そして爆発だ。

そういえば、イラク戦争はブッシュが自信満々に「フセインは核兵器を持っている」と言ったことから始まった。アメリカ軍人を含め何万人も死んで、結果ウソでした、となるが何のお咎めもなし。すっかり調子に乗って同調した小泉純一郎という人もいたっけ。

やったもん勝ちだ。

「民は忘れるもの」と思っているのだろう。でも、日々の暮らしに追われる民にも忘れてはならないことだってある。

江戸期に造られた四連の石橋、西田橋を破壊した土屋佳照と、福島事故後日本中の原発が停止している中で川内原発再稼働を強行した伊藤祐一郎の名前もだ。

国はなくても民は生きる〈2022・2・20〉

ウクライナが大変なことになった。侵入したロシア軍に、ウクライナ軍は反撃している。本当に大変だ。

だが、鹿児島、沖縄の軍事要塞化が急激に進む中では、決して他人事ではない。日本が戦争状態に陥ったときのことを考えてしまう。果たして自分は銃を取れるか、と。

銃口の先にいる敵の兵士は、戦争を決定した指導者ではない。彼には家族もあろう。若ければ恋人もいるだろう。引き金を引くと同時に、彼の関係する幾人もの人が、涙を流し、嘆き悲しむことになる。彼の未来も、その瞬間に閉ざされてしまう。

撃たなければこちらが殺されてしまう？　そうではない。弾丸の届かない所へ逃げればいい。逃げられなかったら白旗を掲げて投降すればいい。

臆病者と言われるだろう。国を守らないでどうすると罵倒されるかもしれない。そうだ、臆病者だ。人を殺すより、罵られる方がずっといい。

そもそも、守らなければならない国とはなんだ。

人の命を大切にする近代化された時代に生きていると思うのは間違いだ。10万年も到底管理なんかできない放射能のゴミをつくり続け、事故があれば大惨事を引き起こす原発。九電の社員は、それを当然知っている。人の命を大切にしなければならないという倫理はそこにはない。

この国の入管は、病気のスリランカ人を放置して死なせてしまった。ちょっと抵抗した外国人を床に押さえつけて大けがをさせてもいる。この国はそんなことをする国だ。

日本が始めた太平洋戦争では、日本人が310万人死んだ。だが、アジアの人では3千万人ともいわれている。迷惑を掛けたと心から詫びる言葉もない。それがこの国だ。

国の内側にも外側にも、戦争とは言わない戦争を続けているようなものではないか。だから、そういうものとは抗いたい。

憲法第九条を見てみよう。

第九条　日本国民は、正義と秩序を基調とする国際平和を誠実に希求し、国権の発動たる戦争と、武力による威嚇又は武力の行使は、国際紛争を解決する手段としては、永久にこれを放棄する。

2　前項の目的を達するため、陸海空軍その他の戦力は、これを保持しない。国の交戦権は、これを認めない。

この美しい条文は、とっくの昔に骨抜きになっていることを改めて知る。早晩、好戦的な為政者によって、日本国憲法から消されてしまうかもしれない。だとしたら、「国はなくても民は生きる」を信条にするほかない。

魚毒植物〈２０２２・４・20〉

ワクワクする本を3月に出した。『魚毒植物』だ。

以前、毒草だけを集めた『毒毒植物図鑑』を出したが、ちょっと趣が異なる。図鑑の方は、この草を食べたら下痢をするよ、とか草の汁が付いたらカブレて酷い目に遭うよ、とかを教える本だ。魚毒の方はもっと実用的だ。

魚毒漁、聞いたことがあるだろうか。釣りをする人なら耳にしたことがあるかもしれない。

いま、ちょっと山に入ると、白い花をいっぱいつけたエゴノキに出合える。やがて花は実になるが、この実は強い植物毒サポニンを含んでいるので、大量に潰して川に投げ込めば、下流の魚がプカプカ浮かんでくる。これが魚毒漁だ。

夢のような漁法じゃないか。釣りなら欠かせない、竿も釣り糸も針も餌もいらない。狩猟採集文化の最高峰と言われるゆえんだ。

いったい誰がこんな漁法を思いついたのか。一つの仮説がある。

エゴノキの実は、潰すと泡をいっぱい出すので昔は石鹸の代わりに使っていた。川で体を洗っているとき、下流の魚が浮いてきたこともあっただろう。そこから、この魚毒漁が発明されたという話。

だけど、この本によると、紀元前4世紀のアリストテレスの書いた本にも魚毒漁が出てくるという。しかも、使う植物はモウズイカという聞いたこともない草。それどころか、世界中で魚毒漁が行われているという。それぞれの地域で使われる植物も様々だ。

日本でも、エゴノキに限らず使われた植物は数が多い。サンショウの木の皮や実、渋柿、椿油の搾りかす、奄美や沖縄ではイジュの木の皮や、ルリハコベが登場する。

ちょっと川に流すだけでは、薄まって空振りとなる。実際にやるときには村を挙げて、各家でカマス一袋という具合に分担し、大量の魚毒を流さなければならなかった。増水時は出来ないから、渇水時に雨乞いの祭りに合わせてやったところもある。

実は、この大変さが資源を維持させてきた理由でもある。楽にいつでもできれば川の魚は消えてしまう。年に何回かしかできないという大変さが、ちょうどよかったのだ。

１９５１年、水産資源保護法で魚毒漁は全面禁止になった。青酸カリや農薬を流す輩が現れたのだ。確かに効率的だが、金に飽かせて毒を買い、しょっちゅう流せば結果は見えている。

奄美や沖縄では、干潮時にタイドプールで魚毒漁をやっていたという。いつか、小さい潮だまりでこっそりやってみよう。先人の知恵だ。忘れられ、消えてしまうにはあまりに惜しい。

小さき者たちの世界〈２０２２・５・20〉

先々週の日曜日、天気が良かったので田植え前の畦の草刈りにあてた。

8割がた終わったところで、草刈り機のエンジンがかからなくなり中止。余った時間で、田んぼの隣の畑にオクラとインゲンの種を植えた。

草刈り中は何ともなかったが、座り込んで草をむしっていると、どこにいたのかブヨが大集合してきた。以前、耳たぶを噛まれ、長い間痒くてたまらなかった。タオルで頬かむり。暑いので長袖を腕まくりしていたら、ブヨが止まった。パシリ。叩いたから大丈夫。また止まった。パシリ。何とか二畝終わった。

一週間もすれば芽が出るだろう。満足、満足。汗を流して気持ちいい。いい一日だったと作業を終えた。

異変は翌朝起きた。いつもは8時9時までぐっすりなのに、まだ薄暗い朝の5時前、痒くてたまらず目が覚めた。眠りながら両腕を掻きむしっていた。掻けば掻くほど痒くなる。こりゃ、たまらん。見ると、20カ所以上ぷっくり赤く膨れている。おー、かいかい。

蚊も刺されたら痒いけど、ブヨはその何倍も痒い。何故か。疑問がわいた。きっと毒の成分が違うのだ。調べてみると案の定だった。

蚊は、細い口で人間に気付かれないように肌を刺し、食事中(吸血中)血が固まらないような成分を出している。だから、お腹いっぱい吸えるというわけだ。

ブヨは皮膚を食い破って血を吸う。だけど、私は20カ所以上噛まれたのに全く気が付かなかった。ブヨの毒の成分は麻酔作用がある。だから気が付かなかったのだ。なるほどね。

もっとも、「毒」というのは、それによってアレルギー反応を起こして勝手に痒くなる人間の勝手な決めつけ。蚊もブヨもゆっくり食事をするために工夫しているだけのことなんだ。

もう一つの疑問もあった。人の余り行かない谷だ。普段は何を食べているのか、というもの。

ネットでは、ほ乳類や鳥類の血を吸っているという。タヌキやウサギなんかだ。みんな固い毛で覆われている。だったら、人間の髪の毛に潜って頭を噛んでもいいはずなのに、そうではなかった。私が噛まれたのは、腕の下の白く柔らかそうなところばかり。

散々調べたら、やっとありました。血を吸うのは産卵前のメスだけで、普段は花の蜜を吸っているという。なるほど、卵を作るための栄養だから一生に一度吸えばいい。人間相手なら、私がブヨでも、髪の毛をかき分けるより、柔らかそうなところを選ぶ。

自然の世界は知らないことばかり。痒い思いをして、また一つ不思議な世界を垣間見た。

島の宝〈2022・6・20〉

昨年7月、奄美大島と徳之島が世界自然遺産に登録された。乱開発を防ごうと島の自然保護を訴え続けてきた人達が何よりの功労者だと思うのだが、もう一人、大切な人がいる。山下弘さんだ。アマチュアの植物写真家として広く知られた存在だ。家族を養うために定職に就きながら、休みのほとんどを植物の調査と撮影に充ててきた。

40年間で、島に自生する約２５０種の絶滅危惧種の花を写真に収めている。絶滅危惧種だから、どこにでもあるわけではない。島に数株しかないものもある。おまけに花の咲く期間は短い。ほんの数日で萎んでしまうものだってある。だから、一つの株を何年も追い続けることになる。

見慣れないものは、専門家に託した。その中から、アマミカヤラン、アマミアワゴケなど、新種や日本初記録種、新産地の発見につながっている。

専門家が来島すると、惜しみなく案内をかって出た。いくら専門家といえど、初めての山は右も左も分からない。山下さんのおかげで、奄美の植物の多様性と貴重さが、広く知れ渡るようになったと言っていい。

自然の世界は、知れば知るほど分からないことが増えてくる。なぜ奄美にこの植物が存在するのか、他の島や日本本土、台湾や大陸の植物との親戚関係はどうなのか。専門家でさえ、奄美の植物の理解は道半ばだと言う。

絶滅危惧種の中でも、世界中で奄美だけにしかない固有種も54種と、その数は多い。まさに島の宝だ。

山下さんが最も気にしていたのは、この島の宝が消えて行くことだ。

道端の草刈りや林地の伐採等、不用意に人間が手を入れることで、次々に絶滅に瀕した貴重な植物たちが消えている。もう一つ、盗掘の存在である。「そこにあるから美しい」希少な植物が、心無い一部の人間によって盗掘されているのである。

山下さんは昨年5月に逝去された。亡くなる一週間前まで、病をおして盗掘防止のパトロールを続けていた彼の心中はどんなものであったか、想像に難くない。

今年の一月、山下さんの遺稿が届いた。山下さんが使っていたパソコンのハードディスク、植物写真が収められた14枚のＤＶＤである。

今、『奄美大島・徳之島の希少植物』と題した写真集の編集が大詰めを迎えている。

奄美の希少植物が永遠に命を繋ぎ、島の宝であり続けることを願った山下さん。本書の刊行によって、山下さんの遺志の焔が、奄美の人々の胸にほうほうと燃え続けることを、編集の重責を担ったものとして心より願う。

わらしべ長者〈２０２２・７・20〉

昨年4月、会社の庭に入居したニホンミツバチ。あれから１年余りたち、５段重ねの重箱式の巣箱に入りきれなくて、入口にたくさん群れている。

ハチは上から下に巣を延ばしていく。中を覗いてみると、一番下の段まで巣は延びている。

ハチミツの収穫時期だ。これなら上２段は採れそうだ。近所の橋口さんに手伝ってもらうことにした。

7月9日土曜日の朝9時集合。カッパに手袋、網付きの帽子と、重装備で臨んだ。

箱を止めてあるガムテープを剥いで、天板を外し、箱と箱の間に薄いヘラ状の器具で切れ目を入れる。最後は細い針金で巣を切断する。こうして、ミツのいっぱい詰まった巣2段分を確保した。この間、約1時間。でも汗だくだ。

巣を取り出して、包丁で切れ目を入れると、ミツがどんどん流れ落ちて来る。あっという間に、4キロ確保できた。舐めてみると、やっぱりうまい。以前採ったハチミツを、お客さんに大匙で舐めてもらったら、「鳥肌が立った」と最大級の褒め言葉をもらったのを思い出した。

1キロの大瓶は橋口さんへの分け前。いつも昼ご飯を食べさせてくれるよしみ食堂の奥さんには小分けにした小瓶一つ。会社の斜め前に草取りをしていた年寄りがいた。以前、畑の世話をしてもらったことがあるから、また小瓶ひとつ。

あちこちに配ったら、お返しにキュウリ、トマト、ナスなどの夏野菜が山盛り届いた。ニガゴリの漬物もいただいた。まるで、わらしべ長者だ。

考えてみると、このハチミツは私が集めたわけではない。夜明けのまだ私がグウスカ寝ているときから日が沈むまで、ハチたちがせっせと集めたものだ。一匹のハチが集める量は小さじ半分ほど。ハチの寿命はせいぜい一カ月。大変な苦労のたまものだ。有り難いことこの上ない。


会社は七窪水源地の真上の高台にある。水源地だから滅多に木が伐られることはない。ハチの飛ぶ範囲は2キロ。会社の半径2キロにこの水源地の森があってこそだ。あらためて森の大切さを思う。

＊7月8日、安倍元総理が銃撃された。国葬などという声も上がっている。2015年8月11日、国内の全原発が停止している中、九州電力川内原発1号機の制御棒が抜かれ、再稼動した。この最高責任者が当時の総理、安倍氏である。統一教会とグルになるなどもってのほかだが、原発の稼働に反対する県民として、国葬など許されない、と言っておきたい。

スズメ対策〈2022・8・20〉

8月19日、わがアイガモ田んぼ、出穂。喜びのときだ。田植えが例年より10日早かったせいで、やっぱり10日早く穂が出始めた。

穂には小さな雄しべが風に揺れている。花粉が風に乗り、雌しべに受粉すれば米の赤ちゃんが生まれ、やがて熟して食べられる米になる。

イネ科の植物はたいてい風媒花なのだが、稲は品種改良を重ねたせいか、開花前にほとんどが自家受粉してしまうらしい。でも、風情がないので風で受粉することにしよう。

それはさておき、このところ谷の田んぼが次々と耕作を止めている。田んぼをやっているのは70、80代の年寄りばかりだったから、時間の問題だと思っていたが、こちらも年を取った分、やはり止めざるを得なかったのだろう。今年は谷の入口の5枚が一斉に草っぱらになった。

問題は、それまであちこちの田んぼに分散していたスズメが、残った田んぼに集中するようになったこと。数年前から、うちの田んぼに30羽の群れが常駐するようになった。今年はもっと増えるかもしれない。

知人が教える対策は二つ。案山子を並べるか、テープを張るか。でも、いったん田んぼに入り始めたら、その後は何をしてもダメらしい。というわけで、表が赤、裏が銀のテープを大量に買い込んだ。

穂が出る前の8月14日、田んぼの畦を行ったり来たりして、この赤銀のテープを十分張り巡らせた。風に吹かれるたびに赤と銀がキラキラと輝いている。うーん、美しい。満足、満足。今年は、これでスズメ対策ばっちり。一人田んぼを眺めながら悦に入っていた。

と、その時一羽のスズメ。なんと張ったばかりのテープにとまったではないか。あちゃー。開いた口が塞がらないとはこのことだ。

そういえば、アイガモの餌を食べに来たスズメを目にしたことがある。カモの餌に味をしめたスズメは、赤銀のテープなどものともしなかった。そのうちコメの美味しさにも気が付くだろう。今年もスズメは特上のアイガモ米をたらふく食べることになる。打つ手なし。いったいどうすりゃいいんだ。

もう一つ、問題が持ち上がっている。数年前に大騒ぎになった猪だ。この谷にまた出没している。うちの田んぼにも、カモ逃走防止用の網の外側に、足跡があった。

カモ網があるうちは、田んぼの中には入らないと見ている。だが、稲刈りの1週間ほど前には網を外す。猪に気付かれないことを祈るばかりだ。青天続きで豊作を期待していただけに、よけい心配だ。

貝1個が100万円〈2022・9・20〉

こりゃ大事件だ。先日、奄美大島に仕事で行ったとき、知人の話にたまげてしまった。話はこうだ。

今年の5月、名瀬市の小湊という小さな集落で中学の同級生が久しぶりに集まった。歳は60代後半、男女7人だ。昔の仲間と会うほど気の安らぐときはない。

ひとしきり話が弾んで、誰かが潮時がいいのに気が付いた。子どもの頃そうしていたように、集落の磯で貝を採ろうということになった。ワイワイ騒ぎながら、一人当たりサザエやタカセガイを数個確保。それでも煮たらいい出汁が出るし、身も旨い。あー面白かった、と帰路に就き、集落の入口に差し掛かったとたん、事態は暗転する。

なんとそこに待ち構えていたのは、海の警察、海上保安庁の職員だった。密漁の現行犯で、同級生たちは捕まってしまったのだ。夕餉の一品となるはずの貝は証拠品として没収。

同級生のうちの一人は、知人の友人だった。あんまり腹が立ったので、都会に出ている出身者を含めて集落民で署名運動をしようという話も出たという。そりゃ、そうだ。

この事件は、奄美の地元新聞の一面で報じられた。元南日本新聞の腕利きの記者に話すと、過剰取り締まりで一面になったのかい？と聞き返してきた。それほど理に合わない話だと思ったわけだ。

だが、数日後、海保に事情聴取に呼び出された同級生はすっかり意気消沈していた。2020年12月施行の「改正」漁業法で、密漁の罰金がそれまでの20万円以下から100万円以下に値上げされていた。ビックリだ。文句を言ったら、反省の色なしと100万円満額払いが待っている。悪うござんした旦那、と謝り倒すしかない。

日本中、田舎の集落はどこも過疎に見舞われ、住民の数は激減している。田舎でさえ、食べ物はお金を払って買う時代になっている。漁業者以外の一般人の採る量は、戦後の食糧難の頃に比べると10分の1以下になっているはずだ。だけど、罰金は5倍。

漁業法は、漁師の生業を守るためのもの。やくざ屋さんが、北海道かどこかで、夜、ナマコを大量に採って、中国に売りさばいて捕まったという話は聞いたことがある。だが、集落の住民が採る量で、漁師の生業が脅かされることはあり得ない。集落民は、ずっと昔、そこに住み着いた時から海のものを採って食べていた。いわば生活文化そのものである。それを断とうというのか。

ネットで調べると、この密漁摘発は全国的な動きだ。貝1個でも密漁。意味不明な法律と、悪乗りする海保。嫌な世の中になってしまった。

未来への安心〈2022・10・20〉

10月21日、今日も快晴だ。9月の台風以降、ほとんど雨は降っていない。

会社の事務所のある下田では、鹿児島市内の清水町に注ぐ稲荷川の中流が楕木川と名前を変え、その両側にけっこう広い田んぼが広がっている。

10月の頭から始まった稲刈りも順調に進み、今ではほぼ終わった。

稲刈りは、この田園地帯の最大のイベントである。いつも世話になっている下田のよしみ食堂でも、常連客の会話は、もう終わっただの、昨年より多かった少なかっただの、稲刈りに関する話題が中心となっていた。

うちの下の田んぼは5畝ほどの小さなものだが、稲刈りに男手4人と80を過ぎた婆さんが集合していた。大した働きにならないのは本人も分かっているだろうが、出てこずにいられなかったのだと思う。

別の田んぼでは、大人たちに交じって小学校の低学年、幼稚園生と思われる小さな子供3人が、お母さんと一緒に掛け干しを手伝っていた。おー、いい眺めだ。

私の田んぼは、橋口さんにコンバインで刈ってもらった。乾燥機に入れて3日目には新米の出来上がり。

コメを取りに行くと、いつも原発の集会に顔を出す新村さんが、軽トラの荷台いっぱいに米袋を積み上げていた。今年の収穫は籾で2トン強。手伝いの親戚の若者ともども、いい顔をしている。別な顔見知りも、今年は食いきらんほど穫れた、と言いながら積んでいた。口調も軽く、なんとも朗らかな表情である。

ここに至るまでには、私の田んぼでも色々あった。

テープを馬鹿にしたスズメは、鷹の凧（イーグルカイト）で撃退した。勢いを増した猪には、大汗かきながら草払いして張った電柵で対抗した。

9月18日の台風では、すべての株が倒伏。すぐに水を抜いたが、最後まで水を抜かないほうが味がいいという鉄則もある。倒れた稲が立ち上がるときに消費したエネルギーは、味と収量に影響しただろう。

それでも、雨続きだった去年に比べ、7月の晴天続きで分けつも順調だったせいか、昨年比1・2倍の収量。

出来、不出来の幅はあるが、毎年この稲刈り時期は、みんないい顔をしている。こうした表情は、家族・親戚一年分の食糧を確保できた、その安心から来るのだと思う。

資本主義の原則である競争と発展、裏返せば敗北と没落への不安。それと対極にある毎年変わらない収穫と未来への安心。政治や経済では、ほとんど忘れられたこの農的世界。変わらないことが安心を生む強さを、あらためて思う。

朝から焼酎〈2022・11・20〉

朝から焼酎。なんともいい響きだ。毎日こうなら確実にアル中、病院送りになってしまう。年に一日だけと決めているのが、有機農業の秋の収穫祭「生命のまつり」だ。今年は11月20日に開催した。35回目を迎える由緒ある祭りだ。

私が参加したのは1996年、鹿児島にUターンして南方新社を始めた頃だ。作楽の赤星さんに誘われた。

最初は、真面目に本を売っていたが、いつの頃からか、本売りはスタッフに任せて、焼酎の番に役目が固まった。

祭りは10時から始まる。その30分前に実行委員を中心にした集まり「朝のまつり」がある。そこで鏡割りがあり、みんなで朝酒をもらう。鏡割りの樽には焼酎3升を水で割って入れてあるから実行委員の朝酒くらいでは大量に残る。それを来場したお客さんに振る舞うわけだ。

あるとき、樽に柄杓が掛けてあるだけなのに気が付いた。焼酎が満々と残っているのに誰も飲もうとしない。もったいない話だ。良識ある市民は誰かの許可を得ずに黙って飲むことに慣れていない。通りがかりの人に、「どうぞ」と声をかければ、ほとんどが「もらおうか」ということになる。かくして「焼酎の番」という係りが生まれた。昼前には空になるのだが、私もいただくから、そのころには結構回っている。

焼酎を飲んで怒る人はいない。みんな笑顔だ。焼酎代は4千円ほどだろうか。それで、何百人もの笑顔が生まれるなら安いもの。

以前、小学校低学年の男の子が焼酎をもらいに来た。駄目だと言うと、お母さんにねだっていた。お家でも結構もらっていそうだ。お母さんが何回もお代わりに来ていたが、いつの間にかその小学生は千鳥足になっていた。ありゃ。今年も顔を見せていたお母さんに、あの子は?と聞くと、受験勉強で来れなかったという。びっくりだ。時の流れるのは早い。大人とも対等に口をきき、好奇心旺盛な子だったから、きっと何をしても生きていけるだろう。

別の年には、祭りのまとめ役をしていた小林さんが調子に乗ってガンガン飲んで、すっかり酔っ払った。出店料の集金係りだったが、足はよろよろ、ときにはバタン！　倒れる始末。ちゃんと集金できたか知らない。あの日以降、小林さんは祭りで飲まなくなった。

その小林さんも、昨年病を得て亡くなってしまった。中心人物だった大坪さんも心臓を傷めて亡くなった。長野さんも大和田さん、橋爪さんも逝った。35回、私が参加してから26年、年を経るということは、今生きている人が死んでいくことだと改めて思う。

大きくも小さくもならない手作りの祭り、生命のまつり。来年もどうぞ。

兵隊やあわれ〈2022・12・20〉

人間は原子爆弾を発明した。しかし、世界にネズミ捕りを作るネズミなどいない。

そう語ったのは、アインシュタインだ。戦争と自滅への道をひた走る人間の愚かさを言い当てている。

生き物はすべて、自分が生き延びることを最優先にする。もう一つは、種そのものの勢力が大きくなることを目指す。個の生存と種の繁栄だ。

餌の取り合いや繁殖行動で仲間を攻撃することはある。南方新社で飼っているニワトリだって、餌の時間は大騒ぎになる。採卵用のメス10羽とオスを2羽入れているが、オス同士はメスの奪い合いで喧嘩をし、いつの間にか弱いほうのオスは、夜寝るときだって仲間外れにされ、一人ぼっちになった。だが、どんな生き物をみても、同じ種の仲間を全滅させるような行動に出ることはない。

人間の戦争は、穀物生産を始めたときからだと聞いた。保存のきく穀物が富の蓄積を生み、その奪い合いから他の集団を殺すようになった。

戦争は、いわば人間の欲望をエネルギー源としているわけだ。

世界市場は、今やアメリカと中国に二分されようとしている。世界の富を独占してきたアメリカから見れば、中国は目障りで仕方ないだろう。だから戦争に引きずり込んで、中国を消耗させようとする。でも、自分も消耗するのは嫌だから、子分の日本を使う。何でも言うことを聞くからネ、日本は。

　日本が準備に張り切れば張り切るほど、いざ戦争になって頑張るほど、アメリカの軍事産業は暴利を得る。ウクライナで空前の巨利を得た彼らは、バイデンに次は中国だと耳打ちする。利益の一部をバックマージンとしてポッケに入れるバイデンも、中国への挑発に躍起になるということか。

　岸田首相は狂ったように軍拡路線に突き進んでいる。もっとも、20年ほど前から盗聴法、秘密保護法、共謀罪法、安保法制、マイナンバーカード等、戦争準備と国民統合の法整備を進めてきた。敵基地攻撃などと平気で口にするいま、総仕上げの段階だ。

　すでに、日中戦争は秒読み段階とみていい。紛らわしいのは、戦争はいつも「平和のため」という仮面をつけていることだ。

　国益などとは無縁の私には、いつもあの詩のフレーズが頭に浮かぶ。

　戦死やあわれ
　兵隊の死ぬるやあわれ
　とおい他国でひょんと死ぬるや
　だまってだれもいないところで

　ネズミ以下の争いごとなんて、真っ平ごめんだ。君はそう思わないかい？

2023

負のスパイラル〈２０２３・１・20〉

　街の書店が消えて久しい。

　戦後、商店街で開業した書店は大いに繁盛した。だが、アメリカ式のスーパーが登場し、さらに郊外に大型のショッピングモールができると、商店街もろとも街の書店も吹き飛んでいった。90年代後半から、２０００年代にかけてのことだ。

　南方新社が創業したのは、１９９４年、街の書店がぎりぎり生き残っていた時代だ。一つの本の売り上げ冊数は、書店の数に比例した。今はかつての半分といったところか。

　売り上げ冊数が半減しても、定価を2倍に設定できれば、売り上げは維持できる。だが、2倍とまでいかなくとも、定価を上げれば読者は敬遠し、売り上げ冊数は更に減っていく。まさに、負のスパイラル（悪循環）だ。日本中の出版社がこの構造の中で苦闘している。

　そんな中で、一つだけ信条というものがあるとすれば、世の中になかった本には必ず読者が付いてくる、というものだ。

　最近、そんな本を2冊出した。

　一つは、『九州産シダ検索図鑑』。シダだ。とにかく地味な植物である。胞子で繁殖するから花は咲かない。ジメジメした暗いところに生える。似た種が多く区別がむつかしい。

実は、鹿児島大学総合博物館には、大正時代から昭和中期までを中心に1万9千点のシダ標本が眠っていた。牧野富太郎、倉田悟、田川基二、初島住彦といった錚々たる植物学者が自ら採集した標本たちだ。

狂ったような開発が始まる以前の標本だから、現在では絶滅した種や、めったに見ることのできない絶滅危惧種が目白押しだ。この標本を基に、本書は九州産のシダをほとんど網羅する699種を載せている。

もう一つは、『日本産カワゴケソウ科全6種』である。カワゴケソウ科は世界に数百種存在するが、日本では、鹿児島と宮崎の一部にだけ2属6種が分布する。

研究者も鹿児島くんだりまで来るのは面倒だからか、発見後100年になろうしているのに、生活史は謎のまま。本書は、初めて花期を含んだ生態の各段階を鮮明画像で報告する。

シダは川原勝征さん、カワゴケソウは大工園認さんの手になる。2人とも鹿児島のアマチュア研究者だ。

いずれも、このレベルの本は二度と世に出ることはない。どうだ、参ったか、とオールカラー、B5判の大型本、定価は本体8000円+税にした。高い値付けだが、本の価値と著者の執念は圧倒的だ。

負のスパイラルなど、吹き飛ばしてくれるに違いない。

世紀の発見〈2023・2・20〉

過去のいくつかの経験が重なって、ある日突然閃くことがある。

2年前、南方新社にイタチが住み着いて大騒ぎになった。事務所のあちこちに糞を残すわ、おしっこを垂れるわで、本や布団が山ほどゴミになってしまった。頼むから出ていってくれと最後の手段に使ったのが、ニシムタから大量に買い込んで、あちこちに置いた害獣忌避剤。主成分はクレオソートと書いてあった。

クレオソートは、大雑把に言うと木が燃えるときに出てくる液体だ。山火事を嫌うイタチが逃げていくのだと聞いた。鹿児島で山火事なんて聞いたことがないから、どのイタチも怖い思いは未経験のはず。ということは遺伝子に組み込まれた本能ともいえる。

昨年の夏前には、ブヨにかまれてカユイカユイ、酷い目にあった。蚊やブヨが燃える草の煙を嫌うことは知っていた。平安の昔から、蚊遣火と言って夕になると煙を家の中に流し込むものだった。これも、虫たちが山火事を恐れる本能を利用したとみることができる。

もう一つある。スーパーで買ったサバをしめ鯖にして食べたら、あろうことか寄生虫のアニサキスに当たってしまった。

蕁麻疹はすぐに引いたが、翌朝胃がしくしく。ネットで調べると、胃に深く食い込んで医者が内視鏡で取ろうとしても取れないとき、正露丸（クレオソート）を飲むと、この虫はやる気をなくして出てくるらしい。薬局で買った正露丸を飲んで３日目、しくしくはやんだ。

アニサキスは線虫である。線虫と言えば、畑でジャガイモやカライモを作れば必ず寄ってきて、イモの表面をガザガザにするやつだ。

ここからは私の推測だが、アニサキスの先祖の線虫は山にいた。大雨で山の土もろとも流され海にたどり着き、なんかの拍子にサバに飲み込まれ、お腹に住み着くようになった。山にいたときは山火事になれば土深く潜ってしのいだ。サバの腹の中では山火事には遭わないが、遺伝子に組み込まれた恐怖を思い出させるクレオソートだけは耐えられない、というわけだ。

線虫からブヨなどの昆虫、そして哺乳類とつながる山火事の恐怖。もっと言えば、陸上生物すべてに共通する恐怖が山火事だということ。

奄美の友人とこんな話をするうちに、未開発の毒蛇ハブの忌避剤もクレオソートで出来るに違いない、というアイデアが生まれた。

これは凄い！　大儲け間違いなし！　いつか、大々的に売り出そう。それまで絶対秘密だぞ！　固い約束をしたが、ここで、ついばらしてしまった。

イノシシ日記〈２０２３・３・20〉

３週間前の月曜日、２月27日、あろうことか会社にイノシシが現れた。発見したスタッフが「鶏小屋の前にいる……」と脅えた声で言った。

会社の代表たるもの、見過ごせない。棒を持って追い払うことにした。「こらっ」と声を上げながら棒であちこち叩きながら近づくと、ちょっと逃げる。まだ子供だ。人間でいえば中学１年、体重は30キロくらいか。

でも、居つかれたら困る。人間は恐ろしいものだと印象付けねばならない。小屋の裏手の山に追い込み、隣の竹林まで追い回した。「こらーっ」「こらーっ」。石ころも投げた。

子供とはいえ、さすがに速い。野山を駆け回っているから足腰は鍛えられている。オリンピックに出場したら金メダル間違いない。

すっかり追い払ったつもりでいたが、翌火曜日、また鶏小屋の前に来た。１メートルくらいに近づいても逃げる素振りはない。警戒しながら土を掘り返している。人間に大怪我をさせる牙もまだない。でも、鶏の餌当番の女性は怖がって近づかない。仕方ないから私が餌当番だ。

水曜日もまだいる。定期の集金に寄った銀行員が、遂にイノシシまで飼うようになったんですねと言う。玄関前の雨水を溜めるタライの水を飲んでいたらしい。南方新社は鶏やアイガモ、ミツバチまで飼っているからネ。可愛いだろう、と言うと、放し飼いをすっかり信じた。

木曜日の朝は、鶏小屋の横の林の中で、腹ばいになって寝ていた。「おーい」と声をかけると、片目を開けて、またつぶった。寝顔も可愛い。すっかり煩悩がついた。

金曜日には「チビ」と名前を付けた。だけど、チビと呼んでも自分のこととは思わず、穴掘りに夢中になっていた。

1週間居ついたチビだが、翌週の月曜日には姿を消した。旅に出たようだ。

会社の下には七窪水源地があり、森が守られている。2年前からこの谷にイノシシが住み着いた。農家に頼まれた猟師が、何頭か仕留めたとも聞いていた。去年の12月の夜、谷を車で走っていたら、子供のイノシシが3頭道を歩いていた。子供だけだったから、親は漁師にやられたのだろう。

年が明けると、谷から上がって来たのか、会社の近所でもイノシシが穴を掘った跡が頻出していた。最近では、子供のイノシシ2頭が罠にかかったと近所の爺さんに聞いていた。

となると、チビは親兄弟を全部失って一人ぼっちなのだろう。姿を消してから、毎日出勤するとチビ、チビと声をかけ、捜すのが日課になった。

どこにいるのか、チビ。人間から逃げおおせておくれ。元気でいろよー。

レンゲ満開〈2023・4・20〉

毎朝、私が作っているアイガモの田んぼの谷を通って会社に向かう。3月末、息を飲む一瞬があった。

いつも春になればレンゲが咲くのだが、この日は田んぼじゅう真っ赤な絨毯だった。

この田んぼを借りて10年近くになるが、種をまいたことはない。借りる前はずっと荒れていたから、そのずっと昔の種が細々と世代をつないできたのだろう。

借りた初めのころは、あちこちにポッポッと咲く程度だった。年を追うごとに群落が大きくなり、ついに今年は田んぼ全面に咲くに至った。

同じ仲間の作物を続けて植えると連作障害を起こす。例えば、ピーマン、トマト、ジャガイモなんかはナス科。種類が違っても同じ科の作物を植えれば、悪さをする線虫やバクテリアがどんどん増殖してしまう。だから、2回3回と連作は出来ない。

焼酎ブームでカライモが毎年同じ畑で作られているのを目にする。だけど、連作障害を防ぐため、苗を植え付ける前に土壌消毒が必須だ。

田舎に住んでいた母は、周りの畑で土壌消毒が始まると、ピクリンが来る、と大急ぎで窓を閉めていた。ガスが学校に流れ込んで子どもたちがバタバタと倒れたという話も聞いたことがある。

正式名称はクロールピクリン。すぐ分解し塩素ガスを出すので、第一次世界大戦では毒ガスとして使われた。それだけ強い農薬で土中の生き物を殺さなければ連作は出来ない。だが、悪さをする生き物だけでなく、全て殺してしまうから土は死んでしまう。

なぜ、田んぼでは毎年レンゲが咲くのか不思議でならなかった。同じ科どころか、同じ種である。連作障害を起こしても不思議ではない。

ある時、田んぼは毎年水を張るからだと聞いた。酸素が絶たれ、悪い生き物が増えないのだという。なるほどネ。

おまけに、レンゲは空中の窒素を土に取り込んでくれる。小学校の理科で習ったマメ科植物と共生する空中窒素固定細菌というやつのおかげだ。窒素は植物にとって大事な栄養素の一つ。ちなみに、水俣病の原因企業のチッソは、昔の名前は日本窒素肥料株式会社だった。

それはともかく、レンゲを春に咲かす水田稲作は、自然の摂理に沿ったご先祖様の知恵だったわけだ。

子どものころ、レンゲを刈って耕作用の牛の餌にもしていた。最近では、牛を飼う農家はなく、化学肥料を撒くからレンゲの咲く田んぼはどんどん少なくなっている。

ここでも、伝えられてきた知恵が消えようとしている。

ミツバチ分蜂〈２０２３・５・20〉

車を運転するときラジオをつける。最近、やたらと「当社はＳＤＧｓに取り組んでいます」というＣＭが耳につく。

国連が決めたもので、日本語では「持続可能な開発目標」というらしい。17の目標は、「貧困をなくそう」「クリーンなエネルギー」とかで、いいんじゃないの、なのだが、「開発」がついているところが味噌で、これまで地球をボロボロにしてきた「開発」を免罪する新しいスローガンじゃないかと、用心深い私は感じる。

気に入らん！と初めて聞いたときから思ったのだが、何度も聞かされたらイライラしてくる。

人々のささやかな暮らしを、持続可能どころか、ぶち壊しにするのは原発と戦争だ。

まさか、設計寿命を超えた川内原発の運転延長をもくろむ九電は言っていないよな、とホームページを開いたら、「豊かな地球を守るため」原発でCO_2を抑制していると、大威張りだ。軍拡にひた走る岸田首相は、安倍前首相が立ち上げたＳＤＧｓ推進本部の本部長だ。こりゃだめだ。

世のため人のためと、ラジオＣＭになけなしの金を払う鹿児島の中小企業があわれに思えてくる。この世の中、訳の分からないことばかりだ。

人間の社会とは違って、生き物の世界では純粋な喜怒哀楽を味わうことができる。

4月末、会社で飼っている採卵用の鶏11羽が全滅した。狸に襲われたのだ。初日が2羽、次が6羽、また1羽、1羽、そして最後の1羽がいなくなった。黙って食われるままにしていたわけではない。その都度、何回も鶏小屋の周りを点検し、侵入可能なところを金網で塞ぎ、板で補修した。

最後の1羽になったとき、会社のスタッフからは、いっそ放し飼いにしたら、という提案もあった。聞く耳を持たない私は、唯一の進入路と見た入口扉の前に、ブロック2個を入れたコンテナを置き、鍵もつけた。今度こそ大丈夫、安心していいよ、と残った1羽に声をかけたその夜、重いコンテナをどかし、扉をこじ開けられてしまった。

狸との知恵比べ、完敗だ。すっかり自信をなくした。ガックリ。肩を落としながらの出勤が続いたが、数日後、うれしい出来事が。

会社ではニホンミツバチを飼っている。雨上がりの午後、ものすごい数のハチが、ブンブン巣箱の周りを飛び回り始めた。ひょっとして、と思ったら、まさにその通り、分蜂が始まったのだ。2千匹ほどか。巣箱の近くの木の幹に蜂玉を作った。

網で捕獲。新しい巣箱に入れたら、気に入ってくれて、今ではすっかり定着している。2群れになった。

食糧増産命令だとさ〈2023・6・23〉

6月1日、ついに川内原発の県民投票条例の署名運動がスタートした。

長い道のりだったが、ともあれ何事もなく20年延長が決まってしまう前に、抵抗する県民の声を公にする構図ができた。よかった、よかった。

会社に集荷に来た郵便局の兄ちゃんに署名を頼んだ。ほいほいと受けてくれたのだが、署名運動のことも寿命を迎える川内原発のことも、何も知らなかった。これもまた現実。

5月にビックリのニュースに触れた。有事に向けて、農水省が食糧の増産命令を出せるように法整備をしているというもの。どこの田舎でも、田んぼや畑をやっているのは、ほとんどが年寄りだ。いったい誰に何を命令しようというのだ、と首をかしげながらよく見ると、またビックリ。花農家に芋を作れと言うんだと。酪農農家にも、牛乳はいいから芋を作れと。

岸田首相の頓珍漢な原発推進政策とこの食糧増産の法整備は同じ文脈でつながる。戦争になれば輸入は止まる。輸入に依存するエネルギーと食糧は、真っ先に確保しなければならない、というわけだ。

私権の制約。戦争準備も、さらに一歩踏み込んだとみていい。郵便局の兄ちゃんじゃないけど、知らないうちに、悪事は着々と準備されていくんだね。

みんな暮らしと仕事がある。６月は田植えの季節だ。うちのアイガモの田んぼも田植えに突入した。

周りの田んぼは全部年を取りすぎて止めてしまったから、水を引く用水路の準備も全部一人にのしかかってくる。伸び放題の草刈りもひと仕事だが、用水路にたまった土砂をさらうのは大仕事だ。鍬に土を載せて上げるのだが、１メートル進むだけでフーとなる。10メートル行くと大汗だ。どうにか終わって、水を通すと、田んぼにどぼどぼと水が入っていく。いつも、この瞬間は何とも言えない。

この６月は、土日は街頭署名や各地の説明会に出向くので、田植えの準備は出勤前に１時間、２時間と少しずつ済ませてきた。田植えが終わっても、カモの網張りやカラス除けの紐張りなど結構やることが多い。というわけで、本日６月22日昼過ぎ、やっとカモ16羽放鳥となった。

夕方見に行ったら、畦にこさえてやったねぐらには一羽もいない。ねぐらの反対側、一番遠くを泳いでいる。泳ぎ疲れて衰弱したカモも２羽。なるほど、カラス対策を強化しようとイーグルカイト（鷲の凧）をねぐらのそばに上げたのが悪かった。カモも猛禽類のイーグルを怖がったのだ。

悪かったね、カモちゃん。みんな元気で泳いでおくれ。

おー、署名運動〈２０２３・７・20〉

６月１日、署名運動が始まってから土日はずっと天文館の街頭署名だった。

いつもの場所、献血ルーム前まで軽トラに載せて、長机２台、画板10枚、横断幕に幟２本、署名簿とチラシを運ぶのは私の係り。15分前には荷物を運んで準備しなければならない。

今年の梅雨は雨が多かった。積み下ろしでズブズブに濡れて風邪をひき、２、３日のどが痛かった。今から思えばコロナだったかも。

準備が終わって駐車場に軽トラを置き、再び天文館に向かう道すがら、我ながら律義だなあ、まるでどこかの党の専従みたい、と思ったこともある。まあ、おかげで駐車場の管理人のご夫婦ともすっかり顔なじみになって、はい２筆。

ズブズブに濡れたのは人間だけではなかった。長机もだ。長机は表と裏はベニヤ板が張ってある。厚さは１センチほど。四方の縁はてっきり木の棒だと思っていたが、おが屑を固めた棒だった。濡れてグチュグチュ、溶け始めた。完全崩壊の前に、干して、ボンドで固め、ガムテープで水が入らないように補強した。30年前に南方新社を設立したとき１台１万２千円で買った長机だ。今回の署名運動で寿命かも。

毎土日の天文館署名だが、７月22日と23日は「おぎおんさあ」のお祭りで中止。代わりに団地署名に向かった。

22日12時、事務所前に集合。ちょっと早く着いたので、近くのかき氷屋さんの前に並んでいる女性２人組に声をかけた。最初は警戒されたが、話を聞いてくれて２人とも署名。芝生でのんびりしていた２人組の女性に声をかける。オーケー。でも一人は16歳、残念。もう一人は19歳、ゲット。知り合いの畠中コーヒーに顔を出すとマスターがいた。はい署名。後から入ってきた息子さんは、すでに署名済み。感心な青年だ。販売係の女性もしてくれた。スタート前の数分で6筆。気をよくして武岡団地に向かう。

最初に目についた市営住宅がターゲット。5階建て、エレベーターなし。気温はどんどん上がって34度。汗だくになりながら回るも半分は空き家。そのまた半分は留守ときた。朝の分を含めて4人で28筆。ぐったり。

この団地には、福島から避難してきた方がいた。協力できてよかった、と言ってくれた。

翌23日、明和の真新しい県営住宅。10階建て、エレベーターあり、横に順に回れるのがうれしい。出てきた人の8割は署名してくれた。この日は3人で68筆。

と、こんな具合に、鹿児島全県下で汗みどろの署名運動が展開されている。あと5日だ。

コロナ発生源〈2023・8・20〉

署名の期限は7月30日だった。だが、その後の整理も考えて、7月28日までに署名簿は事務局へ返却、とチラシに書いていた。

7月1日の中間集計以降、集約はしておらず、さっぱり状況はつかめなかった。7月20日を過ぎても事務局に返って来る署名簿はポツポツ。

やばい。これじゃ目標の3万筆には届かないかも。急きょ、7月30日まで一筆でも二筆でも集めてください、と各所に連絡した。

7月30日、昼間の天文館街頭署名のあと吉野のAコープに移動。西日に炙られながら最終日を終えた。

月末近くになって、ようやく集まり始めた署名簿。でも、何筆あるのやら。翌31日から整理が始まった。

市町村ごとに分けて、まず署名簿に通し番号を振る。さらに、一筆一筆連番を振っていく。この連番振り、2桁までならどうということはないが、3桁、4桁になるともう大変。最終的に2万2千筆まで行った鹿児島市なんか5桁だ。

10000、10001、10002と振っていくから、その苦労も分かろうというもの。

一方で、30日を過ぎて署名簿は大量に集まってきた。8月1日時点で、3万筆超えは確実になった。バンザーイ。ひょっとすると4万筆いくかも。

と、ここで戦線離脱。実は、署名整理初日の7月31日から、なんだか気力が湧かなかった。間違いのないようにと2人組で整理していたが、相棒の吉国君が額に手を当てて、こりゃ、熱があるよ。そうかなー、と翌日8月1日もふらふらしながら番号振り。

8月2日は、会場に行ったものの熱っぽくてだめだ。帰って寝ることにした。熱は38・6度。おー、立派な病人だ。念のためにコロナの検査キットで試してみたら、陰性!

３日も終日ダウン。

４日は熱も下がったので番号振りに復帰。

５日、最終集計だ。

どこから湧いてきたのか、何と5万２９０筆！　予想もしない5万筆の大台に乗ってしまった。

だが、このあたりから周囲の雰囲気が違ってきた。次々にコロナ発症の情報が届き始めたのだ。吉国君をはじめ都合８人。私の濃厚接触者ばかりだ。マズイ。私は、検査キット陰性、病院に行っていないから診断はされていない。でも、マズイ。だれもが口に出さないが発生源は私だと思っている。なるべく私に近寄らないようにという気配を感じる。

私自身も、ここまで多発すると検査キットに表れなかっただけで、陽性だったと思うほかない。

みんなゴメンよ。悪かった。

消えた汚染水〈２０２３・９・20〉

毎朝田んぼに通っているのだが、私のバイクが到着するとスズメの群れが一斉に飛び立つ。その数、30羽。

毎日毎日、一日中、うちの田んぼの米を食べている。これで大丈夫、と飛ばしたイーグルカイト（鷲の凧）もすっかり正体がばれてしまった。

きっと、勇敢な一羽が試しに田んぼに入ってみて、何だ、張りぼてじゃないかと気が付き、みんなに教えたのだろう。

スズメの餌場と化した田んぼは、ある種の自然災害。諦めるほかない。だが、人間の犯したこと、犯しつつあることは簡単に諦められない。

遂に8月、汚染水が福島原発から流され始めた。一方、いつの頃からか、日本のマスコミから汚染水という言葉は消えた。「処理水」である。

溶け落ちた核燃料に触れた水だ。大量の放射能を含んでいる。アルプスという機械で処理したとはいえ、セシウムやプルトニウムなど完全に除去できるわけではない。ましてや、水素Ｈと化学的に同じ性質のトリチウム（三重水素）は手つかずだ。

でも、処理したから「処理水」。ＩＡＥＡという国際機関が認めたから問題ないと、政府は大威張りだ。

安全上の問題を指摘する科学者は多い。北海道がんセンターの西尾正道名誉院長は「人類に対する殺人行為だ」と厳しく非難する。

人間のからだ中の細胞、タンパク質、糖、脂肪などに水素Ｈが存在する。トリチウム（三重水素）は、体に取り込まれ、簡単に水素Ｈと置き換わる。そして半減期12・３年で、やがてベータ線を発して崩壊し、ヘリウムになる。

ヘリウムという別物に代わるために細胞は壊れる。さらに、ベータ線は紙一枚で遮断できるというが、至近距離から放たれれば、ＤＮＡは切断される。弱いベータ線といえども、分子結合エネルギーの何千倍もの強さを持つ。こうして人間はやがてガンになって死んでしまう。

政府もマスコミも、この内部被ばくの問題は、完全無視だ。

政府も東電も、薄めて流すから大丈夫だと胸を張る。それが通用したのは水俣病以前の話。放射能の粒粒の総量は変わらない。食物連鎖を通じて生体濃縮されることが証明されている。まさに論外。

問題視する中国だけを目の敵にしているが、太平洋に面するオーストラリア、ニュージーランド、多くの太平洋諸国も反対の声を上げている。

今、日本のマスコミの「処理水」批判は、漁協との約束違反と風評被害の対策の不十分性だけ。

いったい、どうなっているんだ、この日本は。

小魚が群れる理由〈2023・11・20〉

先日、新聞でほほえましい記事に出合った。奄美の小さな小学校に魚の専門家が訪れ、擬態の不思議を教えたというもの。

たしかに、カサゴ（アラカブ）は岩や海藻に紛れやすい色形をしているし、カレイやヒラメは砂地の海底に張り付いていれば、見つけられない。鹿児島の堤防でも、海をのぞいてみれば、ヒラヒラした枯れ葉と思いきや、ナンヨウツバメウオの幼魚だったりする。うん、ほのぼの。

だが、読み進めるうちに、ン?となった。子どもたちがひときわ感心したのが、小魚たちが群れて大きな魚に見せかけて（擬態して）捕食者から身を守っているというくだり。以前から耳にしていたが、あらためてホンマカイナ、と思った。

釣りをする人には常識なのだが、イワシなんかの小魚の群れには、マグロ、ブリ、カンパチ、カツオなど、青物の捕食者が付きまとう。青物を釣るには小魚の群れ（ナブラ）を狙えというくらいだ。ちなみにナブラとは、青物に追われた多くの小魚が海面から跳ね上がる状態を指す。この小魚を狙って海鳥が集まるから、漁師は海鳥を目当てに狙いの魚を探したりする。青物は、海面まで追い詰めればこっちのもの、小魚の食べ放題、片っ端から食べることになる。

小魚の群れを大きな魚と勘違いして逃げた青物がいた、という話は聞かない。

逆に、群れは大きくなるほど目立って、狙われやすくなるだろう。一人ぼっちの方が断然安全だ。

群れるのは、狙われやすくなるというデメリットを上回るメリットがあるからに違いない。年頃の若者が都会に憧れるように、群れの方が彼女や彼氏を見つけやすいだろう。餌は、ぼーっとしていても仲間が見つけてくれるから付いていけばいい。群れの中では流れができているから、さぼっていても流れに乗れる。

大魚擬態説は、ほとんど通説のようになっているが、ウソじゃないか。そう疑って通説の根拠を探そうとしたが、やはりどこにもない。昔からそう言われていた、としかない。誰かがある日思い付きで言ったことが、まことしやかに語り継がれてきたのだろう。だとしたら、この講師は子どもたちにウソを教え

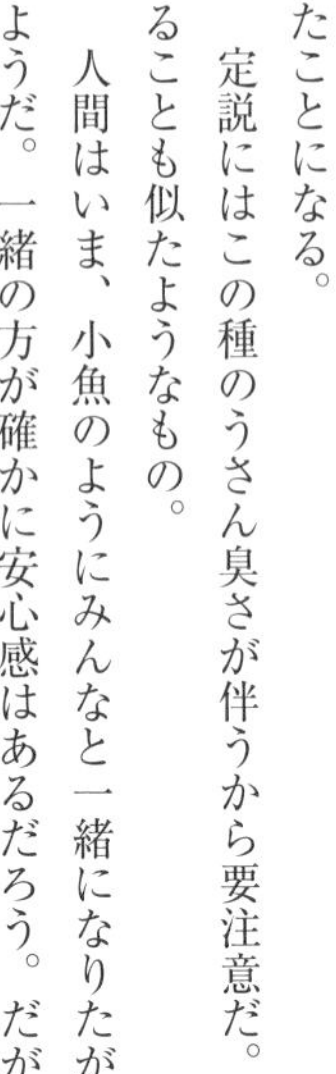

たことになる。

定説にはこの種のうさん臭さが伴うから要注意だ。国の決めることも似たようなもの。

人間はいま、小魚のようにみんなと一緒になりたがっているようだ。一緒の方が確かに安心感はあるだろう。だが、知らぬ間に、全滅の罠にはまっているかもしれない。

資料編

生命のまつりで、1年間預かった田の神を
橋口さんにリレーする。2023.11.26

1 川内原発1、2号機の20年延長に抗して県民投票を提起

川内原発1号機は、2024年7月に寿命の40年の寿命を迎える。2022年10月、九電は1、2号機の20年運転延長を申請した。

これに対し私たちは、2022年12月から県民投票の会準備会で準備をすすめ、3月15日記者会見を開き、地方自治法74条に基づく県民投票条例を直接請求する署名運動に取り組むことを明らかにした。危険極まりない老朽原発の運転延長を黙って指をくわえて見ていることはできなかったからだ。

また、どうしてもやりたいなら、その前に老朽原発の稼働の是非を県民自身が決める機会があってもいいだろうと考えたからである。

塩田知事は、知事選でのマニフェストに「1号機・2号機の20年延長については､必要に応じて県民の意向を把握するため、県民投票を実施します」と明記した。しかし、徐々にトーンダウンした発言を繰り返すようになった。知事が公約した県民投票である。実は、知事の公約がなかったら、私たちはこの運動を開始することはなかっただろう。トーンダウンしていく知事発言を前に、やってもらおうじゃないか、ということである。

4月29日、県民投票の会の設立総会を開催した。200人の会場は、詰めかけた人であふれた。この設立総会で私は事務局長に就いた。

5月は、請求代表者の証明書の手続きなど、法に基づく諸手続きをこなしていき、6月1日から2カ月の署名運動が始まった。署名の必要数は、有権者の50分の1、2万7千筆。不備で除外されるものを考慮して目標は3万筆とした。

その署名開始の直前、5月26日に塩田知事は突然県民投票を実施しない旨を記者発表した。それは、翌27日、地元紙の南日本新聞1面トップで報じられた。明らかに、私たちの署名運動の気勢をそぐ意図があった。

会は事務局長名で5月30日、声明を発表した。

声明

5月26日、塩田知事は「県民投票を実施しない」旨を表明した。この県政史上類を見ない悪行を満腔の怒りをもって糾弾する。

第一に、あってはならない明々白々な選挙公約違反である。塩田知事は先の選挙で、「20年延長は必要に応じて県民投票を実施する」と明言した｡鹿児島県では､歴史的に｢嘘をつくな」と幼少から教育されてきた。塩田知事は、全県民から唾棄される「嘘つき（嘘ひいごろ）」呼ばわりされても仕方がない発言をしたのだ。

第二に、「必要に応じて」という言葉で、留保したつもりなら更に罪は大きい。大多数の有権者は「県民投票を実施する」という言葉を信じて投票した。騙される方が悪いとする、誤解を前提とした公約なら、詐欺行為そのものであり、塩田知事は票を詐取したことになる。

第三に、県民投票の会は、6月1日から署名運動をスタートすると広く明らかにしていた。その直前の26日の塩田知事の発言は、姑息であるばかりか、県民投票条例直接請求（含む知事発議の条例案）に関して知事に条例を決定する権限はなく、明らかな越権行為である。虚偽の事実により県民投票が不可能であるという誤解を与えた行為は、卑劣きわまりない。

第四に、県民投票条例直接請求は、地方自治法第74条に規定された県民の政治参加を保障する制度である。虚偽の事実により県民に意図的に誤解を与えた行為は、地方自治法74条4項に規定された違法行為「偽計詐術等不正の方法を以て署名の自由を妨害」そのものである。法的措置、告訴も検討せざるを得ない重大な発言である。

鹿児島県民は、塩田知事に愚弄されても黙って見過ごすような奴隷根性の持ち主でも、原発事故のもたらす甚大な被害、放射能の底知れぬ恐ろしさを知らぬ無知蒙昧な民でもない。以下の要求を明らかにする。

記

一、塩田康一知事の「県民投票を実施しない」という発言は「偽計詐術等不正の方法を以て署名の自由を妨害」する4年以下の懲役もしくは禁錮を処される違法行為であり直ちに撤回すべきである。

一、塩田康一知事は、政治参加の機会を奪おうとした行為について、鹿児島県民に謝罪すべきである。

署名運動の出鼻をくじこうとする知事の「県民投票を実施しない」発言は、運動にマイナスに作用したのは間違いない。だが、法に基づく条例制定運動は、県政の重要問題である。マスコミ各社は放置できなかった。6月1日のスタートを前にした証明書の交付、署名用紙の手作業での製本風景、などを各社は大きく報道した。そして、6月1日の署名スタート。もちろん、各社ともトップで報じることになった。

今年の梅雨は雨続きだった。期間中、毎週土日は鹿児島市の繁華街天文館に長机を持ち出して街頭署名を行ったのだが、雨に濡れながらだった。長机も雨に濡れ、ベニヤ板がはがれさんざんなありさまとなった。一転、7月に入ると猛暑である。かなり体力を消耗し、体重が7キロ減った。

7月1日の中間集計では目標3万筆の半分をクリアする1万6千筆を数えることが出来た。だが、それ以降、なかなか読めない。7月の20日から集まるはずの署名が、なかなか伸びなかった。ひやひやしながら最終日、7月30日を迎えたが、およそ5万4千筆が寄せられた。市町村の混在、署名日の未記載など、明らかに無効となる署名を除いて市町村選管提出は、5万290筆となった。選管による選挙人名簿との照合で最終的には4万6112筆が確定した。

選管に署名を提出したら、知事への県民投票条例案の本請求、臨時県議会の開催を待つばかりである。知事と県議会議員へのメッセージとして、南日本新聞に投書したら掲載してくれた。

県政の主権者は誰だ

法定数の2倍、5万290筆を達成

6月1日、川内原発20年延長に関する県民投票条例を求める署名運動が始まった。

今年の6月は連日雨が降り続いた。7月に入ると一変し、灼熱の太陽が照り付けた。街頭署名、あるいは戸別訪問と、大変な労力が注がれた。

結果として、7月30日に終了したこの署名運動には、法定数のおよそ2倍、5万290筆が寄せられた。

この署名は、地方自治法74条に保障された条例の直接請求権に基づくものである。署名期間は60日、有権者の50分の1以上と、厳しい条件が付いている。

県政の主権者は県民

選挙で選ばれた知事と議員が県政の様々な政策を決定し、運営していく。これが間接民主主義だ。

一般の県民は、たいてい仕事をもって日々の暮らしに忙しい。だから県政のこまごましたことは知事と議員に委ねる。間接民主主義は、通常は合理的な自治体運営の方法なのである。

だが、わざわざ住民の直接請求という制度が地方自治法74条に組み入れられている。この意味を確認したい。

県民による県民投票条例の直接請求は、通常とは異なる重大な事態が差し迫り、知事や議員に任せるのではなく、県民自ら選択を欲する場合に提起される。

憲法に国民主権が定められている。県政においての主権者は県民である。県政における主権者が、法的要件を備え、それどころかはるかに超える署名を添えて県民投票条例の直接請求をする。これは知事や議会にとって何よりも優先されるべきであることが分かる。

塩田知事は先の選挙で、「20年延長は、必要に応じて県民投票を実施する」と公約した。

大多数の有権者が「県民投票を実施する」という言葉を信じて投票した。だが、この5月末、県民投票は実施しない、と突然表明した。「必要に応じて」という言葉で留保したから、公約違反ではないと思ったかもしれない。残念ながら、それは無理な話になってしまった。主権者である県民が、法定数をはるかに超える署名で意思表示したのである。これ以上の「必要」はない。

なぜ支持を得たのか

今回の県民投票を求める署名は何故これほど支持を得たのか。

第一に、日本中を大混乱に陥れた２０１１年の福島第一原発の事故を見るまでもなく、原発は潜在的に大事故の危険性をもつものであること。第二に、2年や3年ではなく20年という、とてつもなく長い期間を拘束する問題であること。0歳の赤ちゃんが20歳になってしまう年月である。

第三に、従来の規定を超えて原発を長期に稼働すること。機械を作るとき、まず寿命が決められ、この寿命をもとに材料が選択され設計される。寿命を超えた飛行機の運航や、医療機械の使用は許されない。

20年延長運転は、まさに鹿児島の将来を決する重大問題であり、法定数の2倍の署名数は、こうした問題意識が広く県民に共有されたからと見ていい。

今後、県民投票条例は県知事に本請求される。知事は意見を付して県議会に上程し、県議会は、可否を判断する。知事の意見と県議会の判断、大いに注目したい。

（２０２３・９・13『南日本新聞』）

10月4日、いよいよ本請求である。平日だったが１５０人の市民が午後12時県庁前で集会。13時30分に署名をたずさえ県庁内に入り知事宛請求書を提出した。

9月頭には知事の直接の受け取りを要求していたが、対応したのは技術補佐。これによって知事の県民投票への姿勢がはっきり見て取れた。もう一つ、聞き捨てにできなかったことがある。所管部署の地域政策課の担当者が、署名用紙の搬入を裏口の通用門を使うよう要求してきたのである。論外、と一蹴し、もちろん玄関から搬入した。

余りにも酷いこの件は、県議会での意見陳述の冒頭に盛り込んだ。

私たちのできることは、この本請求でほぼ終了した。知事と議員の良心を待つばかりである。

臨時県議会は、10月23日から26日と決まった。23日の初日の本会議で、わずか20分の意見陳述の機会が提供された。会のメンバーの計らいで20分の内の10分をもらったのだが、以下陳述原稿を再掲する。

意見陳述（請求代表者　向原祥隆）

知事の公約違反

最初に議員の皆さんに聞いてほしいことがあります。

10月4日、私たちは5万人の署名を携え県庁に訪れました。このとき、なんと、担当の地域政策課から裏口の通用門から署名を搬入するように要求されたのです。私たちは唖然としました。5万人の心に裏口から入れと要求したのです。こんなことがあるのでしょうか？　皆さん。

知事が重く受け止めたはずの署名、5万人の心に、知事に直接触れてほしい、私たちはそう願い、9月の頭には知事に直接受け取ってほしい旨、申し入れしました。ところが、当日現れたのは知事でも副知事でもない、部長でも課長でもない、技術補佐の方でした。

私たちはこの臨時議会の前に、知事と議会各会派に意見交換会を申し入れました。自民党の長田さん、公明党の松田さん、県民連合の福司山さん、共産党の平良さん、そして無所属の岩重さん。すぐにお返事をくださいました。あらためて感謝します。

ところが地域政策課は、先の知事の署名受け取り、この意見交換会の申し入れ、両方とも一切返事がありません。待ちかねた私たちが、直前に電話を入れてやっと回答が聞けた有様です。

県民に対する敬意が、みじんもない。本当に驚きました。

本日、知事は、公約に掲げた県民投票に否定的な意見を発言されました。知事は2020年の知事選挙で「県民の意向を把握するために、必要に応じて県民投票を実施する」と公約し、当選しました。ところが、後になって専門委の意見が集約できない場合、県民投票を実施すると変えました。県民の意向把握と専門委の意見集約とは次元が違います。後からの、すり替え、です。

そして最終的に本日、公約に掲げた県民投票に否定的な発言。明らかな公約違反です。これは先の地域政策課の対応とつながるものです。県民に対する爪の先ほどの思い、敬意がないから、公約を破っても平然としていられるのです。

県民に対する約束、130万人有権者に対する約束を破った。知事は県民を騙して職を得たことになる。私の多くの知人が、県民投票の言葉を信じて投票しています。この県民をないがしろにする行為を、県議会は放置していいんでしょうか？　放置することは同調したことを意味します。議会も、きちんと筋を通してほしい、そう願います。

20年延長の問題点

原発には様々な問題があります。今日は二点だけ申し上げます。

２０１１年の東日本大震災で、ついに福島第一原発が爆発しました。一度あったことは、二度目もある。当たり前のことです。今日の知事提案でも、何回も「安全を前提に」とありましたが、福島事故以前もそうでした。このまま原発が動き続ければ、大事故は必ず起こります。起こらない理由はないからです。福島の放射能は、九割が偏西風で太平洋に飛んだ。川内原発が大事故を起こせば南九州三県は数日で壊滅します。さらに、偏西風によって九州・西日本は大規模に汚染されます。

もう一つ、川内原発の使用済み燃料です。数年のうちに敷地内のプールは満杯になります。20年延長のわずか数年後に、この核のゴミ問題が噴出する。分かり切っていることの重大問題を、九州電力は一切明らかにしていません。

こうした数々の問題点に、寿命を超えた老朽原発は拍車をかけます。寿命を超えたペースメーカーを体に埋め込みますか？　皆さん。寿命を超えた飛行機に乗りますか？原発も同様に命に係わる機械です。さらに、20年の運転延長は、生まれたばかりの赤ん坊が二十歳になるまで拘束する大問題です。

多くの県民が署名に賛同したのは、とてつもなく危険な原発が、寿命を超え、さらに長期間運転する重大問題を、今一度立ち止まって判断したいという意志表示なのです。

民主主義を否定するのか

以下、民主主義と原発について四項目述べます。

第一に、政策決定の構造について。危険性を主張する専門家と、安全だという事業者の双方がいたら、通常行政は安全側を選択します。だが原発の場合だけは違う。危険性を唱える専門家の意見は無視され続け、その結果、利益を追求する電力事業者のやりたい放題になってきた。全く信じられない話です。

第二に、直接請求制度について。県政は通常間接民主主義によって運営されています。だが、ここにわざわざ、地方自治法74条として、住民の直接の政治参加を保障する条例の直接請求の制度が盛り込まれています。これは、厳しい法的要件を達成し条例が請求されたなら、それを成立させることを前提にしています。

第三に、知事と議員は主権者である県民の意志の代弁者であること。

憲法では国民主権が明示されています。県政の主権者は県民です。そして、県民投票は主権者である県民の意思であることが今回の署名で明示されました。県民の意思の代弁者である知事、議員が、県民の意思を無視して、県民投票条例に反対することは許されません。自らよって立つ選挙民の意思を無視し、ないがしろにすることになるからです。

第四に、今回の臨時県議会は、まさに我が国と鹿児島県の民主主義が問われているということ。今回初めて、県民投票によって川内原発の20年延長について自ら選択したいと主権者である県民が意思表示しました。県民の意思を専制国家のように無視するのか、それとも主権者の意志として尊重するのか。まさに民主主義が問われているのです。

最後に申し上げます。5万人の署名が集まったわけですが、これには厳しい条件がついています。対面で、しかも2カ月という短期間。これがもっと緩やかだったらもっと多くの署名が集まったと思います。私が個別訪問した場合は8割の方が応じてくれました。単純に計算したら100万人近くが県民投票をやろうと判断をされたはずです。これは議員の皆さんの有権者です。

今回の県民投票条例の請求は、20年延長に賛成、反対を求めるものではありません。県民投票の実施を求めるものです。県民投票をしない理由はありません。もちろん、県民投票を実施するにあたっては、賛否両論の説明会の実施などが不可欠でしょう。県民投票はもともと知事が言い出したこと。知事のマルペケ二者択一否定論は、いまさら何を言っているのか、と言うほかありません。

若い方も大勢署名に応じてくれました。積極的に署名を集めた若い方もいます。この若い声を否定し、無視することは鹿児島の未来を潰すことです。何を言ってもダメなんだ、そういう失望を与えます。この鹿児島の未来を若い県民と一緒に作っていくために、歴史に残る誇り高い選択を期待します。

以上をもって意見陳述を終わります。

ありがとうございました。

予想通りというべきか、知事は条例案に否定的な意見を付け臨時県議会に提出した。そして、自民、公明両党の反対により条例案は否決された。ただ、否決しただけではない。10月26日の最終本会議で自民党は反対討論さえも行わなかった。何というごとだろう。

こうしたことを含め、マスコミは大きく報道し、県民投票運動は大きな注目を集めた。南日本新聞は、この議会報道を含め、5回にわたり1面トップで報じた。

5月26日、最終本会議で否決されたその夜、報告かたがた各所に一斉メールをした。この文章を再掲し、まとめとしたい。

県民投票運動、協力に感謝

本日、10月26日、鹿児島県議会臨時議会本会議において、川内原発20年延長に対する県民投票条例は否決された。多数を占める自民、公明議員の反対による。

この両党に所属する議員は、最後まで、国策である、二者択一は多様な意見をすくえない、原発は複雑な問題で県民に選択を求めるのは困難、などと述べていた。

いちいち、簡単に反論できるのだが、国策である、を強調していたようで、あとは県民投票をやりたくないための方便だろう。

もちろん、三重の芦浜原発をはじめ、国策を拒否した事例は山ほどある。

この国策発言には、党本部の意向には逆らえない、というヒラメ根性が透けて見えた。つまり、財界、全電力と癒着する党本部。そこに由来する恩恵の一部が県に流れ、県議は党本部に従順に従うという、この国の地方にまで至る政治構造である。

この間、多数の自民県議に会ったが、県民投票をやればいいと思っても、自民党に所属する限りそれはできないし、抜けられないという話も聞いた。正直な方だ。なぜ抜けられないかと言うと、出身の選挙区に、道路などの県予算を持っていけない、と言う。こうして、もう一つの思考停止が生まれた。

一見、仕方ないように思えるが、これは、特定の者に利益供与をしてはならないという、地方自治法の明確な違法行為が、恒常的に県政で行われていることを示す。長年の自民党支配の中で、県政も腐敗しているわけだ。

今回の県民投票条例の、直接請求運動は、たいへん面倒で、多くの労力が注がれた。昨年12月から準備をはじめ、4月の設立総会、5月の請求代表者の証明書交付等を経て、6月1日よりスタート。雨続きの6月、炎暑の7月の2カ月間の署名期間。5万4千筆ほど寄せられたが、明らかに除外される署名（市町村が混在、署名日の不記載）を除いて5万290筆を選管審査に送り、最終的に選挙人名簿との照合で、4万6112筆が確定した。2万6500筆の法定数を大きく超えるものだ。

私たちは、とてつもなく危険な川内原発20年延長を、黙って見ているわけにはいかない、とスタートした。目的は、抵抗。何もしなければ、何もなかったように、20年延長が決められていく。これに我慢のできない人が結集した。

法に基づき、全県を対象とした署名運動は、マスコミ各社も放置することはできなかった。動きのたびに大きく報じ、川内原発の危険性、20年延長問題の存在を広く県民に訴えることができた。そして署名も、法定数を大きく超える数が寄せられ、10月4日、本請求に至ることができた。

県民世論に原発の危険性を広く訴え、本請求までたどり着いた。この段階で、私たちの運動の目的はほぼ達成できたと言える。

さらに、臨時県議会。知事の公約違反を真正面から指摘でき、彼が県民に爪の先ほどの敬意を払う意志のないこと、自民、公明議員が、主権者の意思に従う気のないことを、浮き彫りにした。問題の所在がはっきりした。

楽しみで、しょうがない。リコールなどせずとも、来年の7月には知事選が実施される。塩田知事に代わる、原発に不安を持つ県民意志を代弁する新しい知事を迎える土壌は耕された。県議選は3年後に待っている。

臨時議会で否決されようと、私たちは下を向く必要もないし、その気もない。反原発。その意志を貫くのみだ。

（2023・10・26）

2 川内原発20年延長を考える
―原発がダメな理由―

＊以下の原稿は、川内原発20年延長を前にまちづくり県民会議『8・6ニュース』に原発の問題点を連載したものである。他の原稿との重複があることを断っておく。

1．微量放射能

初めて接した原発の話

原発のことを初めてちゃんと聞いたのは、今から47年前の1976年、大学1年の頃だった。鹿児島から出て、古都京都に暮らし始め、見るもの聞くもの新鮮だった。

原発については、それまで、「原子力の平和利用」と教わり、何の疑問も持たなかった。

当時大学では、特定の教科に収まらないテーマについて、「自主ゼミ」の名で連続講座が開催されていた。学部や、さらに大学内外をも限らない、オープンな形だったたと思う。

物珍しさにひかれて参加したその一コマの講師が、市川定夫という放射線遺伝学者だった。のちに埼玉大学教授となる彼は、その時、若い助手だった。

今から思えば、運営する側も講師陣も何の報酬もない手弁当。まさに、公務員たる大学教員として、研究によって知りえたことを例え不都合なことであれ、社会に知らせるべきことは知らせるという使命感に基づいた行為だった。

今では原発銀座とも言われる京都の北の若狭湾は、原発建設の黎明期。美浜、敦賀、高浜で5基の原発が稼働し始め、さらに大飯の新規立地、美浜、高浜でも増設が計画されていた。

その講義は、まさに耳を疑うものだった。

電力会社は「絶対に放射能は敷地外には出さない」と胸を張っていた。ところが実際にはキセノン、クリプトン、トリチウム、ヨウ素など、大量の放射能を排気口から出していた。電力会社のいう「微量放射能」というやつだ。

今でも電力会社は、放射能は出さないと言い、追及すると、しぶしぶ「ごく微量を出している」と白状する。そして、大量の空気で薄まるから何の問題もないと開き直る。

市川氏の研究テーマは、この微量放射能による遺伝的影響であった。

ムラサキツユクサという植物が彼の研究材料だ。今でも覚えているのは、この植物の雄しべの毛に、原発に近ければ近いほど突然変異が多いというものだった。遠くへ行けば突然変異は減る。これが事実だった。

つまり人間ならガンになるということである。

原発は事故時の被害を小さくするため、人口の少ない過疎地に立地選定される。東京に原発がないのはこのためだ。これだけでも差別的な政策が批判されるべきだが、それだけではなかった。

原発の電気の消費者は原発から遠く離れた都会に住む人たちだ。だが、原発から日常的に放出される放射能で、原発に近いところに住む人たちは健康を害されてしまう。

なんという非倫理的な発電方式だと、脳に叩き込まれてしまった。

静かに広がる放射能被害

原発に近い人がバタバタと死んでいけば、もちろん大問題になる。問題にならないのは、バタバタとではなく静かに被害が広がっていくからである。案の定、様々な疫学的な被害が報告されている。

２００７年、ドイツの環境省が国内16カ所の原発サイトの白血病の発症率を調査した。その報告には、半径5キロ圏内で、小児白血病が2・19倍、10キロ圏内でも1・33倍とあった。

白血病は、2万人に1人くらいの発症率だから、2倍になったところではっきりとは目に見えない。注意すべきは、他の病気もこんな具合で増えているということ。

アメリカの医師グールドは、１００マイル（１６０キロ）圏内で乳ガンが増加し、それ以遠では変わらないか減っている、と報告した。日本中に原発が立地しており、１００マイル圏外は日本にはほとんどないのだが、近ければ近いほど乳ガンが増えるのは間違いない。

実際、北海道の泊原発では、北海道で一番ガン死が多いのは、原発の立地する泊村だと、２０１６年に報告された。

大量に放出される放射能

新聞報道では、よく「温廃水には放射能は含まれていない」とある。これは事実に反する。平たく言えば真っ赤なウソなのである。

県立図書館に、川内原発の建設時に九電から国に提出された原子炉設置許可申請書がおいてある。そこには、温廃水に混ぜて海に流す放射能の量が記されていた。

１、２号機合わせて年間１８４億ベクレル、６０００トンである。たくさん過ぎてイメージをつかみにくい。チェルノブイリ原発事故のとき、ヨーロッパからのキノコや乳製品の輸入制限があった。その数値が３７０ベクレル／キログラム。計算すると、それより約10倍濃い放射能をドラム缶3万本分、毎年海にぶちまけている、ということになる。

大気中に放出される放射能は、2基合わせて年間１６２８兆ベクレル。海に放出する放射能のおよそ10万倍になる。とにかく、ものすごい量である。

食物連鎖を通じて、海に流した毒が濃縮されるという生体濃縮は、水俣病で初めて注目された。プランクトンが放射能を取り込み、小魚が食べる。大きい魚が食べて、人間がまた食べる。放射能は食物連鎖の頂点に行くほど濃縮されていく。かつて水俣病はまず猫が狂い死にし、次いで人間の番となった。

大気中に放出される放射能は、直接吸い込まれ血液に乗って体中に運ばれる。ムラサキツユクサのように、いろんなところで突然変異を起こし、病気になってしまう。

こうした事実を大学の教員で追究する人は、とんと聞かなくなった。マスコミもほとんど報道しない時代になったのである。

（2022・7・21）

2. 温廃水による環境破壊・その1

押し寄せたキスの群れ

筆者の個人的な体験を記そう。

鹿児島県の西側に位置する薩摩半島。その西海岸には、吹上浜というおよそ50キロにも及ぶ砂浜が延びている。

私は小学校の頃、この吹上浜の北に位置するいちき串木野市の市来に暮らしていた。干潮時、干上がった河口に降りてシャベルで砂を起こし、キス釣りの餌に使うゴカイを取り、潮が満ちてくると海に出た。

特に梅雨があける頃、キスの群れが押し寄せ、砂浜にはびっしりと釣り人が並んだ。その誰もが、上げ潮のほんの数時間で50匹から100匹、あるいはそれ以上をものにしていた。初夏の風物詩でもあった。

大人になってからも忘れられない思い出がある。40年ほど前、場所は吹上浜の真ん中、日置市東市来町江口の砂浜。ヒョイと仕掛けを投げるだけで、大振りのキスが5本針に全部食いついて5匹釣れた。次も5匹、その次も、そのまた次も5匹。1時間弱で、あっという間に100匹を超えた。50センチもあろうかというカレイも釣れた。

もうこれ以上はよかろうと、帰る直前、もう一度獲物を確認。うん、ほれぼれする。砂にまみれたカレイを海で洗って眺めようと邪心がわいた。波打ち際で海水に浸けた、まさにその瞬間、死んだふりをしていたカレイは大きく跳ね、手をすり抜けて波間に消えた。私は呆然と見送るほかなかった。

このキスの大釣りと、逃げたカレイは死ぬまで忘れないだろう。

消えたキス

でも最近、キスの音沙汰はない。数年前に行った江口では、2、3時間かけてやっと4、5匹というていたらく。

釣れないのは、腕のせいか、時期のせいか、新しくできた突堤によって潮の流れが変わったせいか、などと首をかしげたが、深く考えることはなかった。釣り好きの人の誰に聞いても、吹上浜のキスが釣れたという話は聞かない。

それが、一冊の本で目からウロコが落ちた。『原発に侵される海』（水口憲哉、南方新社、2015）だ。

そこにこんな調査結果があった。東京大学の研究者が発表した2006年と2007年の吹上浜の3カ所で行った稚魚調査である。キスの稚魚は南から北に行くにつれて1万4131匹、351匹、38匹と激減していた。

南は南さつま市加世田、中央は日置市東市来町江口の南、北はいちき串木野市の浅場だ。目の細かい巨大な網で大規模に海岸をすくって、一匹一匹確認した結果だ。

なんだ、腕のせいでも何でもなかった。北に行くほどキスはいないじゃないか。

原発の塩素で殺される魚たち

じゃあ、原因は？　著者の水口憲哉東京海洋大学名誉教授は、やはり、吹上浜の北端の近傍にある川内原発のせいだという。

原発はウランを燃やしてお湯を沸騰させ、水蒸気でタービンを回して発電する。この水蒸気をもう一度冷やして水に戻し、また沸騰させることを繰り返している。

水蒸気を冷やす機械が復水器というもの。親指の太さほどのパイプ数万本に海水を通し、水蒸気に当てるわけだ。

原発に近づくほどキスの稚魚が消えている理由もここに行き着く。

復水器の細いパイプにフジツボやカキが付かないように、生物付着阻止剤の次亜塩素酸ナトリウムを1日3トン投入しているのだ。だが、フジツボやカキだけ狙い撃ち出来ない。取水口で取り込まれた生き物を全部殺してしまう。植物プランクトン、動物プランクトン、エビやカニの子供、魚の卵や稚魚、ことごとく殺されてしまう。

さらにその量たるや膨大な数に上る。川内原発は1、2号機で九州第二の大河川である川内川と同じ流量の温廃水を出す。出す温廃水の量だけ取水口から取り入れる。その中に含まれる生き物たちだから、ものすごい量に上る。

こうして、膨大な生き物の虐殺が、川内原発稼働以来38年間、人知れず延々と続いてきた。殺された量に匹敵する外部からの稚魚や卵の供給があれば資源は減ることはない。だが、そうでない魚種は、やがて広範囲に消えていく。

吹上浜の北部中部海域のキスは、こうして消えていったというわけだ。上に述べたように消えた魚はキスだけではない。川内川で取れるダンマエビや山太郎ガニ、ウナギは、子供の頃は海で暮らす。それらも全て原発の餌食になる。

少し考えれば分かることだが、川内川からは大量の養分が海に流れ込む。その養分がプランクトンの餌になり小魚が群れ、大きな魚も集まってくる。九州でも有数の漁場が、川内川河口域だったのだ。そこで水揚げされていたタイ、イシダイ、ミズイカ、カサゴなどの子供は、ことごとく「取水時に連行され」殺されているのである。

（2022・8・22）

3．温廃水による環境破壊・その2

魚の棲まない海

前回、温廃水の取水による連行と塩素による虐殺で吹上浜のキスが釣れなくなったことを書いたが、キスだけではない。3・11福島原発の大事故の前、九州電力は3号機の増設に走っていた。これが出来てしまうと漁師は息の根を止められる。

川内沖の潮流は南向きが主となる。実際、原発の南側、土川から羽島を漁場とする羽島漁協は、原発ができた当初、年間250トンあった漁獲が、原発ができて15年後には150トンになり、20年で100トンになり、25年後以降は50トンを割り込むありさま。5分の1に激減。まさに惨たんたる状況である。羽島漁協では、タイ、イシダイ、ミズイカ、キス、カサゴなど多くの魚種が壊滅した。また、あまりの不漁のため、沿岸に設置する定置網やタイを獲るゴチ網を、早くに廃業している。鹿児島県全体を見ても、漁獲高は低減傾向にあるものの、ここまで悲惨な例はない。

2010年9月、羽島、島平、串木野の3漁協は、それぞれ3号機の増設反対陳情書を県議会に提出した。もちろん県議会では一顧だにもされず、否決。

「魚が棲めない海になってしまったのではないのか、との思いは、現在稼働中の川内原発1、2号機の温廃水が影響しているとの強い疑念とならざるを得ません」

羽島漁協の陳情書には、こんな訴えがあった。

海藻も全滅した

原発ができる前、原発の南5キロに位置する土川集落周辺の磯では春先のヒジキ漁が恒例であった。日を決めて集落民全員が磯を覆い尽くすヒジキを収穫するのだ。1戸当たり20万円ほどの収入があり、皆楽しみにしていた、という。それが、原発ができるとヒジキは年々少なくなり、ついには全く姿を見せなくなってしまった。

九州電力は、海藻が消えていく磯焼け現象は全国的に起きており、原発とは無関係であると言う。しかし、地元で毎日海を見て暮らしている漁師の目はごまかせない。原発に近いところから海藻が消え、一つの岩でも、原発側（北側）から消えていると口をそろえる。

「川内沖合いから羽島前にかけての潮の流れは南への恒流が支配的であることから、温廃水は羽島地区の沿岸を直撃するからであります。既にアワビ・トコブシは居なくなりましたし、僅かに獲れるタカセガイは、海底の岩場の南側にしか棲んで居りません、餌となる海藻が温廃水の影響を受ける北側には生えていないからであります」

これは、先の羽島漁協が鹿児島県議会に提出した陳情書の一部である。

2011年の土木学会第66回年次学術講演会では、「次亜塩素酸ナトリウムによる大型海藻の成長阻害に関する実験学的研究」と題して、0・025%という極低濃度でも海藻の子供（胞子）が全滅するという実験結果が報告されている。

海のマングース出現

筆者らは、2007年2月から川内原発周辺海域の調査をはじめた。その結果、様々な異変を把握するに至った。

川内原発の温廃水放水口のある寄田海岸は、冬場に県内外から釣り人たちが集結する有数の釣りスポットとなっている。狙う獲物は、他の場所では釣ることのできないカスミアジやロウニンアジ。なぜ他では釣れないのか。これらの魚は南方系で、夏に日本周辺まで北上し冬場に海水温が低下すると死んでしまう死滅回遊魚や、水温の高いところを好む魚たちなのだ。川内原発の周りは温廃水が流れていて、冬でも温かいから死なずに済む。だから近くにいたアジ類が全部集まってくるわけだ。

温廃水に魅かれて集まってくるカスミアジやロウニンアジ等の南方系のアジ類は、もともと冬場にこの海域にはいなかった魚たちだ。もともといなかった魚が出現することで本来の生態系は乱れてしまう。小さい魚は動植物のプランクトンを食べ、少し大きくなるとエビやカニ、小魚を食べる。このアジ類は大きくなると1メートルを超える魚食魚である。他の魚を毎日毎日食い荒らして生きている。新たな捕食者が現れたことで、もとからいた魚たちは当然数を減らしていく。いわば、外来魚の楽園が出現しているわけだ。

海の中だからいいというわけではない。奄美・沖縄で生態系破壊の象徴となっているマングースと同じだ。これまで冬にはいなかった魚だから、温廃水によって集まってきた南方系のアジ類は、海のマングースと言っても過言ではない。

『原発に侵される海』によると、原発近辺の沿岸漁業の衰退は、川内原発に限らない。また原発の影響は、取水・連行による漁業資源の枯渇、海藻の全滅のほか、数十キロの広範囲にわたって見られる寒ブリ、クロマグロ、カジキなどの回遊ルートの変更など多岐にわたる。

原発は、事故がなくても海洋の自然環境を破壊している。狭い国土に数多くの原発の立地する日本の海が、知らずして沈黙の海となっているのだ。

（2022・9・20）

4．鹿児島が核のゴミ捨て場にされる

空（から）のプールに飛び込む愚か者

原発は、トイレのないマンションといわれてきた。日本に原発ができた当初から、電気を起こした後の使用済み燃料の処理については、全く目途が立っていなかったのだ。

水泳の高飛び込みの選手が、着水するころには水が溜まっているだろうと、空のプールに飛び込むようなものだ。原発の黎明期、北欧でそう揶揄されていると聞いたことがある。いまだにプールに水は溜まっていない。それどころか、八方ふさがりの状況にあるのが、この使用済み燃料の問題だ。

またこれが厄介で、燃料のウランが燃えれば、史上最大の毒といわれるプルトニウムができてしまう。小さじ1杯で100万人の致死量と聞いたことがある。トリカブトや青酸カリなんて目じゃない。その昔、使用済み燃料を宇宙に放り出すとか、深海に沈めるとか、大まじめに検討されていた。だが、先日内之浦から飛んで爆発したイプシロンではないが、この毒物が打ち上げ失敗で地球上に振り撒かれたら大変なことにな

る。やっぱり止めようということになった。

永久的な毒

呑み込んだら毒になるだけではない。放射線をほぼ永久に出し続けるたちの悪い放射能でもある。半減期という言葉を聞いたことがあるだろう。放射能が半分になる期間をいう。プルトニウムは、なんと2万4000年もかかる。4分の1になるのに4万8000年。8分の1なら9万6000年だ。ほぼ永久に消えることはないと言われるのがよく分かるだろう。

プルトニウムだけではない。似たり寄ったりの放射能(核種)が、原発でウランを燃やすとごまんとできてしまう。これが、使用済み燃料だ。放射能だから、近づけば放射線を浴びて死んでしまう。事故で飛び散れば、土地は汚染される。穫れる作物にも放射能は潜り込むから食べたら、体の内部で放射線が飛び交い、ガンになる。空気中を舞う放射能を吸い込めば、肺にくっついた放射能で肺ガンになる。

永久ではあんまりだから、一般には10万年人類から隔離しなければならない、と言われる。日本では、最終処分場として地下300メートルに埋める方法が検討されている。埋めて、後は野となれ山となれ、というわけだ。だが、残念ながら、野にも山にもならない。日本は世界有数の地震国である。内陸型地震のほとんどは、震源の深さ10キロと発表される。地震で活断層が現れる。目にするのは地割れだ。地下10キロからバリバリと割れて、地上に地割れとなって現れる。使用済み燃料を埋めたところが割れてしまったら、放射能が地上に噴き出すことになる。

鹿児島が核のゴミ捨て場になる

それはそれとして、いま原発を動かす電力会社が頭を抱えているのが、使用済み燃料の行き先だ。以前はイギリス、フランスに運んで再処理をやってもらっていたが、今は契約も終了した。代わって青森県六ヶ所村で再処理する予定だったが、故障続きで稼働は絶望的。六ヶ所村に変更された使用済み燃料の行き先は、どこにもなくなってしまった。

さて、川内原発はどうか。九電は2022年10月12日、40年寿命を迎える川内原発1、2号機の20年運転延長を規制委員会に申請した。20年延長したところで、使用済み燃料プールは、あと7年(2029年)で満タンになる。いま九電は、使用済み燃料のことには口をつぐんだまま一言も発言していない。

行き場のない使用済み燃料をどうするのか。持っていくところがなければ、川内原発の敷地内に置いておくほかない。使用済み核燃料の敷地内乾式貯蔵所の建設だ。20年延長とセットで持ち出せば、話がややこしくなるからこっそり計画だけ立てておいて、めでたく20年延長が片付いた後にやおら話を持ち出してくるはずだ。

この乾式貯蔵所は、まさに破滅への道である。

まず指摘されているのは、異常時にどうするのか? 使用済み燃料を入れる容器、キャスクの寿命はだいたい50年。ところが､延長したところで20年かそこらの後には川内は廃炉になり、廃炉後にはプールはない。ところが、キャスクの蓋の開閉はプールでしかできない。キャスクに異常が生じても、蓋の開閉ができず、どうしようもないことになる。

もっと根本的な問題は、50年後のキャスクの寿命時にどうするか？　日本製のキャスクの中性子遮へい材は、エポキシ樹脂。簡単に言えばプラスティック。確実に劣化する。しかし50年後、持って行くところが果たしてあるのか。六ケ所再処理工場が動いたとしても40年で終了。寿命時にはない。第2再処理工場は白紙。出来ようがない。持って行き場がない!!　つまり、50年後、薩摩川内市、鹿児島県は、誰も近づけない中性子線を出しまくる燃料を眺めながら右往左往することになる。

こいつは地中の最終処分場よりも質が悪い。地表の最終処分場だ。

（2022・10・20）

5．巨大地震に襲われる川内原発

日本以外の原発立地国は地震がない

マグニチュード4以上の地震が、10年間に世界のどこで起きたかを示す地図がある。日本列島は震源を示すドットで真っ黒に塗りつぶされている。

百聞は一見に如かず。それを見た誰もが目を丸くする。日本は世界有数の地震国なのだ。こんな地震国に、いったい誰が原発を持ってきた、と恨みたくもなる。

今でも原発に熱心なフランス、イギリス、アメリカの中東部では地震がない。ドイツも地震はないが、事故の原因は地震だけではないから原発をやめた。イタリアは地震の多い国だからやはり原発は作らないことにした。台湾も黒く塗りつぶされているが、福島を目の当たりにして、やめることにした。アメリカの西海岸は地震地帯だが、ここでは廃炉の動きが強まっている。

こうして見ると、地震国で呑気に原発に頼ろうとしているのは日本だけだということがよく分かる。まったく、間の抜けた話だ。

地震の激動期とは

日本で最初に原発が動いたのは１９６５年の東海原発。その頃、地震はそれほど気にされていなかった。日本に限らず地震についてあまりよく分かっていなかったのだ。

今では常識になっているプレートテクトニクス理論。地震はプレートの動きによって起きるらしいと分かったのは１９６０年代の後半以降のこと。日本の地質学会できちんと認識されるのは１９７０年代になってから。こうして日本列島は北米プレート、太平洋プレート、ユーラシアプレート、フィリピン海プレートの四つのプレートがひしめき合う地震の巣であると分かったのだが、ちょっと遅かった。このころには、原発の立地計画がガンガン進んでいたのだ。

さらに、地震軽視にもう一つの要因があった。原発の建設ラッシュが続く70年代、80年代は、大きな地震の起きない静謐期だった。

でも、いつまでも静かではいられない。1995年の阪神淡路大震災を契機に、日本は地震の激動期に入ってしまう。

1997年、鹿児島県北西部地震で、川内原発も大きく揺れた。

2004年、中越地震。

2005年、宮城県沖地震。女川原発が3基とも自動停止。止まればいいというものではない。高速道路で急ブレーキを踏むようなものといわれるほど危険。無事に停止できて、制御室では拍手が沸き起こったという。

2007年、中越沖地震。7基の原発が集中する柏崎刈羽原発が危機一髪だった。敷地内には1メートル以上の段差ができ、火事も起こった。

2008年、岩手・宮城内陸地震。

そして、ついに2011年、東日本大震災。福島第一原発の爆発だ。

その後も、2016年、熊本地震と大きな地震が続いている。

厄介なことに、この地震の激動期は50年続くと言われる。あと30年は大地震を覚悟しなければならない。原発を動かしている場合ではない。

九電のインチキが暴露された

2013年2月、国の地震調査委員会が川内原発近くの活断層を再評価した。調査委員会は文部省の管轄下にあり、日本の地震学者が顔を揃えている。

活断層は、地下の震源から地表まで割れた跡を示す。1回割れているから、大きなひずみが溜まると、また割れやすい、地震発生源の目安とされている。

九電からデータ提供を受けたこの再評価では、それまで九電が公表していたより、実際は2倍以上の長さであると認定した。活断層が長ければ長いほど地震の規模は大きくなる。要は、それまで九電は活断層を半分に過小評価していたと、暴露されたわけだ。

6月、西日本新聞は分科会議事録を入手し、「九電断層評価を酷評」と一面トップで報じた。

「(九電の)解釈はとにかくひどいものである」「誰が見ても明らかに活断層であると判断できるものが複数ある」。議事録に記された委員の発言も紹介している。

同年7月に九電は再稼働の申請を規制委員会にしたが、活断層評価は従来のままだったと規制委の事務局は明かした。なんて傲慢だろう。

さらに大きな問題が残っている。議事録は私も見たのだが、さらに原発の方に活断層が伸びていると指摘した委員、ほかにも活断層があると指摘した委員がいたのである。

この問題は、いまだに決着はついていない。だいたい、九電が川内原発周辺7キロ以内に活断層はないとしているのも不自然な話だ。

2015年の地質学会では、地質調査の結果をもとに中央構造線が川内原発沖合に伸びているると田中均熊本大学名誉教授が発表した。つまり、川内原発周辺にも中央構造線活断層帯があり、活断層がひしめいているというわけだ。

（2022・11・20）

6．戦争と原発

狂ったような岸田首相の原発推進路線

この間、岸田首相（以下岸田）は、とんでもない原発拡大路線に打って出ている。なぜこんな急に？と考えていたら、ふと閃いた。原発推進は戦争準備の一環ではないかということである。

3・11の福島第一原発事故を目の当たりにして、さすがの推進勢力、自民党の国会議員団も肝をつぶして気弱になった。すぐ後の国会で、原発の寿命40年という法律を全会一致で決めた。ただ、特殊な例外として、一回に限り20年延長を認めるというおまけがついていた。

この例外のはずの20年延長が、すでに4基、規制委員会にすべて認められてしまった。九電は、川内原発を5基目として、去る10月12日、延長申請した。

もともと原発の寿命は、設計上30～40年とされてきた。それを裏付ける公的な文書もいくつか確認されている。法律で定めた40年という寿命の根拠はここにあった。

交換のきかない鋼鉄製の原子炉は、中性子線を浴び続けるとガラスのようにもろくなる。1000キロを超えるケーブル、150キロに及ぶ冷却水の流れる配管、何万点とある部品、いずれも経年劣化する。九電は20年延長に向けて特別点検をしたというが、全部調べられるはずはない。ムリだ。

岸田は、あろうことかこの40年寿命、最大60年というルールさえ撤廃し、大事故を起こすまで使い続けるつもりだ。さらに、革新型炉という美名をほどこし、何らかわりばえのしない原発の新設、増設にまで進めていこうとしている。

原子力緊急事態宣言、発令中

福島の事故から11年経った。だから、国民は忘れたとでも思っているのだろうか。今でも5万人以上が避難生活を強いられ、原子力緊急事態宣言も発令中。

この宣言のせいで、国民の被ばく線量は1ミリシーベルトと法律で決まっているのに、福島県民は20倍の20ミリシーベルトの被ばくまでいいことになった。子供も妊婦も、である。宣言を解除したら、福島県では汚染地域から何十万人も避難を余儀なくされる。

まったく、ひどい話だ。チェルノブイリ原発事故では5ミリシーベルト以上のところは強制非難の対象だ。1～5ミリシーベルトは移住の権利がある。もちろん、様々な補償がついている。日本は、もはや先進国などとは言えない国になり下がったことがよく分かるだろう。

人は、見たいものしか見えない、聞きたいことしか聞かない、という。岸田は経産官僚、原発メーカー、電力会社の口車に乗っているだけだろうか。実際、菅直人、小泉純一郎元首相は、彼らにすっかり騙されていた、といま語っている。

石油の代わりに原発？

日本が原発から手を引かない理由は、核武装を目指しているから、といわれてきた。確かにそうだと思う。だが、フランス、イギリスで使用済み燃料を再処理し、出来たプルトニウムが山ほどあるから、その気になれば原爆の一つや二つくらいすぐにでも出来る。わざわざ大騒ぎするまでのことはない。

この間の岸田の軍拡路線。それ以前から進められてきた数々の戦争準備のための法律整備。国民統合に欠かせないマイナンバーカードは2万円を餌に普及が進んでいる。こうした一連の出来事が戦争準備の仕上げ段階とするなら、原発の拡大推進もこの文脈で見ることができるのではないか。

真珠湾攻撃で日本が太平洋戦争に至ったのは、アメリカの対日石油禁輸がきっかけになった。石油を求めて南進し、挙句の果てに石油の枯渇で戦争に負けたともいわれる。

冒頭に、ふと閃いた、と述べたのは、この対日石油禁輸が頭をかすめたのである。

台湾紛争から日中戦争となれば、フィリピン、台湾間のバシー海峡をタンカーは通れない。それだけではない。増強が進む中国の海軍力を見れば、中東からの原油の輸入は途絶えざるを得ない。それに備えて、「自前の」エネルギーとして、原発を大いに推進しよう、ということではないか。

戦時下では原発がミサイル攻撃の的になる。この危険を差し引いても、エネルギーの重要性が優先されると考えたのか、それとも、なーんにも考えていないのか。

戦争と原発。この人類を破滅に導く二つを両手に抱え、岸田は前に進もうとしている。

もっとも、鹿児島県民としては、来年大詰めを迎える川内原発の20年延長を何とかして邪魔してやりたいんだけどね。


（２０２２・12・20）

7．原発と差別の構造

司令部の地下化が意味すること

中国を仮想的とした軍備拡張が続いているが、先日、またビックリの記事を目にした。

各地の自衛隊基地で、司令部の地下化が計画されているというもの。敵基地攻撃で反撃にあって大規模に基地が攻撃されても、指揮系統の中心にある司令部だけは安泰で、戦闘を続けられるようにするという狙いらしい。

もちろん、攻撃されるのは基地だけではない。その周辺もことごとく砲弾の下にさらされる。地下化なんてとても無理な一般住民なんか知ったこっちゃない、国を守る軍隊が一番大事なんだ、という声が聞こえてきそうだ。

さらに言えば、南西諸島、つまり沖縄、奄美の人たち、あるいは鹿屋や馬毛島（着工した！）に基地を持つ鹿児島の人間がどれだけ死んでも、東京さえ守られれば日本民族は十分に生き残れる、というふうにもとれる。

そこには、辺境、あるいは地方の人間の命は中央のための犠牲になっても構わない、という差別的な思考回路が敷かれている。

鹿児島人は維新の立役者だ、などと過去の栄光を語っているうちに、いつの間にか差別される側に立っていたことになる。

原発の差別構造

かねがね、原発は地方差別の最たるものと思っていた。

表向きは出されないことになっている原発の放射能は、近隣住民を日常的に被ばくさせている。キセノン、クリプトン、トリチウム、ヨウ素などが排気口から放出され、温廃水とともにコバルト60など大量の放射能が海に流されているのだ。

もっとはっきり明記されている文書がある。１９６４（昭和39）年に原子力委員会が決定した原子炉立地指針に関する文書だ。

そこには、「原子炉敷地は、人口密集地帯からある距離だけ離れていること。仮想事故の場合、全身被ばく線量の積算値が、国民遺伝線量の見地から十分受け入れられる程度に小さい値になるような距離をとる」とある。

仮想事故は、平たく言えば大事故だ。起こりえないが一応考えておこうという意味あいを持たせている。

この「全身被ばく線量の積算値が、国民遺伝線量の見地から十分受け入れられる程度に小さい値」については、積算値２万シーベルト（２００万レム）を目安としている。

人は、10シーベルトの放射能を浴びれば死んでしまう。致死量というやつだ。

一方、集団被ばく線量という考え方がある。文書に言う積算値だ。どういうことかと言えば、一人が1シーベルト浴びても死なないが、20人が1シーベルトずつ浴びれば、合計20シーベルトになる。そのうち運の悪い一人がガン死するというものだ。集団被ばく線量の一人の致死量は20シーベルトである。

立地指針の大事故時の積算値２万シーベルトといえば、１０００人が死ぬことになる。大都市に近ければ、積算値はあっという間に増える。東京から遠く離れた地方に原発を造ろうという根拠はここにあった。

鹿児島人の側から読み返せば、１０００人死のうが鹿児島の田舎の人間だから、まあいいだろう、というところか。

もう一つ、「国民遺伝線量の見地から十分受け入れられる」という言葉が使われていた。放射線は遺伝子を傷つけるから末代まで影響する。１０００人死のうが、日本民族の遺伝的影響はあまりない、安泰だからいいだろうと読める。

ちなみに、福島県では原子力緊急事態宣言によって、年間20

ミリシーベルトまで放射線を浴びていいことになった。

仮に10万人がそこにいるなら、年間の積算値は2000シーベルトになり、毎年100人が死ぬ勘定だ。人間は簡単に死なないから100人が死ぬとすると、その10倍の1000人が重い病気で苦しむ。全くやれやれだ。

騙し、金のバラマキと脅しの手口

戦争は国を守るためと言いながら、辺境の人々を差別的に扱う。同じように原発は、エネルギーを確保するためと、地方の人々を差別的に扱う。

だから、あれこれ理由をつけて人々を騙し、膨大なお金をばら撒き、ときには力ずくで抑え込もうとする。こう見ると、本質的に反原発運動は、差別的な国の在り方を問う、反権力闘争という側面を持たざるを得ない。

いま、青森県六ヶ所村に再処理工場が建設中だが、1970年代、奄美群島の徳之島に詳細な図面付きのMAT計画という名の再処理工場建設計画が浮上した。島民たちは一丸となってこの計画をつぶした。島民集会の宣言文に以下の言葉があった。

「島民は放射能の恐ろしさを知らない無知蒙昧な民ではない。拝金主義者でもない。権力の脅しにたやすく屈服する臆病者はいない」

まさに国の手を読み切った、正鵠を射たものであった。


（2023・1・20）

8．誰も責任取らない原発

お前が出ていけ

毎年2月、県主催の川内原発の避難訓練が行われる。今年は2月11日、参加人数3500人と報道された。きっと、億単位のお金が使われているに違いない。

以前、川内の集まりで甑島の人が語った話が印象に残る。

「俺たちは、何百年、何千年昔から島に住んできた。後から来た原発のために、なんで俺たちが逃げる練習をせんとならんのだ。出ていくのは、原発の方だろう」

憤りを込めて語る姿が、目に焼き付いている。

絶対に事故は起こしません、放射能は出しません、と言いながら、後から入ってきた原発。福島で事故が起きたから川内でも起きる可能性がある、だからみんなで逃げる練習をしましょう、となった。まさに本末転倒、事故が起こりうるならお前がさっさと出ていけというものだ。

関東防空大演習を嗤ふ

原発の避難訓練のたびに、戦前、信濃毎日新聞の桐生悠々が主筆時代に書いた社説「関東防空大演習を嗤（わら）ふ」を思いだす。

1933年だから日中戦争勃発の翌年、早くも東京を中心とした関東一帯で第1回関東地方防空大演習が行われた。それを、何の意味もないと痛烈に批判したのだ。

大々的に実施された灯火管制、つまり、敵機に分からないように全家庭で電気を全部消して街中真っ暗にすることなど、暗視装置や測位システムの前には何の役にも立たないと書いた。さらに、空襲を受ける事態そのものが、敗北なのだと展開した。至極もっとも。

軍部の猛反発にあい、結局新聞社を首になってしまうのだが、こんな新聞人が今どこにいる？と思ってしまう。

原発の避難訓練も似たようなものだ。

以前私たちは、春夏秋冬と季節ごとに川内原発前の久見崎海岸から風船を放ち、放射能がどの方向に飛ぶかを調べた。風船には「拾った人は連絡してね」というメッセージを付けていた。各季節とも、東の方向に飛び、2時間後に鹿児島市、4時間後に宮崎県の都城市、5時間後には宮崎市から連絡があった。

川内原発の避難計画は、30キロ圏内の各市町村が作るようになっている。だが、あっという間に30キロの範囲を超えて放射能は飛んでいく。

薩摩川内市民の避難先は鹿児島市だっけ。川内から鹿児島市に逃げたところで、汚染地帯から汚染地帯に移動するだけのこと。何の意味もない。

あまりのバカバカしさに、避難計画は無視してきたが、計画に基づき避難訓練を大真面目にする人たちがいる。指揮を執る県職員と参加する大勢の人たちである。全く呆れた大間抜けというほかない。

だが、この間抜けさの中に、原発を巡る本質的な問題がよく表れているのである。

福島級の事故が起これば、数日で南九州3県が汚染され、1週間もたてば九州全土が汚染される。本気で県民の命を守ろうと考えるなら、県本土在住150万人を本州まで避難させなければならない。県職員もまるっぽのバカではないだろうから、その事くらいはすぐに分かるはずだ。

だが、面倒だからか、やろうとしない。本質的な問題が表れていると先に述べたのは、誰も責任をもって事に当たろうとしないということだ。

福島事故でだれが責任を取ったのか

福島事故では、土地、家、仕事まで捨てて20万人が流浪の民となった。

過酷な避難生活中に亡くなった原発関連死は、福島県だけで2000人を超えている。膨大な土地が汚染され、ほぼ永久に人の住めない土地になった。

以前から、危険性を指摘してきた専門家は数多くいた。にもかかわらず、それらの声を無視し原発を推進してきた政治家、つまり、歴代首相、さらに立地県で原発推進の音頭をとってきた知事たちの一体誰が責任を取っただろうか。誰も取っていない。

自民党の中では小泉純一郎元首相が唯一脱原発を唱えているが、それとて本気度には？（ハテナ）がつく。世論のガス抜きとして機能しているようにも思える。

では、根底から生活の基盤を失った避難民たちに、十分な生活再建費用が補償されているかと言えば、お寒いばかり。それさえも、東電には支払い能力がなく、国が肩代わり、つまり国民みんなで負担している。

私たちは、子供のころからやったことには責任を取れ、責任を取れないことはやるな、と教えられてきた。ヤクザの世界でも、落とし前をつけろ、が原則だ。

だが、この原発を巡っては誰も責任を取っていないし、誰も責任を取る構造にない。だから、いつ事故が起きてもおかしくない原発が延命されているのである。

（2023・2・20）

川内原発２号機再稼働を目前にしたゲート前ハンスト（2015年10月11日）

3 鹿児島県知事選挙の私的総括
――地域が変われば、国も変わる――

はじめに

２０１２年7月8日投票の鹿児島県知事選挙。私はただ1点、川内原発廃炉を掲げて立候補した。結論から言えば、向原祥隆20万５１８票、伊藤祐一郎39万４１７０票。敗北である。

しかし、選挙には負けたが、実質的に勝利だった、と地元マスコミをはじめ多くの選挙通の人たちから言葉をかけられた。そのときは負け候補に対する励ましの言葉と受け取ったが、それだけではないという気がしている。

私は政治にはずぶの素人である。もちろん全く無名である。対する相手は知事2期を無難にこなし、3期目を目指す盤石の候補だった。勝つつもりで名乗りを上げたが、動き出してみると、54人の県議会議員のうち、1人の共産党議員を除く全員が現職支持を打ち出していた。親しくしていたある町長に電話をすると、すでに町村会は現職支持を表明していた。間の悪いことに彼は町村会副会長でもあった。

建設業界、医師会をはじめとするあらゆる業界団体、田舎に網の目のように組織をはり巡らせている農協（ＪＡ）も現職支持。こうした票をすべて集めたら、前回の知事選挙でもそうだったように40万票になる。こちらがいくらあがいても、絶対に減ることのない組織票というやつである。利権票と言ってもいい。

口では支持すると言っても動かなくてもいいのではないか、とも思うが、そこは素人の浅知恵。知事選挙の得票数は市町村ごとに発表される。市町村ごとに責任者を決めて組織がつくられ、おまけに支持を表明した人は従業員やその家族、親族といった手持ちの票（名簿）まで提出させられている。こうなれば、隣の町に得票率で負けるわけにはいかない。

新人候補を応援して、負ければ報復が待っている。仮に先の町長がこっそり応援したとする。とたんにその町の得票率が落ちる。そうなれば、翌年から県の予算が取りにくくなるのは目に見えている。現職有利の構図はこうして作られている。

通常、このような現職に挑むのは泡沫でしかない。はっきり負けが決まっているなら、投票など行かず、寝ていたほうがまし。多くの有権者がこうして棄権してしまう。結果、4、5万票取れればいい方。下手をすれば投票総数の10％に届かず、３００万円の供託金も没収されかねない。

いきなり地方選挙の内情のようなものを記したが、こうした事情を事前に知っていたわけではない。今回選挙を経験して初めて分かったことである。そして、このような中で20万人が私に投票してくれたのである。

冒頭の選挙通の言葉は、利権と関係のない意志的な投票行為では勝っていたということではないか。

1．蝕まれる原発立地地域

1976年、学生時代、京都大学の自主講座で当時助手だった市川定夫さんの講義に参加したことがある。当時、京都の北にある若狭湾ではどんどん原発が建設されていた。

市川さんは、放射線が生物に与える影響を、ムラサキツユクサのおしべの毛の突然変異を例に説明された。事故がなくても、平常の運転で放出される放射能によって、原発に近ければ近いほど突然変異が増える。それは、原発の周辺住民がガンになることを示す。電気は便利な暮らしを生むが、それが周辺の人々の健康を引き換えにする非倫理的なものなら拒否すべきではないか。こんな話だったと記憶する。

1992年、35歳のとき東京から鹿児島にUターンした。そのとき、高校の頃までは影も形もなかった原発が、実家の北30キロの薩摩川内市に2基稼働していた。以降、川内原発1、2号機の廃炉を目指して市民運動に参加する。

森を守ろう、川の三面張りをやめよう、海の埋め立ては止めよう、護岸は作らないようにしよう、農薬なしの食べ物を作ろう、古い建物を守ろう、基地建設は止めよう、様々な問題がこの田舎にも山積していたが、日常的に命を蝕み、事故が起きれば全てを台無しにする原発の廃炉に向けて、限られた自分の時間を最優先して割くことに決めた。

ちなみに、鹿児島にUターンしてから南方新社という出版社を設立した。それから18年、これまで400点を出版し、今も携わっている。

原発に話を戻す。実際、原発から出る温廃水の放水口のある寄田海岸には、海洋生物の死亡漂着が多発していた。2009年には29匹のサメと数百匹のエイやダツが死んで打ち上げられた。温廃水の流れ込む南側10キロにかけては、ワカメ、ヒジキ、テングサといった海藻が全滅、周辺の漁協では漁獲が5分の1以下に激減。まさに惨たんたる有様である。

温廃水は、南九州最大の河川である川内川と同じ流量にのぼる。九州電力と県、市との安全協定では温廃水の温度上昇は7度以下という取り決めがあるが、実際は平均8度、最大10度にも上昇させて放出していた。県、市も知りながら見て見ぬふり。ミニ原子力ムラである。

原子炉設置許可申請書を見ると、温廃水に混ぜて海に流す放射能の量が記されていた。1、2号機合わせて年間184億ベクレル、6000トン。チェルノブイリ原発事故のとき、ヨーロッパからのキノコや乳製品の輸入制限があった。その数値が370ベクレル／キロ。計算すると、それより約10倍濃い放射能をドラム缶3万本分、毎年海にぶちまけることになる。とにかく、ものすごい量である。大気中には、さらにその10万倍もの放射能が放出されるとある。九電の言う微量放射能というやつだが、これが微量なのかどうか。

案の定、薩摩川内市民の一人当たりの医療費が、35歳から45

歳の働き盛りで全国平均の2・5倍に上ると、2010年6月、講談社の写真週刊誌『フライデー』で発表された。

2．原発全停止後初の県知事選挙

2011年3月11日、ついに福島第一原発が爆発事故を起こす。順次全国の原発が定期点検を迎えるとそのまま停止し、2012年の5月5日には国内の全原発54基が停止した。

2011年の9月に3期目の知事選出馬を表明していた現職の伊藤氏は、前年の2010年に川内3号機の増設にも同意していた。いわゆる推進派である。その伊藤氏が選挙を3カ月後に控えた4月、脱原発を表明する。しかしその中身は、30年後の廃止を目指すというもの。30年後、伊藤氏はこの世にいるかどうか。

露骨なまやかしを前に、私たちは7月の知事選候補者探しに走った。このまま無風で伊藤氏が再選してしまったら川内はあっという間に再稼働してしまう。しかし、なかなかいるものではない。これと目を付けた大学教員や弁護士もなかなか「うん」と言ってくれない。

こうしてぎりぎり、5月の連休明け8日に会議を開き私自身の立候補を決めた。しかし、いきなりスタートでつまずく。

先ずは10日、知事に3号機の白紙撤回と、1、2号機廃炉の意思を問う公開質問状を提出。11日、知事は回答拒否を表明。この時点で、出先近くの公園で共同インタビューを受け実質的な出馬表明になったのだが、翌土曜日、失態をやらかした。

全国の友人に、出馬の意向を伝え、鹿児島県内の知人の掘り起こしと投票を依頼するメールを送ってしまった。明らかな選挙違反である。すぐに、あちこちから注意する連絡が入った。慌てて削除依頼のメールを送ったが時すでに遅し、朝日新聞の記者にも投票依頼のメールを送っていたのだ。友人だと思っていたのだが、彼には記事ネタに過ぎなかった。鹿児島総局に転送され、日曜日にはコメントを求められた。

月曜の朝刊に大きく紙面化される。こうなれば観念するほかない。県警、選管、マスコミ対応の手はずを整えた。月曜日の朝一番に弁護士を同行して選挙違反担当の鹿児島県警捜査2課を訪問。投票依頼メールと削除依頼メールの双方を提示、「何も知らない素人なもので……」と釈明。県の選管にも同様に回り、昼の1番には釈明の記者会見である。何もせず手をこまねいていたら、県警の家宅捜索、段ボール箱を抱えた捜査員が会社から出ていく映像が流れ、選挙は終わっていた。

ことほどさように、素人選挙そのものだったのである。

正式な出馬会見も延期。結局、告示の1カ月前に迫った5月22日となった。

選挙の中心となったのは県内各地で反原発の市民運動に携わってきた人たちである。県外からも、1カ月半、私の会社に寝泊まりして詰めてくれた福岡の猛者をはじめ、100人以上が選挙事務所で電話掛けやはがきの宛名書きなど地道な作業を手掛け、街頭に立ってくれた。加えて、ネットを使った全国的な応援、三遊亭歌之介さん、湯川れいこさん、鎌仲ひとみさん、上原公子さん、山本太郎さん、藤田祐幸さん、松本哉さんらも駆けつけて盛り上げてくれた。

政党関係については、私自身、もともと支持する政党などない。どの党にも公認とか支持、推薦とかの依頼をするつもりはなかった。だが、共産党、みどりの未来、新社会党が自主的支援を名乗り出た。自民、公明はもちろん、民主と社民は県議会で統一会派を組んでいて、先に現職支持を表明していたものだからどうにもならない。かろうじて、かねてから原発反対運動に取り組んでいた社民党が自主投票に回った。一方、こんな中で、無所属議員はもちろん、元自民党県議、社民党、共産党、民主党の現職議員などが選挙のプロとして積極的に動いてくれたのは心強かった。

告示後は、選挙カーに乗って県内各地を回るのだが、行きかう車から、あるいは道端から手を振ってくれる人の比率で浸透具合は分かった。全くの無名候補、素人もいいところの選挙であったが、次第に盛り上がっていった。しかし、途端に道行く人がうつむいて歩くようになった。

敵も手をこまねいてはいなかったのだ。投票日の10日前、6月の末に県内の全家庭に、九電から「計画停電のお知らせ」というハガキが届けられた。ご丁寧に原発の電気とは一切関係のない種子島、屋久島、奄美諸島にまで、もれなくである。この露骨な選挙介入はかなり効果があった。

地元のマスコミも、真っ暗な中で蝋燭をともして夕食を食べる震災後の計画停電時のシーンを流し、在宅医療の酸素吸入器の電源や高齢者の熱中症を心配する声を大きく取り上げた。

このはがきのタイミングは、単に九電だけでなく計画停電がありうるとする他電力も歩調を合わせていた。仮に鹿児島県知事選挙に反対派が当選してしまえば、1カ月後の山口県知事選挙をはじめ全国に波及する。全電力会社にとって死命を制する選挙であり、絶対に取りこぼしの許されない選挙だった。5カ月後の2012年12月の総選挙でも、投票日のやはり10日前に「電気料の値上げ申請について」のチラシが九州全家庭に配布されている。同時に値上げ申請した関電も同じタイミングである。

これを見ても「計画停電のお知らせ」ハガキが、全電力挙げて鹿児島県知事選挙に照準を合わせて出されたハガキだったと分かる。

こうして選挙戦最終日までたどり着き、投票日を迎えた。私は、どうせもうやることはないだろうと、田んぼに田植えに行っていた。アイガモ農法で田んぼをこさえているのだが、奄美や屋久島などに泊まりがけで行っている間は、毎日すべき餌やりができなかった。おなかのすいたカモは田植えがすんだばかりの苗を食べていた。その補植のためだ。携帯に電話がかかってきて、田んぼにいると答えたらたいそう怒られた。1票でも多く取れるように、最後まで人通りの多いところに顔を出すものらしい。はい、と答えたが、そのまま植え続けた。

3．百人委員会をめぐっての戦術論

もとより、知事とか政治とかには一切興味はなかった。ただ、福島を経験してなお、足元の原発が再稼働されることを見過ごすことはできなかった。だから、選挙を「川内原発1、2号機の再稼働を許すのかどうかの県民投票」と位置付け、県民の意思を問おうとした。争点はただ一つ、原発のみとした。

ただ、原発なきあとのエネルギー、雇用、景気、女性、農林漁業、観光、高齢者、医療・福祉……の政策はどうするのか、何も知らないでは済まされまい。これまで出版を通じて付き合いのある人などに政策ブレーンになってもらい、急きょ百人委員会を設置した。また、この人たちを中心に、マニフェストも作り上げた。

特にエネルギー政策では、星川淳さんが座長になり、政策案をネットを通じて全世界に公募した。単に自然エネルギーであればいいというわけではなく、雇用と収益を地元に生み出す政策という視点で練り上げられた「かごしま自然エネルギープラン」には、私自身、目を開かされた。

百人委員会で乗り切ろうという戦術に対し、争点がぶれるから必要ない、原発1本で行けという声が上がった。また反対に、まんべんなく様々な政策を述べるべきだという声もあった。漠然とした現職批判票や原発に関心のない層をどう味方につけるか、ということである。

後者について気持ちは分かるが、私自身にもともと蓄積があったわけでもなく、話したところで付け刃なのはすぐに露見するだろうから論外。もちろん、次回、誰かが立つときには時間的な余裕を持って政策について勉強することを勧めたい。

前者についてはどうか。百戦錬磨の元自民党県議が言うのだから、そうだったかもしれない。時間のない中で、百人委員会の設置にかなりエネルギーを取られたことは確かだ。あくまでも強気を通し、他の政策課題などには脇目も振らず一点のみに集中する手もあったかもしれないと今では思う。

いずれにしろ、今回の選挙では、すべてに優先する命の問題として、「原発の再稼働を許すのかどうかの県民投票」と位置付けた以上、それが受け入れられないのならもともと負けだった。原発の非人間性をどれだけ県民に浸透させることができるかどうかだけの闘いだったのだ。

実際、今回の選挙で動いてくれた人は、ほとんど全て反原発の人だった。原発は何としても終わりにしなければならないという強い意志が周辺を動かし、その熱がまた周りを動かした。県外からの応援を含めて総勢1000人以上動いただろうか。それが20万人もの投票に結び付いていった。

枝葉をいくら拾い集めても、あと20万票の上乗せはできなかったであろう。また中途半端な提示をしても内部で反目を生み、根幹が揺らぐ可能性さえあった。

そもそも戦術論的な総括は、今回の選挙にはなじまない。もともと継続を前提とした組織ではなく、原発反対を意志する人

たちが今回の選挙に集まっただけなのである。資料や結果は共有すればいい。だが、全体の総括が次回につなげるためのものなら、それは必要ない。

　個々に直面した矛盾は、それぞれの地域やグループで思索を深めていってほしい。そして次に出る人が、その思索の結果で方針を決めればいい。

4．国がダメなら鹿児島から変わる

「国が原発を止められないのなら、鹿児島から止めて見せよう」。これは、選挙期間中しばしば使ったフレーズである。

実際、国中の利権の集合体のような図体の大きい国が変わるより、小さな地域という単位で変わる方が現実的だろう。前にも記したが、今回、鹿児島県知事選挙で反対派が勝利すれば、日本の原発は終わっていたと思う。

　再稼働を認めないのはもちろん、具体的に廃炉に向けたあらゆる方策を選択できた。４年かけて自然エネルギーの導入に全力を尽くすこともできた。その一方では、続々と日本中の立地県の知事が反原発に変わっていっただろう。国がのらりくらりとしているうちに、あっという間に原発のない日本ができるという寸法である。

　変わるということについて付言しよう。原発に限らず、変わる単位は県である必要はない。市町村という単位、さらに言うなら集落の単位であってもよい。一つの集落でできることは日本全国の集落で出来ることである。極端に言えば、一つの集落が変われば日本が変わる、それはありうることなのである。

　これは私が、東京からＵターンした理由にも関連する。巨万の人間が集中する都市では１人の人間の影響力は無に等しい。ところが、何人という集落では１人の存在は絶大なのである。市町村という単位でも互いの存在に想像力を働かせることができる。その延長に県という単位がある。これが何千万とか億とかになったら、個人ではとても手に負えない。

　つまり、変わろうという意志は、地域の方がその影響力を行使しやすく実現可能性が高いということなのである。

もう一つ、東京はビジネスの都市である。互いの利益が最優先される。人は肩書きの付いた名刺を交換し、互いに肩書きを利用しようとする。顔があって顔のない上辺の世界である。私が鹿児島に帰ってきて面喰ったのは、名刺のない世界であるということ。お互いを認識するには出会った回数を積み重ねなければならない。出会った数が多ければ互いの気心も知れ、信頼も増す。互いに名前を名乗らず、いまさら聞くのもなんだかと思っているうちに10年以上が経ち、未だに名前を知らない知人も多い。

　利用という概念はみじんもなく、素直に様々な地域の問題について話ができる。そして深く根をおろしていく。地域の方が変わりやすいというよりも、重要な問題は都市では変わり得ないと言った方がいいのかもしれない。

5．雇用を確保せよという奴隷志向

雇用政策はどうするのか、という話を多くの人から受けた。特に若い世代からが多かったように思う。

ちょっと考えれば分かるように景気が良ければ雇用は増え、不景気になれば失業者が増える。私の出版社も売り上げが下がれば人員整理を余儀なくされる。日本の景気は国内産業の劣化がもたらしたもので、もともと県には手に負えない。日本を牽引してきた自動車と家電産業。この二つによって、世界の富を日米でほしいままに独占してきた。それが、韓国、台湾、中国、インドに主導権を奪われつつある。再度の復活は望めまい。ここ数年間、鹿児島で相次いだ撤退企業は、いずれもこの二つの産業のすそ野に広がる部品メーカーだった。

もともと誘致企業はあてにならないし、第一こんな状況では新たに進出しようという企業を探すのが無理というものである。

無理やり県債を増やして公共事業を増やす手もあるが、付けを先に回すだけのこと。鹿児島で成長産業を育成するという考えもある。観光産業が手っ取り早い。だが、しょせん富の奪い合いである。ディズニーランドではないが、常に市場に刺激を与え続け客を呼ばねばならない。その分、他地域の客が減る。多くの人が夢と呼ぶのも、奪い合いの勝利者への夢である。こうした富の奪い合いこそが資本主義の発展の道だというのも分かるが、先の見えた徒労にも思える。

他地域と競合しない道は、地域自給を原点に据えるしかない。エネルギーの自給によって、九電に独占された富を地域に奪い返す。アメリカに翻弄され薬漬けにされた食糧を、地域でもう一度再構成する。衣、食、住、エネルギー、あらゆる面で地域で自給することが永続への道であり、地域が自立する柱となろう。

では、誰が担うのか。ここで重要になるのは、「雇用」という言葉である。

雇用、つまり雇われるということ。労働条件がどうあれ、時間を奪われ、自由を拘束されることに変わりはない。企業は個人の意思などよりも利益を優先する。意志なき、自由なき労働は、言葉を変えるなら奴隷労働と大差ない。

本人たちは意図していないだろうが、安易に奴隷の道を志向する。ここに本来あるべき自由への希求を放棄した存在の弱さを見ざるを得ない。

かつて私たちの何世代か前の先人たちが、雇用の確保を求めただろうか。彼らは大人になると自ら食う、それだけを考えた。田畑を耕し、土地がなければ山野を開墾した。物を売る才覚のあるものは行商をした。そんな強さを誰もが持っていた。

国家の行き詰まりは戦争への道を探す。アメリカの武器商人たちも東アジアの戦争を望んでいるだろう。こんな時代だからこそ、国がどうなろうともこの地域で食っていく、その強さをもう一度思い起こさねばならない。

おわりに

選挙では多くの人が動いた。結果として敗れ、知事選を契機に原発をなくそうという夢はひとまずついえた。力が及ばず申し訳ないと思う。だが、意外にも、「ありがとう」「面白かった」という言葉を多くもらうことができた。それは特に若い世代で、初めて選挙に関わった人からの言葉だった。

役場などには、しばしば「選挙は未来を決める大事な1票。選挙に行こう」などと言う標語が掲げてある。しかし、漠然と投票しても面白いことはない。投票するだけではダメなのだ。真剣に未来を構想し世界を語る。そして積極的に周りに支持を呼びかけてこそ、選挙に本当に参加したといえる。社会参加、民主主義への参加とはそういうものではないか。「面白かった」という言葉を心のうちに繰り返す中で、そう気が付いた。

今回の選挙に参加した多くの人、そうでない人も、ぜひ市町村議会選挙に関わってほしい。この最小の単位こそが地域を変える早道だからである。推したい人がいなければ、自分が立候補したらいい。

立候補が、利権を引き継ぐ年寄りプロ政治家の特権ではなく、地域の未来を真剣に考える若い生活者の普通の権利に変わったとき、また時代は、生き生きと息を吹き返すに違いない。

今回の知事選挙で、素人の候補があと一歩のところまでたどり着き、決して県という単位でさえ変えることは夢ではないと、多くの人が実感した。あらゆる町村で若い生活者が風を吹き込み、地域を変える。それこそが国を変えるのだと思う。

（2012・12・17『インパクション』）

向原よしたか選挙カー（2012年）

4 三反園訓鹿児島県知事誕生の備忘録
―騙し騙されのドタバタ喜劇―

1. 曖昧にされる責任

2011年の福島第一原発であれほどの過酷事故を経験しながら、今、日本の原発は次々と再稼働している。川内、伊方、高浜、大飯、玄海である。

川内が2015年だから、すんなり再稼働が進んだわけではないのだが、推進側のしぶとさには畏れ入るばかりである。

こうした状況を許している最大の要因は、事故以前の原発を推進してきた権力構造が、そのまま事故後の権力構造に引き継がれている点が大きい。

まるで謀られたかのように、事故直前に民主党政権が生まれた。それが、事故の収拾に追われている内にあっという間に政権を追われ、消えてしまった。

もし、事故当時、推進政党であった自民党がそのまま政権にあったなら、事故の責任がストレートに突き付けられることになったに違いない。事故そのものの責任というより、この国で原発政策を維持した責任である。それは、歴代首相、及び歴代の主管大臣にまで遡ったであろう。原子力政策の発端を作った中曽根康弘元首相に、福島事故後「あれは間違っていなかった」などという発言は許されなかったに違いない。

本来なら、推進してきた首相や大臣だけでなく、それに同調した国会議員、地方自治体の首長や議会議員、そして彼らに一票を投じた有権者まで責任が問われるべきであった。その責任の重さは、与えられた権限の大きさに準じるにしても。

もちろん、誰が政権にあろうが、誤った過去の責任はきちんと追及されなければならないのだが、「すんだこと、終わったこと、その当時は仕方のない選択だった」として曖昧にされるのがこの国の特質である。それは、第二次世界大戦の戦争責任論にも通じる。

2. コロコロと騙される国民

「曖昧にされる責任」と対をなすのが「コロコロと騙される国民」である。原発に限ったことではないのかもしれないが、長年原発を見ていて、事故が起こったときの国や電力の対応にはある種の習性が見て取れる。それは、第一に「隠す」、第二に「出来るだけ小さく見せる」、そして第三に「ここだけと限定する」である。これは日本に限ったことではない。

1986年4月26日、旧ソ連（現ウクライナ）のチェルノブイリで起きた原発事故も、事故直後、当局は一切事実を公表しなかった。翌日、スウェーデンの原発で放射能が検出され、スウェーデン政府が調査を開始して、ようやく28日に事故の発生を認めた。

福島に置き換えれば、メルトダウンした事実はずっと隠していたが、事故そのものは隠しきれず、小さく見せるほかなかった。

アメリカ政府は、日本にいるアメリカ人に80キロ圏内から退避するように勧告したが、日本政府は、20キロ、ないし30キロというレベルであった。

忘れられないのは、事故の1週間後3月17日に、放射能の安全基準値を大幅に緩和したことである。生きていくうえで最も大切な飲料水で、放射性ヨウ素の基準値をそれまでの1リットル当たり10ベクレルから300ベクレルに変えた。その直後、3月23日に東京の金町浄水場で210ベクレルを検出している。規制当局は既に東京の水が汚染されているのを知って、それを超えないように数字を作ったのではないか。

福島で多発する甲状腺がんを事故と無関係とし続けていることや、最近の帰還政策を含め、小さく見せる例は枚挙にいとまない。

三つ目の「限定する」は、チェルノブイリ事故を指して「炉の形が違うから」「ソ連は社会主義だから」といって日本の原発は問題ないとしてきた。福島も、地震原因説が有力でもあるにもかかわらず、津波が原因だと一般には信じられている。

隠して真実を伝えなかったり、意図的に小さく見せたり、事故原因を限定することで安心感を醸成しようとする。直接的なウソでなくても、誤解を前提にした物言いはウソと同義である。こうしたまやかしに、国民はコロコロと騙されてきたのである。

かくして、安倍晋三首相をして、「福島は完全にコントロールできている」と世界に向けた発信を許しているのである。

3. 鹿児島知事選は三つ巴でスタート

コロコロと騙されるのは、日本の国レベルの話だけではない。この鹿児島でも、大いなる嘘がまかり通ってしまった。2年前、2016年の知事選で「脱原発知事」として当選した三反園訓氏のことである。

テレビ朝日ニュースステーションの元キャスターという肩書をフル活用し、リベラルを装って登場した。選挙の前年、2015年12月に本格的に活動を開始している。川内原発は、その直前、2015年8月に1号機、10月に2号機が再稼働していた。

現職の伊藤祐一郎知事は再稼働の旗を振った推進派である。それだけでなく、「女はサイン、コサインとか数学など勉強する必要はない。草花の名前を覚えればいい」という女性蔑視発言で顰蹙を買い、人気のない鹿児島、上海の航空路線を維持するために県職員2千人の上海研修旅行を打ち上げ反発を食らった。伊藤知事が発案した海岸べりの巨大アリーナ建設も桜島が見えなくなるからやめろという反対運動に遭い、あえなくついえた。

様々なぼろを出し、4選はもういいやという雰囲気も生まれていた。そこに登場したのが三反園氏である。

三反園氏は当初、「川内原発はもう再稼働している」と、争点にしない意向を示していた。だが、現職、伊藤氏に対抗する有力な候補として原発反対派も彼に期待する背景はできていた。

私も、彼に期待する反対派の知人の紹介で2016年3月ごろ三反園氏に一度会っている。市内のホテルのレストランだ。彼独特のちょっと上ずった早口で、「出たい人より出したい人として、多くの人に後押しされて出ることにした」「選挙は勝たなければ何もできないから、私を勝たせてくれ」と陳腐な話を繰り返した。そんなことに興味のない私は、原発に水を向けるが、彼は一ミリも反応しない。福島の汚染図や川内原発の温廃水放水口近くで見られる魚の死亡漂着の写真を見せるが、ちらっと視線を落とすだけで無反応。渡そうかと思って持って行ったのだが、ばからしくなってそのまま持ち帰った。こりゃだめだと、私は伊藤、三反園の戦いには傍観者であることを決めた。

一方、原発反対派も黙ってはいなかったようだ。「ようだ」とわざわざ書いたのは、私自身経営している出版社の立て直しが急務であり、選挙とは距離を置いていたからだ。

川内原発再稼働反対運動の中心を担っていた市民グループのメンバーをはじめ、社民党や共産党、新社会党といった政党関係者が、選挙の年2016年1月から体制作り、候補者の選定に向けた会議を続けていた。この会でも、三反園氏の話を聞こうと、何度かアプローチしている。もちろん、三反園氏が本物の反原発なら彼を押していただろう。だが、彼は結局この会に現れることはなかった。三反園氏が反原発でも何でもないと、この会が本格的に候補者を擁立したのは4月になってからだ。平良行雄氏である（私は、再稼働反対運動を共にした縁で平良氏の後援会長になってしまう）。

こうして、現職の伊藤氏、三反園氏、平良氏の三つ巴の構図が出来上がった。

4．一本化が成立する

一方で、原発反対派の中でも、三反園氏に期待する動きは主にネット上で女性を中心に広がっていた。三反園氏が口にするようになっていた「将来的に川内原発廃炉、自然エネルギー重視」というあいまいな言葉に期待を寄せてのことかもしれない。

前回、2012年の知事選挙では、現職伊藤氏39万票に対して原発反対派は20万票。単に原発反対だけでは勝てない。保守層を取り込まなければ勝てない、というのが三反園氏に期待を寄せる論理であった。

選挙は単に政策を掲げて立候補すればいいというものではない。候補者に加えて、資金と運動組織がなければ選挙にはならない。

事務所を各地に置き、多くの人を動かす組織的な選挙をしようとすれば、当然それなりの資金を要する。よくいうカンパを当てにした市民型知事選挙では1千万円強、三反園氏は組織的に展開していたから、5千万円から1億円といったところだろうか。その資金がどこから出てきたかも重要なポイントだ。当初から、鹿児島の大物自民党代議士が背後に控えているという見方があった。資金は、その関係の土建業者から出ているという具体的な情報が飛び交っていた。

運動組織も、その筋であり、伊藤氏が一期目に戦った相手である自民党の県議会議長派が動いていた。

一方的に期待するのは勝手だが、資金、および運動組織が推進派のものなら、そもそも期待するのは無理というもの。もともと原発問題に保守も革新もない。その危険性と理不尽さを理解するかどうかだけだ。理解すれば反対するし、自分の利益を優先すれば推進派になる。この推進派と手を結んでも、結局は運動組織における勢力の大きい方にからめとられてしまうのは分かり切ったことだ。

4月14日、その2日後の4月16日、熊本地震が起こった。鹿児島市でも震度4を記録するほどであった。これを機に、三反園氏は一歩踏み込んだ発言をするようになる。

「原発を停止して、点検せよ」というもの。

あるマスコミの記者から、三反園氏に発言の真意を尋ねると全速力で走って消えた、という話を聞いた。私は、裏で九電と話をして再び動かすことを前提とした停止要請など何の意味もない、という見方をしていたが、世論は歓迎した。

鹿児島知事選の2年前、２０１４年、反原発候補である細川護熙氏と宇都宮健児氏が立候補した東京都知事選があった。両者とも反原発を強く表明していたので一本化の期待は大きかったのだが結局かなわず、舛添要一知事の誕生を許してしまった。

三反園氏は反原発をはっきり表明することはなかったが、世間には反原発候補と映り、後発の平良候補への一本化の圧力は高まっていった。都知事選の残像は色濃く残っていた。

選挙事務所を開設した平良氏は、反原発の意思をはっきりさせるため、5月下旬、三反園氏に一本化の提案を行った。条件は「川内原発廃炉に向けて全力を尽くす」というものである。だが、期限までにまともな返事はなく見送り。最終的に、6月中旬、今度は三反園陣営から元代議士を介して、後援会長である私のもとに具体的な一本化の申し入れがあった。

最初の連絡は、「県の原発政策の方向を決める権限を付与した原子力問題の検討委を設置する。そこに、平良氏（反対派）も入ってほしい」というものであった。

6月17日、鹿児島市内のホテルで交わした平良氏と三反園氏の両者の署名捺印付きの合意文書の全文は以下のとおりである。

1、三反園訓と平良行雄は県民の県民による県民のための県政に戻すために伊藤知事の4選を阻止しなければならないと考える。

多くの県民からも4選を阻止するために候補を絞り込むべきだとの声が多数寄せられている。

2、三反園訓と平良行雄は県政の主要政策について下記を合意する。

①両者は伊藤知事の「川内原発の再稼働受け入れ表明」は、県民が多くの不安を抱えたままの状況で行われたもので、拙速で問題があったとの認識で一致した。

②両者は「熊本地震の影響を考慮し、安全確保のために川内原発を停止し、再調査、再検証を行う事を」九州電力に強く申し入れる事で一致した。

③両者は原発に関する諸問題を検討する「原子力問題検討委員会（仮称）」を県庁内に恒久的に設置し、答申された諸問題についての見解をもとに県としての対応を確立して行く事を合意した。

④両者は知事就任後、原発を廃炉にする方向で可能な限り早く原発に頼らない自然再生エネルギー社会の構築に取り組んで行く事で一致した。

⑤両者はその他の農業、医療福祉、教育、自然環境等の県政の課題については、県民の声に真摯に耳を傾け対応する事を確認した。

伊藤知事の4選を阻止し、上記を実現するために、先行する三反園訓が出馬し、平良行雄は出馬を見送る事で合意した。

2―②の項目で、九電に対する停止要請も含まれているが、平良陣営はそれほど重視していなかった。ポイントは2―③の検討委に「反対派も入れる」というところにあった。

先にも述べたように、形だけの停止要請なら何の意味もないし、こっそり裏で話をつけて再び動かすことを前提に停止要請されても意味はない。だが、三反園氏から「平良氏（反対派）を検討委に入れる」と言ってきたのである。文面には反対派は明示されていないが、マスコミ各社が勢ぞろいした一本化の記者会見で、はっきり「反対派も入れる」と三反園氏は発言した。ここにおいて、「反対派も入れる検討委」は三反園氏の公約になった。後でこれも反故にされ、ものの見事に騙される。

いずれにしろ、こうして7月10日投票の知事選挙告示ぎりぎりのタイミングで一本化が成立した。

もともと、先の知事選挙で39万票対20万票で負けたなら、組織票が二つに分裂する中で、原発反対派が団結し、20万票からさらに上乗せできれば勝ち目が出てくるというのが当初の戦略だった。だが、三反園氏の脱原発を装う発言に翻弄され、反対派は分断されていった。こうなれば勝ち目はない。三反園氏を推す反対派からは、一本化せず伊藤氏が勝ったら平良氏は戦犯扱いされるぞという、半ば脅迫まがいの言葉もSNSで飛び交っていた。

一本化を契機に情勢は一気に三反園氏に傾き、伊藤氏に8万票の差をつけ勝利した。

5．予想通りだった三反園新知事

まがりなりにも「脱原発知事」として三反園氏が誕生したことについて、二つの点が評価できる。

一つ目は、鹿児島県民の反原発の意思を示すことができたという点。

二つ目は、三反園氏がどうであれ、推進派の伊藤氏の4選を阻み、事態の流動化を生んだという点である。

鹿児島の「脱原発知事」の誕生は、直後の10月16日投票の新潟知事選で、米山隆一氏勝利につながったことは確かである。

だが、三反園氏は当選直後から不穏な動きをしている。就任前の7月末、鹿児島県南大隅町の核廃棄物誘致で動いた人物に、「九電に悪いようにしないと伝えてくれ」とこと付けしたのである。これは後に、語られた本人の談話としてネットメディアで報道された。

それを裏付けるように、就任翌月8月に行った九電への川内原発停止要請は、酷いものであった。というのは、そのときに要求した点検項目が、九電にとって痛くも痒くもないものばかりなのであった。水漏れがないかチェックせよ、ネジがきちんと締まっているか確認せよ、というもので、故吉岡斉九州大学副学長も、地元紙南日本新聞のコメントで「情けない」と嘆いておられた。「低レベル放射性廃棄物の保管容器の固縛」などと専門用語は使っているが、その使い方を含めて、まるで九電の関係者が書いたのではないかと言われても仕方のないものだった。

だが、立地県の知事による原発停止要請は前代未聞のことであり、世間の耳目を集め、中身を知らない多くの人は「良くやった」と拍手を送った。

それも、ここまで。九電は止めることなく避難用の福祉車両を何台か提供するとお茶を濁して終わった。

平良陣営は、検討委の早期の開催を求める文書を二度にわたって三反園知事に提出している。その中には、36人の委員の推薦名簿もあった。

その年の12月、ようやく「鹿児島県原子力安全・避難計画等防災専門委員会（以下専門委）」という名称で第一回目の会議が開かれた。だが、委員12名の中には、平良陣営が推薦した36名は誰一人として入っていなかった。まるで、入れたらいけないリストをわざわざ提出したようなものである。ここに至って一本化における「反対派も入れる検討委」という約束事は完全に破られ、同時に公約も反故にされた。

この「反対派も入れる検討委」と三反園知事が述べたかどうか、12月の県議会で質問されている。知事は「約束したかどうか記憶にない」と答弁した。

ちなみに、専門委の位置づけも「原発の稼働、停止の判断はしない」と骨抜きにされている。また、この専門委の座長を務める宮町宏樹鹿児島大学教授は、翌年２０１７年5月、九電から2億円の寄付を受けていたことが発覚した。

6．ドタバタ喜劇は続くのか

以上が、渦中にいた私の見たことの顛末である。三反園知事に何ら期待できないのはもはや明らかであろう。

２０１８年3月、経産省はエネルギー基本政策の原案を発表した。そこには、原発は「依存度を低減する」と記してある。だがその一方で、相変わらず「重要電源」として、２０３０年の原発比率は20〜22％を設定している。これには一定数の原発新増設が含まれる。

「依存度を低減する」ということで、原発頼りはあり得ない、できるだけ速く原発からの離脱を目指す、というポーズを取りながら、原発事故による国家破綻の危機を抱えたまま、一部電力会社、原発メーカーを中心とした利権を温存しているのである。

人は見たいものしか見ない、聞きたいことしか聞かない、という。

三反園知事の口先だけの「脱原発」や、エネルギー基本政策の「依存度を低減する」という言葉だけが見え、聞こえるのだろうか。

しかし、原発問題は知事選の大きな争点になり、エネルギー基本政策に「依存度を低減する」と書かせるだけの存在感を持つようになった。当分は、原発をめぐる騙し騙されのドタバタ喜劇は続いていくだろう。だが、ここまで来たのも福島事故の代償である。もう一段の高みに上るには、もう一度大事故を経なければならないのだろうか。

先に、「曖昧にされる責任」と「コロコロと騙される国民」は対をなすと述べたが、実は裏表である。コロコロと騙された責任がきちんと清算されていないから、何度でも騙されるのである。


（２０１８・６・７『論堂』）

5 川内原発再稼働攻防戦と 渕上太郎さん

1. 心から尊敬する

初めて渕上太郎氏を目撃したのは、鹿児島県薩摩川内市で行われた100人ほどの会議の場だった。

2014年の春先だったろうか。翌2015年8月に九州電力川内原発は再稼働の第一号になるのだが、それを阻止しなければと、全国の反原発の注目が鹿児島に集まっていた。その現地薩摩川内市に、全国から反原発の活動家が集まり、会議をもったというわけだ。

私は、受け入れ側の一人として、会議で何ごとか発言した。それを聞いた東京のだれそれから、そんな甘いことでは止められないと苦言されたのを思い出す。

渕上氏は、会議で何か発言することもなく、部屋の後方に面倒臭そうに椅子に掛けていた。休憩時間になると、真っ先にタバコを吸いに席を立った。ひょっとすると、会議中も缶ビールを飲んでいたかもしれない。

ビシッとしているとはとても言えない黒っぽい背広を着て、縦じまのシャツにネクタイを締めていたが、黒っぽい野球帽をかぶっていた。初めて見るスタイルだ。

私もタバコ吸いだから、何ごとか言葉を交わしたと思う。

その時感じたのは、この人はやんちゃな人だ、ということ。小中高時代も決してクラス委員なんかになる人ではない。統制を重んじる教師には嫌われる口だから、教室では教師の死角になる後ろの席に座る。一回り以上も年長なのに妙に彼に関心を持ったのは、私も同じ質の人間だからだ。人が心から誰かを尊敬するとき、自分の思考、発想、行動を説明なしで理解してくれるということが条件の一つとして挙げられるだろう。理解するためには人間が同質でなければならない。

後になるが、飲んだ席で手を打って笑ったのは「オレは会議が大嫌いだ」と彼が言ったこと。私が「会議も嫌いだけど、決まりを破るのは大好き」と言うと、「同感！」とこれまた盛り上げてくれた。

私が初対面で持った渕上氏の印象が間違いではなかったと再確認できた一件だ。

2. 県庁前テント

再稼動の前年、2014年11月頭に臨時県議会が開催された。この県議会の終わりに、伊藤祐一郎知事が再稼働容認を表明すると予想されていた。

私たちは、県議会を迎えるにあたり、反対をアピールするために10月30日から県庁正面玄関前で泊まり込んでの座り込みを開始する。この季節、夜風は冷たい。とりわけ年寄りにはこたえる、という理由でテントを張ることにした。

　テントを張ったのはこれが初めてではない。そのずっと以前、２００９年、九電社長が川内3号機増設の申し入れに来るのを迎え撃とうと玄関前にテントを張った。その時は、昼間に県庁前で集会をし、そのまま座り込みついでにテントを張った。宿泊可能なように内装もしつらえた。コンテナを置き、その上にコンパネを敷き詰めれば立派な9畳の部屋ができる。

　２０１４年の今度は、全国から注目されている。用心した方がよかろうということで、昼間ではなく日没後の午後7時決行に決めた。7時きっかりに県庁玄関前に2トントラックを横付けしテントを下ろした。警備のガードマンがすぐさま取って返すと10人程の県庁職員が駆けつけた。こちらはやっと骨組みを地面に据え、テントをかぶせたばかり。テントの設置を妨害する県職員と肉弾戦だ。骨組みを蹴散らそうとする職員を制止し、けがをすると危ないからと外に放り出す。その繰り返しだ。その刹那、一人が号令をかけた。「とにかく柱を立てろ」。「いち、にい」と掛け声を掛けながら柱を立てようとする。敵もさるもの、梁にぶら下がる。こちらは職員を抱きかかえながら引きはがす。

　7時20分、ぐにゃりと曲がった骨組みのまま柱が立つと、県職員は観念した。なぜか2台パトカーも来た。警官にこれは住民がこれまで何回もやっていることで、誰もけがをしていないし、知事も認めていることだと、何の根拠もなく言うと引き揚げて行った。

　こうして、県議会開催を目前にして県庁前テントは無事立った。

　この一カ月ちょっと前の9月26日、渕上氏、江田氏を中心に川内原発直近の久見崎海岸に川内テントが立った。この日の行動は川内テントにも連絡が行き、助っ人として来てくれると目算していたのだが、決行時間の連絡の不備からか、攻防戦が終わってからテント組が現れた。渕上氏も来てくれ、汗みどろの私に「よくやった」と声をかけてくれた。今から思うと子供じみた攻防を潜り抜けやっと立てたテントだったが、何よりうれしい一言だった。

　その後、この県庁前テントをめぐっては県側とのやり取りが続いた。2日目の深夜、テントを取り巻くように道路工事で立入禁止に使う高さ1メートル程度のフェンスが張り巡らされた。こちらは熟睡しているから誰も気が付かない。翌朝目を覚ますと、檻に囲まれたテントだ。危険な動物に注意、とでもいうように。

　あまりに味気ないということで、女性たちが花や横断幕をこのフェンスに飾り立てた。県が装飾用の骨組みとしてフェンスを提供してくれたようなものだ。こうしてすぐさま、檻の中のテントが、花畑に佇むテントに変身した。

　これも3日ともたなかった。5日目の深夜・未明に、これまた熟睡中に県職員が大挙来襲し、飾り付けを取り去ってしまった。県職員もご苦労なことだ。県民の私物だから返せと交渉したが、テントを撤去するまで返さないという。まあ仕方がない。

　この間、渕上氏もずっとテントに泊まっていたはずだが、具体的な記憶はない。

　フェンスを張ったり、飾りを撤去したりの指揮を執っていたのは管財課の椎木という課長だった。知事の意図を忖度し実行に移した功により、この後の人事異動で秘書室長、出水市の副市長になった。今、出水市の市長に就任している。なんだか、出世の道を反対派がつくってあげたようだ。感謝しているだろうか。

　ちなみに、抵抗の甲斐なく県議会、知事とも11月7日、予想通り再稼働を容認した。その後1週間ほどテントを拠点に抗議活動を続けたが撤収した。骨組みのぐにゃりと曲がったテントは、その後久見崎海岸に移築され、川内テントの一翼を担うことになる。

3．ウナギを食べる

　私は、鹿児島で南方新社という出版社を経営している。といっても、ふんぞり返る余裕はなく現役の働き手だ。反対運動をメインにしているわけではない。本を作らなければならないし、鹿児島の現地住民として、普通に米・野菜を作る兼業農家でもある。海、山、川の生き物を捕って食べもする。

　いつか渕上氏にウナギの話をした。

　東京でもウナギを食べるだろうが、それは100％養殖だ。毎日食べきれないほどの餌をやり、1年で太らせるから肥満ウナギの身はユルユルだ。それを、柔らかくて旨いと思わされている。わたし達が食べるのは天然もの。1年では、小指の太さくらいしかない。3年くらいたってやっと食べられるサイズになる。毎日エサを探して動き回るから身は締まってプリプリだ。見かけも違う。養殖ものは、腹は白、背は黒だが、天然ものは、腹は黄色、背は深緑とくる。

　捕り方は簡単。節をくりぬいた竹の筒を、川のウナギの居そうなところに浸けておくだけ。1週間もすれば、ウナギは筒を住処にしている。

　こんな話をすると、渕上氏は「食べたい！」とすぐ食いついてきた。

　早速、川に出向き、渕上氏用のウナギを何匹か確保し、来訪を待った。

　その日、粗塩を振って食べる白焼きと、かば焼きをこしらえた。彼は、それぞれ一切れか二切れ口にしただけで、「あー、旨かった」と終わりにした。あとは、つま楊枝を噛みながらビールをあおるばかり。せっかく高い飛行機代を払ってウナギを食べに来たのに、ちょこっと食べただけで終わった。なんだか悪い気がした。

4．佐賀での勇姿

　昨年、2018年の3月のこと。佐賀県玄海原発再稼働に抗議する現地ゲート前集会で渕上氏に会った。この日彼は、断然さえていた。

マイクを握った彼は、こう切り出した。「原発は放射能というクソを出す」。そのあとがいい。「人間のクソなら畑の肥料になって野菜を育てるが、放射能というクソは役に立たないどころか大迷惑だ」。「福島ではこのクソにまみれた土がフレコンバックに詰め込まれて２２００万個もある」と、再稼働のバカバカしさに言及していった。

集会の場でおお真面目にクソを連発し、２２００万個という細かい数字まで事前に調べ、覚えてきたことに驚かされた。後で、渕上氏に「芸風に磨きをかけましたね」と言うと、「そうかい」と、ニヤッと笑った。いつもの背広、ネクタイ、帽子のスタイルだが、とにかく格好良かった。

私も、化学肥料を使わず、たい肥で野菜と米を作っているが、クソが役に立つというくだりには頷かされた。東京暮らしの渕上氏が、川内テントの片隅でプランターに白菜を植えて、こっそり私に自慢したことがある。密かに田舎の百姓暮らしに憧れているのではないかと思ったが、この佐賀の演説につながる話である。

今年、２０１９年の正月、川内テントの新年会で渕上氏に会うことができた。煙草をふかしながら寿命は後20日だという。10月26日に医者に余命3カ月と言われたらしい。それから2カ月ほど生き延びたことになる。その日力強く握手した手の感触は今でも生々しく残っている。姿、立ち居振る舞い、語り口、笑い顔、ずっと死ぬまで忘れないだろう。

（２０１９・６・４『渕上太郎追悼文集』）

6・28 再稼働不同意住民川内原発ゲート前抗議集会にて（向かって一番左が渕上太郎さん。2015 年）

6 消された石橋、西田橋

わが国に残る江戸期最大の四連アーチの石橋、西田橋。撤去か現地保存かで鹿児島のみならず全国的に注目を集めていたこの西田橋は、１９９６年２月21日、ついに削岩機が打ち込まれるに至った。

３月４日、高欄の解体が開始。４月22日にはアーチに手がかかった。橋本体を支える基礎部分も、翌97年１月10日、最後のはしご胴木が撤去され、西田橋は甲突川から完全にその姿を消してしまった。

南方新社は鹿児島の出版社である。郷土の文化および自然の豊かさを回復し、未来に繋げることを理念に掲げて設立された出版社である。意味のない破壊行為を黙って見過ごすことはできない。あえて県当局の河川行政、文化行政の方向とは異なる多角的な論議をとりあげ、『かごしま西田橋　―甲突川最後の五大石橋―』を刊行した。そして子子孫孫に伝えるべき大切な文化遺産として、西田橋を現地に保存するよう提起した。しかし、行政当局は一切の批判に耳を貸さず、当初の方針、つまり93年８・６水害を契機とした甲突川激特工事と五石橋の解体を遂行していった。

『かごしま西田橋』の原稿が脱稿したのは、１９９５年12月のことである。当時、もちろん西田橋は現地にあったし、現地保存を主張する人々と、あくまで解体を貫こうとする県当局との綱引きは続けられていた。完全に西田橋が姿を消したいま、どのようにして西田橋の解体が決められ、現地保存を願う人々がどう抗していったかを、編集部の視点で大まかにまとめ全国の読者に報告する。

現地保存を望む住民の声

８・６水害にも耐えた玉江橋に続いて、高麗橋が解体されたのは95年の２月18日。そのおよそ３カ月後の５月11日から、「県民投票条例」の直接請求署名が「『治水と石橋』県民投票の会」の呼びかけによって開始された。県民の財産である西田橋について、現地保存か解体かの決定を県民投票によって行おうというものだ。

都築三郎氏を中心とする全県行脚のキャンペーン、県内の地域別説明会、地元紙への意見広告掲載などを経て、４万３９５８人の有効署名が集まった。法定数が有権者の50分の１、約２万７千人であるのに対し、１・６倍の数である。10月20日に土屋佳照知事（当時＝96年６月11日病気のため辞任）に提出され、臨時県議会の開会が決まった。

この間、特に９月以降、現地保存を望む市民の声が、数多くあげられるようになった。地元紙の投書欄には、現地保存を望む市民の声が連日掲載される。

「かごしまの街づくりと教職員の会」は、子ども達へのアンケート結果を明らかにした。入来商業高校でのアンケートは、現地保存を望む声が過半数を占め、国分中央高校では、回答した178人のうち114人、64％が現地保存を望んでいたのである。

鹿児島大学の外国人教師マーティン・ゴウさんが呼びかけたこともあり、英字紙「ジャパン・タイムス」が国内ニュース面のほぼ半分を使って報道。元英国駐日大使が土屋知事にあてて、現地保存を要請する手紙を出していたことも明らかにされた。

県内の認可保育園長を対象としたアンケートでは、回答のあった32園のうち、現地保存を望む19、解体は3、どちらともいえないが9だった（不明1）。

鹿児島大学の教職員に対する電話アンケートでも、解体に賛成する人が3人だったのに対し、現地保存を望む人は33人にのぼるという結果が公表された。

臨時県議会の開会を目前に控えた10月29日には、社会党（当時）県本部の定期大会で、「移設やむなし」というそれまでの党本部の方針を覆す、「現地保存を求める」特別決議を採択した。ちょうど同じ時間に、保存の道を模索する住民によってシンポジウムも開かれていた。その会場にもこのニュースはすぐに伝わり、会場は拍手と歓声にわいた。社会党の方針転換をきっかけに、全ての議員が態度を変えてくれるかもしれない、と参加者の誰もが期待した。

51対1の県議会

このような緊迫した中で11月6日に開会された臨時県議会は、まさしく県民の熱い注目を集めることになる。しかし、これまでの議会で「移設」の方針を打ち出していた各会派は、先の定期大会で保存決議をした社会党を含めて、これまでの方針を変えることはなかった。

条例案は、11月10日の最終本会議で、出席議員52人のうち共産党の1人を除いて全て反対の立場をとり、あっけなく否決された。

議会決議に異を唱える住民が、住民投票を求めて条例の直接請求を行う。それを議会が否決する。考えてみればあたりまえの成り行きである。基地の撤去を求める沖縄県、原子力発電所の立地を巡って新潟県の巻町と宮崎県の串間市で住民投票条例が制定されたが、これはいずれも住民の直接請求がある前に、議会の勢力図がおおかた決まっていたか、少なくとも伯仲していた。

選挙、あるいは議会の勢力図とは無縁の住民が、純粋に一つのテーマを巡って住民投票の直接請求をするというのは、無理な話だったのである。

しかし、世論が二分されるような事項を、住民が投票で決定したいと提起し、法の要件を備えたのである。仮にも民主主義を標榜しているのなら、無前提に住民投票を優先させるべきではないのか。議会の意向に反した住民投票条例は成立しないという構造は、法の欠陥を示しているように思えてならない。

この議会決定に対する不信が、翌年の鹿児島市議会議員選挙、県知事選、鹿児島市長選と、いずれも史上最低の投票率を更新させたと見るのは、大きくはずれてはいないだろう。

ともかく、氏名、住所、生年月日、押印という厳しい条件のもとに、5月から4カ月にわたって繰り広げられた署名運動と、それに応えて寄せられた4万4千人の想いは、わずか5日間の県議会で汚された。

無視された保護審の意向

次の焦点は、県文化財保護審議会（保護審）の答申が、どのように出されるかに移った。県指定文化財の西田橋を移設するのは文化財の「現状変更」に当たる。移設を希望する県知事が文化財を所管する県教委に現状変更許可申請を出し、これを受けた県教委が保護審に移設の是非を諮問していたのだ。

有馬教育長が、真鍋保護審会長に諮問文を手渡したのは、直接請求署名が始まっていた6月15日だった。その後8回の審議を経て、11月27日にまとめられた結論は、結局、現地保存と移設保存を併記したものとなった。保護審として明確な結論を出さず、県教委に下駄を預けたのだ。文末に「現地保存が多数」と付記したものの、県保護審条例6条の定める多数決による結論を出すことはできなかった。

移設の立場をとる県教委文化課が事務局に座り、土木部長が保護審の委員に名を連ねていた。県当局の意向に押し切られた格好であった。

全て非公開で行われた会だったが、直前の第7回の会合で大まかに現地保存13名、移設4名、態度不明3名という構成であったことが、地元紙に報道されている。

保護審が現地保存の結論を答申しても、条例上は拘束力がない。県教委はそれを覆すことも理論上は可能だ。しかし、一度答申を受けたものを、完全に無視できるものでもない。県教委、土木部サイドが、多数決による結論を避け、両論併記の答申を出させる戦術を練っていたことは容易に推察できる。

それを裏付けるのが、最終的に意見のとりまとめを行った第8回の審議の異様さである。

午後1時半にスタートした審議は、もちろん非公開。3回のお茶と2回のコーヒーが運び込まれただけで、食事もとらせず8時間ぶっ通しで続けられた。午後8時過ぎには心臓に不安のある委員の一人が、ドクターストップで途中退席するありさまである。委員には高齢者が多い。肉体的、精神的に追いつめるやり方は、まさに拷問か、新興宗教の洗脳に等しい。午後9時半の終了は、さながら人質解放のような状態であった。

しかし、両論併記であったとはいえ、現地保存が多数だったのは事実であり、そう答申文にも明記されている。この答申は、11月30日、県教委に提出された。

そして12月5日、県教委臨時教育委員会は、あっさり西田橋の現状変更を認めてしまう。記者会見に臨んだ佐多教育委員長が、8・6水害時の児童生徒の死者数を間違うという事態を演じたことも、付記しなければならない。

ことここに至って、全ての行政手続きが終了した。しかし行政上の手続きが終わったからといって、そのまますんなり解体に移行することはなかった。

2・12集会からハンガーストライキへ

住民投票をテーマにした臨時県議会では、52人の議員のうち、賛成したのはただ一人であった。本当に県民の意思を議会は代弁したのだろうか。

この疑問をはっきりさせる動きが始まった。鹿児島大学政治学研究室が実施した「西田橋移設の政策決定過程についての市民意識調査」である。

鹿児島市の選挙人名簿から無作為に抽出された１１１８人を対象に、ボランティアの市民50人が協力し電話調査を行った。暮れも押し迫った12月の23日、24日の両日、連絡のついた７６２人のうち５８１人から回答が得られた。

その結果は27日に発表された。「議会の議論は十分だったか」の設問では「十分」が16・5％だったのに対し、「十分とはいえない」は48・0％と、圧倒的な差が出た。

「県民投票条例」については、「県民投票は必要なかった」が16・5％に対して、「県民投票で決めるべきだった」は50・4％にのぼった。

「西田橋移設について」は、「賛成」が44・6％、「反対」は49・2％だった。8・6水害の被災者のみの結果でみても、「議会の議論は十分とはいえない」、「県民投票で決めるべきだった」が、それぞれ大幅に上回っていた。

この調査について、社会学の専門家である鹿児島女子大学の西村雄郎助教授（当時）は、「世論調査として、手法、サンプル数とも必要な要件を備えている」と評価した。

西田橋解体直前のハンスト（1996 年）

行政の西田橋解体の決定は、拙速であることが明らかになったのである。これをきっかけに、あくまでも現地保存の道を探る人々は「守ろう！　西田橋・緊急行動実行委員会」を結成した。実行委員会は、翌１９９６年2月12日に市民集会を設定し、集会の呼びかけ人を募った。

1月8日に募集が開始された呼びかけ人は、またたく間に賛同者が拡がり、1週間後の1月16日には１００人を突破、最終的に２９８人にまで達した。一方、県当局は解体着工の日を2月21日と発表した。

そんな中で2月12日、「許さんぞ！　解体・大集会」と銘うたれた集会には、８００人の市民が集まった。組織的な動員ではなく、全て自発的に西田橋たもとの公園に足を運んだ市民である。これまで鹿児島で見られたことのない規模であった。

最高潮は、西田橋から甲突川右岸、下流の高見橋、甲突川左岸へとつながれた人間の鎖である。途切れることなく固く結ばれた手と手。現地保存を願う人々の声は、西田橋から、甲突川の川面を渡って静かに響いていった。

最後を締めくくる西田橋から鹿児島市の繁華街を往復するパレードには、６００人が参加した。

高齢者から子どもたちまで、往復4キロのコースを歩き通し、沿道の市民に保存か解体かを決めるのは市民自身であるべきことを訴えた。しかし県当局は、2月21日着工の日程を変更することはなかった。

2月20日正午、解体着工に向けて西田橋は全面通行止めとなった。高さ4メートルもある鉄板の塀がまたたく間に橋を囲い、西田橋は要塞の中に取り込まれてしまった。

同時に、私を含め集会の実行委員会のメンバー4名が、無期限のハンガーストライキに突入する。西田橋の左岸たもと、鉄板の塀にそって張られた寒風吹きすさぶテントが現地保存を願う人々の拠点となった。

西田橋を巡っては、いくつもの要請文、声明、集会アピールが発表されたが、ハンガーストライキ突入にあたっても宣言文が出された。解体の直前、緊迫した状況に於いて発表されたその文書を再録する。（北畠清仁氏執筆）

「守ろう！　西田橋ハンガーストライキ突入宣言」

やがて手を付けられると感じつつも、まさか西田橋まではと信じていたのが私たちの共通の思いであった。しかし2月21日、西田橋に手を付けられる日が目の前にやって来た。

日本近代化の黎明、明治維新直後、鹿児島の地に廃仏毀釈の嵐が荒れ狂い、古き伽藍はことごとく灰燼と化した。自然豊かな鹿児島の地ではあっても、古き文化はもはや温ねようもないと感じられた。しかし街の中には石橋があった。鹿児島の街を焼き尽くした、二度に亘る桜島の大噴火と、先の大戦の空襲にも耐え、１５０年もの間破壊されることなく石橋は残った。

甲突川に架かる五石橋は、鹿児島県民、市民の誇りであった。かつての石橋撤去の意図は、鹿児島の世論がそれを許さず、甲突川に架かる石橋は鹿児島の街と共に、永遠に鹿児島のシンボルとして甲突川に架かりつづける筈のものであった。

その五石橋は、鹿児島のシンボルとしてあったばかりでなく、世界的土木遺産、文化遺産であった。街の中に四連、五連のアーチの石橋が架かる風景は、石橋の故郷である隣の熊本県にも、日本のどこにも存在しない。そして世界のどこにも存在しないものであり、まさに日本の宝であり、世界の宝であった。

2年前の8・6水害がそれを奪った。五石橋のうち、新上橋と武之橋が流されたばかりでなく、行政が石橋破壊に手を付ける口実を与えた。しかし石橋を破壊したのは8・6水害ではない。治水に無配慮な乱開発、治水に無配慮な川づくり、街づくりがそれを許したのである。8・6水害でも石橋は完全に流されたのではなく、玉江橋、西田橋、高麗橋の三橋は無傷で残り、新上橋、武之橋の流失残骸もまだ甲突川にあった。流失残骸を生かせば、新上橋、武之橋二橋の甲突川への再建も可能であった。しかし鹿児島県、鹿児島市は、アッという間に二橋の流失残骸と、玉江橋、高麗橋の撤去を完遂してしまった。高麗橋の撤去は、2万4千の市民直接請求による条例制定署名の集約途上のことであった。

8・6水害直後、洪水の原因は石橋であるとの流言が意図的に流された。我々は、水害の被災者がまだ救出されない段階で、知事が石橋撤去の意向を示したことにこそ問題があると感じていた。石橋撤去は、8・6水害10日目の異常な空気の中で、県の提案を県議会、鹿児島市議会が承認したものである。

やがて、激特事業が始まった。我々はこの間、上流の遊水池、調整地設置など、総合治水の導入により、石橋の現地保存は可能であると考え、訴え続けてきた。

進行する激特事業は、上流から下流まで、蛇行する川を真っ直ぐにし、より流れを速くする排水路河川づくりであった。上流部の直線化は流れる水の流下速度を速め、下流の市街地に洪水を集中させ、洪水の危険度を高める。安全な川づくりを謳い文句に始まった激特事業は、謳い文句とは逆の市民を危険に陥れる川づくりであったのだ。

しかも激特工事が進捗するごとに現れる護岸は、コンクリートが敷き詰められ、小さな生き物が生息する環境は閉ざされている。それは近年の近自然工法、多自然工法に逆行するものである。

西田橋一橋については、激特事業を前提にしても、問題なく現地に残せるものであった。西田橋左岸の公園は、これ以上はない分水路設置の適地である。

しかし行政と議会は、撤去するために撤去するという以外の理由しかないまま、4万4千の県民投票条例制定の署名も無視して、しゃにむに解体工事を推し進めてきている。解体撤去は、橋のアキレス腱である水切り石から始めるとしている。

2月12日の集会では、西田橋の解体を許さない県民の意志が結集した。今だ現地にある西田橋を前に、市民の鎖で、改めて現地保存の意志を明らかにし、闘いつづける決意を明らかにした。これからでも西田橋は残せるし、残すことが県民の意志に添い、また鹿児島百年の大計に添う道と私たちは確信している。

子ども達の未来のためにも、大切なものを残すことが、人間尊重の道に通ずると考える。西田橋の解体撤去は、余りにも性急すぎる。このまま西田橋の解体を強行することは、貴重な文化財の破壊であるばかりでなく、大切なものを大切にしたいという、人の心を踏みにじるものであり、環境と人権の破壊である。

私達は2・12アピールを踏襲し、次のことを改めて鹿児島県ならびに県議会と関係諸機関に要求し、2月20日を期して無期限ハンガーストライキに突入することを宣言する。

一、西田橋の解体工事着工を延期すること。
二、西田橋の現地保存の方法について再度検討すること。
三、移設復元の技術的根拠のないままに西田橋を解体しないこと。
四、県民世論を尊重し、ただちに県民投票を実施すること。
五、これまでの開発重視の街づくりを見直すこと。

1996年2月17日
西田橋解体阻止ハンガーストライキ実行委員会

西田橋が消える

2月21日午前9時10分、ついに県当局は解体に着手した。平日にもかかわらず、橋には多くの人が駆けつけ、怒号の中で工事の安全を願う神事が行われた。

泊まり込んで続けられたハンストの二張りのテントには、連日激励の市民が駆けつけた。特に夜になれば、仕事帰りの会社員、塾帰りの中学生、家庭での仕事を終えた主婦らが数多く立ち寄り、鹿児島の街、歴史、自然……様々な話題に花が咲いていた。

解体作業の削岩機の音が鳴り響く中で続けられたハンストも、3日目75時間目で、女性1人がドクターストップ。塩と水だけで耐える他のメンバーも、次第に体力を消耗していった。毎日、支援の看護婦さんと医師が往診していたのだが、脈拍、血圧とも確実に落ちていく。

7日目の午後5時半には、脈拍が40程に落ち不整脈も出た男性がリタイア。翌8日目24日午後には、残る2人も自主的にハンストを解いた。この間、解体着工に抗議するファックスが、次々と県当局に送付されている。

解体の続く西田橋では、2月29日、見事な橋面の石畳が姿を現す。「斜め平行組み」と名付けられ、専門家も全国で例がない優れたデザインだと評した。

3月4日午前9時、高欄に手が付けられ、橋本体の解体が始まった。次々とクレーンでつり上げられていく高欄を前に、市民はなすすべもなく見守るしかなかった。

急ピッチで進む解体は、4月の中旬には西田橋をアーチだけにしてしまう。アーチがあれば何とか現地に再建できると、4

月14日、市民は「春の花まつり」を開く。

バンド演奏、詩の朗読のほか、造形家の川路益右さんが甲突川の中でパフォーマンスを演じた。川に下りた参加者は、アーチを手でなぜた。この集会が、実質的には西田橋への最後のお別れの会となった。

アーチの解体は4月22日から開始した。150年にわたって、しっかりと組み合っていた要石が、ジャッキで押し上げられ、圧を解かれていく。この瞬間、西田橋は、橋としての命にとどめが刺されたのである。またたく間にアーチの解体は進み、5月1日には、西田橋は甲突川から姿を消した。

その後、梅雨入りで中断していた撤去工事は、10月7日、基礎部分の解体が開始される。護岸部の反力石、護床敷石、橋脚石と次々に撤去されていった。

11月14日に川底から姿を現したはしご胴木は、あらためて西田橋のすごさを認識させるものとなった。直径20センチほどの松の丸太がはしご状に組み合わされ、橋の敷石下だけでなく、護岸の下までビッシリ張りめぐらされていたのである。その数は245基。しかも胴木は、150年たったこの時点でも全く腐食は見られず、生木のようにみずみずしいものであった。不等沈下を防ぎ、また大正年間に桜島の大噴火にともなって起きたマグニチュード7・1の大地震をしのいだ免震構造が明らかになったのである。最新の土木技術さえ遠く及ばない着想だと土木技術者は口を揃えた。このはしご胴木も、翌97年1月10日、全て撤去されてしまった。

県当局は、甲突川から北へ5キロ離れた海に近い営林署跡地に、西田橋を移設保存する考えである。しかし、固く組まれていた石組みが解放された今、一つ一つの石の風化が始まっている。解体の途中でいくつもの石が破損した。おまけに、川ならぬ公園に置かれてしまうのである。基礎部は地中にコンクリート床版を埋めて不等沈下を防止するという。江戸期の先人が採用した免震構造の神髄は一顧だにされない。

どれだけ小ぎれいに整えたところで、コンクリートでつぎはぎされ、公園に置かれた西田橋を、「橋」と呼ぶ人がいるだろうか。1996年になされた愚かな破壊行為を記念する、〝哀しみのモニュメント〟でしかない。

またこの間、鹿児島の美術家グループを中心とした「西田橋を拓本で残す会」の活動も市民の共感を呼んだ。拓本をとることを通して、市民に実際に自分の手で西田橋に触れ、橋の現地保存あるいは解体について、考えてもらおうとしたものだ。

のべ約1500人もの参加でつくられた拓本は、西田橋が現地から姿を消した今、人々の手と、一つ一つの石のぬくもりを残した貴重な作品となっている。

無意味な西田橋の解体

今からおよそ百年前、1896（明治29）年に、現在の河川法の基本的な考え方が定まったといわれる。つまり、川を水の捨て場として、降った雨をすべて海へ、できるだけ早く流すという思想である。しかし、今この百年前の河川法の思想は、見直しが始まっている。大規模な都市化がより大きな洪水を招き、それを封じ込めようとしても、さらに上回る洪水の危険性が発生するといういたちごっこが繰り広げられてきたからだ。

8・6水害も、典型的な都市水害であったと指摘されている。高度成長期以降、甲突川流域周辺の森は次々と団地開発がなされ、本川に流れ込む支川も直線化され、コンクリート三面張りの排水路と化してきた。その結果、降った雨が一気に甲突川に集中し、たちまち溢れてしまうこととなった。まさに百年前の思想のままに鹿児島の街づくりがなされ、各地で検証されてきたように、起こるべくして水害が起こったのである。

「甲突川の抜本改修を進めるには、700トンの水が流れるようにしなければならない。そのためには、河床を2メートル掘り下げ西田橋の移設が必要」というのが県当局の主張であった。この「抜本改修」も、相変わらず旧来の思想に拠っているのがよく分かる。

いま、これまでの思想の対極にある総合治水の考え方が主流になっている。洪水対策を流域全体で捉え、出水を抑え、貯めてゆっくり流すというもの。大自然のメカニズムに学ぼうという姿勢が根底にある。この総合治水の考え方に従えば、西田橋は現地に残せたし、鹿児島の街の安全性も高まっていっただろう。山下博之氏が『かごしま西田橋』で詳しく述べているので参照願いたい。

折しも1992年の世界環境会議、いわゆるブラジルサミットをきっかけに、世界的に環境に対する認識が深まってきている。わが国でも生態系を重視しようという機運が高まってきた。河川行政も水循環の根幹をなす河川の改修にあたって、この流れとは無縁ではいられない。

建設大臣の諮問機関である河川審議会（高橋広篤会長）は、1995年3月30日、河川管理の在り方について画期的ともいえる答申をまとめ、建設大臣に提出した。これまでの河川行政が、生物の生育環境や景観への配慮が不十分だったと率直に認め、コンクリート護岸や、河川の直線化をやめるように求めたものである。

基本方針を三つあげている。

一、生物の多様な生息・生育環境の確保

二、健全な水循環系の確保

三、河川と地域の関係の再構築

この答申の延長に、現在の河川法の大改正の動きが連なっている。

今からでもいい。すべての鹿児島の河川技術者は、1995年3月30日に野坂建設大臣に提出された河川審議会答申「今後の河川環境のあり方」に目を通してほしい。

この答申の趣旨を、一日も早く郷土鹿児島の河川行政に反映させることが、西田橋を自ら死に追いやった鹿児島の河川技術者のせめてもの務めではないだろうか。

病的な構造

悔やまれるのは、撤去の最終決定を目前に控えた段階で提案された左岸緑地帯を利用した分水路案が、選択されなかったことである。幸運にも、西田橋の左岸は公園であった。ここに分水路を設ければ県当局の主張する流量を確保し、西田橋も現地に残すことができた。旧来の考え方による激特工事を進めながら、この案を取り入れることはできたはずだ。これに対し、今度は「流木によって西田橋が流失してしまう危険性があり、貴重な文化財を残すために移設する」という奇妙な論理を持ち出してくる。流木は中上流で防止策を立てればクリアできる、と多くの専門家が指摘した。要は、やる気の問題であった。ここに至って、面目を保つために西田橋を解体するという当局の姿が浮き彫りにされてくる。実は、ここにこそ問題の核心があったと編集部は認識している。

社会的な地位の認識は、もちろん一朝一夕に育まれるものではない。その地位にいる者はもちろん、それを生み出した社会を構成する一人ひとりの意識の中に、長年にわたって染みわたり刻み込まれている。

西田橋を巡る問題が明らかにしたのは、行政にいる者の地位の意識、そしてそれを支える市民の意識が変わらない限り、同じ過ちは繰り返されるということである。土屋前知事をはじめ、奥田前土木部長、横田土木部長、河川課の職員である牟田神氏らが、あたかも偉い地位にある人間だという市民の認識が彼らを頑なにした。いい方を変えれば、市民が自らつくり上げたヒエラルキー（階層構造）が西田橋を破壊させたと思った方がいい。

「自らが病気だと認識した者は、既にこの時病ではない」

これは精神病理学上の鉄則だという。逆にいえば病の自覚を持たない者は、病的な構造の中にとらわれているのである。本来、市民へのサービス機関であるはずの知事や議員、あるいは行政の職員が地位にとらわれ、一方、市民がそれを受容したり積極的に肯定するという構造は、それこそ病的な構造なのである。その結果、飽くことなき文化と自然の破壊が、延々と繰り広げられてきた。

いま、時代は明らかに転換期を迎えている。この鹿児島でも破壊された文化や自然のあまりにも大きい価値に目が向けられている。この郷土鹿児島の文化と自然の豊かさを回復し、未来に継続していくためには、まず私たち自身が地位を生む権力構造、ヒエラルキーといった病的構造から自由にならなければならない。

（1997・4・11、『かごしま西田橋補遺』として刊行）

7 熊野寮の遺伝子

月水金の週3回だったか、曜日を決めて熊野寮の蜷川と吉田寮の木下と私の3人は、早朝、5時には起きてランニングにいそしんでいた。眠い目をこすりながら、まず鴨川に出て、左岸を鴨川神社の向こうまで行って折り返すという、往復のコースだったろうか。

朝寝坊という学生の特権を放りだしたのには理由がある。開港を目前に控えた、成田三里塚空港の反対闘争に参加するためだ。広大で、地理も不案内な三里塚では、何をするにしても、どこまでも走ることのできる体力が第一の武器になる、そんな話があった。

何カ月も、この早朝ランニングは続いた。特に3人の意思が強かったというわけではない。

実は、ランニングを始めて、しばらくしてから知ったのだが、吉田寮の木下には、走らねばならない別の理由があった。ちょうど木下には、美人の彼女ができたばかりだった。どう見ても不釣り合い、野獣と美女の組み合わせだった。

木下は、語学学校で知り合った彼女と、ちょうど走った午前中に、百万遍の老舗の喫茶店でデートを兼ねた語学の勉強会をすることにした。正確に言うと、デートの早朝、走ることになったと言うべきか。デートでの話題作りのために、木下は早朝ランニングを提案してきたのだ。それまでロクに女性と話したことのない木下は、デートのたびに、何を話していいか窮していたのだろう。

友人の恋の成就を願わないものはいない。私たち3人は走り続けた。そしていつか、木下と彼女は吉田寮の一室で同棲状態になっていた。

79年秋、闘争の日を迎えた。

私たちはいつものように京都駅から大垣乗り換えの鈍行列車で東へ向かい、三里塚にたどり着いた。三里塚では団結小屋に泊まり込み、幾度かの出撃を繰り返した。だが、早朝ランニングの成果もたいして発揮できないままに、1週間ほど後には京都に帰ってきたように思う。

忘れられないのは、木下の言葉である。

「帰ってきたらな、あいつな、他の男の部屋に泊まっとったんや」

木下が我が身の危険も顧みず、闘っているまさにその間に、彼女はあっさり心変わりし、振られてしまったというわけだ。

週3回の早朝ランニングも、それっきりで終わった。

この頃、私たち学内の運動のほとんどがノンセクトであることを前提にしていた。特定の党派の指示で動くことは自由を放棄することと同義だった。

だが、卒業したその年、就職して山科の府営住宅に暮らしていた私のもとに、熊野寮の一つ下のAが突然訪ねてきた。彼と同学年のF君がある党派に入るから、大事なものを預かってくれという。家宅捜索のとき持って行かれたくないガサ物だ。

その風呂敷に包まれたノート類を私はその後ずっと持ち続けることになる。ノート類の持ち主のF君は、その5年後だったか、いわゆる内ゲバでこの世を去ってしまった。

風の噂でF君の死を知るのだが、交友関係を記した日記類を確認した以上、遺族に返却したものか判断がつかないまま、それから10年以上も、引っ越しのたびに最重要書類として引き出しの中に確認することになった。

卒業して12年目。やっとAから連絡が入った。私は京大新聞に所属していて、新聞に原稿をよく書いてくれていた数学の教員の森毅さんと卒業してからも交流があった。森さんはさばけた人で、いろんな党派の人と分け隔てなく接していた。そのうちAも、森さんの前に現れるだろう、そのときF君の日記などのガサ物を私が預かっているから、預けたAに返却したい旨、伝えてほしいと依頼していたのだ。

後ろを振り向きつつ、尾行を気にしながらのAに、東京の職場近くの喫茶店で預かり物を、やっと返すことができた。

寮生活は、酒飲み会とマージャンをおいて語ることはできない。宋斗会という朝鮮人の爺さんには何度もマージャンで巻き上げられた。なぜ爺さんが寮にいるのか、爺さんが何者なのかにはほとんど興味もなく、ただ巻き上げられるままだった。

そして卒業して20年後、文学部に入った長女が熊野寮の世話になって、宋の爺さんがまだ寮に暮らしているのを知った。隣のまた隣の部屋だという。私が学生の頃も爺さんだったが、やはり爺さんだというのには笑った。

卒業して十何年かぶりに京都に立ち寄ったとき、私の1年上の同じ寮生だった中川と会った。話を聞くと、宋の爺さんも寄る年には勝てず、中川が何かと世話を焼いているということだった。

娘が卒業の年に爺さんは肺がんで死んでしまうのだが、遺稿集ともいえるのが『浮島丸事件訴訟』だった。中川が何とかしろというから、はるか南、私が鹿児島で創業した出版社、南方新社で販売の面倒をみることになった。

この時知ったのだが、宋の爺さんは、ただの爺さんではなかった。朝鮮（慶尚北道）生まれの爺さんは、父親とともに日本に来た。日本人として扱われたのだからと、法務省前で外国人登録証を焼いて日本国籍を主張し、「日本国籍確認訴訟」なんかもやっている。この過程で、鴨川の橋の下に暮らす宋さんに、熊野寮自治会は部屋を提供したのだという。

わが熊野寮も、なかなかやるもんだ。

１９８８年には、日本政府は朝鮮と朝鮮人に公式謝罪すべきだという意見広告を朝日ジャーナルに出そうと呼びかけた。これはその後、数多く提起されることになる戦後補償裁判のきっかけになった。

ちなみに「浮島丸事件」とは、終戦直後、強制連行された朝鮮人を帰還させる輸送船、浮島丸が舞鶴湾で爆沈し、多くの死亡者を出した事件。日本は朝鮮と朝鮮人に対し一度の謝罪も、真相・経過報告もしていない。爺さんは、日本に公式謝罪と損害賠償を求める訴訟を提起して原告団を組織した。

思い出すままに、熊野寮に関わることを書き連ねていった。

今、遠く離れた鹿児島で、1反5畝の田んぼをアイガモ農法でこさえながら、会社の庭先ではニワトリと、ニホンミツバチの2つの群れを飼っている。仕事は本作りだ。会社を作って20年になるが、４５０冊ほど世に送り出した。

22年前にUターンして以降、この鹿児島で川内原発が日々放射能をまき散らしながら運転しているのに我慢ならず、ずっと反対運動をしている。今この原稿を書いているこの時も、福島第一原発事故以降、最大の転換点となる、川内原発再稼働をめぐる攻防の真っ最中にいる。

振りかえると、熊野寮生でなかったら、間違いなく今のような生き方はしていないだろう。卒寮生の誰もがそうではなかろうか。

そして卒寮生それぞれが、各地で切り結んで行った関係のなかに、あるいはなしてきた事績のなかに、まるで遺伝子のように熊野寮の影が潜んでいるのではないかと思う。

（２０１４・９・21『熊野寮50周年記念誌』）

川内原発再稼働反対のデモ（2015 年）

九州電力福岡本社に反対署名を提出（2015 年）

沿革

- 1993年　12月27日　鹿児島市泉町13—5照国ビル301にて編集事務所を創業
- 1994年　4月27日　同所を本社として株式会社南方新社を創立。資本金1000万円は向原祥隆を含め22名が出資
- 1995年　3月30日　『田舎暮らし大募集・九州編』（南方新社共編・田舎暮らしネットワーク発行）を刊行
- 　　　　7月31日　『滅びゆく鹿児島』（佐藤正典他）をデビュー作として刊行。初刷り4000部完売。増し刷りへ
- 1996年　8月6日　『絵本　たけのはし』（こばやしたかこ文　ふじひろし絵）が地方出版文化功労賞佳作を受賞
- 　　　　12月28日　『詩集　不安定な車輪』（茂山忠茂）が南日本文学賞を受賞
- 1998年　11月10日　『榕樹の歌人たち』（義原ミヤ子）が南日本出版文化賞を受賞
- 1999年　9月15日　『聖堂の日の丸』（宮下正昭）が地方出版文化功労賞を受賞
- 2000年　8月12日　本社を鹿児島市西伊敷6—39—5に移転
- 　　　　9月15日　『まんが・昔の子供』（大吉千明）を刊行。鹿児島の暮らし、遊び、方言を漫画で表現。これまでに大吉著作は6点に上る
- 2002年　3月10日　『新薩摩学1　世界の中の「さつま」』（鹿児島純心女子大学編）を新薩摩学シリーズとして刊行。現在15巻を刊行
- 　　　　9月30日　『小笠原学ことはじめ』（ダニエル・ロング編）を小笠原シリーズとして刊行。現在5巻を刊行
- 　　　　9月30日　刊行点数が100点になる
- 2004年　5月27日　『地域と出版』（向原祥隆編著）が地方出版文化功労賞奨励賞を受賞
- 　　　　7月25日　創立10周年記念式典を開催
- 　　　　8月15日　『金十丸　奄美の英雄伝説』（前橋松造）が南日本出版文化賞を受賞
- 2005年　7月10日　刊行点数が200点になる
- 　　　　9月9日　本社を鹿児島市下田町292—1に移転。段ボール箱830個、総重量20トンの搬出を自力で敢行
- 　　　　12月1日　『かごしま検定』（鹿児島商工会議所編）刊行。爆発的に売れる。現在まで2万部突破
- 2006年　1月20日　『玉里島津家文書上下巻』（河内和夫）刊行。鹿児島の重要史料を一般向けに刊行
- 　　　　8月20日　『奄美史料集成』（松下志朗）刊行。奄美の重要史料「道之島代官記集成」他を復刻

2007年 3月20日 『「大石兵六夢物語」のすべて』（伊牟田經久）が南日本出版文化賞を受賞
7月1日 鹿児島市川上町の荒地60平方メートルに南方農園を開園。自然農の実践開始
12月20日 『南西諸島史料集　第1巻』（松下志朗）を奄美史根本史料集全5巻の第1巻として刊行
2008年 6月20日 『南九州の地名』（青屋正興）が南日本出版文化賞を受賞
5月25日 本社敷地内にトリ小屋を建設。自然卵養鶏の実践開始
8月10日 『干潟の生きもの図鑑』（三浦知之）が宮日出版文化賞を受賞
2009年 3月20日 南日本の民俗文化誌1『鹿児島昔話集』（下野敏見）を刊行。全25巻を刊行予定が14巻で終了
4月27日 創立15周年を迎える
8月10日 『鹿児島環境学Ⅰ』（鹿児島大学、鹿児島環境学研究会編）を鹿児島環境学シリーズとして刊行。全5巻
2011年 1月31日 『奄美民謡総覧』（セントラル楽器編）が南日本出版文化賞を受賞
3月10日 『奄美沖縄環境史資料集成』（安渓遊地・当山昌直編）が、沖縄タイムス出版文化賞、地方出版文化功労賞特別賞受賞
9月20日 『鹿児島環境学Ⅲ』（鹿児島大学、鹿児島環境学研究会編）が南日本出版文化賞を受賞
2014年 4月27日 創立20周年を迎える。刊行点数約450点
2015年 8月10日 『ライフ・トーク』（ジェフリー・S・アイリッシュ、橋口博幸）が南日本出版文化賞を受賞
10月27日 資本金を2000万円に増資
2017年 6月15日 『田代安定　―南島植物学、民俗学の泰斗―』（名越護）が南日本出版文化賞を受賞
11月1日 南方新社が第68回南日本文化賞受賞
2018年 6月12日 『図解・九州の植物　上・下巻』（平田浩）が南日本出版文化賞を受賞
2020年 7月1日 『鹿児島植物記』（寺田仁志）が南日本出版文化賞を受賞
2021年 6月14日 『ミカンコミバエ、ウリミバエ　―奄美群島の侵入から根絶までの記録―』（田中章）が南日本出版文化賞を受賞
10月23日 吉野町の倉庫から下田町南方新社隣の安楽倉庫へ引っ越し
11月1日 『徳之島町史　自然編』刊行。翌年には『民俗編』、2023年には『通史編ⅠⅡ』を刊行。町史の発行、販売を委任される
2023年 11月25日 『鹿児島県のカミキリムシ』『鹿児島県のトンボ解説編・資料編』の刊行により鹿児島昆虫同好会より感謝状を授与される
2024年 4月27日 創立30周年を迎える。刊行点数は、およそ650点

海辺を食べる図鑑
海辺を食べる図鑑
海辺を食べる図鑑
海辺を食べる図鑑

著者プロフィール

向原 祥隆（むこはら・よしたか）

1957年、鹿児島県日吉町生まれ。1980年京都大学農学部卒業。東京に本社を置く広告出版会社を経て、1992年Uターン。1994年に図書出版（株）南方新社を鹿児島市に設立、代表取締役に就任。650点を出版、現在に至る。2012年、鹿児島県知事選に立候補、20万518票の支持を得て落選。著書に『地域と出版』（南方新社、2004）、『海辺を食べる図鑑』（同、2015）、『新・海辺を食べる図鑑』（同、2021）がある。

画・西條由紀夫 © SAIJO Yukio 2019
『子どものすきな神さま』（サンライズ出版）より

砦の上に
南方新社本づくり30年

二〇二四年四月二十七日　第一刷発行

著　者　向原祥隆
発行者　向原祥隆
発行所　株式会社 南方新社
〒八九二―〇八七三
鹿児島市下田町二九二―一
電話 〇九九―二四八―五四五五
振替口座 〇二〇七〇―三―二七九二九
URL http://www.nanpou.com/
e-mail info@nanpou.com

印刷・製本　シナノ書籍印刷株式会社
定価はカバーに表示しています
乱丁・落丁はお取り替えします
ISBN978-4-86124-512-1 C0036